임동석중국사상100

몽구
蒙求

李瀚 撰·徐子光 註 / 林東錫 譯註

"상아, 물소 뿔, 진주, 옥 진괴한 이런 물건들은 사람의 이목은 즐겁게 하지만 쓰임에는 적절하지 않다. 그런가 하면 금석이나 초목, 실, 삼베, 오곡, 육재는 쓰임에는 적절하나 이를 사용하면 닳아지고 취하면 고갈된다. 그렇다면 사람의 이목을 즐겁게 하면서 이를 사용하기에도 적절하며, 써도 닳지 아니하고 취하여도 고갈되지 않고, 똑똑한 자나 불초한 자라도 그를 통해 얻는 바가 각기 그 자신의 재능에 따라주고, 어진 사람이나 지혜로운 사람이나 그를 통해 보는 바가 각기 그 자신의 분수에 따라주되 무엇이든지 구하여 얻지 못할 것이 없는 것은 오직 책뿐이로다!"

《소동파전집》(34) 〈이씨산방장서기〉에서 구당(丘堂) 여원구(呂元九) 선생의 글씨

책머리에

　이제껏 많은 중국 고전을 역주해 왔지만 이 《몽구》처럼 유용한 책이 있을까 한다. 물론 책마다 고전의 가치를 충분히 가지고 있지만 우선 중국 고전에 입문하기 위해서는 이 책이 가장 쉽고 흥미를 감소하지 않도록 하는 데 도움이 되는 내용을 엮어 놓고 있다고 여기게 되었다. 이름 그대로 "어리고 몽매한 청년들에게 일러주기 위한 내용"이라 하지만 실제 어른으로서 더 핍절하게 알고 있어야 할 지식과 지혜를 담고 있다. 무려 296개의 주제에 592개의 성어, 581개의 고사는 그동안 피상적으로 듣고 알고, 그러려니 했던 주옥같은 일화와 명구들이 그 구체적인 출전과 명확한 원문 제시로 인해 근거를 가지고 말할 수 있도록 해 주고 있다. 나아가 이 책은 우리나라 조선시대에 이미 번역과 연구서가 있었음에도 근래 일본을 통해 다시 들어와 소개되고 번역된 점은 아쉽기도 하고 우리가 옛사람만 같지 못하지 않을까 안타까움도 자아내고 있다.

　그러나 나는 이 책을 역주하면서 큰 소득을 얻었다. 바로 이제껏 50여 종 넘게 역주한 내용의 정화精華를 언젠가는 초략鈔略하여 고전 입문자를 위해 정리해야겠다고 계획을 세워왔었는데 이미 당대唐代 이한李瀚이라는 사람이 내가 원하던 작업을 그대로 해 놓았음을 그대로 인정하게 되었다는 점이다. 어린 시절 이 책을 읽으면서 그저 재미있는 이야기를 모아 쉽게 기억할 수 있도록 한 유서類書 정도로 여겼는데 막상 구절마다 역주를 하고, 원전을 일일이 찾아 대조해 보았더니 새삼 피상적인 독서가 위험하고 저급한 욕망을 발동시킨다는 것을 알게 되었다. 그리고 나아가 이 역주작업에서 또 얻은 것이 있다면 이번 기회에 사기로부터 《한서》, 《후한서》, 《삼국지》, 《진서》,

《남사》,《북사》까지 구석구석 빠짐없이 들여다볼 강제적 기회가 주어졌음에 대한 기쁨이다. 공구서로서의 정사正史가 아니라 읽어야 할 사서史書로써 내 곁에 더욱 가까워진 것이다. 이에 본《몽구》에 제시된 구절의 원전을 다시 찾아 모두「참고 및 관련자료」란에 그대로 전재하여 보았더니 앞뒤 생략된 내용이 그대로 드러나고 숨겨진 의미가 훤히 나타나는 것이었다. 고전 역주란 한문 원문의 문장을 얼마나 해독할 수 있는 능력이 있는가에 있지 아니하고 이면에 바탕을 이루고 있는 시공時空의 역사와 지리적 내용을 얼마나 충분히 숙지하고 있느냐에 달려있다고 늘 원칙으로 삼아왔다. 그러한 원칙이 이처럼 검증되는 경우를 만났으니 즐거울 수밖에 없었다.

시대의 변화와 발전에 따라 고전은 그저 연구자의 몫으로 치부되기 시작한 것이 아닌가 안타깝다. 그러나 옛사람들이 왜 그러한 기록을 남겼고 어찌하여 그러한 내용을 금과옥조처럼 되뇌며 긴 역사를 이어왔는가를 생각한다면 지난날과 미래가 균형을 이루어야 한다. 상식과 수양이 없이 옛것은 저버린 채 미래만을 향해 내닫는다면 성공과 성취를 이루었다 해도 허망함에 빠지고 말 것이다. 사람이 일생을 살면서 가치는 물질에만 있지 아니하고 정신세계에도 있으며 그 정신적 가치가 더 중시될 때나 적어도 균형을 이룰 때 비로소 삶의 행복감을 느낄 수 있을 것이다. 그런데 우선 물질에 대한 욕구부터 채운 다음 나중에 정신적 가치를 찾겠다고 미루었다가는 자칫 때를 놓치지 않을까 한다. 옛사람의 지혜를 통해 지금 살아가는 과정마다 그 가치를 찾으며 병행해야 한다. 그러한 도구로써 이 책을 강하게 추천하고 싶다. 부담 없이 낱개의 고사나 일화를 읽어보고 되새기며 마음 다짐을 하는 것도 무용한 시간 낭비는 아닐 것임을 확신한다. 그리고 나아가 더 깊이 그 맛을 느끼고자 한다면 「참고 및 관련자료」란의 원문이나 방증 자료를 섭렵하여 떨어진 이삭을 주워도 그 값은 충분히 얻을 것이라 여긴다.

이《몽구》한 권만 알뜰히 읽어도 중국 고사 반 이상은 저절로 알게 될 것이며 중국 역사 흐름과 각 시대의 가치, 그리고 문물제도와 일상생활 입에 오르내리는 인물들은 줄줄 외울 수 있을 것이다. 나아가 내용을 통해 내 삶을 풍요롭게 하고, 살아 있음에 대한 가치를 확연히 느끼게 될 것이다. 또한 지금처럼 표피의 가치에 집착하던 내가 다시 참 가치의 깊은 연못 속에 아름답게 잠겨 들어감을 고맙게 여기게 될 것이다. 지도자는 지도자대로 소시민은 소시민대로 존재 가치를 아름답게 보며 세상 만물에 대하여 어느 것 하나 소중하지 아니한 것이 없음을 발견하게 될 것임을 확신한다. 나로서는 세상에 태어나 이러한 책을 만나게 된 것을 행복하게 여기고 있다. 인류는 과거나 현재, 미래에도, 영원을 두고 아름다움을 추구하며 살아갈 존재라는 사실에 믿음이 선다.

사포莎浦 임동석林東錫이 부곽재負郭齋에서 적다.

일러두기

1. 이 책은 《몽구집주蒙求集註》(四庫全書본, 子部 11 類書類. 臺灣商務印書館, 인본 1983)와 〈학진토원學津討原〉본 《몽구집주蒙求集註》(臺灣 藝文印書館 인본), 〈기보총서畿輔叢書〉본 《몽구蒙求》(臺灣 藝文印書館 인본)를 일일이 대조하여 완역한 것이다.
2. 그 외 〈속수사고전서續修四庫全書〉본(子部, 類書類. 上海古籍出版社 인본), 그리고 《몽구蒙求》(桂湖村 講. 漢籍國字解全書 第45卷. 인본 1989. 9. 20. 高麗書林, 서울) 및 《몽구蒙求》(田興甫, 補註蒙求國字解, 久保得二先生校訂, 編者 久保天隨. 博文館藏版 大正(1913) 2年 8月 30일 博文館 東京)와 《몽구蒙求》(上中下. 竹內松治 補註. 印本 1975. 4. 景仁文化社. 서울) 등도 낱낱이 대조, 참고하였다.
3. 국내 번역본도 자세히 살펴 참고하였으며 중국어 참고본 《몽구주석 蒙求注釋》(顔維材·黎邦元 山西教育出版社 1991. 6. 中國 山西 太原)도 대조하여 교감하였다.
4. 원 책의 본문 298장에 매 장마다 일련번호를 부여하고 다시 두 개씩의 고사를 ①, ②로 나누어 구분하였으며 한 개의 고사가 한 장으로 이루어진 11개는 구분하지 아니하고 그대로 실었다.
5. 각 장은 원문을 그대로 제목으로 삼았고, 세부 목차는 제목의 뜻을 번역하여 간단히 제시하였다.
6. 집주 부분(실제 본문에 해당)을 빠짐없이 번역하였으며 해석은 가능한 한 직역을 위주로 하였으나 일부 의역한 곳도 있다.
7. 한글 번역을 먼저 싣고 원문을 제시하였으며 원문의 문장 부호는 중국 현대 표점 방법을 따랐다.
8. 주석은 인명, 지명, 사건명, 역사 내용, 주요 어휘 등을 위주로 하되 매 장마다 기왕의 주도 다시 실어 이해에 도움이 되도록 하였다.

9. 매 장마다 「참고 및 관련자료」란을 마련하여 관련 사항이나 출전의 원문을 일일이 찾아 전재하되 역시 표점 처리하여 대조 및 연구에 도움이 되도록 하였다.
10. 부록으로 서발序跋과 관련 자료의 원문을 실어 이 방면의 연구자에게 도움이 되도록 하였다.
11. 이 책을 역주함에 참고한 주요 문헌은 아래와 같다.

● 참고문헌
1. 《蒙求集註》(上下) 唐, 李瀚(撰), 宋, 徐子光(註) 四庫全書(文淵閣) 子部 11. 類書類
2. 《蒙求集註》(上下) 唐, 李瀚(撰), 宋, 徐子光(補註) 〈學津討原〉본. 原刻景印 〈百部叢書集成〉(嚴一萍 選輯) 藝文印書館(印本) 臺灣
3. 《蒙求》(上下) 唐, 李瀚(撰) 〈畿輔叢書〉본. 原刻景印 〈百部叢書集成〉(嚴一萍 選輯) 藝文印書館(印本) 臺灣
4. 《蒙求注釋》顔維材·黎邦元 山西敎育出版社 1991. 6. 中國 山西 太原
5. 《蒙求》(三卷) 唐, 李瀚(撰) 續修四庫全書 子部, 類書類(山西省 應縣 佛宮寺 文物保管所藏 遼刻本 影印: 原書: 版框: 高146mm, 寬260mm) 上海古籍出版社
6. 《蒙求》桂湖村(講) 漢籍國字解全書 第45卷. 일본 1989. 9. 20. 高麗書林. 서울
7. 《蒙求》田興甫(補註蒙求國字解, 久保得二先生校訂, 편자 久保天隨) 博文館藏版 大正(1913) 2年 8월 30일 博文館 東京
8. 《蒙求》(上中下) 竹內松治(補註) 印本 1975. 4. 景仁文化社. 서울

9. 《譯註蒙求》柳在泳·崔瑞任(共譯) 이화문화사 2004. 12. 서울
10. 《蒙求》(上下, 原本) 林鍾旭(譯註) 도서출판 보고사. 1995. 11. 서울
11. 《文字蒙求》淸, 王筠 華聯出版社(印本) 1974. 臺灣 臺北
12. 《文字蒙求廣義》陳義 藝文印書館(印本) 1988. 臺灣 臺北
13. 〈十三經注疏〉(藝文印書館本), 〈二十五史〉(鼎文書局 活字本), 《史記》,《漢書》, 《後漢書》,《三國志》,《晉書》,《南史》,《北史》,《十八史略》,《世說新語》, 《晏子春秋》,《新序》,《說苑》,《西京雜記》,《韓詩外傳》,《潛夫論》,《顏氏家訓》,《孔子家語》,《列女傳》,《神仙傳》,《列仙傳》,《高士傳》,《搜神記》, 《博物志》,《列子》,《老子》,《莊子》,《六韜》,《詩品》,《戰國策》,《國語》, 《幼學瓊林》,《陶淵明集》,《千字文》,《三字經》,《百家姓》,《墨子》,《韓非子》,《呂氏春秋》,《論衡》,《抱朴子》,《新書》,《小學》,《唐宋文擧要》, 《古詩源》,《四書集註》,《文選》,《初學記》,《樂府詩集》,《藝文類聚》, 《太平御覽》,《太平廣記》,《北堂書鈔》,《資治通鑑》,《百子全書》,《金樓子》,《三才圖會》,《新編諸子集成》,《竹林七賢硏究》,《二十五史述要》,《中國歷史紀年表》 등. 그 밖의 工具書와 中國通史類 등은 기재를 생략함.

해제

1. 책이름과 내용 및 체제

《주역周易》네 번째 괘인 몽괘蒙卦의 괘사卦辭에 "몽은 형통하다. 내가 동몽에서 구하는 것이 아니라 동몽이 나에게 구한다"(蒙, 亨. 匪我求童蒙, 童蒙求我)라 하였다. 그리고 단사彖辭에는 "내가 동몽에게 구하는 것이 아니라 동몽이 나에게 구한다는 것은 뜻이 응하는 것"(匪我求童蒙, 童蒙求我, 志應也)이라 하였다. 원의는 매우 심오한 의미를 함축하고 있지만 쉽게 풀이하여 "어리고 몽매한 아이들이 지식욕과 기본으로 익혀야 할 덕목 등을 나에게 요구한다"는 뜻쯤으로 보아도 될 것이다.

이에 그들에게 일러 주고 가르치며 깨우쳐 주어야 할 내용물을 교재로 만들어 그 이름을 《몽구蒙求》라 명명한 것이다. 그렇다면 어떻게 내용을 정리하여 아동들에게 알기 쉽고 실천하기 쉽도록 할 것인가 하는 문제에 대해 고민할 수밖에 없을 것이다. 내용물을 그대로 나열하거나 추형雛形의 가짓수만 제공한다고 해서 아무것도 모르는 몽폐蒙蔽 상태의 어린아이가 소화해 낼 수 있는 것은 아니기 때문이다. 교육과정으로 보아도 단계, 순차, 난이도, 심천, 층위는 물론 철학관과 우주관, 역사관을 적절히 배합하고, 그 학습 방법도 염두에 두어야 한다. 이에 중국 전통적인 운韻을 사용하고 외우기 쉽도록 정리하였으며 청각인상을 매끄럽게 하고 기억에 도움이 되도록 압축하여 4언 2구씩 제시하였던 것이다. 중국어는 기본적으로 운이 발달한 언어로써 《시경詩經》이래 4언체의 운대韻對 형식은 아동들에게도 쉽게 입에 외워지게 되어 있다. 그 때문에 동東운, 즉 [ㅎ/ㅎ]을 시작으로 하여 첫 구절이 (1) 王戎簡要, 裵楷淸通 (2) 孔明臥龍, 呂望非熊

(3)楊震關西, 丁寬易東 (4)謝安高潔, 王導公忠으로 제8자의 끝자인 통通, 웅熊, 동東, 충忠을 압운하였으며, 그 앞에는 각기 인명을 내세워 익히기 쉽도록 한 것이다. 그 다음의 호戶, 호虎, 호扈, 부簿도 역시 [ㅗ/ㅜ]의 우운 虞韻으로 이어져 총 4장 8구 32자씩 묶어 전편 298구 모두 4조組씩으로 하여 조구造句한 것이다. 이에 순서대로 운을 분석하여 보면 다음과 같다.

東, 虞, 歐, 泰, 支, 陌, 刪, 薺, 魚, 翰, 陽, 沃, 尤, 語, 先, 宥, 微, 質, 蕭, 皓, 齊, 隊, 元, 職, 靑, 馬, 冬, 寘, 佳, 屑, 侵, 銑, 支, 卦, 虞, 覺, 寒, 紙, 眞, 敬, 麻, 緝, 灰, 紙, 遇, 屋, 庚, 有, 霽, 葉, 虞, 養, 號, 藥, 豪, 寢, 寘, 陌, 支, 哿, 御, 合, 先, 梗, 阮, 月, 江, 紙, 嘯, 藥, 蒸, 霽, 遇, 錫, 先.

이러한 체재는 일찍이 남조南朝 양梁나라 때 주흥사周興嗣의 《천자문 千字文》에서 이미 시작되었다. 그리하여 이량李良의 〈천몽구표薦蒙求表〉에도 "근세 주흥사의 《천자문》이 천하에 널리 퍼져 있지만 이 《몽구》에 미칠 수 있겠습니까?"(近代周興嗣撰《千字文》, 亦頒行天下, 豈若《蒙求》哉!) 하였던 것이다.(부록 참조)

그리고 내용에 있어서도 4언 2구가 서로 유사성이 있는 고사나 일화를 하나로 묶음으로써 연상법을 활용하여 쉽게 기억하도록 하였다. 이를테면 "왕융은 간요하고, 배해는 청통하다"라거나, "제갈공명은 누워있는 용이요, 문왕이 사냥 나가 얻을 것은 곰이 아니라 강태공" 등으로 하였다. 따라서 억지로 운을 맞추느라 일부 순통하지 못한 조구도 더러 보인다.

전체를 통계로 보면 본문은 4언 2구(총 8자)씩 298개 묶음으로 모두 2,384자이다. 그중 마지막 2구(297, 298) 16자는 이한 자신의 부언附言으로 고사와 관련이 없다. 또한 285구는 각기 2가지씩으로 고사나 일화를 묶어 짝을 이루었으나 11개(017, 025, 040, 121, 155, 170, 173, 175, 176, 189, 273)는 하나의 내용이면서 8자로 표현하여 실제 고사는 581개이다.

내용의 채록은 대체로 상고시대 고사 몇 개와 주대周代, 선진先秦의 춘추전국을 거쳐 주로 서한西漢과 동한東漢, 삼국三國, 진晉의 역사와 인물, 일화가 주를 이루고 있으며 그 외 남조와 북조의 이야기를 일부 싣고 있다. 따라서 인용된 책은 정사正史 위주이며 이에 따라 《사기史記》, 《한서漢書》, 《후한서後漢書》, 《삼국지三國志》, 《진서晉書》, 《남사南史》, 《북사北史》에서 그 원전을 찾을 수 있다. 그렇다고 해서 그 소재의 채록을 정사에 그친 것은 아니다. 《시詩》, 《서書》, 《예禮》, 《논어論語》, 《맹자孟子》 등 유가儒家의 13경經은 물론, 《열자列子》, 《장자莊子》, 《묵자墨子》, 《한비자韓非子》, 《여씨춘추呂氏春秋》, 《논형論衡》, 《회남자淮南子》, 《안자춘추晏子春秋》와 《국어國語》, 《전국책戰國策》, 그리고 《신서新序》, 《설원說苑》, 《서경잡기西京雜記》, 《한시외전韓詩外傳》, 《신서新書》, 《잠부론潛夫論》, 《세설신어世說新語》, 《공자가어孔子家語》, 《풍속통風俗通》, 《열녀전列女傳》, 《박물지博物志》, 《수신기搜神記》, 《신선전神仙傳》, 《도연명집陶淵明集》, 《열선전列仙傳》, 《고사전高士傳》, 《육도六韜》, 《신어新語》 등 이루 헤아릴 수 없다. 게다가 《초국선현전楚國先賢傳》, 《삼보결록三輔決錄》, 왕은王隱 《진서晉書》, 사승謝承 《후한서後漢書》, 《진한춘추晉漢春秋》, 《진양추晉陽秋》 및 각 《보서譜序》 등 일서와 경사자집經史子集 등에 고루 분포되어 있다.

지금 전하는 《몽구》는 대체로 〈일존총서佚存叢書〉본, 〈기보총서畿輔叢書〉본이 있으며, 〈총서집서초편叢書集成初編〉본은 〈학진토원學津討原〉본을 근거로 배인排印한 것으로, 〈사고전서四庫全書〉본도 이와 같다. 그리고 〈속수사고전서續修四庫全書〉(唐 李翰撰으로 되어 있음)에도 실려 있다.

2. 찬자撰者와 주자註者

《몽구》는 당唐나라 때 이한李瀚이 지었다. 그는 지금 전하는 그대로 298구, 2384자의 본문을 운문 형식으로 짓고 그에 맞게 각 구절마다 주를 붙였다. 따라서 책의 원제목은 사실 《몽구집주蒙求集註》가 맞을 것이다. 그 뒤 송나라 때 이르러 서자광徐子光이 그 주의 오류를 바로잡고 보충하여 《몽구보주蒙求補注》를 낸 것이다. 이한은 그 사적이 제대로 알려져 있지 않다. 다만 동시대 이화李華의 서문과 같은 고을의 요주자사饒州刺史 이량李良이 당 천보天寶 5년(746)에 올린 〈몽구를 추천하는 표문〉(薦蒙求表)을 통해 일부를 엿볼 수 있을 뿐이다. 그 기록에 의하면 이한은 안평(安平. 지금의 河北 饒陽, 당시 饒州의 屬縣) 사람으로 신주信州의 사창참군(司倉參軍. 일부본에는 司馬倉參軍으로 되어 있음)을 지냈으며, 학예에 엄통淹通하고 이식理識에 정미한 인물로써 옛사람의 장적狀跡을 음운별로 묶고 사류별로 대對를 이루어 3천여 언을 지어 구절마다 주를 붙여 만여 가지 일을 정리하여 《몽구》라는 책을 지었는데, 서너 살의 어린아이도 쉽게 외우고 익혀 사람들을 놀라게 하였다고 한다.(부록 참조)

그러나 〈사고전서총목제요四庫全書總目提要〉에는 이한을 진(晉: 오대의 後晉. 936~946)나라 때 인물로 이광예李匡乂의 《자가집資暇集》을 근거로 이광예의 종인宗人이며 이면지李勉之의 친족이라 하였다. 그리고 나아가 《신오대사新五代史》(29) 상유한桑維翰전을 근거로 "처음 이한이 한림학사가 되어 술을 좋아하였으며, 술로 인한 과실이 많아 후진 고조 석경당石敬瑭이 부박浮薄한 인물로 여겼는데 그 사람이 바로 이한이다"(初, 李瀚爲翰林學士, 好飮而多酒過. 晉高祖以爲浮薄, 當卽其人也)라 하였다. 그러나 상유한전의 이 구절은 상유한의 직위인 한림학사 제도의 존폐에 대한 간단한 설명을 곁들이기 위해 이한이라는 자의 행적을 부기한 것에 불과한 것이며 당나라 때 《몽구》를 지은 이한과는 다른 인물이다. 즉 문장의 앞뒤를 보면 "乃出延廣於河南, 拜維翰中書令, 復爲樞密使, 封魏國公, 事無巨細, 一以委之. 數月之間, 百度寢理. 初, 李瀚爲翰林學士, 好飮而多酒過, 高祖以爲浮薄. 天福五年九月, 詔廢翰林學士, 按《唐六典》歸其職於中書舍人, 而端明殿學士·樞密院學士皆廢. 及維翰爲樞密使, 復奏置學士, 而悉用親舊爲之"라 하여 한림학사 제도에 대한 설명이며 이한에 대한 내용은 아니다. 그럼에도 《중국역대인명대사전中國歷代人名大辭典》(上海古籍出版社, 1999)에는 이를 그대로 옮겨 적어 "李瀚: 五代時人, 仕後晉, 官翰林學士, 好飮而多酒過, 石敬瑭以爲浮薄. 有《蒙求集註》"라 하였고, 《간명중국고적사전簡明中國古籍辭典》(吉林文史出版社 1987)에도 "蒙求集註: 宋徐子光注. 二卷. 書前冠以後晉李瀚撰《蒙求》原文, 後以每二句八字爲一節, 分別取正史紀傳, 注出人物故實, 雖入選人物較多, 但所記頗爲精賅. 個別有傳疑失檢之處"라 하여 역시 오류를 범하고 있으며, 나아가 같은 페이지에 "蒙求: 兒童讀物, 唐李瀚撰. 三卷"이라 하여 모순을 일으키고 있다. 이한을 후진의 이한으로 보는 것은 오류이다. 우선 책 출현 당시 서문을 쓴 이화(?~767)와 시대적으로 맞지 않을 뿐 아니라 천표薦表에 나타난 관직 사창참군司倉參軍, 그리고 표를 올린 천보 5년(746)과도 현격하게 차이가 나기 때문이다.

한편 《몽구》의 작자를 이한李翰으로 보는 견해이다. 조공무晁公武의 《군재독서지郡齋讀書志》 주에 의하면 주중부周中孚와 황정감黃廷鑑 등은 이화의 종인宗人 이한李翰이 지은 것이라 하였다. 이 이한은 《구당서舊唐書》(190)

문원전(文苑傳, 下)과 《신당서新唐書》(203) 문예전文藝傳 이화李華의 부록으로 실려 있으며 《전당문全唐文》(430)에도 그 이름이 보인다. 그러나 이름이 비슷할 뿐 전혀 다른 인물이다.

다음으로 서문을 쓴 이화는 당 조주趙州 찬황贊皇 사람으로 자는 하숙遐叔, 현종玄宗 천보(天寶: 742~755) 연간에 감찰어사監察御史를 거쳐 시어사侍御史에 올랐으며 예부禮部와 이부吏部의 원외랑員外郎을 거쳤다. 그리고 뒤에 관직을 버리고 산양山陽에 은거하며 당시 명사 소영지蕭穎之와 교유하며 불교에 심취하였던 인물이다. 그러면서 평소 선비 추천에 힘을 쏟아 명망을 얻고 있었으며, 이때에 안평 사람 이한의 《몽구》를 보고 서문을 써준 것이다. 그의 사적은 《구당서》(190) 문원전과 《신당서》(203) 문예전文藝傳에 실려 있으며 《당시기사唐詩紀事》(21)에도 기록이 보이며 《이하숙문집李遐叔文集》을 남기기도 하였다. 특히 《고문진보古文眞寶》에 실린 〈조고전장문弔古戰場文〉을 통해 우리에게도 널리 알려진 인물이다.

이어서 〈천표薦表〉를 쓴 이량李良은 당 종실의 후예로써 단양공丹楊公에 봉해졌으며 현종 개원(開元: 713~741) 연간에 태자중윤太子中允을 거쳐 천보 연간에 요주자사饒州刺史에 올랐고 그때 이 〈천몽구표薦蒙求表〉(746)를 올린 것이다. 그는 대종代宗 때에는 계주자사桂州刺史에 옮겨가 대력大曆 2년(767) 산료山獠의 반란 때 계주가 함락되자 성을 버리고 도망친 인물이기도 하다.

이한의 《몽구집주》는 송宋나라 때 서자광徐子光이 보충하고 주를 교정하여 오늘에 전하게 되었다. 그러나 서자광의 사적에 대해서는 역시 제대로 알려진 것이 없다. 다만 일부본에 그의 직함을 "광록대부행우산기시랑光祿大夫行右散騎侍郞"이라 하였고, 특히 우리나라 조선朝鮮시대 간본에《표제서장원보주몽구標題徐狀元補注蒙求》라 하여 그가 진사과에 장원을 하였던 인물임을 일러주는 단서를 제공하고 있을 뿐이다.

서자광은 〈몽구보주서蒙求補注序〉에서 이렇게 말하였다.

"이한의 주는 근본을 궁구함이 적고 사류의 엇갈림이 많으며 오류가 있어 학자들이 불편을 겪게 되었다. 그러나 이것이 어찌 이한 자신이 그러한 오류를 범한 것이겠는가? 아마 후세 계속 전해오는 과정에서 그러한 오류가 답습된 것이 아닌가 한다. 이에 나는 이러한 이한의 용의를 가상히 여겼으나 그 미비함을 안타깝게 여겨 사전史傳을 섭렵하고 백가百家의 책을 방증으로 삼아 본원을 궁구하여 그 꽃을 줍고 그 열매를 맛보게 되었다."(然鮮究本根, 類多舛訛, 賢者病焉. 豈瀚之所載然歟? 抑亦後世傳襲之誤也. 予嘗嘉其用意, 而惜其未備. 於是漁獵史傳, 旁求百家, 窮本探源, 摭華食實. 부록 참조)

그러면서 그 날짜를 "己酉年仲冬辛卯吉日"이라 밝혔으나 안타깝게도 연호年號를 쓰지 않아 구체적으로 어느 해인지 알 수 없게 되고 말았다. 혹 남송南宋 효종孝宗 순희淳熙 16년 기유己酉 즉 1189년이 아닌가 하나 확증을 지을 수는 없다.

3. 《몽구》의 영향과 전래

당나라 때 《몽구》가 선하先河를 이루자, 뒤이어 같은 몽학蒙學 계열의 책이 쏟아져 나왔다. 아예 책이름도 《몽구》를 그대로 사용하여 역사, 인문, 제도, 문자, 수신, 경서, 교학 등 이루 말할 수 없는 분야별 특징을 그대로 옮겨 담아 아동용으로, 혹은 초보적 학습서로써 구성을 이루어 정리하였던 것이다. 이러한 풍조에 의해 찬집된 수많은 책은 이 《몽구》가 얼마나 이상적인 구성을 이룬 것인지를 나타내는 반증이기도 하다. 이에 이들 서명을 나열해 보면 다음과 같다. 우선 중국 내에서 역대 이래 30여 종이 훨씬 넘게 출현하였다.

元好問(宋)《十七史蒙求》　　王逢源(宋)《十七史蒙求》
王令《十七史蒙求》　　　　　王涿《次韻蒙求》
方逢辰(宋)《名物蒙求》　　　徐伯益(宋)《訓女蒙求》
黎獻(宋)《事類蒙求》　　　　舒津(宋)《續蒙求》
王舜俞(宋)《左氏蒙求》　　　劉班(宋)《兩漢蒙求》
范鎭(宋)《本朝蒙求》　　　　程俱(宋)《南北史蒙求》
程俱(宋)《班左蒙求》　　　　孫應符(宋)《家塾蒙求》
孫應符(宋)《宗室蒙求》　　　雷壽之(宋)《漢臣蒙求》
李伉(宋)《系蒙求》　　　　　鄭氏(宋)《歷代蒙求》
邵笥(宋)《孝悌蒙求》　　　　吳逢道(宋)《六言蒙求》
葉子老(宋)《和李翰蒙求》　　柳正夫(宋)《西漢蒙求》
胡宏(宋)《叙古蒙求》　　　　釋志明(金)《禪苑蒙求》
胡炳文(元)《純正蒙求》　　　李廷機(明)《新蒙求》
吳化龍(明)《左氏蒙求》　　　羅澤南(淸)《養正蒙求》

王筠(淸)《文字蒙求》　　　釋靈操《釋氏蒙求》
康基淵《家塾蒙求》

　한편 일본에서는 족리足利(1300년대 후반부터 1400년대 초)시대에 이미 한반도를 통해 들어간 이래 유행하기 시작한 것으로 보고 있다. 특히 일본의 《삼대실록三代實錄》 원경元慶 2년(1538) 8월 條에 貞保親王飛香舍가 처음으로《몽구》를 읽었다는 기사가 있으며, 《부상집扶桑集》에는 都良香이 처음《몽구》의 시 한 수를 언급한 내용이 있으나 그 이전에 이미 수입된 것으로 보고 있다. 그러다가 덕천德川(1600년대 초반)시대에는《십팔사략十八史略》, 《소학小學》과 더불어 동몽서童蒙書로써 극성을 이루어 최고의 지위를 누리기도 하였다. 특히 당시 최고 통행본으로는 조선에서 간행된《표제서장원보주몽구標題徐狀元補注蒙求》였음이 일본의《몽구국자해蒙求國字解》(桂湖村 講 漢籍國字解全書 第45卷. 인본)에 자세히 실려 있다. 그런데 이 조선 간본은 지금 우리나라에는 전하지 아니하고 도리어 그 책을 가져간 일본에서 강백적岡白駒이 전주箋註를 달아 출간한《표제서장원몽구교본標題徐狀元蒙求校本》(上中下)이 들어와 소장되어 있다.
　좌우간 일본은 덕천시대부터 명치시대에 이르면서《몽구》에 대한 주석과 연구 및 아류의 찬집이 유행하여《일본몽구日本蒙求》(恩田仲任),《석서몽구釋書蒙求》(釋祖寬),《몽구속소蒙求續紹》(菅亨),《본조몽구本朝蒙求》(菅亨),《몽구습유蒙求拾遺》(大江廣房),《부상몽구扶桑蒙求》(岸鳳),《예림몽구藝林蒙求》(松田順之),《상화몽구桑華蒙求》(木下公定),《화한효자몽구和漢孝子蒙求》(加藤熙),《자경몽구自警蒙求》(藤澤恒),《본조수신몽구本朝修身蒙求》(林硏心),《황조몽구皇朝蒙求》(山下直溫),《일본몽구속편日本蒙求續編》(堤正勝),《서수몽구瑞穗蒙求》(田澤抱一),

《유동교훈몽구幼童教訓蒙求》(村井淸), 《동서몽구東西蒙求》(山賀新太郎), 《세계몽구世界蒙求》(平井正等), 《속몽구교본續蒙求校本》(黑神正臣), 《국자몽구國字蒙求》(伊東有鄰) 등이 쏟아져 나왔다.

그런가 하면 우리나라 조선시대에도 미암眉巖 유희춘(柳希春: 1513~1577)이 《속몽구續蒙求》를 지었으며, 이규경(李圭景: 1788~?)은 《십삼경몽구十三經蒙求》를 짓다가 완성하지 못하였다는 기록이 보이고 있다. 그리고 이미 《표제서장원보주몽구標題徐狀元補注蒙求》를 출간하였으며, 홍익주(洪翼周: 純祖~憲宗 때 인물)가 《몽구주해蒙求註解》를 내었던 것이 1책 56장으로 장서각(藏書閣. 1-201)에 소장되어 있다. 이 판본은 주해소인註解小引에 "梧樓漫題"라 하였으며 발문跋文에 "先君子積學累工, 蒐集抄述, 各自成書者多. 蒙求註解其一也. ……手書一冊, ……閱覽焉. ……入于火俸湯, 此篇拾灰爐之餘而……己亥(1839)首次男(洪)祐慶泣識"라 하여 그 아들 홍우경이 화재 속에서 겨우 찾아내었다고 기록되어 있어 지금은 그 원래 모습을 볼 수가 없다.

한편 앞서 말한 대로 《표제서장원보주몽구標題徐狀元補注蒙求》는 일본으로 건너가 일본의 《몽구》 붐을 일으킨 통행본이었으나, 도리어 일본 강백적岡白駒의 전주본箋註本이 역수입되어 국립도서관(國立圖書館: 古 2520-32)에 소장되어 있으니 실로 안타까운 일이다.

4. 《몽구》 원문 ················· 李瀚

이상으로 보아 《몽구》 원래 초기 모습은 지금의 제목에 해당하는 것이 곧 원문이었으며, 일련번호를 부여하여 제시하면 다음과 같다.

《蒙求》(上)

001. 王戎簡要, 裴楷淸通
002. 孔明臥龍, 呂望非熊
003. 楊震關西, 丁寬易東
004. 謝安高潔, 王導公忠
005. 匡衡鑿壁, 孫敬閉戶
006. 郅都蒼鷹, 甯成乳虎
007. 周嵩狼抗, 梁冀跋扈
008. 郄超髯參, 王珣短簿
009. 伏波標柱, 博望尋河
010. 李陵初詩, 田橫悲歌
011. 武仲不休, 士衡患多
012. 桓譚非讖, 王商止訛
013. 嵇呂命駕, 程孔傾蓋
014. 劇孟一敵, 周處三害
015. 胡廣補闕, 袁安倚賴
016. 黃霸政殊, 梁習治最
017. 墨子悲絲, 楊朱泣岐
018. 朱博烏集, 蕭芝雉隨
019. 杜后生齒, 靈王出髭
020. 賈誼忌鵩, 莊周畏犧
021. 燕昭築臺, 鄭莊置驛
022. 瓘靖二妙, 岳湛連璧
023. 郤詵一枝, 戴憑重席
024. 鄒陽長裾, 王符縫掖
025. 鳴鶴日下, 士龍雲間
026. 晉宣狼顧, 漢祖龍顔
027. 鮑靚記井, 羊祜識環
028. 仲容靑雲, 叔夜玉山
029. 毛義奉檄, 子路負米
030. 江革巨孝, 王覽友弟
031. 蕭何定律, 叔孫制禮
032. 葛豐刺擧, 息躬歷詆
033. 管寧割席, 和嶠專車
034. 時苗留犢, 羊續懸魚
035. 樊噲排闥, 辛毗引裾
036. 孫楚漱石, 郝隆曬書

037. 枚皋詣闕, 充國自贊　038. 王衍風鑒, 許劭月旦
039. 賀循儒宗, 孫綽才冠　040. 太叔辯給, 摯仲辭翰
041. 山濤識量, 毛玠公方　042. 袁盎卻坐, 衛瓘撫牀
043. 于公高門, 曹參趣裝　044. 庶女振風, 鄒衍降霜
045. 范冉生塵, 晏嬰脫粟　046. 詰汾興魏, 鼇令王蜀
047. 不疑誣金, 卞和泣玉　048. 檀卿沐猴, 謝尚鴝鵒
049. 太初日月, 季野陽秋　050. 荀陳德星, 李郭仙舟
051. 王忳綉被, 張氏銅鉤　052. 丁公邊戮, 雍齒先侯
053. 陳雷膠漆, 范張雞黍　054. 周侯山嶷, 會稽霞舉
055. 季布一諾, 阮瞻三語　056. 郭文遊山, 袁宏泊渚
057. 黃琬對日, 秦宓論天　058. 孟軻養素, 揚雄草玄
059. 向秀聞笛, 伯牙絕絃　060. 郭槐自屈, 南康猶憐
061. 魯恭馴雉, 宋均去獸　062. 廣客蛇影, 殷師牛鬬
063. 元禮模楷, 季彥領袖　064. 魯褒錢神, 崔烈銅臭
065. 梁竦廟食, 趙溫雄飛　066. 枚乘蒲輪, 鄭均白衣
067. 陵母伏劍, 軻親斷機　068. 齊后破環, 謝女解圍
069. 鑿齒尺牘, 荀勗音律　070. 胡威推縑, 陸績懷橘
071. 羅含吞鳥, 江淹夢筆　072. 李廞清貞, 劉驎高率
073. 蔣詡三逕, 許由一瓢　074. 楊僕移關, 杜預建橋
075. 壽王議鼎, 杜林駁堯　076. 西施捧心, 孫壽折腰
077. 靈輒扶輪, 魏顆結草　078. 逸少傾寫, 平子絕倒
079. 澹臺毀璧, 子罕辭寶　080. 東平爲善, 司馬稱好
081. 公超霧市, 魯般雲梯　082. 田單火牛, 江逌爇雞

083. 蔡裔隕盜, 張遼止啼
084. 陳平多轍, 李廣成蹊
085. 陳遵投轄, 山簡倒載
086. 淵客泣珠, 交甫解佩
087. 龔勝不屈, 孫寶自劾
088. 呂安題鳳, 子猷尋戴
089. 董宣彊項, 翟璜直言
090. 紀昌貫蝨, 養由號猨
091. 馮衍歸里, 張昭塞門
092. 蘇韶鬼靈, 盧充幽婚
093. 震畏四知, 秉去三惑
094. 柳下直道, 叔敖陰德
095. 張湯巧詆, 杜周深刻
096. 三王尹京, 二鮑糾慝
097. 孫康映雪, 車胤聚螢
098. 李充四部, 井春五經
099. 谷永筆札, 顧愷丹青
100. 戴逵破琴, 謝敷應星
101. 阮宣杖頭, 畢卓甕下
102. 文伯羞鼈, 孟宗寄鮓
103. 史丹青蒲, 張湛白馬
104. 隱之感隣, 王脩輟社
105. 阮放八雋, 江泉四凶
106. 華歆忤旨, 陳群蹙容
107. 王濬懸刀, 丁固生松
108. 姜維膽斗, 盧植音鐘
109. 桓溫奇骨, 鄧艾大志
110. 楊脩捷對, 羅友默記
111. 杜康造酒, 蒼頡制字
112. 樗里智囊, 邊韶經笥
113. 滕公佳城, 王果石崖
114. 買妻恥醮, 澤室犯齋
115. 馬后大練, 孟光荊釵
116. 顏叔秉燭, 宋弘不諧
117. 鄧通銅山, 郭況金穴
118. 秦彭攀轅, 侯霸臥轍
119. 淳于炙輠, 彥國吐屑
120. 太眞玉臺, 武子金埒
121. 巫馬戴星, 宓賤彈琴
122. 郝廉留錢, 雷義送金
123. 逢萌挂冠, 胡昭投簪
124. 王喬雙鳧, 華佗五禽
125. 程邈隸書, 史籀大篆
126. 王承魚盜, 丙吉牛喘
127. 賈琮褰帷, 郭賀露冕
128. 馮媛當熊, 班女辭輦

129. 王充閱市，董生下帷
130. 平叔傅紛，弘治凝脂
131. 楊寶黃雀，毛寶白龜
132. 宿瘤採桑，漆室憂葵
133. 韋賢滿籯，夏侯拾芥
134. 阮簡曠達，袁耽俊邁
135. 蘇武持節，鄭眾不拜
136. 郭巨將坑，董永自賣
137. 仲連蹈海，范蠡泛湖
138. 文寶緝柳，溫舒截蒲
139. 伯道無兒，嵇紹不孤
140. 綠珠墜樓，文君當壚

《蒙求》(下)

141. 伊尹負鼎，甯戚扣角
142. 趙壹坎壈，顏駟塞剝
143. 龔遂勸農，文翁興學
144. 晏御揚揚，五鹿嶽嶽
145. 蕭朱結綬，王貢彈冠
146. 龐統展驥，仇覽棲鸞
147. 諸葛顧廬，韓信升壇
148. 王裒柏慘，閔損衣單
149. 蒙恬製筆，蔡倫造紙
150. 孔僅縕袍，祭遵布被
151. 周公握髮，蔡邕倒屣
152. 王敦傾室，紀瞻出妓
153. 暴勝持斧，張網埋輪
154. 靈運曲笠，林宗折巾
155. 屈原澤畔，漁父江濱
156. 魏勃掃門，潘岳望塵
157. 京房推律，翼奉觀性
158. 甘寧奢侈，陸凱貴盛
159. 干木當義，於陵辭聘
160. 元凱傳癖，伯英草聖
161. 馮異大樹，千秋小車
162. 漂母進食，孫鍾設瓜
163. 壺公謫天，薊訓歷家
164. 劉玄刮席，晉惠聞蟆
165. 伊籍一拜，酈生長揖
166. 馬安四至，應璩三入
167. 郭解借交，朱家脫急
168. 虞延刻期，盛吉垂泣

169. 豫讓吞炭，鉏麑觸槐
170. 阮孚蠟屐，祖約好財
171. 初平起石，左慈擲杯
172. 武陵桃源，劉阮天台
173. 王儉墜車，褚淵落水
174. 季倫錦障，春申珠履
175. 甄后出拜，劉楨平視
176. 胡嬪爭樗，晉武傷指
177. 石慶數馬，孔光溫樹
178. 翟湯隱操，許詢勝具
179. 優游滑稽，落下歷數
180. 曼容自免，子平畢娶
181. 師曠清耳，離婁明目
182. 仲文照鏡，臨江折軸
183. 欒巴噀酒，偃師舞木
184. 德潤傭書，君平賣卜
185. 叔寶玉潤，彥輔冰清
186. 衛后髮鬢，飛燕體輕
187. 玄石沈湎，劉伶解酲
188. 趙勝謝躄，楚莊絕纓
189. 惡來多力，飛廉善走
190. 趙孟疵面，田駢天口
191. 張憑理窟，裴頠談藪
192. 仲宣獨步，子建八斗
193. 廣漢鉤距，弘羊心計
194. 衛青拜幕，去病辭第
195. 酈寄賣友，紀信詐帝
196. 濟叔不癡，周兄無慧
197. 虞卿擔簦，蘇章負笈
198. 南風擲孕，商受斯涉
199. 廣德從橋，君章拒獵
200. 應奉五行，安世三篋
201. 相如題柱，終軍棄繻
202. 孫晨藁席，原憲桑樞
203. 端木辭金，鍾離委珠
204. 季札挂劍，徐穉置芻
205. 朱雲折檻，申屠斷鞅
206. 衛玠羊車，王恭鶴氅
207. 管仲隨馬，倉舒稱象
208. 丁蘭刻木，伯瑜泣杖
209. 陳逵豪爽，田方簡傲
210. 黃向訪主，陳寔遺盜
211. 龐儉鑿井，陰方祀竈
212. 韓壽竊香，王濛市帽
213. 勾踐投醪，陸抗嘗藥
214. 孔愉放龜，張顥墮鵲

215. 田預儉素, 李恂清約
216. 義縱攻剽, 周陽暴虐
217. 孟陽擲瓦, 賈氏如皋
218. 顏回簞瓢, 仲蔚蓬蒿
219. 麋竺收資, 桓景登高
220. 雷煥送劍, 呂虔佩刀
221. 老萊斑衣, 黃香扇枕
222. 王祥守柰, 蔡順分椹
223. 淮南食時, 左思十稔
224. 劉悛傾釀, 孝伯痛飲
225. 女媧補天, 長房縮地
226. 季珪士首, 安國國器
227. 陸玩無人, 賈詡非次
228. 何晏神伏, 郭奕心醉
229. 常林帶經, 高鳳漂麥
230. 孟嘉落帽, 庾敱墮幘
231. 龍逢板出, 張華台坼
232. 董奉活燮, 扁鵲起虢
233. 寇恂借一, 何武去思
234. 韓子孤憤, 梁鴻五噫
235. 蔡琰辯琴, 王粲覆棋
236. 西門投巫, 何謙焚祀
237. 孟嘗還珠, 劉昆反火
238. 姜肱共被, 孔融讓果
239. 端康相代, 亮陟隔坐
240. 趙倫瘤怪, 梁孝牛禍
241. 桓典避馬, 王尊叱馭
242. 鼂錯峭直, 趙禹廉倨
243. 亮遺巾幗, 備失匕箸
244. 張翰適意, 陶潛歸去
245. 魏儲南館, 漢相東閣
246. 楚元置醴, 陳蕃下榻
247. 廣利泉涌, 王霸冰合
248. 孔融坐滿, 鄭崇門雜
249. 張堪折轅, 周鎮漏船
250. 郭伋竹馬, 劉寬蒲鞭
251. 許史侯盛, 韋平相延
252. 雍伯種玉, 黃尋飛錢
253. 王允千里, 黃憲萬頃
254. 虞騑才望, 戴淵峰穎
255. 史魚黜殯, 子囊城郢
256. 戴封積薪, 耿恭拜井
257. 汲黯開倉, 馮煖折券
258. 齊景駟千, 何曾食萬
259. 顧榮錫炙, 田文比飯
260. 稚珪蛙鳴, 彥倫鶴怨

261. 廉頗負荊, 須賈擢髮
262. 孔翊絕書, 申嘉私謁
263. 淵明把菊, 眞長望月
264. 子房取履, 釋之結韤
265. 郭丹約關, 祖逖誓江
266. 賈逵問事, 許愼無雙
267. 婁敬和親, 白起坑降
268. 簫史鳳臺, 宋宗雞窻
269. 王陽囊衣, 馬援薏苡
270. 劉整交質, 五倫十起
271. 張敞畫眉, 謝鯤折齒
272. 盛彥感蟯, 姜詩躍鯉
273. 宗資主諾, 成瑨坐嘯
274. 伯成辭耕, 嚴陵去釣
275. 董遇三餘, 譙周獨笑
276. 將閭仰天, 王凌呼廟
277. 二疏散金, 陸賈分橐
278. 慈明八龍, 禰衡一鶚
279. 不占殞車, 子雲投閣
280. 魏舒堂堂, 周舍鄂鄂
281. 無鹽如漆, 姑射若氷
282. 郈子投火, 王思怒蠅
283. 苻朗皂白, 易牙淄澠
284. 周勃織薄, 灌嬰販繒
285. 馬良白眉, 阮籍青眼
286. 黥布開關, 張良燒棧
287. 陳遺飯感, 陶侃酒限
288. 楚昭萍實, 束晳竹簡
289. 曼倩三冬, 陳思七步
290. 劉寵一錢, 廉范五袴
291. 氾毓字孤, 郗鑒吐哺
292. 荀弟轉酷, 嚴母掃墓
293. 洪喬擲水, 陳泰挂壁
294. 王述忿狷, 荀粲惑溺
295. 宋女愈謹, 敬姜猶績
296. 鮑照篇翰, 陳琳書檄
297: 浩浩萬古, 不可備甄.
298: 芟煩摭華, 爾曹勉旃

欽定四庫全書

蒙求集註卷上

唐 李瀚 撰
宋 徐子光 註

王戎簡要 裴楷清通

晉書王戎字濬沖琅琊臨沂人幼而穎悟神彩秀徹視日不眩裴楷見而目之曰戎眼爛爛如巖下電阮籍素與戎父渾為友戎年十五隨渾在郎舍少籍二十歲籍與之交籍適渾俄頃輒去過視戎良久然後出謂渾曰濬冲清賞非卿倫也共卿言不如共阿戎談歷官至司徒 晉裴楷字叔則河東聞喜人明悟有識量少與戎齊名鍾會薦於文帝碎相國椽及吏部郎缺帝問會曰裴楷清通王戎簡要皆其選也於是用楷楷風神高邁容儀俊爽博涉羣書特精理義時謂之玉人又稱見叔則如近玉山映照人也轉中書郎出入官省見者肅然改容武帝登祚探策以卜世數多少既得一不悅羣臣失色楷曰臣聞天

孔明臥龍 呂望非熊

蜀志諸葛亮琅邪陽都人躬耕隴畝好為梁父吟每自比管仲樂毅時人莫之許惟崔州平徐庶與亮友善謂為信然時先主屯新野徐庶見之謂先主曰諸葛孔明臥龍也將軍豈願見之乎此人可就見不可屈致宜枉駕顧之先主遂詣亮凡三往乃見因屏人與語大悅於是情好日密關公張等不悅先主曰孤之有孔明猶魚之有水也願勿復言及稱尊位以亮為丞相 漢晉春秋曰亮家南陽鄧縣襄陽城西號曰隆中 六韜曰文王將田史編卜曰田于渭陽將有得焉非龍非彲非虎非羆兆得公侯天遺汝師以之佐昌及三王文王乃齋三日田于渭陽卒見太公坐茅以漁文王勞而問之乃載與歸立為師舊本作非熊非羆疑流俗承誤後世莫知是正耳按後漢

學津討原본《蒙求集註》(上下) 臺灣 藝文印書館에서 百部叢書集成으로 영인 출간한 것이다.

蒙求卷之上　　　　畿輔叢書

　　　　　　　　唐安平李瀚撰註

蒙求卷上

事見上註

裴楷清通

悅後累遷中書令

晉王戎字大仲琅琊人裴楷字叔則時吏部闕文帝問
其人於鍾會會曰裴楷清通王戎簡要皆其選也於是
用楷及武帝登祚探策以卜世數既而得一不悅楷曰
天得一以清地得一以寧王侯得一以為天下正帝曰
王戎簡要

孔明臥龍

蜀志諸葛亮字孔明漢末往襄州刺史徐庶見之謂先
主曰諸葛孔明臥龍也將軍願見之乎先主凡三往乃
見因與計事善之關羽等不悅先主曰孤有孔明猶魚
之得水也後竟為相

呂望非熊

六韜文王將田史編卜曰將大獲焉非龍非羆非虎非
熊兆得公侯天遺汝師以之佐昌施及三王文王乃齋
三日田於渭陽見太公坐石以漁王乃載與俱歸立為
師補註舊本作非熊非羆疑俗承誤莫知正爾

기보총서본 《蒙求》上下 2권으로 되어 있으며 臺灣 藝文印書館에서 百部叢書集成으로
影印 出刊한 것이다.

燕昭築臺 郄詵一枝
戴冑犯顏 王符縱橫
邴原長裾 崔列劍貝
馮煥下車 漢祖龍顏 殷師牛闘
士龍雲間 晉宣狼領 廣客馳影
鮑叔識非 夜孫制禮 宋均去獸
毛萇捧檄 子路負米 李李領袖 魯褒錢神
管寧割席 仲容青雲 元禮楷模 鄭均自衣
許閒問定律 江華忠孝 梁竦廟食 趙溫雄飛
樊噲排闥 葛豐刺舉 陵母伏劍 郄詵斷機
枝初日月 王賢反佩 齊宮齒頰 胡威推縑
不疑証金 孫嵩歷諡 壽王議鼎 謝女解圍
曹爽趙裝 息躬聯書 顯合吞鳥 楊僕捧心
范丹生塵 王賢玉山 蔣詡三逕 西施捧心
千公高門 袁安抑坐 荷衣一瓢 李廣洗貪
山公識量 庾衮振魂 杜林骸骨 劉聯繡被
賀循儒宗 鄭瑜撫琴 魏顥結草 孫壽折腰
王恢繡被 許仲詞翰 逸少頃寫 杜稻建橋
泰初日月 十枚辨始 社由一飄 陶侃絶倒
秦布一諾 荀陳德星 江浟音律 陳繼懷摘
阮瞻三語 謝尚鸜鵒 平子宴好 司馬擁篲
陶寛餅嗟 李邰仙舟 子罕辭寶 東平爲善
凌暉論天 丁公遇戰 張載投轄
參瑭對日 同儔山簇 魯般雲梯 田單火牛
黃琬對日 郄文挫山 陳邊頃盜 江達築鵝
向秀聞笛 袁宏泊渚 張超歸里 陳平多散
伯牙絶絃 楊雄草玄 蔡衡殖 盜李廣成珠
郭槐自屈 孟軻養素 龍廉不屈 呂安題風
南郡獲麟 陳宜強俦 子獻戴笠
住座直言 甘蠅貫虱
張招襲門 蘇韶鬼靈
車胤流剡 柳下直道
震仕四咸 三王尹京
董仁弱頃 叔敖陰德
馮衍歸里 盧充幽婿
蔡衡投轄 井春五經
陳邊頃盜 李充四部
張超羨盜
谷永筆札
孫康映雪
顏凱升膏
載逵破琴
謝敷應星

《標題徐狀元補注蒙求校本》岡白駒(日) 解題 부분을 참조할 것

補註蒙求國字解卷之一

東湖　田　興　甫　註解
平安　松　正　楨　刪訂

● 王戎簡要　裴楷清通

【訓蒙】晉書、王戎、字は濬沖、瑯邪臨沂の人、幼にして穎悟、神彩秀徹、日を視て眩がず、裴楷見て、之を目して曰く戎が眼、爛爛たること、巖下の電の如しと、阮籍、素より戎が父渾と友たり、戎年十五、渾に隨つて郞舍に在り、籍より少きこと二十歳、籍之と交る、籍、渾に適いて去る每に、輒ち過ぎて戎を視、其や久うして然る後に出づ、渾に謂つて曰く、濬沖の清賞、卿が倫に非ず、卿と共に言ぶは、阿戎と談するに如かずと、官を歷て司徒に至る ● 晉の裴楷、字は叔則、河東聞喜の人、明悟にして識量あり、少うして戎と名を齊しうす、鍾會、文帝に薦め、相國の掾に辟さる、吏部郞缺くるに及び、帝、鍾會に問ふ、會曰く、裴楷は清通、王戎は簡要、皆其選なりと、ここに於て楷を用ふ、楷、風神高邁、容儀俊爽、博く群書に渉り、特に理義に精し、時に之を玉人と謂ふ、又稱す、叔則を見れば、玉山に近くが如く、人を照映すと、中書郞に轉じ、官甞に出入するに、見る者、肅然として容を改む、武帝、祚に登り、筮を探り、一を得て悅びず、群臣色を失ふ、楷曰く、臣聞く、天は一を得て以て淸く、雖は一を得て以て寧く、王侯は一を得て以て天下の貞たりと、帝大に悅びす、中書令侍中に累遷す、

穎悟ハ、知惠ノハシ　神彩秀徹、
カクサトキヲ云フ　彩神ハ、心バヘ
ノ文彩アルナ

晉書
列傳
十三　王戎、字濬沖、瑯邪臨沂人、幼而穎悟、

王戎簡要　裴楷淸通

補注蒙求 卷上

王戎簡要　裴楷清通

晉書王戎字濬沖，琅邪臨沂人，幼而穎悟，神彩秀徹，視日不眩。裴楷見而目之曰：戎眼爛爛，如嚴下電。阮籍素與戎父渾爲友。戎年十五，隨渾在郎舍（次郡官阮籍少籍與之交）。籍每適渾，輒過視戎，良久然後出，謂渾曰：濬沖清賞，非卿倫也，共卿言不如其阿戎誅（如人聲發語時多加之人）。歷官至司徒。

晉裴楷字叔則，河東聞喜人，明悟有識量（智度，叔則）少與戎齊名，鍾會薦於文帝（司馬昭）辟相國掾（文帝注魏爲相國有史正曰掾副曰史），及吏部郎。缺（吏部郎主選舉選舉爲缺）帝問鍾會曰：裴楷清通，王戎簡要，皆其選也。於是用楷。楷風神高邁，容儀俊爽，博涉羣書，特精理義（魏晉閒老易學爲議時謂之玉人又稱見叔則，如近玉山照映人也）轉中書郎，出入宮省，見者肅然改容。武帝登祚，探策以卜世數之少既而得一，不悅，而侍臣失色。楷曰：聞天得一以清，地得一以寧，王侯得一以爲天下貞。帝大悅，羣臣遷中書令侍中。

孔明臥龍　呂望非熊

蜀志諸葛亮字孔明，琅邪陽都人，躬耕隴畝，好爲梁父吟（諸葛亮好爲梁父吟）。身長八尺，每自比管仲樂毅，時人莫之許也。惟崔州平，徐庶與亮友善，謂爲信然。先主屯新野，徐庶見之，謂曰：諸

ねあやまりうそ多ければ、覧るもの之れをうれへり、豈翰の記載する所古よりしてかゝるか、さて亦後世此の書を傳へつぐ際に自然に誤るに至りしか、予は甞て翰の用意の周到なるを慕ひして其の未だ十分に備はらざるを惜む、是に於てひろく史傳をわたりみ、あまねく百家の書を求めみて、根本を推し究め、源を探り知り、其のよき所をとり要所を咀嚼して之れを補へり、舊註にて大抵傳記に見ることなき記事を加へたり又書籍の語淺薄あやまりみだらなるものは就て訂正を加へ者あれば、其の中にてま古き事實の概略を舉り傳ふ可き者あれば、其の一つ一つ大なるものをとりて附けり加へり、此れによりて庶幾くは明なること日や星の天につらなり美しくかゞやきてみるべきが如きものあらん、名づけて補註と曰ふ、將にこれを以て遺忘を檢索するの用に備へ討論の助となさんとす、加之是れ亦文詞の手本のちかみちたるものに非ずや、時に淳熙十六年己酉十一月辛卯の吉き日に徐子光序す.

卷上

王戎簡要　裴楷淸通

晉書、王戎字濬仲、琅邪臨沂人幼而穎悟、神彩秀徹視日不眩、裴楷見而

目之曰、戎眼爛爛如巖下電、阮籍素與戎父渾爲友、戎年十五、隨渾在郎舍、少籍二十歲、籍與之交籍每適渾、輒過視戎良久然後出、謂渾曰濬仲淸賞非卿倫也、共卿言不如共阿戎談、歷官至司徒.

【字解】琅邪、郡の名、〔臨沂〕縣の名、〔頴悟〕すぐれてかしこきさし〔神彩〕風儀なり、〔秀徹〕すきとほる如くすぐれて美し、〔眩〕目くらむ、〔目之〕見て品評す、〔爛爛〕明に光るさま、〔巖下電〕岩の下の暗き所にひかる電光、特に明に光りて見ゆるよりいふ、〔素〕平素なり、〔郞舍〕郞官の官舍、〔良久〕稍久し、〔淸賞〕精神風儀淸淨にして尊びあがむべきこと、賞はほめあがむること、〔卿倫〕卿は同輩を呼ぶ語、あなた、儕に同じ、ともがら、〔阿戎〕阿は人を呼ぶとき冠らす語助の字.

【義解】晉書に曰く、王戎は字を濬仲といひ、琅邪郡臨沂縣の人なり、幼にしてすぐれてかしこくさとく、風儀はすきほるやうにすぐれて美しく、眸子かゞやき清き故日の光をみてくらまず、裴楷見て之れを品評して曰く、我が眼は尋常ならず、明に光りかゞやきて恰も巖下のくらき所に光る電光の如しとほめたり、阮籍は平素より我が父渾と友として親交あ

清 王筠의 《文學蒙求》《蒙求》 이후 쏟아져 나온 蒙求類의 一例

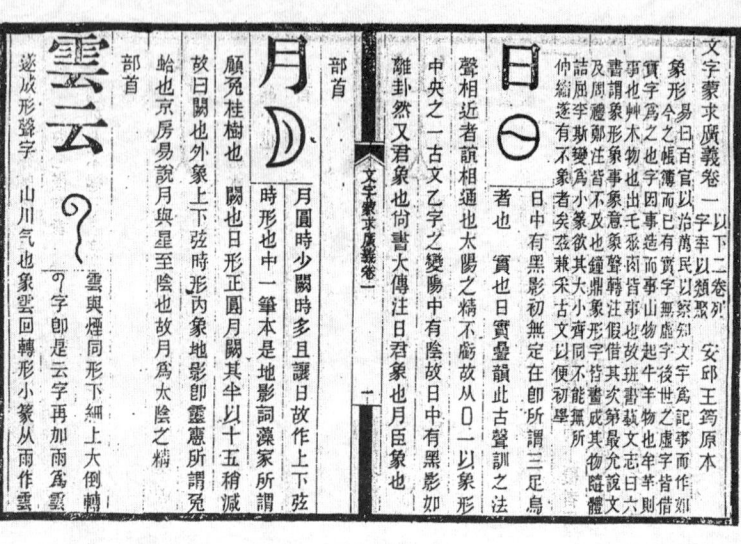

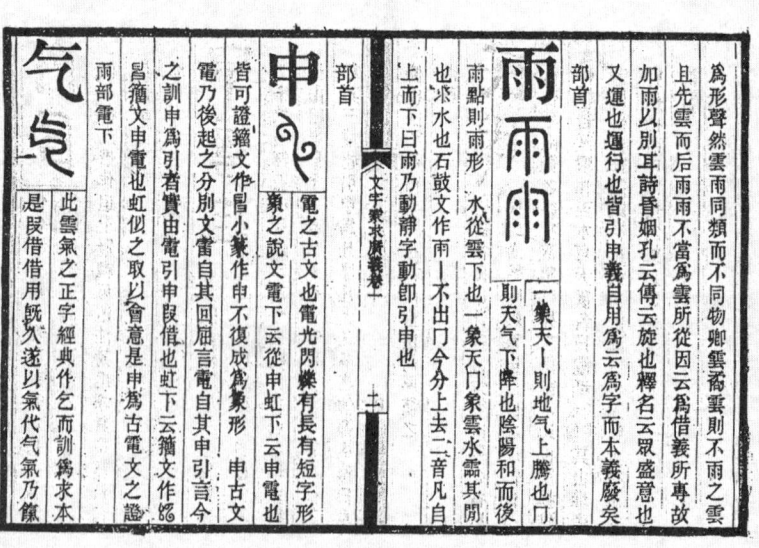

《文學蒙求廣義》王筠의《文學蒙求》를 清代 陳義가 廣義를 붙인 것.
臺灣 藝文印書館 印本(1988)《몽구》류 출간의 예

차례

🔹 책머리에
🔹 일러두기
🔹 해제
　1. 책이름과 내용 및 체제
　2. 찬자撰者와 주자註者
　3. 《몽구》의 영향과 전래
　4. 《몽구》 원문

蒙求 중

001. 王戎簡要, 裴楷淸通 ················· 76
　① 王戎簡要 간요한 왕융
　② 裴楷淸通 청통한 배해

002. 孔明臥龍, 呂望非熊 ················· 82
　① 孔明臥龍 와룡선생 제갈공명
　② 呂望非熊 문왕이 사냥 나가 만난 강태공

003. 楊震關西, 丁寬易東 ················· 90
　① 楊震關西 관서공자라 불린 양진
　② 丁寬易東 《주역》에 뛰어났던 정관

004. 謝安高潔, 王導公忠 ················· 94
　① 謝安高潔 고결한 성품의 사안
　② 王導公忠 왕도의 공정함과 충성

005. 匡衡鑿壁, 孫敬閉戶 ··· 102
　① 匡衡鑿壁 벽을 뚫고 등불을 비춰 공부한 광형
　② 孫敬閉戶 폐호선생 손경

006. 郅都蒼鷹, 甯成乳虎 ··· 106
　① 郅都蒼鷹 표독한 매 같은 질도
　② 甯成乳虎 젖먹이 딸린 호랑이 같은 영성

007. 周嵩狼抗, 梁冀跋扈 ··· 111
　① 周嵩狼抗 뻣뻣하기 그지없는 주숭
　② 梁冀跋扈 양기의 발호

008. 郗超髯參, 王珣短簿 ··· 116
　① 郗超髯參 수염 덥수룩한 참군 치초
　② 王珣短簿 키 작은 주부 왕순

009. 伏波標柱, 博望尋河 ··· 122
　① 伏波標柱 국경 표시를 세운 복파장군 마원
　② 博望尋河 물길을 찾아낸 박망후 장건

010. 李陵初詩, 田橫悲歌 ··· 129
　① 李陵初詩 오언시를 처음 지은 이릉
　② 田橫悲歌 전횡의 만가

011. 武仲不休, 士衡患多 ··· 138
　① 武仲不休 붓을 멈추지 않은 무중
　② 士衡患多 우환이 많은 육기

012. 桓譚非讖, 王商止訛 ··· 145
　① 桓譚非讖 참언서를 모르는 환담
　② 王商止訛 유언비어를 그치게 한 왕상

013. 嵇呂命駕, 程孔傾蓋 ··· 152
   ① 嵇呂命駕 혜강을 만나러 수레를 몰고 간 여안
   ② 程孔傾蓋 가던 길 멈추고 환담을 나눈 공자와 정자

014. 劇孟一敵, 周處三害 ··· 156
   ① 劇孟一敵 극맹은 나라에 필적할 인물
   ② 周處三害 주처로 인한 세 가지 폐해

015. 胡廣補闕, 袁安倚賴 ··· 162
   ① 胡廣補闕 궁궐을 지켜낸 호광
   ② 袁安倚賴 천하가 의지했던 원안

016. 黃霸政殊, 梁習治最 ··· 167
   ① 黃霸政殊 특이한 치적을 이룬 황패
   ② 梁習治最 최고의 치적을 이룬 양습

017. 墨子悲絲, 楊朱泣岐 ··· 172
   염색을 보고 슬퍼한 묵자와 기로에서 울음을 터뜨린 양주

018. 朱博烏集, 蕭芝雉隨 ··· 174
   ① 朱博烏集 까마귀가 모여든 주박의 집
   ② 蕭芝雉隨 꿩이 따라다닌 소지

019. 杜后生齒, 靈王出髭 ··· 177
   ① 杜后生齒 없던 이가 솟아난 두후
   ② 靈王出髭 콧수염이 난 영왕

020. 賈誼忌鵬, 莊周畏犧 ··· 181
   ① 賈誼忌鵬 복조를 두려워한 가의
   ② 莊周畏犧 희생이 되기를 거부한 장주

021. 燕昭築臺, 鄭莊置驛 ·············· 187
　① 燕昭築臺 곽외를 위해 누대를 지은 연소왕
　② 鄭莊置驛 역마를 두고 잔치를 벌인 정당시

022. 瓘靖二妙, 岳湛連璧 ·············· 196
　① 瓘靖二妙 글씨에 오묘한 재능을 보인 위관과 삭정 두 사람
　② 岳湛連璧 연벽이라 불린 반악과 하후잠

023. 郤詵一枝, 戴憑重席 ·············· 202
　① 郤詵一枝 계수나무 한 가지에 비유한 극선
　② 戴憑重席 자리를 겹쳐 앉은 대빙

024. 鄒陽長裾, 王符縫掖 ·············· 206
　① 鄒陽長裾 옷깃을 길게 늘어뜨린 추양
　② 王符縫掖 진정한 유학자의 왕부

025. 鳴鶴日下, 士龍雲間 ·············· 212
　　　햇빛 아래 순명학, 구름 사이 육사룡

026. 晉宣狼顧, 漢祖龍顏 ·············· 217
　① 晉宣狼顧 뒤돌아보는 이리의 관상을 한 사마중달
　② 漢祖龍顏 용안의 관상을 가진 한 고조

027. 鮑靚記井, 羊祜識環 ·············· 222
　① 鮑靚記井 우물에 빠져 죽었던 기억을 되살려낸 포정
　② 羊祜識環 잃어버린 반지를 찾아낸 양호

028. 仲容靑雲, 叔夜玉山 ·············· 227
　① 仲容靑雲 청운의 도량을 가진 완함
　② 叔夜玉山 옥산과 같은 혜강

029. 毛義奉檄, 子路負米 ·································· 234
　① 毛義奉檄 임명장을 받은 모의의 모습
　② 子路負米 부모를 위해 쌀을 짊어지고 온 자로

030. 江革巨孝, 王覽友弟 ······························· 239
　① 江革巨孝 큰 효자 강혁
　② 王覽友弟 아우로서 우애를 다한 왕람

031. 蕭何定律, 叔孫制禮 ······························· 244
　① 蕭何定律 법률을 제정한 소하
　② 叔孫制禮 궁중 예법을 제정한 숙손통

032. 葛豐刺擧, 息躬歷詆 ······························· 251
　① 葛豐刺擧 풍자와 검거에 뛰어난 제갈풍
　② 息躬歷詆 공경대부를 차례로 꾸짖은 식부궁

033. 管寧割席, 和嶠專車 ······························· 255
　① 管寧割席 함께 앉은 자리를 베어버린 관녕
　② 和嶠專車 수레를 독차지한 화교

034. 時苗留犢, 羊續懸魚 ······························· 259
　① 時苗留犢 송아지는 남겨놓고 떠난 시묘
　② 羊續懸魚 뇌물로 바쳐온 물고기를 걸어둔 양속

035. 樊噲排闥, 辛毘引裾 ······························· 263
　① 樊噲排闥 달문을 밀치고 들어간 번쾌
　② 辛毘引裾 황제의 소매를 잡고 늘어진 신비

036. 孫楚漱石, 郝隆曬書 ······························· 271
　① 孫楚漱石 돌로 양치질을 하겠다는 손초
　② 郝隆曬書 뱃속의 책을 말린 학륭

037. 枚皐詣闕, 充國自贊 ································ 274
　① 枚皐詣闕 궁궐을 찾아온 매고
　② 充國自贊 자신을 칭찬한 조충국

038. 王衍風鑒, 許劭月旦 ································ 280
　① 王衍風鑒 풍진 세상 거울과 같은 왕연
　② 許劭月旦 월단평을 시행한 허소

039. 賀循儒宗, 孫綽才冠 ································ 288
　① 賀循儒宗 유종으로 추앙받은 하순
　② 孫綽才冠 손작의 재능이 으뜸

040. 太叔辯給, 摯仲辭翰 ································ 293
　　언변은 태숙광, 문장은 지우

041. 山濤識量, 毛玠公方 ································ 295
　① 山濤識量 산도의 식견과 도량
　② 毛玠公方 공정함과 방정함을 다한 모개

042. 袁盎卻坐, 衛瓘撫牀 ································ 303
　① 袁盎卻坐 신부인의 자리를 치워버린 원앙
　② 衛瓘撫牀 침상을 어루만지며 한탄한 위관

043. 于公高門, 曹參趣裝 ································ 309
　① 于公高門 대문을 높이 올린 우정국
　② 曹參趣裝 재상으로 들어갈 것을 미리 안 조참

044. 庶女振風, 鄒衍降霜 ································ 314
　① 庶女振風 풍속을 진작시킨 서인의 딸
　② 鄒衍降霜 한여름 서리를 내리게 한 추연

045. 范冉生塵, 晏嬰脫粟 ·· 317
　　① 范冉生塵 시루에 먼지 가득한 범염
　　② 晏嬰脫粟 껍질만 벗긴 곡식으로 밥을 해먹는 재상 안영

046. 詰汾興魏, 鼈令王蜀 ·· 321
　　① 詰汾興魏 위나라를 일으킨 탁발힐분
　　② 鼈令王蜀 촉의 왕이 된 별령

047. 不疑誣金, 卞和泣玉 ·· 325
　　① 不疑誣金 금을 가지고 간 것으로 의심을 받은 직불의
　　② 卞和泣玉 옥돌을 두고 피눈물을 흘린 변화

048. 檀卿沐猴, 謝尙鴝鵒 ·· 330
　　① 檀卿沐猴 물 젖은 원숭이 춤을 춘 단장경
　　② 謝尙鴝鵒 구욕춤을 잘 춘 사상

049. 太初日月, 季野陽秋 ·· 336
　　① 太初日月 해와 달처럼 환한 하후태초
　　② 季野陽秋 포폄이 분명했던 저계야

050. 荀陳德星, 李郭仙舟 ·· 340
　　① 荀陳德星 덕성과 같은 순숙과 진식 두 집안
　　② 李郭仙舟 신선같은 배를 타고 떠난 이응과 곽태

051. 王忳綉被, 張氏銅鉤 ·· 344
　　① 王忳綉被 비단 수놓은 이불을 찾아준 왕돈
　　② 張氏銅鉤 장씨 집안의 구리 허리띠 고리

052. 丁公遽戮, 雍齒先侯 ·· 349
　　① 丁公遽戮 급히 죽음을 당한 정공
　　② 雍齒先侯 먼저 후에 봉해진 옹치

053. 陳雷膠漆, 范張鷄黍 ··· 355
　① 陳雷膠漆 교칠과 같은 우정의 진중과 뇌의
　② 范張鷄黍 닭과 기장밥의 우정을 이룬 범식과 장소

054. 周侯山嶷, 會稽霞擧 ··· 360
　① 周侯山嶷 깎아지른 절벽 같은 주후
　② 會稽霞擧 아침노을 피어오르듯 환한 회계왕

055. 季布一諾, 阮瞻三語 ··· 363
　① 季布一諾 천금같은 계포의 한 마디 허락
　② 阮瞻三語 세 글자 말로 벼슬을 얻은 완첨

056. 郭文遊山, 袁宏泊渚 ··· 370
　① 郭文遊山 곽문의 산수 유람
　② 袁宏泊渚 우저에 정박한 원굉

057. 黃琬對日, 秦宓論天 ··· 375
　① 黃琬對日 일식에 대한 황완의 대답
　② 秦宓論天 천리를 논한 진복

058. 孟軻養素, 揚雄草玄 ··· 382
　① 孟軻養素 본바탕을 수양한 맹자
　② 揚雄草玄 《태현경》의 초안을 쓴 양웅

059. 向秀聞笛, 伯牙絶絃 ··· 387
　① 向秀聞笛 젓대소리 슬퍼한 상수
　② 伯牙絶絃 거문고 줄을 끊은 백아

060. 郭槐自屈, 南康猶憐 ··· 392
　① 郭槐自屈 스스로 굴복한 곽괴
　② 南康猶憐 도리어 슬퍼한 남강공주

蒙求 下

061. 魯恭馴雉, 宋均去獸 ································· 476
  ① 魯恭馴雉 꿩조차 순치한 노공
  ② 宋均去獸 맹수를 몰아낸 송균

062. 廣客蛇影, 殷師牛鬪 ································· 482
  ① 廣客蛇影 뱀 그림자를 무서워한 악광의 손님
  ② 殷師牛鬪 소싸움이 귀에 들리는 은사

063. 元禮模楷, 季彦領袖 ································· 487
  ① 元禮模楷 천하의 표준이 된 이원례
  ② 季彦領袖 후진의 영수가 될 배계언

064. 魯褒錢神, 崔烈銅臭 ································· 495
  ① 魯褒錢神 노포의 〈전신론〉
  ② 崔烈銅臭 몸에서 구리 냄새가 나는 최열

065. 梁竦廟食, 趙溫雄飛 ································· 501
  ① 梁竦廟食 사당의 식사를 대접받은 양송
  ② 趙溫雄飛 웅비를 꿈꾼 조온

066. 枚乘蒲輪, 鄭均白衣 ································· 505
  ① 枚乘蒲輪 부들로 바퀴를 엮어 편하게 한 수레를 탄 매승
  ② 鄭均白衣 백의상서 정균

067. 陵母伏劍, 軻親斷機 ································· 509
  ① 陵母伏劍 칼에 엎어져 죽은 왕릉의 어머니
  ② 軻親斷機 짜던 베를 잘라버린 맹자의 어머니

068. 齊后破環, 謝女解圍 ································· 515
  ① 齊后破環 연환을 깨어버린 제나라 왕후
  ② 謝女解圍 도련님의 포위를 풀어 준 사도온

069. 鑿齒尺牘, 荀勗音律 ································· 521
  ① 鑿齒尺牘 습착치의 편지 전달
  ② 荀勗音律 음률에 뛰어난 순욱

070. 胡威推縑, 陸績懷橘 ·············· 528
　① 胡威推縑 비단을 부하에게 나누어 준 호위
　② 陸績懷橘 어머니를 위해 먹던 귤을 품은 육적

071. 羅含吞鳥, 江淹夢筆 ·············· 533
　① 羅含吞鳥 입 안으로 새를 삼킨 나함
　② 江淹夢筆 꿈속에 붓을 빼앗긴 강엄

072. 李廞淸貞, 劉驎高率 ·············· 539
　① 李廞淸貞 맑고 곧은 이흠
　② 劉驎高率 고매하고 솔직한 유린지

073. 蔣詡三逕, 許由一瓢 ·············· 543
　① 蔣詡三逕 오솔길 셋을 만들어 놓은 장후
　② 許由一瓢 허유의 표주박 하나

074. 楊僕移關, 杜預建橋 ·············· 547
　① 楊僕移關 함곡관의 관적을 옮긴 양복
　② 杜預建橋 다리를 건설한 두예

075. 壽王議鼎, 杜林駁堯 ·············· 551
　① 壽王議鼎 오구수왕의 보정에 대한 논의
　② 杜林駁堯 두림의 요임금 제사에 대한 논박

076. 西施捧心, 孫壽折腰 ·············· 557
　① 西施捧心 통증에 가슴을 두드린 서시
　② 孫壽折腰 손수의 절요보라는 기이한 행동

077. 靈輒扶輪, 魏顆結草 ·············· 561
　① 靈輒扶輪 빠진 바퀴를 끌어내어 살려준 영첩
　② 魏顆結草 풀을 묶어 위과의 은혜에 보답한 고사

078. 逸少傾寫, 平子絶倒 ·············· 566
　① 逸少傾寫 대접을 아끼지 않은 왕우군의 아내
　② 平子絶倒 위개의 담론에 절도한 평자

079. 澹臺毀璧, 子罕辭寶 ·· 576
　① 澹臺毀璧 구슬을 부숴 버린 담대멸명
　② 子罕辭寶 보물을 사양한 사성자한

080. 東平爲善, 司馬稱好 ·· 580
　① 東平爲善 선행을 가장 즐겁게 여긴 동평헌왕
　② 司馬稱好 잘했다고 칭찬만 하는 사마휘

081. 公超霧市, 魯般雲梯 ·· 584
　① 公超霧市 안개를 일으키고 시장을 세운 공초
　② 魯般雲梯 구름사다리를 만든 노반

082. 田單火牛, 江逌熱雞 ·· 590
　① 田單火牛 쇠꼬리에 불을 붙여 적을 물리친 전단
　② 江逌熱雞 닭에 불을 붙여 적을 물리친 강유

083. 蔡裔䧟盜, 張遼止啼 ·· 596
　① 蔡裔䧟盜 채예의 호통에 혼절한 도적
　② 張遼止啼 아이의 울음을 그치게 하는 장료

084. 陳平多轍, 李廣成蹊 ·· 599
　① 陳平多轍 집 앞에 수레바퀴 자국 많은 진평
　② 李廣成蹊 저절로 오솔길을 이룬 이광

085. 陳遵投轄, 山簡倒載 ·· 607
　① 陳遵投轄 수레 할을 뽑아 우물에 던진 진준
　② 山簡倒載 술에 취해 거꾸로 실려 오는 산간

086. 淵客泣珠, 交甫解佩 ·· 612
　① 淵客泣珠 눈물이 구슬이 되는 연객
　② 交甫解佩 정교보에게 구슬을 풀어 준 강비

087. 龔勝不屈, 孫寶自劾 ·· 616
　① 龔勝不屈 왕망에게 굴복하지 않은 공승
　② 孫寶自劾 자신의 잘못을 탄핵한 손보

088. 呂安題鳳, 子猷尋戴 ················· 621
　① 呂安題鳳 여안이 써놓고 간 '봉'이라는 글자
　② 子猷尋戴 눈 속에 대규를 찾아 떠난 왕자유

089. 董宣彊項, 翟璜直言 ················· 626
　① 董宣彊項 목이 뻣뻣한 관리 동선
　② 翟璜直言 적황의 직언

090. 紀昌貫蝨, 養由號猨 ················· 633
　① 紀昌貫蝨 화살로 이를 꿰뚫은 기창
　② 養由號猨 원숭이를 울부짖게 하는 양유기

091. 馮衍歸里, 張昭塞門 ················· 637
　① 馮衍歸里 고향으로 낙향한 풍연
　② 張昭塞門 대문을 흙으로 봉한 장소

092. 蘇韶鬼靈, 盧充幽婚 ················· 643
　① 蘇韶鬼靈 소소가 만난 귀신 영혼
　② 盧充幽婚 노충의 유혼

093. 震畏四知, 秉去三惑 ················· 651
　① 震畏四知 넷이 다 아는 뇌물이라 두려워한 양진
　② 秉去三惑 세 가지 미혹함을 제거한 양병

094. 柳下直道, 叔敖陰德 ················· 655
　① 柳下直道 곧은 도를 실행한 유하혜
　② 叔敖陰德 손숙오의 음덕

095. 張湯巧詆, 杜周深刻 ················· 660
　① 張湯巧詆 법을 교묘하게 악용하는 장탕
　② 杜周深刻 깊고 각박하게 법을 운용하는 두주

096. 三王尹京, 二鮑糾慝 ················· 668
　① 三王尹京 경조윤을 지낸 왕씨 세 사람
　② 二鮑糾慝 간특한 자를 규찰한 포씨 두 사람

097. 孫康映雪, 車胤聚螢 ································· 674
　① 孫康映雪 눈에 책을 비춰 공부한 손강
　② 車胤聚螢 반디를 모아 책을 읽은 차윤

098. 李充四部, 井春五經 ································· 677
　① 李充四部 문서를 넷으로 분류한 이충
　② 井春五經 오경에 통달한 정대춘

099. 谷永筆札, 顧愷丹靑 ································· 682
　① 谷永筆札 편지글 재주에 뛰어난 곡영
　② 顧愷丹靑 고개지의 그림 솜씨

100. 戴逵破琴, 謝敷應星 ································· 688
　① 戴逵破琴 거문고를 부숴버린 대규
　② 謝敷應星 별자리의 징험이 나타난 사부

101. 阮宣杖頭, 畢卓甕下 ································· 692
　① 阮宣杖頭 지팡이에 동전을 달고 술집을 찾아다니는 완선자
　② 畢卓甕下 술독 아래 쓰러진 필탁

102. 文伯羞鼈, 孟宗寄鮓 ································· 696
　① 文伯羞鼈 자라 요리를 부끄러워한 공보문백
　② 孟宗寄鮓 어머니께 젓갈을 부쳐드린 맹종

103. 史丹靑蒲, 張湛白馬 ································· 702
　① 史丹靑蒲 청포에 엎드려 간언을 한 사단
　② 張湛白馬 백마선생 장담

104. 隱之感隣, 王脩輟社 ································· 708
　① 隱之感隣 이웃을 감동시킨 오은지의 효성
　② 王脩輟社 사일의 행사를 철수하게 한 왕수의 효성

105. 阮放八雋, 江虨四凶 ································· 713
　① 阮放八雋 팔준이라 불린 완방
　② 江虨四凶 사흉으로 불린 강기

106. 華歆忤旨, 陳群蹙容 ·············· 717
　① 華歆忤旨 조비에게 거역의 뜻을 보인 화흠
　② 陳群蹙容 슬픈 표정을 지은 진군
107. 王濬懸刀, 丁固生松 ·············· 722
　① 王濬懸刀 칼 세 자루가 걸린 꿈을 꾼 왕준
　② 丁固生松 소나무 꿈을 꾼 정고
108. 姜維膽斗, 盧植音鐘 ·············· 728
　① 姜維膽斗 쓸개가 한 말이나 되는 강유
　② 盧植音鐘 종소리와 같은 목소리를 가진 노식
109. 桓溫奇骨, 鄧艾大志 ·············· 732
　① 桓溫奇骨 환온의 기이한 골상
　② 鄧艾大志 등애의 큰 뜻
110. 楊脩捷對, 羅友黙記 ·············· 737
　① 楊脩捷對 양수의 민첩한 대답
　② 羅友黙記 기억력이 대단한 나우
111. 杜康造酒, 蒼頡制字 ·············· 744
　① 杜康造酒 술을 처음 만든 두강
　② 蒼頡制字 문자를 창제한 창힐
112. 樗里智囊, 邊韶經笥 ·············· 748
　① 樗里智囊 꾀주머니 저리자
　② 邊韶經笥 변소의 경서 상자
113. 滕公佳城, 王果石崖 ·············· 753
　① 滕公佳城 3천년 전에 정해진 등공의 무덤
　② 王果石崖 왕과를 기다린 절벽 위의 현관
114. 買妻恥醮, 澤室犯齋 ·············· 757
　① 買妻恥醮 결혼을 부끄러워한 주매신의 아내
　② 澤室犯齋 재계를 방해한 주택의 아내

115. 馬后大練, 孟光荊釵 ································· 763
　① 馬后大練 거친 명주포 옷을 입은 명덕마황후
　② 孟光荊釵 가시나무를 비녀로 삼은 양홍의 처 맹광

116. 顔叔秉燭, 宋弘不諧 ································· 773
　① 顔叔秉燭 촛불을 밝히고 과부를 거절한 안숙자
　② 宋弘不諧 황제 누이를 거절한 송홍

117. 鄧通銅山, 郭況金穴 ································· 779
　① 鄧通銅山 동산의 구리로 동전을 주조한 등통
　② 郭況金穴 황금 굴을 가진 곽황

118. 秦彭攀轅, 侯霸臥轍 ································· 785
　① 秦彭攀轅 진팽의 덕정에 수레를 잡고 막은 백성들
　② 侯霸臥轍 후패의 덕정에 수레 앞에 누운 백성들

119. 淳于炙輠, 彦國吐屑 ································· 790
　① 淳于炙輠 수레바퀴에 기름을 칠한 듯 지혜가 끝없는 순우곤
　② 彦國吐屑 톱밥을 토해내듯 언변에 뛰어난 호모언국

120. 太眞玉臺, 武子金埒 ································· 794
　① 太眞玉臺 온태진이 예물로 보낸 옥경대
　② 武子金埒 황금으로 말 훈련장을 감싼 왕무자

蒙求 三

121. 巫馬戴星, 宓賤彈琴 ················· 876
  별을 이고 나선 무마기와 거문고나 타며 다스린 복자천
122. 郝廉留錢, 雷義送金 ················· 878
  ① 郝廉留錢 돈을 남기고 가는 학자렴
  ② 雷義送金 모르게 바친 뇌물을 다시 관청에 보낸 뇌의
123. 逢萌挂冠, 胡昭投簪 ················· 881
  ① 逢萌挂冠 관을 벗어 걸어놓고 떠난 봉맹
  ② 胡昭投簪 비녀를 던져 버리고 떠난 호소
124. 王喬雙鳧, 華佗五禽 ················· 886
  ① 王喬雙鳧 오리 두 마리를 데리고 다니는 왕교
  ② 華佗五禽 화타의 오금 체조
125. 程邈隸書, 史籒大篆 ················· 893
  ① 程邈隸書 예서를 만든 정막
  ② 史籒大篆 대전을 만든 사주
126. 王承魚盜, 丙吉牛喘 ················· 898
  ① 王承魚盜 물고기를 훔친 자를 풀어 준 왕승
  ② 丙吉牛喘 헐떡거리는 소를 보고 승상의 업무를 생각한 병길
127. 賈琮褰帷, 郭賀露冕 ················· 907
  ① 賈琮褰帷 수레 휘장을 걷어올린 가종
  ② 郭賀露冕 수레 지붕을 걷어낸 곽하
128. 馮媛當熊, 班女辭輦 ················· 912
  ① 馮媛當熊 달려드는 곰을 막아선 풍소의
  ② 班女辭輦 황제의 수레를 거절한 반첩여
129. 王充閱市, 董生下帷 ················· 919
  ① 王充閱市 시장 책방에서 책을 읽은 왕충
  ② 董生下帷 휘장을 가려 자신을 볼 수 없도록 한 동중서

130. 平叔傅紛, 弘治凝脂 ··· 925
　① 平叔傅紛 분을 바른 것처럼 얼굴이 흰 하평숙
　② 弘治凝脂 하얀 굳기름 같은 피부를 가진 두홍치

131. 楊寶黃雀, 毛寶白龜 ··· 929
　① 楊寶黃雀 참새를 살려준 양보
　② 毛寶白龜 흰 거북을 살려준 모보

132. 宿瘤採桑, 漆室憂葵 ··· 934
　① 宿瘤採桑 뽕을 따고 있는 혹이 난 여인
　② 漆室憂葵 아욱 밭을 망친 것을 두고 근심에 찬 칠실의 여인

133. 韋賢滿籯, 夏侯拾芥 ··· 942
　① 韋賢滿籯 상자 가득 경서만 남긴 위현
　② 夏侯拾芥 티끌 같은 작은 의미도 주워담은 하후승

134. 阮簡曠達, 袁耽俊邁 ··· 947
　① 阮簡曠達 방임광달한 완간
　② 袁耽俊邁 준수하고 고매한 원탐

135. 蘇武持節, 鄭衆不拜 ··· 951
　① 蘇武持節 부절을 끝까지 지니고 다닌 소무
　② 鄭衆不拜 흉노에게 절을 하지 않은 정중

136. 郭巨將坑, 董永自賣 ··· 958
　① 郭巨將坑 아들을 묻으려 구덩이를 판 곽거
　② 董永自賣 스스로 고용살이에 나선 동영

137. 仲連蹈海, 范蠡泛湖 ··· 963
　① 仲連蹈海 바닷가로 사라진 노중련
　② 范蠡泛湖 오호에 배를 띄워 사라진 범려

138. 文寶緝柳, 溫舒截蒲 ··· 972
　① 文寶緝柳 버드나무를 엮어 공부한 손문보
　② 溫舒截蒲 부들을 잘라 글씨 연습을 한 노온서

139. 伯道無兒, 嵇紹不孤 ··· 976
　① 伯道無兒 후사가 끊어지는 아픔을 당한 등백도
　② 嵇紹不孤 고아가 아니라 여긴 혜소
140. 綠珠墜樓, 文君當壚 ··· 983
　① 綠珠墜樓 누각에서 뛰어내린 녹주
　② 文君當壚 목로주점을 차린 사마상여의 아내 탁문군
141. 伊尹負鼎, 甯戚扣角 ··· 991
　① 伊尹負鼎 솥을 짊어지고 탕을 찾은 이윤
　② 甯戚扣角 쇠뿔을 두드리며 환공을 기다린 영척
142. 趙壹坎壈, 顔駟蹇剝 ··· 995
　① 趙壹坎壈 불우한 삶을 이겨낸 조일
　② 顔駟蹇剝 힘든 운명의 안사
143. 龔遂勸農, 文翁興學 ··· 1000
　① 龔遂勸農 농사를 권장한 공수
　② 文翁興學 시골 교육을 진흥시킨 문옹
144. 晏御揚揚, 五鹿嶽嶽 ··· 1006
　① 晏御揚揚 의기양양한 안자의 마부
　② 五鹿嶽嶽 우뚝 솟은 오록충종
145. 蕭朱結綬, 王貢彈冠 ··· 1011
　① 蕭朱結綬 도장 끈을 서로 묶은 소육과 주박
　② 王貢彈冠 관을 털고 벼슬을 기다린 왕길과 공우의 우정
146. 龐統展驥, 仇覽棲鸞 ··· 1015
　① 龐統展驥 천리마의 능력을 전개할 방통
　② 仇覽棲鸞 가시나무에 살 수 없는 난새와 같은 구람
147. 諸葛顧廬, 韓信升壇 ··· 1021
　① 諸葛顧廬 제갈량과 삼고초려
　② 韓信升壇 단을 만들어 한신을 높여 준 유방

148. 王裒柏慘, 閔損衣單 ·· 1029
  ① 王裒柏慘 아버지 죽음을 애통히 여겨 잣나무를 안고 운 왕부
  ② 閔損衣單 갈대꽃 홑겹 옷의 민손

149. 蒙恬製筆, 蔡倫造紙 ·· 1034
  ① 蒙恬製筆 처음 붓을 만든 몽염
  ② 蔡倫造紙 종이를 처음 만든 채륜

150. 孔伋縕袍, 祭遵布被 ·· 1038
  ① 孔伋縕袍 온포를 입고 사는 공급
  ② 祭遵布被 베로 만든 이불뿐인 제준

151. 周公握髮, 蔡邕倒屣 ·· 1042
  ① 周公握髮 머리를 감다가 거머쥐고 선비를 만난 주공
  ② 蔡邕倒屣 나막신을 거꾸로 신고 달려나간 채옹

152. 王敦傾室, 紀瞻出妓 ·· 1048
  ① 王敦傾室 왕실을 기울게 할 왕돈
  ② 紀瞻出妓 기녀들을 모두 풀어 준 기첨

153. 暴勝持斧, 張網埋輪 ·· 1053
  ① 暴勝持斧 부월을 잡고 도적 토벌에 나선 폭승지
  ② 張網埋輪 수레바퀴를 묻어버리고 떠난 장망

154. 靈運曲笠, 林宗折巾 ·· 1057
  ① 靈運曲笠 사령운의 곡병립
  ② 林宗折巾 두건의 한 귀퉁이를 꺾어 쓴 곽림종

155. 屈原澤畔, 漁父江濱 ·· 1064
  못가에 서성이는 굴원과 강가의 어부

156. 魏勃掃門, 潘岳望塵 ·· 1069
  ① 魏勃掃門 매일 아침 조참의 문 앞을 청소한 위발
  ② 潘岳望塵 수레 뒤의 먼지에 대고 절을 한 반악

157. 京房推律, 翼奉觀性 ·· 1074
    ① 京房推律 음률에 얽매어 성을 바꾼 경방
    ② 翼奉觀性 오행의 율로 성품을 관찰한 익봉
158. 甘寧奢侈, 陸凱貴盛 ·· 1080
    ① 甘寧奢侈 지극한 사치에 빠진 감녕
    ② 陸凱貴盛 귀한 신분에 번성한 육개의 집안
159. 干木當義, 於陵辭聘 ·· 1085
    ① 干木當義 예를 표하기에 마땅한 단간목의 의로움
    ② 於陵辭聘 초빙을 사절한 오릉중자
160. 元凱傳癖, 伯英草聖 ·· 1091
    ① 元凱傳癖 원개의 《좌전》에 대한 편벽증
    ② 伯英草聖 초성으로 불린 백영 장지
161. 馮異大樹, 千秋小車 ·· 1098
    ① 馮異大樹 대수장군 풍이
    ② 千秋小車 작은 수레를 타고 궁중을 드나든 차천추
162. 漂母進食, 孫鍾設瓜 ·· 1105
    ① 漂母進食 빨래하는 아줌마의 밥을 얻어먹은 한신
    ② 孫鍾設瓜 남을 위해 참외를 차려놓은 손종
163. 壺公謫天, 薊訓歷家 ·· 1111
    ① 壺公謫天 하늘에서 귀향 온 호공
    ② 薊訓歷家 같은 시간에 집집마다 찾아간 계자훈
164. 劉玄刮席, 晉惠聞蟆 ·· 1122
    ① 劉玄刮席 자리만 긁고 대답을 못하는 갱시제 유현
    ② 晉惠聞蟆 두꺼비 울음소리를 듣고 이상한 질문을 하는 혜제
165. 伊籍一拜, 酈生長揖 ·· 1128
    ① 伊籍一拜 이적의 절 한 번
    ② 酈生長揖 역이기의 긴 읍례

166. 馬安四至, 應璩三入 ··· 1134
　① 馬安四至 네 번이나 구경의 지위에 오른 사마안
　② 應璩三入 세 임금의 조정에 들어간 응거

167. 郭解借交, 朱家脫急 ··· 1139
　① 郭解借交 친구를 대신하는 일에 앞장 선 곽해
　② 朱家脫急 급한 자를 살려준 주가

168. 虞延刻期, 盛吉垂泣 ··· 1144
　① 虞延刻期 우연의 약속을 지켜낸 죄수들
　② 盛吉垂泣 판결문을 쓰면서 눈물을 흘린 성길

169. 豫讓吞炭, 鉏麑觸槐 ··· 1148
　① 豫讓吞炭 불타는 숯을 삼킨 예양
　② 鉏麑觸槐 홰나무에 머리를 찧고 죽은 서예

170. 阮孚蠟屐, 祖約好財 ··· 1156
　　밀랍으로 나막신을 꾸민 완부와 재물을 좋아한 조약

171. 初平起石, 左慈擲杯 ··· 1159
　① 初平起石 돌이 일어서 양이 되도록 한 황초평
　② 左慈擲杯 잔을 던져 술을 만들어 내는 좌자

172. 武陵桃源, 劉阮天台 ··· 1172
　① 武陵桃源 도연명의 무릉도원
　② 劉阮天台 천태산에 올라 선녀를 만난 유신과 완조

173. 王儉墜車, 褚淵落水 ··· 1180
　　수레에서 뛰어내린 왕검과 물에 빠진 저연

174. 季倫錦障, 春申珠履 ··· 1185
　① 季倫錦障 비단으로 보장을 친 석숭
　② 春申珠履 춘신군의 구슬 신발

175. 甄后出拜, 劉楨平視 ································· 1190
　　　견황후가 나와 인사를 하자 아무렇지도 않게 바라본 유정
176. 胡嬪爭樗, 晉武傷指 ································· 1194
　　　저포놀이로 다투다가 무제의 손가락을 다치게 한 호귀빈
177. 石慶數馬, 孔光溫樹 ································· 1197
　　① 石慶數馬 말을 한 필씩 세어 대답한 석경
　　② 孔光溫樹 공광이 대답한 온실 속의 나무 종류
178. 翟湯隱操, 許詢勝具 ································· 1202
　　① 翟湯隱操 은자로서의 절조를 지킨 적탕
　　② 許詢勝具 산택 유람의 체구를 갖춘 허순
179. 優旃滑稽, 落下歷數 ································· 1207
　　① 優旃滑稽 골계에 뛰어난 우전
　　② 落下歷數 낙하굉의 시간 계산 방법
180. 曼容自免, 子平畢娶 ································· 1212
　　① 曼容自免 스스로 관직에 물러난 만용
　　② 子平畢娶 아들딸 모두 성가시키고 난 상자평

蒙求 하

181. 師曠淸耳, 離婁明目 ··· 1292
    ① 師曠淸耳 음률 변별에 뛰어난 귀를 가진 사광
    ② 離婁明目 눈이 밝은 이루
182. 仲文照鏡, 臨江折軸 ··· 1295
    ① 仲文照鏡 자신의 모습을 거울에 비춰 본 은중문
    ② 臨江折軸 수레 축이 부러진 임강왕 유영
183. 欒巴噀酒, 偃師舞木 ··· 1299
    ① 欒巴噀酒 술을 뿜어 화재를 소멸시킨 난파
    ② 偃師舞木 나무로 만든 인형을 춤추게 한 언사
184. 德潤傭書, 君平賣卜 ··· 1306
    ① 德潤傭書 고용살이로 책을 빌려 공부한 덕윤
    ② 君平賣卜 점쳐 주는 일로 생계를 삼은 엄군평
185. 叔寶玉潤, 彦輔冰淸 ··· 1310
    ① 叔寶玉潤 옥에 윤기를 더한 듯한 위개
    ② 彦輔冰淸 얼음처럼 맑은 악광
186. 衛后髮鬢, 飛燕體輕 ··· 1315
    ① 衛后髮鬢 위후의 아름다운 머리카락
    ② 飛燕體輕 제비처럼 가벼운 몸매의 조비연
187. 玄石沈湎, 劉伶解酲 ··· 1321
    ① 玄石沈湎 술에 취해 천일 뒤에 깨어난 유현석
    ② 劉伶解酲 숙취에서 깨어난 유령
188. 趙勝謝躄, 楚莊絶纓 ··· 1328
    ① 趙勝謝躄 절름발이에게 사죄한 평원군 조승
    ② 楚莊絶纓 갓끈을 끊도록 한 초장왕
189. 惡來多力, 飛廉善走 ··· 1333
    힘센 악래와 잘 달리는 비렴

190. 趙孟疵面, 田騈天口 ··· 1335
　① 趙孟疵面 얼굴에 흉터가 난 조맹
　② 田騈天口 천재적 달변가 전병

191. 張憑理窟, 裴頠談藪 ··· 1337
　① 張憑理窟 이치의 소굴 장빙
　② 裴頠談藪 온갖 담론에 뛰어난 배위

192. 仲宣獨步, 子建八斗 ··· 1342
　① 仲宣獨步 독보적 존재 왕찬
　② 子建八斗 천하 문장 한 섬 중에 여덟 말을 차지한 조자건

193. 廣漢鉤距, 弘羊心計 ··· 1349
　① 廣漢鉤距 사선 심문에 구거법을 사용한 광한
　② 弘羊心計 국가 재정을 마음속으로 헤아린 상홍양

194. 衛靑拜幕, 去病辭第 ··· 1354
　① 衛靑拜幕 막부에서 임명을 받은 위청
　② 去病辭第 저택을 사절한 곽거병

195. 酈寄賣友, 紀信詐帝 ··· 1361
　① 酈寄賣友 친구를 팔아먹은 역기
　② 紀信詐帝 항우를 속여 유방을 살려낸 기신

196. 濟叔不癡, 周兄無慧 ··· 1366
　① 濟叔不癡 백치가 아닌 왕제의 숙부
　② 周兄無慧 지혜가 없는 주자의 형

197. 虞卿擔簦, 蘇章負笈 ··· 1372
　① 虞卿擔簦 우산을 쓰고 유세에 나선 우경
　② 蘇章負笈 책 봇짐을 지고 스승을 찾아 나선 소장

198. 南風擲孕, 商受斮涉 ··· 1374
　① 南風擲孕 임신부에게 창을 던진 가남풍
　② 商受斮涉 아침 물 건넌 자의 다리를 잘라 본 상나라 주왕

199. 廣德從橋, 君章拒獵 ·· 1379
　① 廣德從橋 다리를 건너야 한다고 원제에게 버틴 설광덕
　② 君章拒獵 사냥 갔다 돌아오는 임금을 막아버린 질군장

200. 應奉五行, 安世三篋 ·· 1385
　① 應奉五行 글 다섯 줄을 함께 읽어 내려가는 응봉
　② 安世三篋 잃어버린 세 광주리 책 내용을 기억해낸 장안세

201. 相如題柱, 終軍棄繻 ·· 1390
　① 相如題柱 기둥에 맹세의 글을 쓴 사마상여
　② 終軍棄繻 함곡관 통과의 복전을 버려버린 종군

202. 孫晨藁席, 原憲桑樞 ·· 1397
　① 孫晨藁席 자리를 짜며 공부한 손신
　② 原憲桑樞 뽕나무 뿌리로 지도리를 만들어 사는 원헌

203. 端木辭金, 鍾離委珠 ·· 1401
　① 端木辭金 자신의 황금을 써서 신첩을 환속해 온 단목사
　② 鍾離委珠 주기를 땅에 버린 종리의

204. 季札挂劍, 徐穉置芻 ·· 1406
　① 季札挂劍 서군의 묘에 보검을 걸어놓고 떠난 계찰
　② 徐穉置芻 황경의 빈소에 꼴을 놓고 조문한 서치

205. 朱雲折檻, 申屠斷鞅 ·· 1412
　① 朱雲折檻 궁궐 난간을 부러뜨린 주운
　② 申屠斷鞅 황제 수레의 말 가슴 끈을 끊은 신도강

206. 衛玠羊車, 王恭鶴氅 ·· 1419
　① 衛玠羊車 양이 끄는 수레를 타고 다니는 위개
　② 王恭鶴氅 왕공의 학창구라는 외투

207. 管仲隨馬, 倉舒稱象 ·· 1425
　① 管仲隨馬 말을 뒤따라 길을 찾아낸 관중
　② 倉舒稱象 코끼리의 무게를 달아낸 창서

208. 丁蘭刻木, 伯瑜泣杖 ················· 1430
　① 丁蘭刻木 어머니의 모습을 나무판에 새겨 모신 정란의 효도
　② 伯瑜泣杖 매를 맞고 우는 이유를 말한 백유
209. 陳逵豪爽, 田方簡傲 ················· 1433
　① 陳逵豪爽 호방하고 상랑한 진규
　② 田方簡傲 간오한 전자방
210. 黃向訪主, 陳寔遺盜 ················· 1437
　① 黃向訪主 주인을 찾아 주은 금을 돌려준 황향
　② 陳寔遺盜 도둑에게 비단을 선물한 진식
211. 龐儉鑿井, 陰方祀竈 ················· 1441
　① 龐儉鑿井 우물 파다가 큰 부자 되어 아버지까지 찾게 된 방검
　② 陰方祀竈 부뚜막신에게 제사를 올린 음자방
212. 韓壽竊香, 王濛市帽 ················· 1446
　① 韓壽竊香 향을 훔쳐 한수와 사통한 가충의 딸
　② 王濛市帽 모자를 사러 나선 왕몽
213. 勾踐投醪, 陸抗嘗藥 ················· 1451
　① 勾踐投醪 얻은 술을 흐르는 물에 부어 병사들에게 마시게 한 구천
　② 陸抗嘗藥 적이 준 약을 의심 없이 마신 육항
214. 孔愉放龜, 張顥墮鵲 ················· 1458
　① 孔愉放龜 거북을 놓아준 공유의 도장
　② 張顥墮鵲 떨어진 까치 속에서 도장을 얻은 장호
215. 田預儉素, 李恂淸約 ················· 1463
　① 田豫儉素 검소한 전예
　② 李恂淸約 청렴하고 검약한 이순
216. 義縱攻剽, 周陽暴虐 ················· 1467
　① 義縱攻剽 공격과 표략질에 뛰어난 의종
　② 周陽暴虐 포악하기가 범과 같은 주양유

217. 孟陽擲瓦, 賈氏如皐 ·· 1471
　① 孟陽擲瓦 못생겼다고 남들이 기왓장을 던지며 놀리던 맹양
　② 賈氏如皐 언덕에 올라 아내 위해 꿩을 잡은 가대부

218. 顔回簞瓢, 仲蔚蓬蒿 ·· 1475
　① 顔回簞瓢 안회의 단사표음
　② 仲蔚蓬蒿 쑥대가 자란 집에 살고 있는 장중울

219. 麋竺收貲, 桓景登高 ·· 1478
　① 麋竺收貲 집에 불이 날 것을 알고 재물을 챙겨 나온 미축
　② 桓景登高 재앙을 미리 듣고 높은 곳에 오른 환경

220. 雷煥送劒, 呂虔佩刀 ·· 1483
　① 雷煥送劒 보검을 장화에게 보낸 뇌환
　② 呂虔佩刀 여건이 차고 다니던 보배의 칼

221. 老萊斑衣, 黃香扇枕 ·· 1489
　① 老萊斑衣 일흔에 색동옷을 입고 부모 앞에서 춤을 춘 노래자
　② 黃香扇枕 베개를 부채질하여 시원하게 해드린 황향의 효도

222. 王祥守柰, 蔡順分椹 ·· 1494
　① 王祥守柰 능금나무를 지켜낸 왕상
　② 蔡順分椹 오디를 나누어 익은 것만 어머니께 드린 채순

223. 淮南食時, 左思十稔 ·· 1500
　① 淮南食時 밥 먹는 짧은 시간에 문장을 완성한 회남왕 유안
　② 左思十稔 십년 구상 끝에 작품을 완성한 좌사

224. 劉惔傾釀, 孝伯痛飮 ·· 1506
　① 劉惔傾釀 하충을 부러워하여 술독을 모두 기울일 정도라고 한 유담
　② 孝伯痛飮 통쾌한 음주를 높이 여긴 왕효백

225. 女媧補天, 長房縮地 ·· 1509
　① 女媧補天 무너진 하늘을 다시 수리한 여왜
　② 長房縮地 비장방의 축지법

226. 季珪士首, 安國國器 ································· 1517
　① 季珪士首 명사들의 우두머리 계규 최염
　② 安國國器 나라의 그릇 한안국
227. 陸玩無人, 賈詡非次 ································· 1523
　① 陸玩無人 천하에 사람 없음을 안타까워한 육완
　② 賈詡非次 차선을 택해서는 안 될 인물 가후
228. 何晏神伏, 郭奕心醉 ································· 1528
　① 何晏神伏 왕필의 이론에 신도 항복하였다고 극찬한 하안
　② 郭奕心醉 완함을 보고 마음이 취한 곽혁
229. 常林帶經, 高鳳漂麥 ································· 1533
　① 常林帶經 농사일을 하면서도 경서를 들고 나간 상림
　② 高鳳漂麥 말리던 보리가 폭우에 씻겨가도 모른 채 공부에 빠진 고봉
230. 孟嘉落帽, 庾敳墮幘 ································· 1537
　① 孟嘉落帽 바람에 모자가 날아가도 모른 맹가
　② 庾敳墮幘 술에 취해 모자를 떨어뜨린 유애
231. 龍逢板出, 張華台坼 ································· 1544
　① 龍逢板出 관룡봉이 죽고 땅에서 나온 금판
　② 張華台坼 중태성이 갈라져 벼슬을 그만두었어야 할 장화
232. 董奉活燮, 扁鵲起虢 ································· 1554
　① 董奉活燮 두섭을 살려낸 동봉
　② 扁鵲起虢 괵나라 태자를 살려 일어서도록 해준 편작
233. 寇恂借一, 何武去思 ································· 1563
　① 寇恂借一 백성들이 일 년만 더 꾸어달라고 청원을 한 군수 구순
　② 何武去思 임지를 떠난 뒤 백성들이 그리워한 하무
234. 韓子孤憤, 梁鴻五噫 ································· 1572
　① 韓子孤憤 한비자의 〈고분편〉
　② 梁鴻五噫 다섯 가지를 노래로 탄식한 양홍

235. 蔡琰辯琴, 王粲覆棊 ·· 1579
　① 蔡琰辯琴 끊어진 거문고 줄을 알아낸 채염
　② 王粲覆棊 바둑을 정확히 복기한 왕찬의 기억력

236. 西門投巫, 何謙焚祀 ·· 1586
　① 西門投巫 무당을 하수에 던져 넣은 서문표
　② 何謙焚祀 사당을 불 질러버린 하겸

237. 孟嘗還珠, 劉昆反火 ·· 1591
　① 孟嘗還珠 진주를 되돌아오게 한 맹상
　② 劉昆反火 화재를 물리친 유곤

238. 姜肱共被, 孔融讓果 ·· 1596
　① 姜肱共被 한 이불을 덮고 잔 강굉 가족
　② 孔融讓果 배를 형에게 양보한 공융

239. 端康相代, 亮陟隔坐 ·· 1604
　① 端康相代 대를 이어 재상을 한 위단과 위강
　② 亮陟隔坐 서로 자리를 떨어져 앉은 기량과 기척 부자

240. 趙倫瘤怪, 梁孝牛禍 ·· 1607
　① 趙倫瘤怪 조왕 사마륜의 괴이한 종기
　② 梁孝牛禍 소 꿈으로 재앙을 예고받은 양효왕

蒙求 下

241. 桓典避馬, 王尊叱馭 ·· 1692
  ① 桓典避馬 피해야 할 환전의 총마
  ② 王尊叱馭 마부를 질책한 왕존

242. 鼂錯峭直, 趙禹廉倨 ·· 1696
  ① 鼂錯峭直 준엄하고 곧은 조착
  ② 趙禹廉倨 청렴하면서도 거만했던 조우

243. 亮遺巾幗, 備失匕箸 ·· 1702
  ① 亮遺巾幗 제갈량이 보낸 여인용 목도리
  ② 備失匕箸 밥 먹다 수저를 놓친 유비

244. 張翰適意, 陶潛歸去 ·· 1709
  ① 張翰適意 뜻에 맞추어 홀연히 떠난 장한
  ② 陶潛歸去 도연명의 귀거래

245. 魏儲南館, 漢相東閣 ·· 1722
  ① 魏儲南館 남관에서 잔치를 벌인 위문제
  ② 漢相東閣 동쪽 문을 열어놓은 한나라 재상 공손홍

246. 楚元置醴, 陳蕃下榻 ·· 1728
  ① 楚元置醴 초원왕 유교의 스승 예우
  ② 陳蕃下榻 서치를 위해 걸어두었던 자리를 내려놓은 진번

247. 廣利泉涌, 王霸冰合 ·· 1734
  ① 廣利泉涌 칼로 산을 찔러 샘물이 솟도록 한 이광리
  ② 王霸冰合 녹았던 얼음이 다시 붙어 건널 수 있었던 왕패

248. 孔融坐滿, 鄭崇門雜 ·· 1740
  ① 孔融坐滿 자리를 가득 채운 공융의 빈객들
  ② 鄭崇門雜 정숭의 집에 모여드는 온갖 잡객

249. 張堪折轅, 周鎭漏船 ·· 1746
  ① 張堪折轅 장감의 부서진 수레
  ② 周鎭漏船 비가 새는 배에서 살고 있는 주진

250. 郭伋竹馬, 劉寬蒲鞭 ·· 1751
　① 郭伋竹馬 죽마를 타고 곽급을 환영 나온 아이들
　② 劉寬蒲鞭 부들 채찍으로 부하를 벌 준 유관
251. 許史侯盛, 韋平相延 ·· 1757
　① 許史侯盛 허황후와 사량제의 번성한 제후들
　② 韋平相延 재상 자리를 이어간 위현과 평당의 부자
252. 雍伯種玉, 黃尋飛錢 ·· 1763
　① 雍伯種玉 옥을 심어 장가를 든 양공옹백
　② 黃尋飛錢 흩날리는 돈을 주워 부자가 된 황심
253. 王允千里, 黃憲萬頃 ·· 1767
　① 王允千里 천리마와 같은 왕윤
　② 黃憲萬頃 만 이랑 물결과 같은 황헌
254. 虞騑才望, 戴淵峰穎 ·· 1774
　① 虞騑才望 우비의 재능과 성망
　② 戴淵峰穎 산봉우리와 이삭처럼 우뚝하고 빼어난 대연
255. 史魚黜殯, 子囊城郢 ·· 1778
　① 史魚黜殯 자신의 시신을 폐출시킨 사어
　② 子囊城郢 영 땅에 성을 쌓도록 한 자낭
256. 戴封積薪, 耿恭拜井 ·· 1783
　① 戴封積薪 섶을 쌓아 스스로 희생이 되겠다고 나선 대봉
　② 耿恭拜井 물이 나오도록 우물에 절을 한 경공
257. 汲黯開倉, 馮煖折券 ·· 1789
　① 汲黯開倉 곡식 창고를 열어 백성을 구제한 급암
　② 馮煖折券 채권 문서를 찢어버린 풍훤
258. 齊景駟千, 何曾食萬 ·· 1802
　① 齊景駟千 말 사천 마리를 기른 제나라 경공
　② 何曾食萬 음식에 만금을 쓰는 하증

259. 顧榮錫炙, 田文比飯 ··· 1805
　① 顧榮錫炙 하인에게 구운 고기를 내려준 고영
　② 田文比飯 먹는 밥을 비교해 보여준 맹상군 전문

260. 稚珪蛙鳴, 彦倫鶴怨 ·· 1810
　① 稚珪蛙鳴 개구리가 울어도 그대로 두고 사는 공치규
　② 彦倫鶴怨 학의 원망 소리를 노래한 주옹

261. 廉頗負荊, 須賈擢髮 ·· 1815
　① 廉頗負荊 가시를 짊어지고 인상여에게 사죄한 염파
　② 須賈擢髮 머리카락을 뽑아 속죄하겠다고 사죄한 수가

262. 孔翊絶書, 申嘉私謁 ·· 1822
　① 孔翊絶書 청탁 편지를 못에 던져버린 공익
　② 申嘉私謁 등통을 사사롭게 불러 처단하려 한 신도가

263. 淵明把菊, 眞長望月 ·· 1826
　① 淵明把菊 국화꽃을 한 줌 쥔 채 시상에 빠진 도연명
　② 眞長望月 망월과 같은 맑은 모습의 유진장

264. 子房取履, 釋之結韈 ·· 1833
　① 子房取履 노인의 신발을 주워 올린 장량
　② 釋之結韈 신발 끈을 매어 준 장석지

265. 郭丹約關, 祖逖誓江 ·· 1841
　① 郭丹約關 함곡관에서 성공을 다짐한 곽단
　② 祖逖誓江 강을 건너며 나라 수복을 맹세한 조적

266. 賈逵問事, 許愼無雙 ·· 1846
　① 賈逵問事 어떠한 질문에도 막힘이 없는 가규
　② 許愼無雙 천하에 쌍을 이룰 자 없는 허신

267. 婁敬和親, 白起坑降 ·· 1852
　① 婁敬和親 흉노와 화친을 성사시킨 누경
　② 白起坑降 항복한 군사를 구덩이에 묻은 백기

268. 蕭史鳳臺, 宋宗鷄窓 ··· 1862
   ① 蕭史鳳臺 봉대에 함께 살다 신선이 된 소사 부부
   ② 宋宗鷄窓 창가에 닭을 키운 송처종
269. 王陽囊衣, 馬援薏苡 ··· 1865
   ① 王陽囊衣 왕양의 옷보따리
   ② 馬援薏苡 마원이 가지고 온 율무
270. 劉整交質, 五倫十起 ··· 1870
   ① 劉整交質 조카의 밥값으로 담보를 교환해 간 유정
   ② 五倫十起 조카의 병에 자다가 열 번이나 일어난 제오륜
271. 張敞畫眉, 謝鯤折齒 ··· 1879
   ① 張敞畫眉 아내의 눈썹을 그려준 장창
   ② 謝鯤折齒 이웃집 처녀를 희롱하다가 이가 부러진 사곤
272. 盛彦感蠐, 姜詩躍鯉 ··· 1885
   ① 盛彦感蠐 굼벵이로 인한 효성의 감응을 받은 성언
   ② 姜詩躍鯉 잉어가 뛰어올라 감응한 강시의 효성
273. 宗資主諾, 成瑨坐嘯 ··· 1890
   허락을 위주로 하는 종자와 앉아서 휘파람만 부는 성진
274. 伯成辭耕, 嚴陵去釣 ··· 1893
   ① 伯成辭耕 천하를 사양하고 밭갈이에 열중한 백성자고
   ② 嚴陵去釣 황제의 친구로서 멀리 떠나 낚시에만 마음 쏟은 엄릉
275. 董遇三餘, 譙周獨笑 ··· 1898
   ① 董遇三餘 세 가지 여유 시간을 가르친 동우
   ② 譙周獨笑 홀로 미소지은 초주
276. 將閭仰天, 王淩呼廟 ··· 1903
   ① 將閭仰天 하늘을 우러러 울음을 터뜨린 장려
   ② 王淩呼廟 사당을 향해 울부짖은 왕릉

277. 二疏散金, 陸賈分橐 ··· 1908
　① 二疏散金 하사금을 모두 흩어 써버린 소광과 소수
　② 陸賈分橐 천금의 주머니를 아들에게 나누어 준 육가
278. 慈明八龍, 禰衡一鶚 ··· 1917
　① 慈明八龍 순자명의 팔룡
　② 禰衡一鶚 한결같이 악악대는 예형
279. 不占殞車, 子雲投閣 ··· 1924
　① 不占殞車 전투 소리에 수레에서 떨어져 죽은 진부점
　② 子雲投閣 천록각에서 뛰어내린 양웅
280. 魏舒堂堂, 周舍鄂鄂 ··· 1930
　① 魏舒堂堂 당당한 위서
　② 周舍鄂鄂 악악대며 간쟁하던 주사
281. 無鹽如漆, 姑射若氷 ··· 1935
　① 無鹽如漆 살결이 검기가 칠흑 같은 무염녀 종리춘
　② 姑射若氷 얼음같이 흰 피부의 막고야산 신선들
282. 邾子投火, 王思怒蠅 ··· 1940
　① 邾子投火 불구덩이에 떨어진 죽은 주자 장공
　② 王思怒蠅 붓에 달려드는 파리를 두고 화를 낸 왕사
283. 苻朗皂白, 易牙淄澠 ··· 1943
　① 苻朗皂白 요리된 오리의 색을 알아내는 부랑
　② 易牙淄澠 치수와 민수의 물맛을 구별해 내는 역아
284. 周勃織薄, 灌嬰販繒 ··· 1947
　① 周勃織薄 박곡 짜는 일을 생업으로 하던 주발
　② 灌嬰販繒 비단 장수 관영
285. 馬良白眉, 阮籍靑眼 ··· 1953
　① 馬良白眉 마량의 흰 눈썹
　② 阮籍靑眼 완적의 푸른 눈동자

286. 黥布開關, 張良燒棧 ··· 1957
  ① 黥布開關 함곡관을 열어 밀고 들어간 경포
  ② 張良燒棧 촉의 잔도를 태워버린 장량

287. 陳遺飯感, 陶侃酒限 ··· 1962
  ① 陳遺飯感 어머니께 누룽지를 가져다 드린 진유
  ② 陶侃酒限 한계를 지어 술을 마신 도간

288. 楚昭萍實, 束晳竹簡 ··· 1967
  ① 楚昭萍實 초나라 소왕의 평실
  ② 束晳竹簡 죽간을 해독한 속석

289. 曼倩三冬, 陳思七步 ··· 1973
  ① 曼倩三冬 겨울 석 달 공부한 동방삭
  ② 陳思七步 진사왕 조식의 〈칠보시〉

290. 劉寵一錢, 廉范五袴 ··· 1978
  ① 劉寵一錢 부로들이 유총에게 바친 동전 한 닢
  ② 廉范五袴 바지 다섯 벌을 입을 수 있게 한 염범

291. 氾毓字孤, 郗鑒吐哺 ··· 1984
  ① 氾毓字孤 고아를 아들로 키운 범육
  ② 郗鑒吐哺 밥을 얻어 조카들을 키워낸 치감

292. 苟弟轉酷, 嚴母掃墓 ··· 1989
  ① 苟弟轉酷 갈수록 더욱 잔혹하게 변해가는 구희의 아우
  ② 嚴母掃墓 돌아가 아들이 묻힐 묘지를 청소한 엄연년의 모친

293. 洪喬擲水, 陳泰挂壁 ··· 1994
  ① 洪喬擲水 편지를 모두 물에 던지고 떠난 은홍교
  ② 陳泰挂壁 뇌물을 모두 벽에 걸어둔 진태

294. 王述忿狷, 荀粲惑溺 ··· 1997
  ① 王述忿狷 분함을 참지 못하는 성격의 왕술
  ② 荀粲惑溺 아내에게 폭 빠진 순찬

295. 宋女愈謹, 敬姜猶績 ………………………………………… 2002
　① 宋女愈謹 더욱 삼감을 다하는 송나라 포녀종
　② 敬姜猶績 베를 짜며 자식을 훈계한 경강
296. 鮑照篇翰, 陳琳書檄 ………………………………………… 2007
　① 鮑照篇翰 포조가 보낸 한 장의 편지
　② 陳琳書檄 격문에 뛰어난 진림
297. 浩浩萬古, 不可備甄 ………………………………………… 2014
　　끝없이 오랜 세월의 모든 책을 다 갖추어 가려 읽을 수는 없다
298. 芟煩摭華, 爾曹勉旃 ………………………………………… 2016
　　번잡한 것은 잘라버리고 꽃다운 것만 주워모았으니
　　너희들은 더욱 힘쓰기 바란다

◉ 부록

1. 《蒙求》序 ················· 趙郡 李華 ············· 2020
2. 薦《蒙求》表 ············· 饒州刺史 李良 ········· 2021
3. 《蒙求補註》序 ············· 徐子光 ············· 2022
4. 《蒙求集注》提要 ······ 四庫全書 子部(11) 類書類 ······ 2023
5. 《蒙求》 ············ 〈四庫全書總目提要〉 ········ 2024
6. 《蒙求》·《四庫韻對》辨證說 ······ 朝鮮 李圭景《五洲衍文長箋稿》 ······ 2025
7. 《補註蒙求國字解》序 ········ 日 松正楨周之父題 ·········· 2027
8. 〈蒙求標疏例言〉 ············ 日 佐佐木玷題 ·········· 2028
9. 〈蒙求箋註例引〉 ············ 日 岡白駒 ············ 2029
10. 《蒙求》 ············ 《郡齋讀書志》宋 晁公武 ········ 2030

몽구 蒙求

(001~060)

001. 王戎簡要, 裴楷淸通

001-① 王戎簡要
간요한 왕융

《진서晉書》에 실려 있다.

왕융王戎은 자가 준충濬沖이며 낭야琅邪 임기臨沂 사람이다. 어려서부터 빼어나고 똑똑하였으며, 신기한 용모에 준수하고 투철하였다. 그는 해를 쳐다보아도 눈부셔하지 않았다.

배해裴楷는 그를 이렇게 평하였다.

"왕융의 눈은 마치 바위 아래 번쩍이는 번갯불 같다."

완적阮籍은 평소 왕융의 아버지 왕혼王渾과 친구 사이였다. 왕융이 열다섯 살에 아버지 왕혼을 따라 낭서郞署의 관사에 살고 있었다. 그는 완적보다 12세나 아래였지만 완적은 그를 친구로 사귀고 있었다. 완적은 매번 왕혼이 있는 그곳에 갈 때면 문득 왕혼은 지나쳐버리고 왕융을 만나 한참 이야기를 나누고는 되돌아가면서 왕혼에게는 이렇게 말하는 것이었다.

"왕융은 맑고 훌륭하여 그대와는 무리를 이룰 수 없소. 그대와 이야기를 나누느니 우리 왕융과 담론하는 것이 낫다오!"

왕융은 관직이 사도司徒에 올랐다.

《晉書》: 王戎字濬沖, 琅邪臨沂人. 幼而穎悟, 神彩秀徹, 視日不眩. 裴楷見而目之曰:「戎眼爛爛, 如巖下電.」

阮籍素與戎父渾爲友. 戎年十五, 隨渾在郞舍. 少籍二十歲, 籍與之交. 籍每適渾去, 輒過視戎, 良久後出.

謂渾曰:「濬沖淸賞, 非卿倫也. 共卿言, 不如共阿戎談!」
歷官至司徒.

【晉書】 당나라 때 房玄齡, 褚遂良 등이 편찬한 史書로 총 130권. 西晉과 東晉의 역사를 함께 묶어 기술함.
【王戎】 자는 濬沖(234~305). 王安豊으로도 불림. 王渾의 아들이며 王綏의 아버지. 安豊縣侯를 역임함. 성격이 인색하였으며 禮敎에 얽매이지 않았음. 阮籍, 山濤, 向秀, 阮咸, 嵇康, 劉伶과 더불어 '竹林七賢'으로 불림. 《晉書》(43)에 전이 있음.
【琅邪】 琅琊로도 표기하며 지금의 산동성 동부 일대의 封國. 臨沂는 그 군 관할의 현.
【穎悟】 '빼어나게 靈悟하다, 靈敏하고 敏捷하다'의 뜻.
【裴楷】 자는 叔則(237~291). 裴令公으로도 부름. 河東 聞喜人. 裴徽의 셋째 아들이며 司空 裴秀의 從弟. 용모가 준수하고 깨끗하여 '玉人'이라 불렸음. 河南尹과 中書令을 지냄. 시호는 元. 《晉書》(35)에 전이 있음.
【如巖下電】 어두컴컴한 바위 아래 번쩍이는 번갯불이 비추어 훤하게 보이는 모습과 같음. 《世說新語》 容止篇에도 실려 있음.
【阮籍】 자는 嗣宗(210~263). 陳留의 尉氏人. 阮瑀의 아들. 老莊에 밝았으며 거문고, 바둑, 시문 등에 능하였음. 步兵校尉를 역임하여 흔히 阮步兵이라 불림. '竹林七賢' 중의 하나. 〈豪傑詩〉, 〈詠懷詩〉, 〈達莊論〉, 〈大人先生傳〉 등이 있으며 《三國志》(21), 《晉書》(49)에 전이 있음. '阮籍靑眼'[285] 참조.
【王渾】 자는 長原, 혹은 玄沖(223~297). 王昶의 아들이며 王戎의 아버지. 司徒와 侍中 등 높은 관직에 올랐음. 《晉書》(42)에 전이 있음.
【郞舍】 낭관의 관사.
【阿戎】 王戎을 부르는 칭호. '阿'는 친밀함을 나타내기 위해 이름 앞에 붙이는 접두어.
【司徒】 三公의 하나이며 교육, 인륜, 교화 등을 담당함. 漢 成帝 이후에는 丞相을 司徒라 불렀음.

> 참고 및 관련 자료

1. 《世說新語》容止篇

裴令公目:「王安豐眼爛爛, 如巖下電.」

2. 《晉書》(43) 王戎傳

王戎字濬沖, 琅邪臨沂人也. 祖雄, 幽州刺史. 父渾, 涼州刺史·貞陵亭侯. 戎幼而穎悟, 神彩秀徹, 視日不眩. 裴楷見而目之曰:「戎眼爛爛, 如巖下電.」年六七歲, 於宣武場觀戲, 猛獸在檻中虓吼震地, 衆皆奔走, 戎獨立不動, 神色自若. ……阮籍與渾爲友. 戎年十五, 隨渾在郎舍. 戎少籍二十歲, 而籍與之交. 籍每適渾, 俄頃輒去, 過視戎, 良久然後出. 謂渾曰:「濬沖淸賞, 非卿倫也. 共卿言, 不如共阿戎談!」及渾卒於涼州, 故吏賻贈數百萬, 戎辭而不受, 由是顯名.

001-② 裴楷淸通
청통한 배해

　　진晉나라 배해裴楷는 자가 숙칙叔則이며 하동河東 문희聞喜 사람이다. 명석하고 똑똑하였으며, 식견과 도량이 있어 어릴 때에 이미 왕융王戎과 함께 이름을 날렸다.

　　종회鍾會가 그를 문제文帝에게 추천하여 상국연相國掾이 되었다. 그때 이부吏部에 결원이 생겨 문제가 종회에게 묻자 종회는 이렇게 대답하였다.

　　"배해는 맑고 화통하며 왕융은 간결하고 요체를 잡고 있습니다. 둘 모두 선택할 만합니다."

　　이에 배해를 기용하였다. 배해는 풍류와 신정神情이 고매하였다. 그리고 생김새가 준수하고 시원하였으며, 많은 책을 두루 섭렵하였고 특히 이의 理義에 정통하였다.
　당시 사람들이 그를 '옥인玉人'이라 불렀으며 이렇게 칭하였다.
　"배숙칙을 보면 마치 옥산 곁에 있는 것 같아 그의 빛이 사람을 비춘다."
　여러 벼슬을 거쳐 중서랑中書郎이 되어 궁궐과 성청省廳을 출입하였는데, 그를 본 사람들은 숙연히 자신의 옷매무새를 고칠 정도였다.
　무제武帝 사마염司馬炎이 등극하면서 책서策書를 찾아 진나라가 몇 대나 이어갈 것인지 점을 쳤다. 이윽고 '일一'을 뽑자, 무제는 불안한 얼굴을 하였고 신하들도 얼굴빛을 잃고 말았다.
　그러자 배해가 이렇게 풀이하였다.
　"제가 듣기로 하늘이 '일'을 얻으면 맑아지고 땅이 '일'을 얻으면 편안하게 되며, 왕후王侯가 '일'을 얻으면 천하를 바르게 할 수 있다 하더이다."
　무제는 크게 기뻐하였다.
　그는 여러 벼슬을 거쳐 중서령中書令과 시중侍中에 올랐다.

　晉, 裴楷字叔則, 河東聞喜人. 明悟有識量, 少與戎齊名.
　鍾會薦於文帝, 辟相國掾. 及吏部缺, 帝問鍾會, 曰:「裴楷淸通, 王戎簡要, 皆其選也.」
　於是用楷. 楷風神高邁, 容儀俊爽, 博涉群書, 特精理義.
　時謂之『玉人』, 又稱:「見叔則如近玉山, 照映人也.」
　轉中書郎, 出入宮省, 見者肅然改容.
　武帝登祚, 探策以卜世數多少. 旣而得'一', 不悅, 群臣失色.
　楷曰:「臣聞, 天得'一'以淸, 地得'一'以寧, 王侯得'一'以爲天下貞.」
　帝大悅. 累遷中書令·侍中.

【晉】司馬氏가 세운 왕조. 洛陽을 도읍으로 하였던 기간을 西晉(265~317)이라 하며 武帝(司馬炎), 惠帝(司馬衷), 懷帝(司馬熾), 愍帝(司馬鄴)으로 이어짐. 永嘉의 난으로 서진이 멸망하자, 元帝(司馬睿)가 建業(지금의 南京)으로 도읍으로 옮겨 왕조를 다시 이어간 기간(317~420)을 東晉이라 함. 원제를 이어 明帝(司馬紹), 成帝(司馬衍), 康帝(司馬岳), 穆帝(司馬聃), 哀帝(司馬丕), 海西公(司馬奕), 簡文帝(司馬昱), 孝武帝(司馬曜), 安帝(司馬德宗), 恭帝(司馬文德)에 이르러 南朝 宋의 劉裕에게 넘어감.

【鍾會】자는 士季(225~264). 鍾繇의 아들이며 鍾毓의 아우. 蜀을 평정한 후 그 곳 장수 姜維와 蜀地를 갖기로 모의하다가 그 부하에게 죽음을 당하였음. 《三國志》(28)에 전이 있음.

【文帝】晉 文帝. 司馬昭. 晉文王. 晉 宣帝의 둘째아들이며 이름은 昭, 자는 子上. 晉 武帝 司馬炎이 진나라를 세우고 나서 文帝로 추존함. 《晉書》(2)에 紀가 있음.

【相國掾】상국은 나라의 재상직. 掾은 그의 속관, 小吏.

【吏部】六部의 하나로써 文官의 任免勳階 등을 맡아보았음.

【理義】魏晉시대에는 《老子》, 《莊子》, 《周易》을 '三玄學'이라 하였으며 이에 玄學을 理學이라 함.

【中書郞】中書省은 궁중의 문서와 조칙을 담당하던 관청.

【宮省】일부 판본에는 '官省'으로 되어 있음. 《晉書》에 의해 '宮省'으로 고침. 성은 당시 中書省이나 門下省 등 省級의 관청을 말함.

【武帝】晉 武帝. 司馬炎. 西晉의 개국군주. 司馬昭의 長子. 자는 安世. 咸熙 2年(265)에 魏나라로부터 禪讓의 형식으로 나라를 이어받아 晉나라를 세우고 洛陽을 도읍으로 함. 재위 26년(265~290). 廟號는 世祖. 《晉書》(3)에 紀가 있음.

【登祚】천자의 자리에 등극함. '登阼'로도 표기함.

【探策】'策'은 占에 사용하는 시초(蓍草)를 가리키며, '探'은 抽籤을 뜻함.

【天得一】《老子》 39장의 구절.

【侍中】門下省의 최고 책임자 우두머리.

> 참고 및 관련 자료

1. 《世說新語》言語篇

晉武帝始登阼, 探策得'一': 王者世數, 繫此多少. 帝旣不悅, 羣臣失色, 莫能有言者. 侍中裴楷進曰:「臣聞天得一以淸, 地得一以寧, 侯王得一以爲天下貞.」帝悅. 羣臣歎服.

2. 《世說新語》賞譽篇

鍾士季目王安豐:「阿戎了了解人意」謂:「裴令公之談, 經日不竭」吏部郎闕, 文帝問其人於鍾會; 會曰:「裴楷淸通, 王戎簡要, 皆其選也.」於是用裴.

3. 《世說新語》容止篇

裴令公有雋容儀, 脫冠冕, 麤服, 亂頭皆好; 時人以爲『玉人』. 見者曰:「見裴叔則如玉山上行, 光映照人!」

4. 《老子》39장

昔之得一者. 天得一以淸, 地得一以寧, 神得一以靈, 谷得一以盈, 萬物得一以生, 侯王得一以爲天下貞. 其致之.

5. 《晉書》(35) 裴楷傳

裴楷字叔則, 父徽, 魏冀州刺史. 楷明悟有識量, 弱冠知名, 尤精〈老易〉, 少與王戎齊名. 鍾會薦之於文帝, 辟相國掾. ……武帝爲撫軍, 妙選僚采, 以楷爲參軍事. 吏部郎缺, 文帝問其人於鍾會. 終會曰:「裴楷淸通, 王戎簡要, 皆其選也.」於是以楷爲吏部郎. 楷風神高邁, 容儀俊爽, 博涉群書, 特精理義. 時謂之『玉人』, 又稱:「見叔則如近玉山, 照映人也.」轉中書郎, 出入宮省, 見者肅然改容. 武帝初登阼, 探策以卜世數多少. 而得'一', 帝不悅, 羣臣失色, 莫有言者. 楷正容儀, 和其聲氣, 從容進曰:「臣聞, 天得'一'以淸, 地得'一'以寧, 王侯得'一'以爲天下貞.」武帝大悅, 羣臣皆稱萬歲. 俄拜散騎侍郎, 累遷散騎常侍·河內太守, 入爲屯騎校尉·右軍將軍, 轉侍中.

002. 孔明臥龍, 呂望非熊

002-① 孔明臥龍
와룡선생 제갈공명

《촉지蜀志》에 실려 있다.
제갈량諸葛亮은 자가 공명孔明이며 낭야琅邪 양도陽都 사람이다. 직접 밭에 나가 농사를 지었으며 〈양보음梁父吟〉을 좋아하였다. 매번 자신을 관중管仲이나 악의樂毅에 비교하였으나, 당시 사람들은 이를 인정하지 않았다. 다만 최주평崔州平과 서서徐庶만이 제갈량과 가까이 사귀는 친구로서 그를 인물답다고 믿어 주었다. 당시 선주先主 유비가 신야新野에 주둔하고 있었는데 서서가 유비를 만나 이렇게 말하였다.
"제갈량은 와룡臥龍입니다. 장군께서 만나기를 원하십니까? 그러나 그는 직접 찾아가면 뵐 수 있지만 머리를 숙여 찾아오도록 해서는 오지 않습니다. 의당 몸을 굽혀 찾아가 보셔야 합니다."
선주는 드디어 제갈량을 찾아갔으나 무릇 세 번을 찾아간 다음에야 만날 수 있었다. 이에 다른 사람들은 나가도록 하고 그와 더불어 천하의 일에 계책을 논의하여 훌륭하다 여기게 되었다. 이에 두 사람의 정감이 날로 친밀해졌다. 그런데 관우關羽와 장비張飛 등은 이러한 관계를 달갑게 여기지 않았다. 이에 유비는 이렇게 말하였다.
"나에게 제갈공명이 있다는 것은 비유하건대 물고기에게 물이 있는 것과 같소. 원하건대 더 이상 거론하지 말아주시오."
유비가 존호尊號를 칭함에 이르러 제갈량을 승상丞相으로 삼았다.
《한진춘추漢晉春秋》에는 이렇게 말하였다.
"제갈량의 집은 남양南陽 등현鄧縣 양양성襄陽城의 서쪽에 있으며 그곳을 '융중隆中'이라 부른다."

《蜀志》: 諸葛亮字孔明, 琅邪陽都人. 躬耕隴畝, 好爲梁父吟, 每自比管仲·樂毅, 時人莫之許. 惟崔州平·徐庶與亮友善, 謂爲信然.

時先主屯新野, 徐庶見之謂曰:「諸葛孔明臥龍也. 將軍豈願見之乎? 此人可就見, 不可屈致. 宜枉駕顧之.」

先主遂詣亮, 凡三往乃見. 因屛人與計事善之. 於是情好日密. 關羽·張飛等不悅.

先主曰:「孤之有孔明, 猶魚之有水也. 願勿復言.」

及稱尊號, 以亮爲丞相.

《漢晉春秋》曰:「亮家南陽鄧縣襄陽城西, 號曰『隆中』.」

【蜀志】陳壽(233~297)의 《三國志》 중의 〈蜀書〉. 魏나라를 정통으로 보아 〈촉서〉(30권)는 列傳으로 처리되어 있음.
【諸葛亮】자는 孔明(191~234). 한말 陽都人. 은거하여 스스로 밭을 갈며 자신을 管仲과 樂毅에 비교하여 사람들이 그를 臥龍先生이라 불렀음. 뒤에 蜀漢 劉備의 三顧草廬로 불려가 天下三分之策을 정하고 유비를 도와 荊州와 益州를 차지하여 吳, 蜀, 魏 삼국정립을 이루었음. 유비의 遺囑에 의해 그 아들 劉禪을 도와 〈出師表〉를 쓰고 북벌을 시도했으나 五丈原에서 생을 마침. 죽은 뒤 武鄕侯에 봉해졌으며 시호는 忠武. 《三國志》(35)에 전이 있음. '諸葛顧廬'[147] 및 '亮遺巾幗'[243] 참조.
【隴畝】'隴'은 '壟'과 같음. 논밭. 농사를 짓는 평민이었음을 말함.
【梁父吟】제갈량이 부른 노래. 제갈량이 鄧州에서 옛날 梁父城址에서 춘추시대 齊나라 경공의 세 용사 公孫接, 田開疆, 古冶子의 무덤을 보고 감회를 읊은 것. 세 용사의 이야기는 《晏子春秋》에 자세히 실려 있음.
【管仲】춘추 초기 齊나라 재상. 자는 夷吾. B.C.686년 제나라 公孫無知가 양공을 죽이고 자립하자, 공자 糾는 魯나라로, 小白은 莒나라로 도망함. 이듬해 공손무지가 피살되자, 두 공자가 먼저 귀국하여 왕위에 오르고자 서두르게 되었음. 이때 공자 규를 모시고 있던 관중이 길목에서 소백 일행을 쏘아 소백은 허리띠 고리에 화살을 맞고 죽은 척하다가 급히 귀국, 왕위에 오르게 되었으며 이가 제 환공임. 뒤에 환공은 鮑叔의 의견에 따라 관중을

용서하고 등용하여 춘추오패의 수장으로서 패권을 잡게 됨.《史記》管晏列傳 및《열자》참조. 管鮑之交의 고사를 남기기도 함. '管仲隨馬'[207] 참조.
【樂毅】전국시대 燕나라 장군. 齊나라 70여 城을 빼앗았음. 뒤에 田單의 離間에 걸려 趙나라로 도망함.《史記》樂毅列傳 및《戰國策》燕策, 齊策 등 참조.
【崔州平, 徐庶】제갈량이 등용되기 전에 유비의 軍師로 있었던 두 인물.
【先主】蜀나라를 세운 劉備. 자는 玄德. 221~223년 재위하고 그 아들 후주 劉禪이 뒤를 이음. '備失匕箸'[243] 참조.《十八史略》(3)에 "涿郡劉備字玄德, 其先出於景帝, 中山靖王勝之後也. 有大志少語言, 喜怒不形於色. 河東關羽·涿郡張飛, 與備相善, 備起, 二人從之"라 함.
【臥龍】때를 기다리며 은거하고 있는 영웅이라는 뜻.
【枉駕】자신을 낮추어 직접 찾아감을 말함.
【關羽, 張飛】유비와 桃園結義를 하였던 인물들.
【猶魚之有水】물고기와 물의 관계. 서로 떨어질 수 없는 절대적인 관계. '水魚之交'와 같음.
【稱尊號】尊號는 天子임을 인정하는 칭호. 유비가 제갈공명 등의 도움으로 촉을 세웠음을 말함.
【漢晉春秋】晉나라 習鑿齒가 지은 책. 東漢에서 魏나라로, 다시 晉나라 교체기에 일어났던 일을 기록함.
【隆中】襄陽城의 서북쪽에 있는 산. 제갈량의 집터가 있던 곳.

참고 및 관련 자료

1.《三國志》(35) 蜀志 諸葛亮傳
諸葛亮字孔明, 琅邪陽都人也. 漢司隸校尉諸葛豐後也. 父珪, 字君實, 漢末爲太山郡丞. 亮早孤, 從父玄爲袁術所署豫章太守, 玄將亮及亮弟均之官. 會漢朝更選朱皓代玄. 玄素與荊州牧劉表有舊, 往依之. 玄卒, 亮躬畊隴畝, 好爲〈梁父吟〉. 身長八尺, 每自比於管仲·樂毅, 時人莫之許也. 惟博陵崔州平·潁川徐庶元直與亮友善, 謂爲信然. 時先主屯新野. 徐庶見先主, 先主器之, 謂先主曰:「諸葛孔明者, 臥龍也, 將軍豈願見之乎?」先主曰:「君與俱來.」庶曰:「此人可

屈致也. 將軍宜枉駕顧之.」由是先主遂詣亮, 凡三往, 乃見. 因屏人曰:「漢室傾頹, 姦臣竊命, 主上蒙塵. 孤不度德量力, 欲信大義於天下, 而智術淺短, 遂用猖獗, 至于今日, 然志猶未已, 君爲計將安出?」亮答曰:「自董卓已來, 豪傑並起, 跨州連郡者不可勝數. 曹操比於袁紹, 則名微而衆寡, 然操遂能克紹, 以弱爲強者, 非惟天時, 抑亦人謀也. ……」先主解之曰:「孤之有孔明, 猶魚之有水也. 願諸君勿復言.」羽·飛乃止.(하략)

2. 諸葛亮〈梁父吟〉

步出齊城門, 遙望蕩陰里. 里中有三墳, 纍纍正相似. 問是誰家塚? 田疆古冶氏. 力能拜南山, 文能絶地理. 一朝被讒言, 二桃殺三士. 誰能爲此謀? 相國齊晏子.

3.《十八史略》(3)

琅琊諸葛亮, 寓居襄陽隆中, 每自比管仲·樂毅. 備訪士於司馬徽, 徽曰:「識時務者在俊傑. 此間自有伏龍·鳳雛. 諸葛孔明·龐士元也」徐庶亦謂備曰:「諸葛孔明臥龍也.」備三往乃得見亮. 問策, 亮曰:「操擁百萬之衆, 挾天子令諸侯, 此誠不可與爭鋒. 孫權據有江東, 國險而民附, 可與爲援, 而不可圖. 荊州用武之國, 益州險塞, 沃野千里, 天府之土. 若跨有荊益, 保其巖阻, 天下有變, 荊州之軍向宛洛. 益州之衆出秦川, 孰不簞食壺漿, 以迎將軍乎?」備曰:「善!」與亮情好日密, 曰:「孤之有孔明, 猶魚之有水也.」

4.《晏子春秋》(2)

公孫接·田開疆·古冶子, 事景公. 以勇力搏虎聞. 晏子過而趨, 三子者不起, 晏子入見公曰:「臣聞明君之蓄勇力之士也, 上有君臣之義, 下有長率之倫. 內可以禁暴, 外可以威敵. 上利其功, 下服其勇. 故尊其位, 重其祿. 今君之蓄勇力之士也, 上無君臣之義, 下無長率之倫. 內不可以禁暴, 外不可以威敵. 此危國之器也. 不若去之.」公曰:「三子者, 搏之恐不得, 刺之恐不中也.」晏子曰:「此皆力攻勍敵之人也. 無長幼之禮.」因請公使人少餽之二桃, 曰:「三子何不計功而食桃?」公孫接仰天而歎曰:「晏子, 智人也. 夫使公之計吾功者. 不受桃, 是無勇也. 士衆而桃寡, 何不計功而食桃矣? 接一搏猏, 再搏乳虎. 若接之功, 可以食桃, 而無與人同矣.」援桃而起. 田開疆曰:「吾仗兵而卻三軍者再. 若開疆之功, 亦可以食桃, 而無與人同矣.」援桃而起. 古冶子曰:「吾嘗從君濟于河, 黿銜左驂, 以入砥柱之中流. 當是時也, 冶少不能游, 潛行. 逆流百步, 順流九里, 得黿而殺之. 左操驂尾, 右挈黿頭, 鶴躍而出. 津人皆曰:『河伯也.』視之則大黿之首也. 若冶之功, 亦可以食桃, 而無與同人矣. 二子何不反桃?」抽劍而起. 公孫接·田開疆曰:

「吾勇不子若, 功不子逮. 取桃不讓, 是貪也; 然而不死, 無勇也.」皆反其桃, 挈領而死. 古冶子曰:「二子死之, 冶獨生之, 不仁; 恥人以言, 而夸其聲, 不義; 恨乎所行, 不死, 無勇. 雖然, 二子同桃而節, 冶專其桃而宜.」亦反其桃, 挈領而死. 使者復曰:「已死矣!」公殮之以服, 葬之以士禮焉.

002-② 呂望非熊
문왕이 사냥 나가 만난 강태공

《육도六韜》에 실려 있다.

문왕文王이 사냥을 나가려 하자, 사편史編이 점쳐 보았더니 이런 풀이가 나오는 것이었다.

"위양渭陽으로 사냥을 나가면 큰 것을 얻으리라. 용도 아니요, 이무기도 아니며, 호랑이도 아니요, 큰 곰도 아니다. 징조로 보아 공후公侯가 될 자로다. 하늘이 너에게 스승을 주어 이로써 너 희창姬昌을 도울 것이며 그 영향이 삼대에 미치리라."

문왕이 말하였다.

"그 징조가 사실대로 되겠는가?"

사편이 말하였다.

"저의 태조 할아버지 사주史疇께서 순舜임금을 위하여 점을 쳐 고요皐陶를 얻으셨습니다. 지금의 점괘도 이에 비유할 수 있습니다."

문왕은 이에 사흘을 재계하고 위양으로 사냥을 나가 마침내 띠풀자리에 앉아 낚시를 하고 있는 태공太公을 만나게 되었다.

문왕이 그를 위로하며 물어 본 다음, 그를 수레에 함께 태우고 돌아와 즉시 스승으로 모셨다.

구본舊本에는 '비웅비비非熊非羆'라 하였는데 아마 세속의 오류를 그대로 이어받은 것이 아닌가 한다. 뒤에는 어느 것이 옳은지 알 수 없다.

후한後漢 최인崔駰의 〈달지사達旨辭〉에는 이렇게 말하였다.

"혹 어부의 신분으로 그 사실이 점괘를 통해 나타났는데, 그 점괘는 큰 거북의 점을 통해 나타난 것이다."

그리고 그 주注에 "서백西伯이 사냥을 나가면서 점을 쳤더니 그 점괘에 '얻는 것은 용도 아니요 이무기도 아니며, 곰도 아니요 큰 곰도 아니다. 얻을 바는 바로 패왕의 보좌로다!' 하였다."

따라서 소위 '비웅非熊'이라 한 것은 대체로 여기에서 시작된 것이리라.

《六韜》曰: 文王將田, 史編布卜曰:「田於渭陽, 將大得焉. 非龍, 非彲, 非虎, 非羆. 兆得公侯. 天遺汝師, 以之佐昌, 施及三王.」

文王曰:「兆致是乎?」

史編曰:「編之太祖史疇爲舜占得皐陶. 兆比於此.」

文王乃齋三日, 田於渭陽, 卒見太公坐茅以漁. 文王勞而問之, 乃載與歸, 立爲師.

舊本: 作非熊非羆. 疑流俗承誤, 後世莫知是正耳.

按後漢崔駰達旨辭曰:「或以漁父見兆見兆於元龜」, 注曰:「西伯出獵, 卜之. 曰:『所獲非龍非螭, 非熊非羆, 所獲霸王之輔!』所謂非熊, 蓋本諸此.」

【六韜】고대 병법서. 太公望 呂尙이 지은 것으로 알려져 있으며 武經七書의 하나.

【文王】周나라 文王 姬昌. 그 아들 武王 姬發에 이르러 殷을 멸하고 주왕조를 중흥시킴.

【田】'畋'과 같음. 사냥(獵).
【史編】史는 직책 이름인 太史. 編은 그의 이름. 태사는 占을 담당하는 관리.
【渭陽】渭水의 북쪽.
【彲】螭와 같음. 용의 일종 이무기.
【羆】큰 곰.
【昌】주나라 文王. 姬昌. 殷末 西伯이 되었었으며 그 아들 姬發(武王)이 상(은)의 紂를 멸하고 천하를 바로잡음.
【三王】문왕(姬昌), 武王(姬發), 손자 成王(姬誦)의 3대.
【皐陶】舜임금 때의 名臣.
【齋】沐浴齋戒함. 큰일을 앞두고 근신함을 뜻함.
【太公】太公望, 즉 呂尙. 원래 태공은 古公亶甫(古公亶父)를 가리키며, 그가 기다리던 인물이라는 뜻으로 여상을 부른 것.
【舊本】《蒙求》의 옛날 판본.
【崔駰】東漢 涿郡 安平人. 자는 亭伯(?~92). 최전의 손자이며 경학에 밝았고 班固, 傅毅 등과 함께 이름을 날림. 揚雄의 〈解嘲〉를 모방하여 〈達旨〉를 지음. 화제 때 竇憲이 그를 불러 연으로 삼았으나 뒤에 두헌이 정권을 농단하여 여러 차례 간언을 하다가 들어주지 않자 귀향함. 明代 집일된 《崔亭伯集》이 있음.
【西伯】文王 姬昌은 당시 서방 제후의 우두머리였음. 伯은 霸와 같음.

참고 및 관련 자료

1. 《六韜》文韜 文師

文王將田, 史編布卜曰:「田於渭陽, 將大得焉. 非龍非彲, 非虎非羆, 兆得公侯, 天遺汝師, 以之佐昌, 施及三王.」文王曰:「兆致是乎?」史編曰:「編之太祖史疇, 爲禹(舜)占, 得皐陶, 兆比於此.」文王乃齋三日, 乘田車, 駕田馬, 田於渭陽, 卒見太公, 坐茅以漁. 文王勞而問之, 曰:「子樂漁邪?」太公曰:「臣聞君子樂得其志, 小人樂得其事. 今吾漁, 甚有似也. 殆非樂之也.」文王曰:「何謂其有似乎?」太公曰:「釣有三權: 祿等以權, 死等以權, 官等以權. 夫釣以求得也, 其情深, 可以觀大矣.」文王曰:「願聞其情.」太公曰:「淵深而水流, 水流而魚生之, 情也; 根深而木長, 木長而實生之, 情也; 君子情同而親合, 親合而事生之, 情也; 言語

應對者, 情之飾也; 言至情者, 事之極也. 今臣言之情不諱, 君其惡之乎?」文王曰:「唯仁人能受至諫, 不惡至情. 何爲其然?」太公曰:「緡微餌明, 小魚食之; 緡調餌香, 中魚食之; 緡隆餌豐, 大魚食之. 夫魚食其餌, 乃牽於緡; 人食其祿, 乃服於君. 故以餌取魚, 魚可殺; 以祿取人, 人可竭; 以家取國, 國可拔; 以國取天下, 天下可畢, 嗚呼! 曼曼綿綿, 其聚必散; 嘿嘿昧昧, 其光必遠. 微哉! 聖人之德, 誘乎獨見. 樂哉! 聖人之慮, 各歸其次, 而樹斂焉.」文王曰:「樹斂何若, 而天下歸之?」太公曰:「天下非一人之天下, 乃天下之天下也. 同天下之利者, 則得天下; 擅天下之利者, 則失天下. 天有時, 地有財, 能與人共之者, 仁也; 仁之所在, 天下歸之. 免人之死, 解人之難, 救人之患, 濟人之急者, 德也; 德之所在, 天下歸之. 與人同憂同樂·同好同惡者; 義也; 義之所在, 天下赴之. 凡人惡死而樂生, 好德而歸利, 能生利者, 道也; 道之所在, 天下歸之.」文王再拜曰:「允哉! 敢不受天之詔命乎!」乃載與俱歸, 立爲師.

2. 《史記》周本紀

武王卽位, 太公望爲師, 周公旦爲輔, 召公·畢公之徒左右王, 師脩文王緒業.

3. 《史記》齊太公世家

呂尚蓋嘗窮困, 年老矣, 以漁釣奸周西伯. 西伯將出獵, 卜之, 曰「所獲非龍非彲, 非虎非羆; 所獲霸王之輔」. 於是周西伯獵, 果遇太公於渭之陽, 與語大說, 曰:「自吾先君太公曰'當有聖人適周, 周以興'. 子眞是邪? 吾太公望子久矣.」故號之曰「太公望」, 載與俱歸, 立爲師.

4. 《十八史略》(1)

有呂尚者, 東海上人, 窮困年老, 漁釣至周. 西伯將獵, 卜之, 曰:「非龍非彲, 非熊非羆, 非虎非貔. 所獲霸王之輔.」果遇呂尚於渭水之陽, 與語大悅曰:「自吾先君太公曰:『當有聖人適周, 周因以興』, 子眞是耶? 吾太公望子久矣.」故號之曰太公望, 載與俱歸, 立爲師, 謂之師尙父.

003. 楊震關西, 丁寬易東

003-① 楊震關西
관서공자라 불린 양진

후한後漢 양진楊震은 자가 백기伯起이며 홍농弘農 화음華陰 사람이다. 어려서부터 배우기를 좋아하고 경학에 밝았으며 널리 살펴 궁구하지 않은 것이 없었다. 이에 여러 유생들은 그를 두고 이렇게 말하였다.

"관서關西의 공자 양백기楊伯起로다."

항상 호숫가에 우거하였으며, 주군州郡에서 예를 갖추어 그를 임명하고자 하였지만, 그가 수십 년을 두고 이에 대답을 하지 않자 많은 사람들이 이를 두고 '날이 저물어 가고 있다'라고 재촉하였다. 그럴수록 그는 더욱 뜻을 독실하게 하였다.

뒤에 어느 날 관작鸛雀이라는 새가 전어鱣魚 세 마리를 물고 그가 강의하는 강당 앞에 날아들었다. 도강都講이 나가 물고기를 거두어 들어와 이렇게 아뢰었다.

"사전蛇鱣이라는 물고기는 경대부卿大夫 복장에 상징으로 표현해 넣습니다. 그리고 '삼'이라는 숫자는 삼태三台를 나타냅니다. 선생님께서는 이로써 산공三公의 자리에 오르시게 될 것입니다."

그는 나이 쉰에 비로소 주군으로 나갔으며 안제安帝 때에는 태위太尉가 되었다.

後漢, 楊震字伯起, 弘農華陰人. 少好學明經, 博覽無不窮究.
諸儒爲之語曰:「關西孔子楊伯起.」
常客居於湖, 不答州郡禮命數十年, 衆謂之晚暮. 而志愈篤.

後有鸛雀, 銜三鱣魚, 飛集講堂前.

都講就魚進曰:「蛇鱣者卿大夫服之象也. 數三者法三台也. 先生自此升矣.」

年五十乃始州郡, 安帝時爲太尉.

【後漢】前漢(西漢)의 마지막 王莽의 新나라를 멸하고 세운 나라. 東漢이라고도 부름. 劉秀 光武帝가 한나라 왕실 劉氏王朝를 다시 일으켜 洛陽을 도읍으로 함. 22~220년까지 14황제를 이어 獻帝 劉協 때 曹丕에게 망함.
【楊震】東漢 弘農 華陰 사람(?~124), 자는 伯起. 학문에 뛰어나 따르는 자가 천여 명이었으며 당시 그를 '關西夫子', 혹은 '關西孔子'라 불렀음(《後漢書》 楊震傳 참조). '楊震關西'[003] 및 '震畏四知'[093] 참조.
【關西】函谷關의 서쪽 일대.
【蛇鱣】뱀장어의 일종.
【都講】옛날 강의제도에서 스승 다음의 도제. 수강생의 대표자. 혹은 조교.
【三台】원래는 별의 이름. 三公을 상징함. 삼태성의 별자리는 모두 6개의 별이 있으며 三公의 상징이라 함.《晉書》天文志에 "三台六星, 兩兩而居. 一曰天柱, 三公之位也. 在人曰三公, 在天曰三台"라 함.《幼學瓊林》에 "三公上應三台, 朗官上應列宿"라 함.
【安帝】東漢 6대 황제 劉祜. 107~125년 재위함.
【太尉】軍師를 담당하는 관직으로 三公의 하나.

참고 및 관련 자료

1.《後漢書》(40) 楊震傳
楊震字伯起, 弘農華陰人也. 八世祖喜, 高祖時有功, 封赤泉侯. 高祖敞, 昭帝時爲丞相, 封安平侯. 父寶, 習《歐陽尙書》. 哀·平之世, 隱居教授. 居攝二年, 與兩龔·蔣詡俱徵, 遂遁逃, 不知所處. 光武高其節. 建武中, 公車特徵, 老病不到, 卒於家. 震少好學, 受《歐陽尙書》於太常桓郁, 明經博覽, 無不窮究. 諸儒爲之語曰:「關西孔子楊伯起.」常客居於湖, 不荅州郡禮命數十年, 衆人謂之晚暮,

而震志愈篤. 後有冠雀銜三鱣魚, 飛集講堂前, 都講取魚進曰:「蛇鱣者, 卿大夫服之象也. 數三者, 法三台也. 先生自此升矣.」年五十, 乃始仕州郡.

2.《幼學瓊林》
人稱楊震爲關西夫子, 世稱賀循爲當世儒宗.

3.《十八史略》(3)
太尉楊震自殺, 震關西人, 時人稱之曰:「關西孔子楊伯起.」教授生徒, 堂下得三鱣. 都講以爲有三公之象, 取以進曰:「先生自此升矣.」

003-② 丁寬易東
《주역》에 뛰어났던 정관

전한前漢의 정관丁寬은 자가 자양子襄이며 양梁나라 사람이다. 당초 양나라 항생項生은 전하田何에게 《주역周易》을 전수받았다. 당시 정관은 항생을 따라 배우던 자로서 《주역》을 읽기에 정밀하고 민첩하여 그 재능이 항생보다 뛰어났다. 그는 드디어 전하를 모셔 공부한 다음 학문을 이루자, 동쪽 고향으로 돌아가게 되었다. 그러자 전하는 문인들에게 이렇게 말하였다.
"《주역》은 이미 동쪽으로 갔구나."
정관은 다시 주왕손周王孫이라는 학자에게 《주역》의 고의古義까지 전수받아 이를 《주씨전周氏傳》이라 불렀다.
경제景帝 때에 그는 양梁 효왕孝王의 장군이 되었다. 그리하여 《역설易說》이라는 책 3만 언言을 지었는데, 이는 훈고訓詁의 대체적인 의미만을 거론한 것이었다.

前漢, 丁寬字子襄, 梁人. 初梁項生從田何受《易》. 時寬爲項生從者, 讀《易》精敏, 材過項生. 遂事何, 學成東歸.

何謂門人曰:「《易》已東矣.」

寬復從周王孫受古義, 號《周氏傳》.

景帝時爲梁孝王將軍. 作《易說》三萬言, 訓詁擧大誼而已.

【前漢】 西漢이라고도 하며 長安에 도읍한 기간. 漢 高祖 劉邦이 세운 나라로 B.C.202~A.D.8년까지.
【丁寬】 한나라 때의 학자.《周易》에 뛰어났음.
【項生】 당시《易學》에 뛰어났던 학자.
【周王孫】 洛陽 사람. 田何에게《易》을 배웠음.
【景帝】 西漢 4대 황제. 劉啓. B.C.156~B.C.141년까지 16년간 재위함. 文帝의 아들이며 梁孝王(劉武)의 형. 文景之治를 이루어 한나라 기반을 다짐.
【梁孝王】 文帝의 아들이며 景帝의 아우. 이름은 劉武. 梁나라에 諸侯王으로 봉해짐. 지극히 사치를 부렸음.《史記》梁孝王世家 및《漢書》文三王傳 참조.
【訓詁】 '訓故'와 같음. 고어의 해석을 주로 하는 학문.

> 참고 및 관련 자료

1.《漢書》儒林傳 丁寬

前漢, 丁寬字子襄, 梁人也. 初梁項生從田何受《易》. 時寬爲項生從者, 讀《易》精敏, 材過項生. 遂事何, 何謝寬, 學成東歸, 何謂門人曰:「《易》以東矣.」寬至雒陽, 復從周王孫受古義, 號《周氏傳》. 景帝時爲梁孝王將軍距吳楚, 號丁將軍. 作《易說》三萬言, 訓詁擧大誼而已, 今小章句是也. 寬授同郡碭田王孫. 王孫授施讎·孟喜·梁丘賀. 繇是《易》有施·孟·梁丘之學.

004. 謝安高潔, 王導公忠

004-① 謝安高潔
고결한 성품의 사안

《진서晉書》에 실려 있다.
사안謝安은 자가 안석安石이며 진국陳國 양하陽夏 사람이다. 나이 네 살 때 환이桓彝가 그를 보고 이렇게 감탄하였다.
"이 아이는 풍모가 신기하고 빼어나 투철하니 위에 의당 왕동해王東海 왕승王承에 못지않은 인물이 되겠군."
왕도王導 역시 그를 그릇감으로 여겼다. 이로써 그는 어려서부터 이름이 날렸다. 처음 벼슬길에 발탁되었을 때 그는 모두 병으로 사절하였다. 그러자 유사有司가 이렇게 아뢰었다.
"사안은 부름을 받고도 여러 해를 벼슬길에 나오지 않으니 종신토록 벼슬을 하지 못하도록 아예 금고禁錮에 처하여야 합니다."
드디어 그는 동산東土에 은거하였다. 그는 항상 임안臨安의 산 속으로 가서 자신의 뜻을 자연에 마음대로 풀었다. 그러나 매번 놀이를 나설 때면 반드시 기녀들이 따르도록 하였다. 당시 그의 아우 사만謝萬이 서중랑장西中郎將이 되어 번방藩邦을 총괄하는 막중한 책임을 맡고 있었다. 사안은 비록 형문衡門에 처하고 있었지만 그 이름은 더 알려져 많은 사람들이 천자를 보필해야 할 것으로 기대하고 있었다. 나이 마흔 남짓에 그는 비로소 벼슬에 뜻을 두었다. 그리하여 정서대장군征西大將軍 환온桓溫이 청하여 그를 사마司馬로 삼았다. 그러자 조정의 명사들이 모두 나와 그의 부임을 환송하였다. 그때 중승中丞 고숭高崧이 이렇게 놀렸다.
"그대는 누차 조정의 뜻을 위배하여 동산에 고고하게 누워 있었소. 그리하여 많은 사람들이 매번 서로 모이면 '안석이 관직에 나오려 하지 않으니 우리 같은 창생蒼生은 어찌하란 말인가?'라고 안타까워하였소. 그런데 지금 겨우 사마 벼슬에 나선다니 창생들이 장차 그대를 어떻게 평할까요?"

사안은 부끄러운 기색을 지었다. 뒤에 이부상서吏部尙書가 되었다.

당시 효무제孝武帝가 들어서서 정치를 자신 뜻대로 되지 않았다. 환온의 위세가 내외에 떨쳤기 때문이었다. 사안은 이에 충성을 다하여 이를 바로잡고 보필하여 마침내 황제와의 불편한 관계를 화해시켰다. 그는 다시 중서감中書監을 걸쳐 녹상서사錄尙書事에 올랐다. 전진前秦의 부견苻堅이 무리를 이끌고 회수淮水와 비수肥水에 진을 쳤다. 이에 조정에서는 사안에게 정토대도독征討大都督의 직함을 주었다. 이윽고 부견을 깨뜨리자 군사를 총괄하여 통솔한 공로로 태보太保에 올랐다. 죽은 뒤에 태부太傅로 추증되었으며 시호를 문정文靖이라 하였다.

《晉書》: 謝安字安石, 陳國陽夏人.

年四歲桓彜見而嘆曰:「此兒風神秀徹. 後當不減王東海.」

王導亦深器之, 由是少有重名.

初辟除, 並以疾辭.

有司奏:「安被召歷年不至, 禁錮終身.」

遂棲遲東山.

常往臨安山中, 放情丘壑, 然每遊賞, 必以妓女從. 時弟萬爲西中郎將, 總藩任之重. 安雖處衡門, 名出其右, 有公輔望. 年四十餘, 始有仕志. 征西大將軍桓溫請爲司馬. 朝士咸送.

中丞高崧戲之曰:「卿屢違朝旨, 高臥東山, 諸人每相與言, 安石不肯出, 將如蒼生何? 今蒼生亦將如卿何?」

安有愧色. 後拜吏部尙書.

時孝武立, 政不自己, 桓溫威振內外, 安盡忠匡翼, 終能輯穆. 進中書監·錄尙書事.

苻堅率衆, 次淮肥. 加安征討大都督. 旣破堅, 以總統功, 進太保.
薨贈太傅, 諡文靖.

【謝安】字는 安石(320~385). 謝裒의 아들이며 謝琰(望蔡)의 아버지. 謝奕의
동생. 덕망이 있고 기개가 높아 桓彝, 王濛의 사랑을 받음. 처음에는 벼슬에
뜻을 버리고 王羲之, 支遁 등과 산수를 즐기며 조정의 부름에 응하지
않았으나 40이 넘어 桓溫의 司馬를 거쳐 吳興太守, 侍中, 吏部尙書, 太保
錄尙書事 등의 관직을 지냄. 뒤에 다시 太傅에 추증되었으며 시호는 文靖.
《晉書》(79)에 전이 있음.

【桓彝】자는 茂倫(276~328). 王敦과 맞섰다가 뒤에 蘇峻 난 때 韓晃에게
피살됨. 廷尉를 추증받아 桓廷尉로도 불림.《晉書》(74)에 전이 있음. 桓溫의
아버지.

【王承】자는 安期(275~320). 太原 晉陽人. 汝南太守 王湛의 아들이며 王述의
아버지. 東海太守가 되어 덕정을 베풀었음. 王導, 衛玠, 周顗, 庾亮 등과 함께
東晉의 명사로 추앙됨.《晉書》(75)에 전이 있음.

【王導】자는 茂弘(276~339). 어릴 때의 자는 阿龍. 王敦의 從弟. 서진이 망하자
王敦과 함께 司馬睿를 황제로 추대하여 東晉을 세움. 그 공으로 丞相이
되었으며 號를 '仲父'라 하였음. 천하의 권세를 잡아 당시 "王與馬, 共天下"
라 하였음. 元帝와 明帝, 成帝를 차례로 즉위시켰음. 아울러 남방 세족의
도움으로 강남에서의 동진 정권을 안정시킴.《晉書》(65)에 전이 있음.

【辟除】'辟'은 벼슬을 주어 부름. '除'는 옛 관직을 제하고 새로운 관직을 주는
것을 말함.

【棲遲】편안히 은거함.《詩經》陳風 衡門에 "衡門之下, 可以棲遲. 泌之洋洋,
可以樂飢"라 함.

【東山】지금의 浙江省 上虞縣에 있는 산으로 謝玄이 은거한 적이 있어 뒤
에는 은거의 뜻으로 쓰임.

【藩任之重】천자의 藩屛이 되어 국경을 다스리는 무거운 직책.

【衡門】隱者가 사는 집을 뜻함.《詩經》陳風 衡門 참조.

【出其右】고대에는 오른쪽을 더 높은 지위로 여겼음.

【桓溫】桓公(312~373). 자는 元子. 明帝 司馬紹의 사위. 荊州刺史를 지냈으며,
蜀을 정벌하고 前秦을 쳐부숨. 簡文帝를 세우고 자신이 다시 왕위를 빼앗

고자 하였음. 시호는 武侯. 그의 아들 桓玄이 드디어 제위를 찬탈하여 楚나라를 세운 다음 아버지 환온을 宣武皇帝로 추존함. 《晉書》(98)에 전이 있음.

【司馬】 군사 업무를 담당한 최고 책임자.

【高崧】 자는 茂琰. 어릴 때의 자는 아령(阿酃). 史學에 밝았으며 吏部郎, 侍中을 지냄.

【孝武】 晉 武帝. 司馬炎. 西晉의 개국군주. 司馬昭의 長子. 자는 安世. 咸熙 2年(265)에 魏나라로부터 禪讓의 형식으로 나라를 이어받아 晉나라를 세우고 洛陽을 도읍으로 함. 재위 26년(265~290). 廟號는 世祖. 《晉書》(3)에 紀가 있음.

【中書監】 중서성의 장관. 국가 기밀을 다루는 중요한 직책.

【苻堅】 자는 永固(338~385). 혹은 文玉. 晉나라 때 五胡 중에 제일 강하였던 前秦의 군주. 苻健이 秦을 세우고 아들 苻生에게 물려주자 부견이 부생을 죽이고 자립함. 이어 차례로 前燕과 前涼, 代 등을 취하여 강해지자 晉나라를 공략하여 淝水에서 謝玄 등과 결전을 벌여 대패함. 이에 鮮卑, 羌 등이 이반하여 국세가 약해졌으며 결국 姚萇(羌族)이 그와 태자 苻宏을 살해하고 後秦을 세움. 《晉書》(113)에 전이 있음. 苻健의 아버지 蒲洪이 성씨를 苻氏로 바꾸어 부씨의 가계가 생겨난 것임. 《十八史略》(4)에 "蒲洪自稱三秦王, 改姓苻. 洪先擒趙將麻秋, 不殺而用其言, 因宴爲秋所鴆. 子健斬秋, 代領洪衆. 健入長安, 自稱秦天王, 已而稱帝"라 함.

【次淮肥】 前秦의 王 苻堅이 晉나라를 공격하여 회수와 비수에 진을 친 사건. '次'는 군대나 여행자가 하루 머무는 것을 '舍'라하며 이틀 머무는 것을 '信', 그 이상 머물러 있는 것을 '次'라 함. '肥水'는 '淝水'로도 표기하며 이 사건이 유명한 淝水之戰임.

【太保・太傅】 태사와 함께 三公으로 불림.

참고 및 관련 자료

1. 《晉書》(79) 謝安傳

謝安字安石, 尙從弟也. 父裒, 太常卿. 安年四歲時, 譙郡桓彝見而嘆曰:「此兒風神秀徹. 後當不減王東海.」及總角, 紳識沈敏, 風宇條暢, 善行書. 弱冠, 詣王

濛淸言良久, 旣去, 濛子修曰:「向客何如大人?」濛曰:「此客亹亹, 爲來逼人.」王導亦深器之, 由是少有重名. 初辟司徒府, 除佐著作郎, 並以疾辭. ……吏部尙書范汪擧安爲吏部郎, 安以書距絕之. 有司奏安被召歷年不至, 禁錮終身, 遂棲遲東山. 嘗往臨安山中, 坐石室, 臨濬谷, 柔然歎曰:「此去伯夷何遠!」嘗與孫綽等汎海, 風起浪湧, 諸人並懼, 安吟嘯自若. 舟人以安爲悅, 猶去不止. 風轉急, 安徐曰:「如此將何歸邪?」舟人承言卽回. 衆咸服其雅量. 安雖放情丘壑, 然每遊賞, 必以妓女從. 旣累辟不就, 簡文帝時爲相, 曰:「安石旣與人同樂, 必不得不與人同憂, 召之必至.」時弟萬爲西中郎將, 總藩任之重. 安雖處衡門, 其名猶出萬之右, 自然有公輔之望, 處家常以儀範訓子弟. ……及萬黜廢, 安始有仕進志, 時年已四十餘矣. 征西大將軍桓溫請爲司馬, 將發新亭, 朝士咸送, 中丞高崧戱之曰:「卿累違朝旨, 高臥東山, 諸人每相與言, 安石不肯出, 將如蒼生何? 蒼生今亦將如卿何?」安甚有愧色. ……時孝武帝富於春秋, 政不自己, 溫威振內外, 安與坦之盡忠匡翼, 終能輯穆. ……時苻堅强盛, 疆場多虞, 諸將敗退相繼. ……堅後率衆, 號百萬, 次于淮肥, 京師震恐. 加安征討大都督. ……旣罷, 還內, 過戶限, 心喜甚, 不覺屐齒之折, 其矯情鎭物如此, 以總統功, 進拜太保. 尋薨, 時年六十六. 帝三日哭于祖堂, 賜東園祕器·朝服一具·衣一襲·錢百萬·布千匹·蠟五百斤·贈太傅, 諡曰文靖.

2. 《世說新語》排調篇

謝公在東山, 朝命屢降而不動; 後出爲桓宣武司馬, 將發新亭, 朝士咸出瞻送. 高靈時爲中丞, 亦往相祖; 先時, 多少飮酒, 因倚如醉, 戲曰:「卿屢違朝旨, 高臥東山, 諸人每相與言, 『安石不肯出, 將如蒼生何?』今亦蒼生將如卿何?」謝笑而不答.

3. 《十八史略》(3)

晉桓溫以謝安爲征西司馬. 安少有重名, 前後徵辟皆不就. 士大夫相謂曰:「安石不出, 如蒼生何?」年四十餘乃出.

004-② 王導公忠
왕도의 공정함과 충성

진晉나라 왕도王導는 자가 무홍茂弘이며 광록대부光祿大夫 왕람王覽의 손자이다. 어려서부터 풍모와 감식이 있었으며 지식과 도량이 맑고 원대하였다. 진류陳留의 고사高士 장공張公이 그를 보고 기이하게 여겨 왕도의 종형 왕돈王敦에게 이렇게 말하였다.

"아 아이의 용모와 지기는 장상將相이 될 그릇을 가지고 있습니다."

원제元帝가 그를 낭야왕琅邪王으로 삼았고, 왕도는 원제와 평소 서로 아주 친한 사이로써 왕도는 머지않아 천하에 대란이 일어날 것을 알고, 드디어 온 마음을 다 기울여 그를 옹립하고 받들어 속으로 진나라를 부흥시킬 뜻을 품고 있었다.

원제 역시 그의 그릇됨과 중후함을 아름답게 여겼다. 마침 원제가 하비下邳를 진수하는 임무를 맡게 되자, 왕도를 안동사마安東司馬를 맡아줄 것을 청하였다. 군사의 기밀과 모책을 짤 때면 알아서 처리하지 않는 것이 없었다. 이에 원제는 항상 이렇게 말하였다.

"그대는 나에게 있어서 소하蕭何와 같은 존재요."

여러 차례 벼슬을 거쳐 중서감中書監과 녹상서사錄尙書事가 되었다. 드디어 원제가 제위에 올라 백관이 배석하여 줄을 섰을 때 원제는 왕도에게 명하여 황제의 의자에 올라 함께 앉기를 명하였다. 그러자 왕도는 이렇게 고사하였다.

"만약 태양이 천하 만물에 똑같은 볕을 내려주지 않는다면 온갖 창생蒼生이 무슨 이유로 그 볕을 우러러보겠습니까?"

그리하여 황제도 그만두고 말았다. 그는 승진하여 사공司空 지위에 올랐다.

晉, 王導字茂弘, 光祿大夫覽之孫. 少有風鑒, 識量清遠.

陳留高士張公見而奇之, 謂其從兄敦曰:「此兒容貌志氣, 將相之器也.」

元帝爲琅邪王, 與導素相親善, 導知天下已亂, 遂傾心推奉, 潛有興復之志. 帝亦雅相器重. 會帝出鎭下邳, 請導爲安東司馬. 軍謀密策, 知無不爲. 帝常謂曰:「卿吾之蕭何也.」

屢遷中書監·錄尚書事.

及帝登尊號, 百官陪列, 命導升御床共坐.

導固辭曰:「若太陽不下同萬物, 蒼生何由仰照?」

帝乃止. 進位司空.

【王導】자는 茂弘(276~339). 어릴 때의 자는 阿龍. 王敦의 從弟. 서진이 망하자 王敦과 함께 司馬睿를 황제로 추대하여 東晉을 세움. 그 공으로 丞相이 되었으며 號을 '仲父'라 하였음. 천하의 권세를 잡아 당시 "王與馬, 共天下"라 하였음. 元帝와 明帝, 成帝를 차례로 즉위시켰음. 아울러 남방 세족의 도움으로 강남에서의 동진 정권을 안정시킴. 《晉書》(65)에 전이 있음.

【王覽】자는 玄通. 王祥의 배다른 아우. 王融의 후처 朱氏 소생. 진나라 때 光祿大夫를 지낸 인물. '王覽友弟'[030] 참조.

【風鑒】風儀와 鑑識.

【張公】陳留 땅의 高士이며 이름은 구체적으로 알 수 없음.

【王敦】자는 處仲(266~324). 어릴 때는 阿黑이라 부름. 王含의 아우이며 王導의 종제로 八王之亂 때 공을 세워 散騎常侍, 侍中, 靑州刺史, 鎭東大將軍 등을 지냄. 西晉이 망하자 司馬睿를 옹립하여 황제로 삼음. 뒤에 明帝 때 난을 일으켰다가 軍中에서 죽음. 《晉書》(98)에 전이 있음. '王敦傾室'[152] 참조.

【元帝】晉 元帝. 司馬睿. 316년 西晉이 망하자 建康(南京)에 東晉을 세움. 재위 6년(317~323). 《晉書》(6)에 紀가 있음. 묘호는 中宗. 일찍이 낭야왕(琅邪王)을 지냈었음.

【知天下已亂】西晉 말 천하의 혼란을 미리 예견함.
【下邳】縣 이름. 지금의 江蘇省 睢寧縣.
【蕭何】蕭相國(?~B.C.193). 沛縣(현재는 江蘇省內에 있음) 사람으로 秦 말기에 劉邦을 도와 병사를 일으켜 공을 세움. 후에 유방은 漢王이 되고 소하는 丞相이 되었으며 高帝 11년에 승상을 相國으로 개칭함.《史記》蕭相國世家 참조. '蕭何定律'[031] 참조.

참고 및 관련 자료

1. 《晉書》(65) 王導傳

王導字茂弘, 光祿大夫覽之孫也. 父裁, 鎭軍司馬. 導少有風鑒, 識量淸遠. 年十四, 陳留高士張公見而奇之, 爲其從兄敦曰:「此兒容貌志氣, 將相之器也.」…… 時元帝爲琅邪王, 與導素相親善, 導知天下已亂, 遂傾心推奉, 潛有興復之志. 帝亦雅相器重, 契同友執. 帝之在洛陽也, 導每勸令之國. 會帝出鎭下邳, 請導 爲安東司馬. 軍謀密策, 知無不爲. …… 帝嘗從容常謂導曰:「卿, 吾之蕭何也.」 ……中書監·錄尙書事. ……及帝登尊號, 百官陪列, 命導升御牀共坐. 導固辭, 至于三四, 曰:「若太陽不下同萬物, 蒼生何由仰照?」帝乃止. 進驃騎大將軍· 儀同三司. 以討華軼功, 封武岡侯. 進位司空·司空·假節·錄尙書, 領中書監.

2. 《世說新語》寵禮篇

元帝正會, 引王丞相登御牀, 王公固辭, 中宗引之彌苦. 王公曰:「使太陽與萬物 同暉, 臣下何以瞻仰!」

005. 匡衡鑿壁, 孫敬閉戶

005-① 匡衡鑿壁
벽을 뚫고 등불을 비춰 공부한 광형

전한前漢의 광형匡衡은 자가 치규稚圭이며 동해東海 승현承縣 사람이다. 아버지는 대대로 농부였다. 광형에 이르러 공부를 좋아하게 되었으나, 집이 가난하여 그는 남의 고용살이를 하여 자용資用으로 삼고 있었다. 그는 정신력이 남보다 뛰어나고 대단하였다. 여러 유학자들은 그를 두고 이렇게 말하였다.

"《시詩》를 논하지 말라. 광형이 오리라. 광형이 《시》를 해설하면 감탄하여 턱이 벌어질 정도가 된다."

사책갑과射策甲科를 거쳐 원제元帝 때 승상丞相이 되었다.

《서경잡기西京雜記》에 실려 있다.

광형은 부지런히 공부하였지만 불을 밝힐 등불이 없었다. 이웃집은 불을 켜 놓았으나 벽이 막혀 그 불을 비춰볼 수 없어, 광형은 벽을 뚫어 그 빛을 끌어들여 책을 읽었다. 그 읍의 대성大姓으로 글을 모르는 자가 있었는데 명문 집안으로 책이 많았다. 광형은 이에 그 집에 자청하여 일을 해 주면서 품삯을 받지 않는 대신 그 집의 책을 두루 읽기를 원하였다. 주인은 감탄하여 책으로 도와주어 마침내 대학자가 되었다.

前漢, 匡衡字稚圭, 東海承人. 父世農夫, 至衡好學, 家貧, 庸作以供資用. 尤精力過絶人.

諸儒爲之語曰:「無《說》詩, 匡鼎來. 匡說《詩》解人頤.」

射策甲科. 元帝時爲丞相.

《西京雜記》曰: 衡勤學無燭. 鄰舍有燭而不逮. 衡乃穿壁, 引其光而讀之. 邑大姓, 文不識, 名家富多書. 衡乃與其客作, 而不求償. 願得書遍讀之. 主人感歎, 資給以書, 遂成大學.

【匡衡】西漢 때 經學家. 東海郡 承(지금의 山東省 蒼山縣 蘭陵鎭) 땅 출신. 元帝 때에 승상을 지냈으며 樂安侯에 봉해짐. 成帝 때 王尊에게 탄핵을 받아 관직을 박탈당함. 《漢書》에 傳이 있음.
【匡鼎】鼎은 바르고 정확함. 네모짐. 당당하게 걸어옴. 그러나 광형의 어릴 때 字라고도 함. 참고란을 볼 것.
【解頤】놀랍거나 즐거운 일, 혹은 우스운 일로 인해 턱이 벌어짐.
【射策甲科】관리 등용시험의 하나.
【元帝】서한 제8대 황제. 劉奭. 宣帝 劉詢의 아들이며 B.C.48~B.C.33년 재위함.
【西京雜記】晉나라 葛洪이 편찬하였음. 혹 한나라 劉向이 모으고 갈홍이 집록한 것으로도 봄. 西京은 서한 시대의 수도인 長安을 가리킴. 서한시대 궁중 일화를 모은 책.
【文不識】글을 이해하지 못함.

참고 및 관련 자료

1. 《史記》張丞相列傳

丞相匡衡者, 東海人也. 好讀書, 從博士受《詩》. 家貧, 衡傭作以給食飮. 才下, 數射策不中, 至九, 乃中丙科. 其經以不中科故明習. 補平原文學卒史. 數年, 郡不尊敬. 御史徵之, 以補百石屬薦爲郎, 而補博士, 拜爲太子少傅, 而事孝元帝. 孝元好《詩》, 而遷爲光祿勳, 居殿中爲師, 授教左右, 而縣官坐其旁聽, 甚善之, 日以尊貴. 御史大夫鄭弘坐事免, 而匡君爲御史大夫. 歲餘, 韋丞相死, 匡君代爲丞相, 封樂安侯. 以十年之間, 不出長安城門而至丞相, 豈非遇時而命也哉!

2. 《西京雜記》(2) 聞詩解頤

匡衡, 字稚圭, 勤學而無燭. 鄰舍有燭而不逮, 衡乃穿壁引其光, 以書映光而讀之. 邑人大姓, 文不識, 家富多書, 衡乃與其傭作, 而不求償. 主人怪, 問衡, 衡曰:「願得主人書遍讀之.」主人感嘆, 資給以書, 遂成大學. 衡能說詩, 時人爲之語曰:「無說詩, 匡鼎來; 匡說詩, 解人頤」鼎, 衡小名也. 時人畏服之如是, 聞者皆解頤歡笑. 衡邑人有言詩者, 衡從之, 與語質疑, 邑人挫服, 倒屣而去. 衡追之曰:「先生留聽, 更理前論.」邑人曰:「窮矣!」遂去不返.

3. 《漢書》(81) 匡衡傳

匡衡字稚圭, 東海承人也. 父世農夫, 至衡好學, 家貧, 庸作以供資用, 尤精力過絶人. 諸儒爲之語曰:「無說詩, 匡鼎來; 匡說詩, 解人頤」衡射策甲科, 以不應令除爲太常掌故, 調補平原文學. 學者多上書薦衡經明, 當世少雙, 令爲文學就官京師; 後進皆欲從衡平原, 衡不宜在遠方. 事下太子太傅蕭望之·少府梁丘賀問, 衡對《詩》諸大義, 其奉深美. 望之奏衡經學精習, 說有師道, 可觀覽. 宣帝不甚用儒, 遣衡歸官. 而皇太子見衡對, 私善之.

4. 《漢書》匡衡傳「解人頤」의 注

服虔曰:「鼎猶言當也, 若言匡且來也.」應劭曰:「鼎, 方也.」張晏曰:「匡衡少時字鼎, 長乃易字稚圭. 世所傳衡與貢禹書, 上言衡敬報, 下言匡鼎白, 知是字也.」師古曰:「服, 應二說是也, 賈誼曰天子春秋鼎盛, 其義亦同, 而張氏之說蓋穿鑿矣. 假有其書, 乃是後人見此傳云匡鼎來, 不曉其意, 妄作衡書云鼎白耳. 字以表德, 豈人之所自稱乎?」今有西京雜記者, 其書淺俗, 出於里巷, 多有妄說, 乃云匡衡小名鼎, 蓋絶知者之聽.

5. 《太平廣記》(173)

匡衡, 字稚圭, 勤學而無燭. 隣人有燭而不與, 衡乃穿壁引其光, 以書映之而讀之. 邑人大姓, 文不識, 家富多書, 衡乃爲其傭作, 而不求直. 主人怪而問之, 衡曰:「願得主人書, 遍讀之.」主人感歎, 資給以書, 遂成大學. 能說詩, 時人爲之語曰:「無說詩, 匡鼎來; 匡說詩, 解人頤」鼎, 衡小名也. 時人畏服之如此, 聞之皆解頤歡笑. 衡邑人有言詩者, 衡從之, 與語質疑, 邑人挫服, 倒屣而去. 衡追之曰:「先生留聽, 更理前論.」邑人曰:「窮矣!」遂去不顧.

005-② 孫敬閉戶
폐호선생 손경

《초국선현전楚國先賢傳》에 실려 있다.

손경孫敬은 자가 문보文寶이다. 늘 문을 걸어 잠그고 독서에 열중하였으며, 졸음이 오면 끈을 목에 걸고 이를 대들보에 매어 놓고 책을 읽었다. 그가 일찍이 시장에 나갔더니 시중의 사람들이 그를 보자 모두 이렇게 말하는 것이었다.

"폐호선생閉戶先生이 오신다."

관직에 부름을 받았지만 나가지 않았다.

《楚國先賢傳》: 孫敬字文寶. 常閉戶讀書, 睡則以繩繫頸, 懸之梁上.

嘗入市, 市人見之皆曰:「閉戶先生來也.」

辟命不至.

【楚國先賢傳】晉나라 때 張方賢이 편찬한 책. 초나라 선현들의 전기를 모은 것임.

【孫敬】孫文寶. 三國時代. 혹 後漢 때 사람이라고도 함. 자는 文寶. 문을 닫아 걸고 공부하여 '閉戶先生'이라 불렀음. '文寶緝柳'[138] 참조.

006. 郅都蒼鷹, 甯成乳虎

006-① 郅都蒼鷹
표독한 매 같은 질도

    전한前漢의 질도郅都는 하동河東 대양大陽 사람이다. 경제景帝 때에 중랑장中郞將이 되어 감히 직간을 하며 대신大臣들을 면전에서 꺾어버릴 정도였으며 중위中尉로 승진하였다. 이때에 백성들은 질박하여 죄를 두려워하며 자중하였으나, 그런데도 질도는 홀로 시대를 앞서 엄혹嚴酷하게 굴었다. 그는 법을 집행하면서 귀한 신분이나 왕의 친척도 피하지 아니하였다. 이에 열후列侯나 종실宗室이 그를 보면 모두가 눈을 흘겨 뜨고 보면서 창응蒼鷹이라 불렀다. 그가 안문태수雁門大守가 되자, 흉노匈奴는 평소 그의 절의를 들어온 터라 변방 모두가 자신들 무리를 이끌고 멀리 떠나 그가 죽을 때까지 안문 근처에는 나타나지도 않았다. 흉노는 질도의 모습을 인형으로 만들어 기마병들로 하여금 그를 쏘아 맞추는 훈련의 표적으로 삼았지만, 아무도 그를 감히 맞추려 들지 못하였으니 그를 두려워함이 이와 같았다. 흉노는 그를 이렇게 겁내었던 것이다. 두태후竇太后가 질도가 중위였을 때의 일을 들춰 한漢나라 법에 의해 마침내 참수해 버렸다.

    前漢, 郅都, 河東大陽人. 景帝時爲中郞將, 敢直諫面折大臣於朝. 遷中尉. 是時民樸畏罪自重, 而都獨先嚴酷. 致行法, 不避貴戚. 列侯宗室見都皆側目而視, 號曰『蒼鷹』.
    拜雁門大守, 匈奴素聞都節, 擧邊爲引去, 竟都死不近雁門. 匈奴至爲偶人象都, 令騎馳射, 莫能中, 其見憚如此. 匈奴患之. 竇太后乃中都以漢法, 卒斬之.

【郅都】西漢 景帝 때의 酷吏.《史記》酷吏傳 참조.
【大陽】《史記》에는 '楊人'으로 되어 있으며 주에《漢書》의 기록이 오류라 하였음.
【景帝】西漢 4대 황제. 劉啓. B.C.156~B.C.141년까지 16년간 재위함. 文帝의 아들이며 梁孝王(劉武)의 형. 文景之治를 이루어 한나라 기반을 다짐.
【面折】면전에서 상대의 잘못을 지적함.
【貴戚】천자의 내외 친척.
【蒼鷹】매. 매우 사납고 표독함을 뜻함.
【雁門】지명. 관문 이름. 흉노를 지키는 국경으로 지금의 山西省에 있음.
【匈奴】중국 북방의 이민족. 고대 獫狁, 獯鬻 등으로 불렸으며 북쪽 狄人. 훈(Hun)족의 전신.
【竇太后】文帝 劉恒의 皇后. 景帝와 孝帝의 어머니.
【中都以漢法】질도가 中尉 때 景帝의 동생 臨江王의 죄를 용서 없이 처벌하여 자살하도록 하자, 그의 어머니 두태후가 앙심을 품고 있다가 질도에게도 잘못을 뒤집어 씌워 한나라의 법률을 적용, 참수하였음.

참고 및 관련 자료

1.《史記》酷吏傳(郅都)

郅都者, 楊人也. 以郎事孝文帝. 孝景時, 都爲中郎將, 敢直諫, 面折大臣於朝. 嘗從入上林, 賈姬如廁, 野彘卒入廁. 上目都, 都不行. 上欲自持兵救賈姬, 都伏上前曰:「亡一姬復一姬進, 天下所少寧賈姬等乎? 陛下縱自輕, 柰宗廟太后何!」上還, 彘亦去. 太后聞之, 賜都金百斤, 由此重郅都. 濟南瞯氏宗人三百餘家, 豪猾, 二千石莫能制, 於是景帝乃拜都爲濟南太守. 至則族滅瞯氏首惡, 餘皆股栗. 居歲餘, 郡中不拾遺. 旁十餘郡守畏都如大府. 都爲人勇, 有氣力, 公廉, 不發私書, 問遺無所受, 請寄無所聽. 常自稱曰:「已倍親而仕, 身固當奉職死節官下, 終不顧妻子矣.」郅都遷爲中尉. 丞相條侯至貴倨也, 而都揖丞相. 是時民朴, 畏罪自重, 而都獨先嚴酷, 致行法不避貴戚, 列侯宗室見都側目而視, 號曰「蒼鷹」. 臨江王徵詣中尉府對簿, 臨江王欲得刀筆爲書謝上, 而都禁吏不予. 魏其侯使人以閒與臨江王. 臨江王旣爲書謝上, 因自殺. 竇太后聞之, 怒, 以危法中都, 都免歸家. 孝景帝乃使使持節拜都爲鴈門太守, 而便道之官, 得以便宜從事. 匈奴

素聞郅都節, 居邊, 爲引兵去, 竟郅都死不近鴈門. 匈奴至爲偶人象郅都, 令騎馳射莫能中, 見憚如此. 匈奴患之. 竇太后乃竟中都以漢法. 景帝曰:「都忠臣.」欲釋之. 竇太后曰:「臨江王獨非忠臣邪?」於是遂斬郅都.

2. 《漢書》酷吏傳(郅都)
郅都, 河東大楊人也. 以郞事文帝. 景帝時爲中郞將, 敢直諫, 面折大臣於朝. 嘗從入上林, 賈姬在廁, 野彘入廁, 上目都, 都不行. 上欲自持兵救賈姬, 都伏上前曰:「亡一姬復一姬進, 天下所少寧姬等邪? 陛下縱自輕, 奈宗廟太后何?」上還, 彘亦不傷賈姬. 太后聞之, 賜都金百斤, 上亦賜金百斤, 由此重都. 濟南瞷氏宗人三百餘家, 豪猾二千石莫能制, 於是景帝拜都爲濟南守. 至則誅瞷氏首惡, 餘皆股栗, 居歲餘, 郡中不拾遺, 旁十餘郡守畏都如大府. 都爲人, 勇有氣, 公廉, 不發私書, 問遺無所受, 請寄無所聽. 常稱曰:「己背親而出, 身固當奉職死節官下, 終不顧妻子矣.」都遷爲中尉, 丞相條侯至貴居也, 而都揖丞相. 是時民樸, 畏罪自重, 而都獨先嚴酷, 致行法不避貴戚, 列侯宗室見都側目而視, 號曰「蒼鷹」.

006-② 甯成乳虎
젖먹이 딸린 호랑이 같은 영성

전한前漢의 영성甯成은 남양南陽 양현穰縣 사람이다. 낭알자郎謁者로써 경제景帝를 섬겼다. 그는 기운이 대단하여 자신이 소리小吏이면서 반드시 그 상관을 능멸하였으며, 자신이 윗사람이 되어서는 아랫사람을 급하게 몰아세워 마치 젖은 나뭇단 묶은 듯하였다. 중위中尉가 되어서는 행정방법을 질도郅都를 흉내내었으나 청렴한 면에서는 그만 못하였다.

무제武帝가 즉위하여 그의 직책이 내사內史로 옮겨지자 외척들이 그의 결점을 들추어 헐뜯어 죄에 걸려들고 말았다. 뒤에 무제가 그를 군수郡守로 삼고자 하자, 공손홍公孫弘이 이렇게 말하였다.

"제가 낮은 관리였을 때 영성은 제남濟南의 도위都尉였습니다. 그의 다스림은 마치 이리가 양을 쫓듯 하여 백성을 다스리는 임무를 맡길 수 없습니다."

무제는 이에 그를 관도위關都尉로 삼고 말았다. 그 해가 저물 무렵 관동關東의 군국郡國에 예속된 관리로서 함곡관函谷關을 출입하는 자들은 이렇게 말하였다.

"차라리 젖먹이 딸린 어미 호랑이를 만날지언정 영성의 노기는 만나지 않기를."

그의 포악함이 이와 같았던 것이다.

前漢, 甯成, 南陽穰人. 以郞謁者事景帝. 好氣, 爲小吏必陵其長吏, 爲人上操下急, 如束濕薪. 爲中尉, 其治効郅都, 其廉弗如. 武帝卽位, 徙爲內史. 外戚多毁其短抵罪. 後上欲以爲郡守.

公孫弘曰:「臣爲小吏時, 成濟南都尉. 其治如狼牧羊, 不可使治民.」上乃拜爲關都尉.

歲餘, 關東吏隷郡國出入關者, 號曰:「寧見乳虎無値甯成之怒.」其暴如此.

【甯成】한나라 때의 酷吏. '寧成'으로도 표기함. 《十八史略》(2)에 "上以法制御下, 好尊用酷吏. 東方盜賊滋起, 遣使者, 衣繡衣, 持斧督捕, 得斬二千石以下"라 함.
【景帝】西漢 4대 황제. 劉啓. B.C.156~B.C.141년까지 16년간 재위함. 文帝의 아들이며 梁孝王(劉武)의 형. 文景之治를 이루어 한나라 기반을 다짐.
【郅都】西漢 景帝 때의 酷吏. 《史記》 酷吏傳 참조.

【武帝】西漢 5대 황제 劉徹. 景帝(劉啓)의 아들이며 B.C.140~B.C.87년까지 54년간 재위함. 대내외적으로 학술, 강역, 문학, 문물제도 등 여러 방면에 걸쳐 많은 치적을 남겨 강력한 帝國을 건설함.
【公孫弘】자는 季(B.C.200~B.C.121). 菑川 薛(지금의 山東省 滕縣) 출신. 처음에 獄吏였으나 나이 마흔에 《春秋公羊傳》을 공부하여 元光 5년(B.C.130)에 賢良文學科에 올라 博士가 됨. 뒤에 武帝에게 신임을 얻어 元朔 초에 御史大夫에서 丞相에까지 올랐으며 平津侯에 봉해짐. 《史記》와 《漢書》에 傳이 있음. '漢相東閣'[245] 참조.
【郡國】漢나라 때의 제도로 '郡'은 천자 직할의 영토이며 '國'은 황실 혈족에게 봉한 제후의 영지. 周代 封建制와 秦代 郡縣制를 절충한 것임.

참고 및 관련 자료

1. 《史記》 酷吏列傳(寧成)

寧成者, 穰人也. 以郎謁者事景帝. 好氣, 爲人小吏, 必陵其長吏; 爲人上, 操下如束濕薪. 滑賊任威. 稍遷至濟南都尉, 而郅都爲守. 始前數都尉皆步入府, 因吏謁守如縣令, 其畏郅都如此. 及成往, 直陵都出其上. 都素聞其聲, 於是善遇, 與結驩. 久之, 郅都死, 後長安左右宗室多暴犯法, 於是上召寧成爲中尉. 其治效郅都, 其廉弗如, 然宗室豪桀皆人人惴恐. 武帝卽位, 徙爲內史. 外戚多毁成之短, 抵罪髡鉗. 是時九卿罪死卽死, 少被刑, 而成極刑, 自以爲不復收, 於是解脫, 詐刻傳出關歸家. 稱曰:「仕不至二千石, 賈不至千萬, 安可比人乎!」乃貰貸買陂田千餘頃, 假貧民, 役使數千家. 數年, 會赦. 致産數千金, 爲任俠, 持吏長短, 出從數十騎. 其使民威重於郡守.

2. 《漢書》 酷吏傳(甯成)

甯成, 南陽穰人也. 以郎謁者事景帝. 好氣. 爲小吏, 必陵其長吏; 爲人上, 操下急如束溼. 猾賊任威. 稍遷至濟南都尉, 而郅都爲守. 始前數都尉步入府, 因吏謁守如縣令, 其畏都如此. 及成往, 直凌都出其上. 都素聞其聲, 善遇, 與結驩. 久之, 都死, 後長安左右宗室多犯法, 上召成爲中尉. 其治效郅都, 其廉弗如, 然宗室豪傑人皆惴恐.

007. 周嵩狼抗, 梁冀跋扈

007-① 周嵩狼抗
뻣뻣하기 그지없는 주숭

《진서晉書》에 실려 있다.

주숭周嵩은 자가 중지仲智이며 그의 형 주의周顗는 자가 백인伯仁으로 여남汝南 안성安成 사람이다. 중흥中興 때에 주의의 등급과 같이 되어 형제가 함께 귀한 지위에 오르게 되었다.

일찍이 동짓날이 되어 술을 차려 모임을 갖게 되었는데, 그 어머니가 술잔을 들어 세 아들에게 내리며 이렇게 말하였다.

"우리들이 본래 강을 건너 남천하였을 때는 발 하나 들여놓을 곳이 없었다. 너희들이 모두 함께 귀한 신분의 반열에 서서 내 눈앞에 이렇게 있게 될 줄은 이루 말로 다 할 수 없다. 지금 내 다시 무엇을 근심하겠는가?"

그러자 주숭이 일어나 말하였다.

"어머님의 높은 뜻대로 해 드리지 못할까 걱정입니다. 형 백인은 뜻은 크나 지혜가 모자라고, 이름은 높지만 식견이 어둡습니다. 남의 폐단을 틈타고 들어가기를 좋아하니, 이는 스스로를 온전히 하는 도는 아닌 듯 하옵니다. 저도 성격이 뻣뻣하고 강직하여 역시 세상의 용납을 받지 못하고 있습니다. 오직 아노(阿奴, 周謨)만은 남과 잘 어울려 의당 어머니의 눈 아래 둘 수 있을 것입니다."

아노는 주숭의 아우 주모周謨의 어릴 때 자字이다. 뒤에 주의와 주숭은 모두 왕돈王敦에게 죽음을 당하였고, 주모는 시중侍中과 호군護軍의 벼슬을 역임하였다.

《세설신어世說新語》에는 '항직抗直'이 '낭항狼抗'으로 표기되어 있다.

《진서晉書》 주의전周顗傳에는 이렇게 말하였다.

"처중處仲은 강퍅剛愎하고 강인强忍하여 윗사람에게 마구 대들었다."
처중은 왕돈의 자이다.

《晉書》: 周嵩字仲智, 兄顗字伯仁, 汝南安成人. 中興時, 顗等竝列貴位.

當冬至置酒, 其母擧觴, 賜三子曰:「吾本渡江, 託足無所. 不謂爾等竝貴, 列吾目前. 吾復何憂?」

嵩起曰:「恐不如尊旨. 伯仁志大而才短, 名重而識闇, 好乘人之弊, 非自全之道. 嵩性抗直, 亦不容於世. 唯阿奴碌碌, 當在阿母目下耳」

阿奴嵩弟謨小字也. 後顗·嵩竝爲王敦所害. 謨歷侍中·護軍.

《世說》'抗直'作'狼抗'.

《晉書》周顗傳:「處仲剛愎强忍, 狼抗無上」

處仲王敦字也.

【周嵩】字는 仲智. 周浚의 둘째 아들이며 周謨의 兄. 元帝가 그를 불러 相을 삼았으며 뒤에 御史中丞을 지냄. 王敦의 기병에게 피살됨.《晉書》(61)에 전이 있음.
【周顗】자는 伯仁(269~322). 周浚의 장자. '三日僕射'와 王敦 기병에게 피살될 때 "我雖不殺伯仁, 伯仁由我而死"의 고사를 남김.《晉書》(69)에 전이 있음.
【中興】망한 나라를 다시 일으켜 세움. 흔히 後漢, 東晉 등을 말함. 여기서는 동진을 가리킴.
【周謨】周嵩의 아우. 자는 叔治. 周浚의 막내아들이며 周顗의 동생. 侍中, 中護軍을 지냈으며 西平侯에 봉해짐. 어릴 때 이름은 阿奴.
【世說】《世說新語》. 남조 宋나라 劉義慶이 편찬한 逸事文學의 대표 작품.
【王敦】자는 處仲(266~324). 어릴 때는 阿黑이라 부름. 王舍의 아우이며 王導의 종제로 八王之亂 때 공을 세워 散騎常侍, 侍中, 靑州刺史, 鎭東大將軍 등을 지냄. 西晉이 망하자, 司馬睿를 옹립하여 황제로 삼음. 뒤에 明帝 때 난을 일으켰다가 軍中에서 죽음.《晉書》(98)에 전이 있음.

> 참고 및 관련 자료

1. 《晉書》(61) 周嵩傳

周嵩字仲智, 狷直果俠, 每以才氣陵物. 元帝作相, 引爲參軍. 及帝爲晉王, 又拜奉朝請. ……敦密使妖人李脫誣嵩及周楚潛相署置, 遂害之. 嵩精於事佛, 臨刑猶於市誦經云.

2. 《晉書》(96) 列女傳(周顗母李氏)

中興時, 顗等並列顯位. 嘗冬至置酒, 絡秀舉觴賜三子曰:「吾本渡江, 託足無所, 不謂爾等並貴, 列吾目前. 吾復何憂?」嵩起曰:「恐不如尊旨. 伯仁志大而才短, 名重而識闇, 好乘人之弊, 非自全之道. 嵩性抗直, 亦不容於世. 唯阿奴碌碌, 當在阿母目下耳.」阿奴謨小字也. 後果如其言.

3. 《世說新語》方正篇

王大將軍當下, 時咸謂無緣爾. 伯仁曰:「今主非堯舜, 何能無過? 且人臣安得稱兵以向朝廷? 處仲狼抗剛愎, 王平子何在?」

4. 《世說新語》識鑒篇

周伯仁母, 冬至舉酒賜三子曰:「吾本謂度江託足無所. 爾家有相, 爾等並羅列, 吾復何憂?」周嵩起, 長跪而泣曰:「不如阿母言. 伯仁爲人, 志大而才短, 名重而識闇, 好乘人之弊, 此非自全之道. 嵩性狼抗, 亦不容於世. 唯阿奴碌碌, 當在阿母目下耳.」

007-② 梁冀跋扈
양기의 발호

후한後漢의 양기梁冀는 자가 백탁伯卓이며 포친민후褒親愍侯 양송梁竦의 증손이다. 솔개 어깨와 승냥이 눈을 가지고 있었으며, 눈동자는 투명하여 남을 꿰뚫어보는 형상이며 말은 더듬거려 혀로 말하는 모습이었다.

대장군大將軍이 되어 사치와 포악함이 아주 심하였다.

충제沖帝가 죽자 양기는 질제質帝를 세웠다. 질제는 어렸지만 총명하고 은혜로워, 양기가 교만하며 횡포를 부리고 있음을 알게 되었다. 어느 날 여러 신하들과 조회를 열면서 그는 양기를 지목하여 이렇게 말하였다.

"이는 발호장군跋扈將軍이다."

양기가 이를 듣고 심히 미워하여 드디어 그를 짐독鴆毒으로 독살해 버렸다. 그리고 다시 환제桓帝를 세우고 태위太尉 이고李固와 두교杜喬에게 억울한 누명을 씌워 죽여 버렸다. 그러자 온 나라 안이 탄식을 하며 두려워하였다. 그는 사방에서 물건을 조달하고 사람을 징발하여 세시에 따른 공물貢物은 모두 먼저 자신의 집에 실어다 놓고, 그 다음의 수레 따위의 물건은 임금에게 주었다. 그 집안에는 차례로 일곱 명의 후侯 세 명의 황후皇后 여섯 명의 귀인貴人, 두 명의 장군이 배출되었다. 그는 20여 년의 재직 기간 중 영화를 끝 간 데 모르게 누렸으며, 위세가 안팎으로 드날려 많은 관료들은 곁눈질만 할 뿐 감히 그의 명령을 어기지 못하였다. 천자조차 자신을 공손히 하여 친히 정치에 참여할 수가 없었다. 황제는 이윽고 공평하지 못하다고 여겼다. 뒤에 노기를 발하여 결국 양기를 죽이고 안팎의 종친과 어른 아이 할 것 없이 그 집안은 모두 기시棄市 형에 처해 버렸다. 그밖에 그에게 연계되었던 공경公卿과 열후列侯, 자사刺史, 2천 석 벼슬로써 죽음을 당한 자가 수천 명에 달하였다. 그리고 양기와 연고가 있던 관리와 빈객으로 파면되거나 쫓겨난 자도 3백여 명이나 되었다. 이로써 조정이 텅 비게 되었다. 양기의 재물 3십여 만전을 몰수하여 이를 왕부王府에 채우자 그것으로 천하 조세의 반을 줄일 수 있었다.

後漢, 梁冀字伯卓, 褒親愍侯竦之曾孫. 爲人鳶肩豺目, 洞精矘眄, 口吟舌言. 拜大將軍, 侈暴滋甚. 冲帝崩, 冀立質帝, 少聰惠, 知冀驕橫. 嘗朝群臣, 目冀曰:「此跋扈將軍也」

冀聞深惡之, 遂鴆殺. 復立桓帝, 而枉害太尉李固·杜喬. 海內嗟懼. 其四方調發, 歲時貢獻, 皆先輸上第於冀, 乘輿乃其次焉. 一門前後

七封侯, 三皇后·六貴人·二將軍. 在位二十餘年, 窮極滿盛, 威行
內外, 百僚側目, 莫敢違命. 天子恭己, 不得有所親豫. 帝旣不平之.
後發怒誅冀, 中外宗親, 無長少皆棄市. 他連及公卿·列侯·刺史·
二千石, 死者數千人. 故吏賓客免黜者三百餘人, 朝廷爲空. 收冀
財貨三十餘萬, 以充王府, 用減天下稅租之半.

【梁冀】字는 伯卓. 順帝·桓帝 皇后의 오빠로 大將軍이 되었음. 횡포가 심하자 質帝가 그를 跋扈將軍이라 불렀음. 梁冀는 뒤에 質帝를 독살하고(146년) 桓帝를 세우고 나서 20여 년간 정권을 농단하자 桓帝가 참다못해 單超 등과 공모하여 梁冀를 체포, 梁冀는 자살하고 族滅당하였음.
【褒親愍侯】梁竦이 죽은 뒤에 받은 封號.
【沖帝】後漢 제9대 황제 劉炳. 순제 劉保의 아들이며 A.D.145년 1년간 재위함.
【瞋眄】'瞋'은 '당(矘)'과 같음.《說文解字》에 '目無精直視'라 함.
【鴆殺】'짐'이라는 새의 깃을 담근 술을 먹여 죽임. 흔히 사약을 일컫는 말로 쓰임.
【桓帝】東漢 제11대 황제. 劉志. 劉翼의 아들이며 147~167년 재위함.
【上弟】'上第'의 오기.
【貴人】후궁의 직급 명칭. 皇后의 다음의 귀한 신분이었음.
【二千石】군수·지방장관을 대신하는 말로 쓰임. 녹봉의 수준이 2천 석이었음.

참고 및 관련 자료

1.《後漢書》梁統傳
冀字伯卓, 爲人鳶肩豺目, 洞精矘眄, 口吟舌言, 裁能書計. 少爲貴戚, 逸游自恣.
性嗜酒, 能挽滿·彈棊·格五·六博·蹴鞠·意錢之戱, 又好臂鷹走狗, 騁馬鬪雞.
初爲黃門侍郞, 轉侍中, 虎賁中郞將, 越騎·步兵校尉, 執金吾. 永和元年, 拜河
南尹. 冀居職暴恣, 多非法, 父商所親客洛陽令呂放, 頗與商言及冀之短, 商以
讓冀, 冀卽遣人於道刺殺放. 而恐商知之, 乃推疑於放之怨仇, 請以放弟禹爲
洛陽令, 使捕之, 盡滅其宗親·賓客百餘人. 商薨未及葬, 順帝乃拜冀爲大將軍,
弟侍中不疑爲河南尹.

008. 郗超髥參, 王珣短簿

008-① 郗超髥參
수염 덥수룩한 참군 치초

《진서晉書》에 실려 있다.
 치초郗超는 자가 경흥景興이며 태위太尉 치감郗鑒의 손자이다. 어려서 탁월한 빛을 발하였으며, 얽매임이 없었고 세상을 광달하게 보는 태도를 가지고 있었다. 담론에 뛰어났으며 그 뜻과 이론이 정미精微하였다. 대사마大司馬 환온桓溫이 그를 불러 참군參軍으로 삼았다. 환온은 영명한 기품에 고매한 성격으로 좀처럼 남을 추천하는 성격이 아니었는데, 치초와 말을 나누어 보고 그를 측량할 수 없는 사람이라 항상 말하곤 하였다. 그리하여 드디어 그에게 기울어 그를 예로써 대우하였으며, 치초 역시 스스로 깊이 환온을 이해하고 받아들였다. 당시 왕순王珣이 환온의 주부主簿였는데, 역시 그로부터도 존중을 받아 환온의 부府에서는 이렇게 말들을 하였다.
 "수염 난 참군과 키 작은 주부, 능히 환온을 즐겁게도 하고 환온을 화나게도 하네."
 치초는 수염이 났었고 왕순은 키가 작아 이렇게 말했던 것이다.

《晉書》: 郗超字景興, 太尉鑒之孫. 少卓犖不羈, 有曠世之度. 善談論, 義理精微. 大司馬桓溫辟爲參軍. 溫英氣高邁, 罕有所推, 與超言, 常謂不能測. 遂傾意禮待. 超亦深自結納. 時王珣爲溫主簿, 亦爲溫所重.
 府中語曰:「髥參軍短主簿, 能令公喜, 能令公怒.」
 超髥, 珣短故也.

【郗超】자는 景興(336~377). 또는 嘉賓으로도 부름. 郗愔의 아들.《晉書》(67)에 전이 있음.

【鑒】郗鑒(269~339). 자는 道徽. 高平金鄕人. 두 아들 郗愔과 郗曇 역시 뛰어난 인물이었음. 西晉이 망하자, 가족과 마을 사람 천여 명을 데리고 남으로 피난하였으며 陶侃, 溫嶠 등과 함께 祖約, 蘇峻을 난을 평정함. 侍中을 역임하였으며 太尉에 오름.《晉書》(67)에 전이 있음. '郗鑒吐哺'[291] 참조.

【不羈】'羈'는 굴레. 세속에 구속을 받지 않음.

【桓溫】자는 元子(312~373). 明帝의 사위. 荊州刺史를 지냈으며, 蜀을 정벌하고 前秦을 쳐부숨. 簡文帝를 세우고 자신이 다시 왕위를 빼앗고자 하였음. 시호는 武侯. 그의 아들 桓玄이 드디어 제위를 찬탈하여 楚나라를 세운 다음 아버지 환온을 宣武皇帝로 추존함.《晉書》(98)에 전이 있음.

【結納】교유를 맺고 합심함.

【王珣】자는 元琳(349~400). 어릴 때의 자는 法護, 혹은 阿瓜. 王洽(敬和)의 아들이며 安帝 때 尙書令, 散騎常侍 등을 역임함. 東亭侯에 봉해짐.《晉書》(65)에 전이 있음.

참고 및 관련 자료

1. 《晉書》(67) 郗超傳

超字景興, 一字嘉賓. 少卓犖不羈, 有曠世之度. 交遊士林, 每存勝拔, 善談論, 義理精微. ……桓溫辟爲征西大將軍掾. 溫遷大司馬, 又轉爲參軍. 溫英氣高邁, 罕有所推, 與超言, 常謂不能測. 遂傾意禮待. 超亦深自結納. 時王珣爲溫主簿, 亦爲溫所重. 府中語曰:「髥參軍短主簿, 能令公喜, 能令公怒.」超髥, 珣短故也.

2. 《世說新語》寵禮篇

王珣·郗超並有奇才, 爲大司馬所眷拔; 珣爲主簿, 超爲記室參軍. 超爲人多須, 珣形狀短小; 于時荊州爲之歌曰:「髥參軍, 短主簿; 能令公喜, 能令公怒.」

3. 《十八史略》(4)

桓溫自哀帝時, 爲大司馬, 都督中外諸軍事, 錄尙書事, 加揚州牧. 移鎭姑孰. 以郗超爲參軍, 王珣爲主簿. 人語曰:「髥參軍, 短主簿. 能令公喜, 能令公怒.」

008-② 王珣短簿
키 작은 주부 왕순

진晉나라 왕순王珣은 자가 원림元琳이며 승상丞相 왕도王導의 손자이다. 약관弱冠의 나이에 사현謝玄과 함께 환온桓溫의 부하 관리가 되었다. 환온은 일찍이 이렇게 말한 적이 있었다.

"사현은 나이 마흔이면 틀림없이 깃발을 들고 부절을 앞세우는 인물이 될 것이며, 왕순은 의당 흑두공黑頭公이 될 것이다. 모두가 쉽게 얻을 수 있는 인재들이 아니다."

효무제孝武帝 때 복야僕射가 되어 이부吏部를 관장하였다. 무제는 전적典籍을 높이 여겨 좋아하였으며, 왕순은 재학과 문장으로써 황제의 눈길을 받았다. 꿈에 어떤 사람이 서까래만한 큰 붓을 주었다. 이윽고 꿈에서 깨어난 왕순은 다른 사람에게 이렇게 말하였다.

"치는 마땅히 중요한 문서를 써야 할 일이 있음을 예고한 것이다."

얼마 후 과연 문제文帝가 붕어하였다. 이에 책문冊文과 시호에 대한 논의의 문장은 모두가 왕순이 초고를 작성한 것이었다.

사현은 자가 유도幼度이며 어려서 똑똑하여 숙부 사안謝安으로부터 그릇답다고 중시를 받았다. 사안이 일찍이 여러 조카들에게 이렇게 훈계하며 약속한 적이 있었다.

"너희들은 역시 어찌 사람의 일을 미리 알아서 곧바로 훌륭하게 해낼 수 있겠는가?"

여러 조카들이 누구도 말을 하지 못하고 있을 때 사현이 이렇게 대답을 하였다.

"비유컨대 지란芝蘭과 옥수玉樹가 뜰 아래 섬돌에 자라나기를 바라시는 것이겠지요."

사안은 기꺼워하였다.

당시 전진前秦의 부견苻堅이 변방을 침략하였다. 조정에서 문무를 겸비한 훌륭한 장수를 찾아 북방을 방어하고자 하였다. 사안은 이에 사현이 그에 응할 만하다고 추천하였다. 사현은 여러 차례 승진하여 관군장군冠軍將軍으로서 전봉도독前鋒都督의 역할을 담당하며 종제從弟 보국장군輔國將軍 사염謝琰과 함께 비수肥水 남쪽에서 결전을 벌였다. 부견의 무리는 달아나 궤멸하였다. 그들은 갑옷을 버리고 밤중에 도망하면서 바람소리와 학 울음소리만 듣고도 그것이 모두 진나라 왕실 군대가 이미 자신들에게 다가왔다고 여겼다. 사현은 승진하여 전장군前將軍이라 불렸다.

晉, 王珣字元琳, 丞相導之孫. 弱冠與謝玄爲溫掾.

溫嘗謂之曰:「謝掾年四十, 必擁旄杖節. 王掾當作黑頭公. 皆未易才也.」

孝武時, 爲僕射領吏部. 帝雅好典籍, 以才學文章見昵. 夢人以大筆如椽與之, 旣覺, 語人曰:「此當有大手筆事.」

俄而帝崩. 哀冊諡議, 皆珣所草.

玄字幼度. 少穎悟, 爲叔父安所器重.

安嘗戒約子姪, 因曰:「子弟亦何預人事, 而正欲使其佳?」

諸人莫有言者, 玄答曰:「譬如芝蘭玉樹, 欲使其生於庭堦耳.」

安悅.

時苻堅入寇. 朝廷求文武良將可以鎭禦北方. 安乃以玄應擧. 累進冠軍將軍, 爲前鋒都督, 與從弟輔國將軍琰, 決戰肥水南. 堅衆奔潰. 棄甲宵遁, 聞風聲鶴唳, 皆以爲王師已至. 進號前將軍.

【王珣】자는 元琳(349~400). 어릴 때의 자는 法護, 혹은 阿瓜. 王洽(敬和)의 아들이며 安帝 때 尙書令, 散騎常侍 등을 역임함. 東亭侯에 봉해짐.《晉書》(65)에 전이 있음.

【王導】자는 茂弘(276~339). 어릴 때 자는 阿龍. 王敦의 從弟. 서진이 망하자,

王敦과 함께 司馬睿를 황제로 추대하여 東晉을 세움. 그 공으로 丞相이 되었으며, 號를 '仲父'라 하였음. 천하의 권세를 잡아 당시 "王與馬, 共天下"라 하였음. 元帝와 明帝, 成帝를 차례로 즉위시켰음. 아울러 남방 세족의 도움으로 강남에서의 동진 정권을 안정시킴.《晉書》(65)에 전이 있음. '王導公忠'[004]을 참조할 것.

【謝玄】자는 幼度(343~388). 어릴 때의 자는 遏(갈). 謝奕의 아들이며 謝靈運의 조부. 謝安의 조카. 徐州刺史로서 謝石, 謝琰 등과 肥水(淝水)에서 苻堅을 대파함. 그로 인해 康樂侯公에 봉해졌으며 죽은 뒤 車騎將軍으로 추증됨.《晉書》(79)에 전이 있음.

【桓溫】자는 元子(312~373). 明帝의 사위. 荊州刺史를 지냈으며, 蜀을 정벌하고 前秦을 쳐부숨. 簡文帝를 세우고 자신이 다시 왕위를 빼앗고자 하였음. 시호는 武侯. 그의 아들 桓玄이 드디어 제위를 찬탈하여 楚나라를 세운 다음 아버지 환온을 宣武皇帝로 추존함.《晉書》(98)에 전이 있음.

【黑頭公】흑두는 壯年. 공은 三公, 즉 장년이 되어 삼공이 된다는 뜻. 또는 붓을 일컫는 말로 대문장가가 된다는 뜻으로도 봄.

【孝武帝】晉 武帝. 司馬炎. 西晉의 개국군주. 司馬昭의 長子. 자는 安世. 咸熙 2年(265)에 魏나라로부터 禪讓의 형식으로 나라를 이어받아 晉나라를 세우고 洛陽을 도읍으로 함. 재위 26년(265~290). 묘호는 世祖.《晉書》(3)에 紀가 있음.

【見眤】사랑을 받음. 見은 피동법을 나타냄. 일부본에는 '見昵'로 되어 있음.

【哀冊】시신을 殯宮에 옮겼을 때 읽는 애도문.

【叔父安】謝安. 字는 安石(320~385). 謝袞의 아들이며 謝琰(望蔡)의 아버지. 謝奕의 동생. 덕망이 있고 기개가 높아 桓彛, 王濛의 사랑을 받음. 처음에는 벼슬에 뜻을 버리고 王羲之, 支遁 등과 산수를 즐기며 조정의 부름에 응하지 않았으나, 40이 넘어 桓溫의 司馬를 거쳐 吳興太守, 侍中, 吏部尚書, 太保錄尚書事 등의 관직을 지냄. 뒤에 다시 太傅에 추증되었으며 시호는 文靖.《晉書》(79)에 전이 있음. '謝安高潔'[004] 참조.

【芝蘭】芝草와 蘭草로 군자를 비유하여 이르는 말.

【苻堅】자는 永固(338~385). 혹은 文玉. 晉나라 때 五胡 중에 제일 강하였던 前秦의 군주. 苻健이 秦을 세우고 아들 苻生에게 물려주자, 부견이 부생을 죽이고 자립함. 이어 차례로 前燕과 前涼, 代 등을 취하여 강해지자, 晉나라를 공략하여 淝水에서 謝玄 등과 결전을 벌여 대패함. 이에 鮮卑, 羌 등이

이반하여 국세가 약해졌으며, 결국 姚萇(羌族)이 그와 태자 苻宏을 살해하고 後秦을 세움.《晉書》(113)에 전이 있음.

【謝琰】자는 瑗度. 어릴 때의 자는 末婢(?~400). 謝安의 아들이며 謝混의 아버지. 從兄 謝玄과 함께 苻堅을 쳐부순 공으로 望蔡公에 봉해짐. 孫恩의 난에 쉽게 여기고 대처하다가 패배를 당함.《晉書》(79)에 傳이 있음.

참고 및 관련 자료

1. 《晉書》(65) 王珣傳

王珣字元琳, 弱冠與陳郡謝玄爲桓溫掾, 俱爲溫所敬重, 溫嘗謂之曰:「謝掾年四十, 必擁旄杖節. 王掾當作黑頭公. 皆未易才也.」……時帝雅好典籍, 珣與殷仲堪·徐邈·王恭·郗恢等並以才學文章見昵於帝. ……珣夢人以大筆如椽與之, 旣覺, 語人云:「此當有大手筆事」俄而帝崩. 哀冊諡議, 皆珣所草.

2. 《晉書》(79) 謝玄傳

玄字幼度. 少穎悟, 與從兄朗俱爲叔父安所器重. 安嘗戒約子姪, 因曰:「子弟亦何預人事, 而正欲使其佳?」諸人莫有言者, 玄答曰:「譬如芝蘭玉樹, 欲使其生於庭階耳.」安悅. ……及長, 有經國才略, 屢辟不起. 後與王珣俱被桓溫辟爲掾, 並禮重之. 轉征西將軍桓豁司馬·領南郡相·監北征諸軍事. 于時苻强盛, 邊境數被侵寇. 朝廷求文武良將可以鎭禦北方者. 安乃以玄應擧. ……於是玄與琰·伊等以精銳八千涉渡肥水. 石軍距張蚝, 小退. 玄·琰仍進, 決戰肥水南. 堅衆流矢, 臨陣斬融. 堅衆奔潰, 自相蹈藉投水死者不可勝計, 肥水爲之不流. 餘衆棄甲宵遁, 聞風聲鶴唳, 皆以爲王師已至, 草行露宿, 重以飢凍, 死者十七八. 獲堅乘輿雲母車, 衣服·器械·軍資·珍寶山積, 牛馬驢騾駱駝十餘萬. 詔見殿中將軍慰勞, 進號前將軍·假節, 固讓不受. 賜錢百萬, 綵千匹.

3. 《世說新語》言語篇

謝太傅問諸子姪:「子弟亦何預人事, 而正欲使其佳?」諸人莫有言者. 車騎答曰:「譬如芝蘭玉樹, 欲使其生於階庭耳.」

009. 伏波標柱, 博望尋河

009-① 伏波標柱
국경 표시를 세운 복파장군 마원

후한後漢의 마원馬援은 자가 문연文淵이며 부풍扶風 무릉茂陵 사람이다. 어릴 때 큰 뜻을 가지고 있어 일찍이 빈객에게 이렇게 말하였다.

"장부가 뜻을 세우면 궁할수록 더욱 굳세어야 하고 늙을수록 더욱 씩씩하여야 한다."

건무建武 연간에 호분중랑장虎賁中郞將을 역임하였으며, 여러 차례 발탁을 입어 승진하였다. 그는 생김이 수염과 머리카락이 아름다웠으며, 눈썹과 눈은 그림 같았다. 그리고 벼슬길에서 물러나는 일과 남을 대하는 일에 익숙하였다. 병법과 책략에도 뛰어나 황제가 일찍이 이렇게 말한 적이 있었다.

"복파장군伏波將軍이 논하는 병법은 나의 뜻과 합치된다."

뒤에 교지交阯의 여자 징측徵側 등이 반란을 일으키자, 그곳 만이蠻夷들이 모두 호응하였다. 그리하여 나라에서는 그를 복파장군으로 삼아, 가서 격파하도록 하면서 그를 신식후新息侯에 봉하였다. 마원은 이에 소를 잡고 술을 빚어 군사들을 먹여 위로하고 나서, 누선樓船의 전사를 이끌고 잔당을 진격하여 드디어 교남嶠南이 모두 평정되었다. 뒤에 다시 그는 무릉武陵 오계五溪의 만이를 격퇴하겠노라 청하였다. 당시 그는 나이가 예순둘이었다. 황제는 그가 늙었음을 안타깝게 여겼다. 그러자 마원은 이렇게 말하였다.

"저는 아직도 능히 갑옷을 입고 말에 오를 수 있습니다."

황제가 시험삼아 그렇게 해 보도록 명하자, 마원은 말에 올라 안장을 잡고 돌아보며 아직도 써먹을 수 있음을 보였다. 황제는 웃으면서 이렇게 말하였다.

"확삭矍鑠하도다! 이 노인이여."

드디어 그를 보내어 정벌하도록 하였다. 그는 그곳에 이르러 호두산壺頭山에 진을 쳤는데 그만 더위를 심하게 먹어 병으로 죽고 말았다.

《광주기廣州記》에는 이렇게 기록하였다.

"마원은 교지에 이르러 구리기둥을 세워 한나라 남쪽 경계의 끝을 정하였다."

後漢, 馬援字文淵, 扶風茂陵人.

少有大志, 嘗謂賓客曰:「丈夫爲志 窮當益堅, 老當益壯.」

建武中歷虎賁中郎將, 數被進見. 爲人美鬚髮, 眉目如畫, 閑於進對.

又善兵策, 帝嘗言:「伏波論兵, 如我意合.」

有謀未嘗不用.

後交阯女子徵側等反, 蠻夷皆應之. 拜援爲伏波將軍, 擊破之, 封新息侯. 援乃擊牛釃酒, 勞饗軍士. 將樓船戰士, 進擊餘黨, 嶠南悉平. 後復請擊武陵五溪蠻夷. 時年六十二, 帝愍其老.

援曰:「臣尙能被甲上馬.」

帝令試之. 援據鞍顧眄, 以示可用.

帝笑曰:「矍鑠哉! 是翁也.」

遂遣征之. 進營壺頭, 會暑甚中病卒.

《廣州記》曰:「援到交阯, 立銅柱爲漢之極界.」

【馬援】자는 文淵(B.C.14~A.D.49). 新莽 말기에 劉秀를 옹위하여 光武帝로 세우고 隴西太守가 되어 伏波將軍을 배수받음. "才夫爲志, 窮當益堅, 老當益壯", "男兒要當死於邊野, 以馬革裹尸還"이란 말을 남김. 《後漢書》(54)에 전이 있음.

【建武】東漢 光武帝 劉秀의 첫 연호. A.D.25~55년까지 31년간.
【虎賁中郎將】虎賁長官. 호분은 천자의 호위병.
【伏波】伏波將軍은 漢 武帝 때 특별히 설치한 武官의 칭호. 南越을 정벌할 때 설치하였음.
【交阯】'交趾'로도 표기하며 지금의 베트남 일대.
【樓船】2층 이상으로 만든 큰 배. 전투용 군함.
【徵側】詩索의 부인. 남편이 교지태수로 전보되었을 때 누이인 徵式과 함께 모반하여 난을 일으킴.
【矍鑠】'확삭'으로 읽으며 매우 씩씩한 모습. 疊韻連綿語.

참고 및 관련 자료

1.《後漢書》馬援傳

馬援字文淵, 扶風茂陵人也. 其先趙奢爲趙將, 號曰馬服君, 子孫因爲氏. 武帝時, 以吏二千石自邯鄲徙焉. 曾祖父通, 以功封重合侯, 坐兄何羅反, 被誅, 故援再世不顯. 援三兄況・余・員, 並有才能, 王莽時皆爲二千石. 援年十二而孤, 少有大志, 諸兄奇之. 嘗受《齊詩》, 意不能守章句, 乃辭況, 欲就邊郡田牧. 況曰: 「汝大才, 當晚成. 良工不示人以朴, 且從所好.」會況卒, 援行服朞年, 不離墓所; 敬事寡嫂, 不冠不入廬. 後爲郡督郵, 送囚至司命府, 囚有重罪, 援哀而縱之, 遂亡命北地. 遇赦, 因留牧畜, 賓客多歸附者, 遂役屬數百家. 轉游隴漢間, 常謂賓客曰: 「丈夫爲志, 窮當益堅, 老當益壯.」因處田牧, 至有牛馬羊數千頭, 穀數萬斛. 旣而歎曰: 「凡殖貨財産, 貴其能施賑也, 否則守錢虜耳.」乃盡散以班昆弟故舊, 身衣羊裘皮絝.

009-② 博望尋河
물길을 찾아낸 박망후 장건

전한前漢의 장건張騫은 한중漢中 사람이며 건원建元 연간에 낭郎이 되었다. 무제武帝가 바야흐로 호족胡族을 멸하는 일에 힘을 쏟고자 능히 그곳 사신으로 갈 사람을 모집하고 있었다. 장건은 이에 응모하여 월지국月氏國 사신으로 가게 되었다. 그는 흉노匈奴 지역을 가로질러 가다가 그곳에 억류되어 10년을 견디며 한나라 부절을 지닌 채 절의를 잃지 않았다. 그러다가 틈을 타 월지국으로 도망하였다가 뒤에 다시 도망하여 귀국, 태중대부太中大夫가 되었다. 장건은 그 자신이 직접 이르렀던 곳이 대완大宛, 대월지大月氏, 대하大夏, 강거康居 등으로 그곳에서 전해들은 대여섯 큰 나라의 사정을 모두 갖추어 천자에게 그 지형과 산물 등 소유한 것을 낱낱이 보고하였다.

원삭元朔 연간에는 교위校尉가 되어 대장군(大將軍, 衛靑)을 따라 흉노 격파에 나섰을 때 그곳의 물과 풀이 있는 곳을 알아 군사들이 이로써 궁핍하지 않게 되었다. 그는 뒤에 박망후博望侯에 봉해졌다.

찬贊에는 이렇게 말하였다.

"〈우본기禹本紀〉에 이렇게 말하였다. '황하는 곤륜崑崙에서 발원한다. 곤륜산은 높이가 2천 5백여 리나 되며 해와 달이 숨어들어 그 빛을 감추는 곳이다.' 장건이 대하에 사신으로 다녀온 뒤로 황하의 근원이 어디인지 밝혀졌으니 어찌 장건 외에 소위 말한 곤륜산을 직접 본 자가 있었겠는가!"

구주舊注에는 "지기석支機石을 가지고 돌아왔다" 하였는데 그 출전은 알 수 없다.

前漢, 張騫, 漢中人, 建元中爲郞. 武帝方欲事滅胡, 迺募能使者. 騫應募使月氏. 徑匈奴, 留十餘歲, 持漢節不失. 因與其屬亡鄕月氏.

後亡歸, 拜太中大夫. 騫身所至者, 大宛·大月氏·大夏·康居, 而傳聞其旁大國五六具爲天子言其地形所有. 元朔中以校尉從大將軍擊匈奴, 知水草處, 軍得以不乏. 封博望侯.

贊曰:「禹本紀言:『河出崑崙. 崑崙高二千五百里餘, 日月所相避隱爲光明也.』自張騫使大夏之後, 窮河源. 惡睹所謂崑崙者乎!」

舊注云:「得支機石歸」, 未詳所出.

【張騫】西漢 때 인물로 大行(외교관)이 되어, 武帝의 命으로 西域에 사신으로 다녀왔던 인물. 그 공으로 博望侯에 봉해짐.《史記》大宛列傳 및《漢書》張騫李廣利列傳 참조.
【建元】전한 武帝 때의 연호, B.C.140~B.C.135년.
【武帝】西漢 5대 황제 劉徹. 景帝(劉啓)의 아들이며 B.C.140~B.C.87년까지 54년간 재위함. 대내외적으로 학술, 강역, 문학 등 여러 방면에 걸쳐 많은 치적을 남겨 강력한 帝國을 건설함.
【月氏】서쪽에 있던 이민족 나라. 전한 초기에 돈황 지방에서 흉노에 쫓겨 다른 곳으로 옮겨감.
【留十餘勢】선우(單于)가 장건을 10여 년 동안 억류하여 장건은 그곳에서 아내를 얻어 아이를 낳음.
【大宛】한나라 때 서쪽에 중앙아시아에 있던 나라.
【大月氏】중앙아시아 투르크족의 분파인 月氏族이 세운 나라.
【大夏】한나라 때 서쪽지방에 있던 나라.
【康居】한나라 때 중부아시아의 유목민. 투르크족의 한 지파.
【元朔】전한 무제 때의 연호. B.C.128~B.C.123년.
【衛靑】자는 仲卿(?~B.C.106). 河東 平陽 출신으로 衛皇后의 아우이며 이름난 장군. 漢 武帝에게 重用되어 大將軍에 올랐으며 長平侯에 봉해짐. 元朔 2년(B.C.127) 흉노를 정벌하고 다시 元狩 4년(B.C.119) 霍去病과 함께 흉노의 주력부대를 격파함. 그의 아들 衛伉, 衛不疑, 衛登도 공을 세워 이름을 날림.《史記》와《漢書》에 모두 전이 있음.
【博望侯】張騫이 받은 작호. 張騫은 西漢 때 인물로 大行(외교관)이 되어,

武帝의 命으로 西域에 사신으로 다녀왔던 인물. 그 공으로 博望侯에 봉해짐.
《史記》大宛列傳 및 《漢書》張騫李廣利列傳 참조.
【禹本紀】지금의 《史記》의 禹本紀는 아님.
【崑崙】산 이름. 중국에서 신화나 전설에 등장하는 상상 속의 가장 높은 산. 중국의 티베트와 新疆省, 인도, 파기스탄 사이의 경계를 이루는 카라코룸 산맥의 중국식 표기.
【支機石】직녀성이 베틀을 돌려 실을 짜는 돌. 황하를 거슬러 올라가면 하늘의 강과 통한다는 전설에서 생긴 설화.

참고 및 관련 자료

1. 《史記》大宛列傳

張騫, 漢中人. 建元中爲郎. 是時天子問匈奴降者, 皆言匈奴破月氏王, 以其頭爲飮器, 月氏遁逃而常怨仇匈奴, 無與共擊之. 漢方欲事滅胡, 聞此言, 因欲通使. 道必更匈奴中, 乃募能使者. 騫以郎應募, 使月氏, 與堂邑氏(故)胡奴甘父俱出隴西. 經匈奴, 匈奴得之, 傳詣單于. 單于留之, 曰:「月氏在吾北, 漢何以得往使? 吾欲使越, 漢肯聽我乎?」留騫十餘歲, 與妻, 有子, 然騫持漢節不失. 居匈奴中, 益寬, 騫因與其屬亡鄕月氏, 西走數十日至大宛. 大宛聞漢之饒財, 欲通不得, 見騫, 喜, 問曰:「若欲何之?」騫曰:「爲漢使月氏, 而爲匈奴所閉道. 今亡, 唯王使人導送我. 誠得至, 反漢, 漢之賂遺王財物不可勝言」大宛以爲然, 遣騫, 爲發導繹, 抵康居, 康居傳致大月氏. 大月氏王已爲胡所殺, 立其太子爲王. 旣臣大夏而居, 地肥饒, 少寇, 志安樂, 又自以遠漢, 殊無報胡之心. 騫從月氏至大夏, 竟不能得月氏要領. 留歲餘, 還, 並南山, 欲從羌中歸, 復爲匈奴所得. 留歲餘, 單于死, 左谷蠡王攻其太子自立, 國內亂, 騫與胡妻及堂邑父俱亡歸漢. 漢拜騫爲太中大夫, 堂邑父爲奉使君. 騫爲人彊力, 寬大信人, 蠻夷愛之. 堂邑父故胡人, 善射, 窮急射禽獸給食. 初, 騫行時百餘人, 去十三歲, 唯二人得還.

2. 《漢書》張騫李廣利傳

張騫, 漢中人也. 建元中爲郎. 時匈奴降者言匈奴破月氏王, 以其頭爲飮器, 月氏遁而怨匈奴, 無與共擊之. 漢方欲事滅胡, 聞此言, 欲通使, 道必更匈奴中, 乃募能使者. 騫以郎應募, 使月氏, 與堂邑氏奴甘父俱出隴西. 徑匈奴, 匈奴得之, 傳詣單于. 單于曰:「月氏在吾北, 漢何以得往使? 吾欲使越, 漢肯聽我乎?」留騫

十餘歲, 予妻, 有子, 然騫持漢節不失. 居匈奴西, 騫因與其屬亡鄉月氏, 西走數十日至大宛. 大宛聞漢之饒財, 欲通不得, 見騫, 喜, 問欲何之. 騫曰:「爲漢使月氏而爲匈奴所閉道, 今亡, 唯王使人道送我. 誠得至, 反漢, 漢之賂遺王財物不可勝言.」大宛以爲然, 遣騫, 爲發譯道, 抵康居. 康居傳致大月氏. 大月氏王已爲胡所殺, 立其夫人爲王. 旣臣大夏而君之, 地肥饒, 少寇, 志安樂. 又自以遠遠漢, 殊無報胡之心. 騫從月氏至大夏, 竟不能得月氏要領. 留歲餘, 還, 並南山, 欲從羌中歸, 復爲匈奴所得. 留歲餘, 單于死, 國內亂, 騫與胡妻及堂邑父俱亡歸漢. 拜騫太中大夫, 堂邑父爲奉使君. 騫爲人彊力, 寬大信人, 蠻夷愛之. 堂邑父胡人, 善射, 窮急射禽獸給食. 初, 騫行時百餘人, 去十三歲, 唯二人得還.

010. 李陵初詩, 田橫悲歌

010-① 李陵初詩
오언시를 처음 지은 이릉

전한前漢의 이릉李陵은 자가 소경少卿이며 전장군前將軍 이광李廣의 손자이다. 어려서 시중건장감侍中建章監이 되었다. 그는 기마와 활쏘기에 능하였으며, 남을 아끼고 사랑하며 아랫사람들에게 겸손하여 심히 명예를 얻고 있었다. 무제武帝가 이광은 기풍이 있다고 여겨 그를 기도위騎都尉로 발탁하였다. 천한天漢 2년 이광은 보병 5천 명을 거느리고 흉노를 정벌하러 나섰으나 전투에 패하여 그만 투항하고 말았다.

당초 이릉은 소무蘇武와 함께 시중侍中이었다. 소무가 흉노에 사신으로 갔을 때 그 이듬해 이릉이 항복하고 말았다. 뒤에 소제昭帝가 제위에 올랐을 때 흉노와 화친을 맺어 소무는 한나라로 귀환할 수 있었다.

이에 이릉은 그에게 시를 주어 이별을 읊었다.

"함께 손을 잡고 우리는 하량河梁에 있었지,	携手上河梁,
멀리 떠나는 그대 저녁 어스름에 어디로 가는고.	游子暮何之.
머뭇머뭇 길가에 서성이는데	徘徊蹊路側,
한스러운 이 심정 말로 할 수 없다네.	恨恨不得辭.
새매는 북쪽 숲에서 울어대고,	晨風鳴北林,
반딧불 아른아른 동남쪽에 날도다.	熠熠東南飛.
뜬구름 하루에 천리를 가건만	浮雲日千里,
어찌 슬픈 내 마음을 알아나 주랴!"	安知我心悲.

소무도 역시 이릉에게 이별의 시를 증정하였다.

"두 마리 오리가 함께 북쪽으로 날더니, 　　　　　雙鳧俱北飛,
그 중 한 마리 남쪽으로 날아가네. 　　　　　　一鳧獨南翔.
그대는 의당 여기에 남겠고, 　　　　　　　　　子當留斯館,
나는 어쩔 수 없이 고향으로 간다네. 　　　　　我當歸故鄉.
한번 헤어지면 진秦과 호胡의 서로 다른 땅, 　一別如秦胡,
다시 만날 날이 어찌 그리 아득한고? 　　　　　會見何渠央.
창량愴悢한 심정 가슴에 절절하여 　　　　　　愴悢切中懷,
나도 모르게 눈물이 옷깃을 적시네. 　　　　　不覺淚沾裳.
원컨대 그대 길이 노력하소, 　　　　　　　　　願子長努力,
서로 잊지 말자 웃으면서 말해주오." 　　　　　言笑莫相忘.

오언시五言詩는 대체로 여기에서 비롯되었다.

前漢, 李陵字少卿, 前將軍廣之孫. 少爲侍中建章監. 善騎射, 愛人, 謙遜下士, 甚得名譽. 武帝以爲有廣之風, 拜騎都尉. 天漢二年將步卒五千人, 征匈奴, 戰敗遂降焉.

初陵與蘇武俱爲侍中. 武使匈奴, 明年陵降. 後昭帝立, 與匈奴和親, 武得還漢.

陵以詩贈別曰:
『携手上河梁, 游子暮何之.
　徘徊蹊路側, 恨恨不得辭.
　晨風鳴北林, 熠熠東南飛.
　浮雲日千里, 安知我心悲!』
武別陵詩曰:

『雙鳧俱北飛, 一鳧獨南翔.
　子當留斯館, 我當歸故鄕.
　一別如秦胡, 會見何渠央.
　愴恨切中懷, 不覺淚沾裳.
　願子長努力, 言笑莫相忘.』
五言詩蓋自此始.

【李陵】자는 少卿, 漢나라 명장인 李廣의 손자이며 騎都尉가 되어 天漢 연간에 보병 5천을 거느리고 흉노를 치러 나섰으나 흉노에게 항복함. 흉노가 그를 右校王에 봉하자 한나라 조정에서 降將이라 여겨 의견이 분분하였음. 司馬遷이 이를 변호하다가 宮刑을 당한 사건으로 유명함. 그의 시 〈與蘇武詩〉 3수가 《文選》(29)에 실려 있으나 뒷사람들은 僞作이라 보고 있음. 《漢書》 李陵傳 및 《史記》 李將軍列傳 등 참조.

【李廣】?~B.C.119년. 西漢 때의 유명한 장군. 李陵의 조부. 文帝 때 武騎常侍를 지냈으며 武帝 때 右北平太守가 되어 匈奴를 격파함. '漢飛將軍'으로 불림. 《史記》와 《漢書》에 傳이 있음.

【武帝】西漢 5대 황제 劉徹. 景帝(劉啓)의 아들이며 B.C.140~B.C.87년까지 54년간 재위함. 대내외적으로 학술, 강역, 문학 등 여러 방면에 걸쳐 많은 치적을 남겨 강력한 帝國을 건설함.

【天漢】前漢 武帝의 연호. B.C.100~B.C.97년.

【蘇武】漢나라 杜陵人. 字는 子卿. 平陵侯 蘇建의 아들. 武帝 때 匈奴에 사신으로 가서 19년을 견디고 돌아옴. 《漢書》 蘇武傳 참조. 《古文苑》에 실린 蘇武의 〈別李陵詩〉에 「雙鳧俱北飛, 一鳧獨南翔」이라는 구절이 있음.

【昭帝】서한의 제6대 황제 劉弗陵. B.C.86~B.C.74년까지 재위함.

【晨風】매의 다른 이름.

【熠燿】반딧불의 다른 이름.

【渠】'遽'와 같음. '急遽, 갑자기'의 뜻.

【愴恨】슬픔을 나타내는 疊韻連綿語.

> 참고 및 관련 자료

1. 《史記》李將軍列傳

李陵旣壯, 選爲建章監, 監諸騎. 善射, 愛士卒. 天子以爲李氏世將, 而使將八百騎. 嘗深入匈奴二千餘里, 過居延視地形, 無所見虜而還. 拜爲騎都尉, 將丹陽楚人五千人, 教射酒泉·張掖以屯衛胡. 數歲, 天漢二年秋, 貳師將軍李廣利將三萬騎擊匈奴右賢王於祁連天山, 而使陵將其射士步兵五千人出居延北可千餘里, 欲以分匈奴兵, 毋令專走貳師也. 陵旣至期還, 而單于以兵八萬圍擊陵軍. 陵軍五千人, 兵矢旣盡, 士死者過半, 而所殺傷匈奴亦萬餘人. 且引且戰, 連鬪八日, 還未到居延百餘里, 匈奴遮狹絶道, 陵食乏而救兵不到, 虜急擊招降陵. 陵曰: 「無面目報陛下.」 遂降匈奴. 其兵盡沒, 餘亡散得歸漢者四百餘人. 單于旣得陵, 素聞其家聲, 及戰又壯, 乃以其女妻陵而貴之. 漢聞, 族陵母妻子. 自是之後, 李氏名敗, 而隴西之士居門下者皆用爲恥焉. 太史公曰: 《傳》曰「其身正, 不令而行; 其身不正, 雖令不從」. 其李將軍之謂也? 余睹李將軍悛悛如鄙人, 口不能道辭. 及死之日, 天下知與不知, 皆爲盡哀. 彼其忠實心誠信於士大夫也? 諺曰「桃李不言, 下自成蹊」. 此言雖小, 可以諭大也.

2. 《漢書》李陵傳

陵字少卿, 少爲侍中建章監. 善騎射, 愛人, 謙讓下士, 甚得名譽. 武帝以爲有廣之風, 使將八百騎, 深入匈奴二千餘里, 過居延視地形, 不見虜, 還. 拜爲騎都尉, 將勇敢五千人, 教射酒泉·張掖以備胡. 數年, 漢遣貳師將軍伐大宛, 使陵將五校兵隨後. 行至塞, 會貳師還. 上賜陵書, 陵留吏士, 與輕騎五百出敦煌, 至鹽水, 迎貳師還, 復留屯張掖. 贊曰: 李將軍恂恂如鄙人, 口不能出辭, 及死之日, 天下知與不知皆爲流涕, 彼其中心誠信於士大夫也. 諺曰: 「桃李不言, 下自成蹊.」 此言雖小, 可以喩大. 然三代之將, 道家所忌, 自廣至陵, 遂亡其宗, 哀哉! 孔子稱: 『志士仁人, 有殺身以成仁, 無求生以害仁』, 『使於四方, 不辱君命』, 蘇武有之矣.

3. 《文選》(29) 〈與蘇武三首〉

○ 第一首
良時不再至, 離別在須臾. 屏營衢路側, 執手野踟躕.
仰視浮雲馳, 奄忽互相踰. 風波一失所, 各在天一隅.
長當從此別, 且復立斯須. 欲因晨風發, 送子以賤軀.

○ 第二首
嘉會難再遇, 三載爲千秋. 臨河濯長纓, 念子悵悠悠.

遠望悲風至, 對酒不能酬. 行人懷往路, 何以慰我愁?
獨有盈觴酒, 與子結綢繆.
○ 第三首
攜手上河梁, 遊子暮何之? 徘徊蹊路側, 恨恨不得辭.
行人難久留, 各言長相思. 安知非日月, 弦望自有時.
努力崇明德, 皓首以爲期.

4. 《詩品》序
逮漢李陵, 始著五言之目矣. 古詩眇邈, 人世難詳, 推其文體, 固是炎漢之製, 非衰周之倡也.

5. 《文章緣起》
五言詩創於漢騎都尉李陵與蘇武詩.

6. 《詩式》皎然
五言周時已見濫觴, 及乎成篇, 則始于李陵·蘇武.

010-② 田橫悲歌
전횡의 만가

　　전한前漢의 전횡田橫은 적현狄縣 사람으로 옛 제齊나라 왕족 전씨田氏의 일족이다. 진秦나라 말 자립하여 제왕齊王이 되었을 때 한漢나라 장수 관영灌嬰이 전횡의 군사를 퇴패시키고 드디어 제나라 땅을 평정하였다. 전횡은 죽음이 두려워 그 무리와 함께 바다 속 섬으로 들어가 근거지로 삼았다. 고제高帝 유방劉邦이 그를 부르자 이에 자신의 객客 두 명과 함께 수레를 타고 낙양洛陽으로 와서 사자에게 사과하며 이렇게 말하였다.

"나 전횡도 처음에는 한왕漢王, 유방과 함께 남면하여 왕을 칭하였소. 그런데 지금 한왕은 천자가 되었고 나 전횡은 망한 나라의 포로가 되고 말았소. 이렇게 부끄러운 신세가 되고 말았소."

그러고는 드디어 목을 찔러 자살하면서 데리고 온 두 객에게 자신의 머리를 들고 유방에게 갖다 바치도록 명하였다. 고제는 눈물을 흘리면서 왕의 예로써 그를 장례지내 주었다. 그리고 따라왔던 두 객에게는 도위都尉의 벼슬을 주었다. 이윽고 장례가 끝나자 두 객은 그 무덤 곁에 무덤을 파고 모두가 목을 찔러 죽어버렸다. 그 나머지 5백 명은 바다 섬에 있었다. 그들은 전횡이 죽었다는 소식을 듣고 역시 모두 자살해버렸다.

이주한李周翰은 이렇게 말하였다.

"전횡이 자살하자 그를 따르던 자들은 감히 곡哭도 할 수 없었으나 그 슬픔을 이겨낼 수가 없었다. 그 때문에 슬픈 노래로써 슬픔을 기탁하였다."

뒤에 이 노래가 널리 퍼져 〈해로호리가薤露蒿里歌〉라는 노래가 된 것이며 마지막 저승 가는 자를 보내는 내용이다.

이연년李延年이 이를 둘로 나누었다. 즉 〈해로행〉은 왕공王公과 귀인貴人을 보내는 것이며, 〈호리행〉은 사대부와 서인을 보내는 노래로써, 상여를 끌며 노래를 불러 이를 '만가挽歌'라 한다.

前漢, 田橫狄人, 故齊王田氏之族. 秦末自立爲齊王, 漢將灌嬰敗橫軍, 遂平齊地. 橫懼誅, 與其徒居海島中.

高帝召之, 迺與其客二人乘傳詣洛陽, 謝使者曰:「橫始與漢王俱南面稱孤. 今王爲天子, 而橫爲亡虜, 氣愧已甚.」

遂自剄, 令客奉其頭奉之.

高帝爲之流涕, 以王禮葬之, 拜其二客爲都尉. 旣葬, 二客穿其冢旁, 皆自剄. 其餘五百人在海中, 聞橫死, 亦皆自殺.

李周翰曰:「橫自殺, 從者不敢哭, 而不勝哀. 故爲悲歌以寄情」

後廣之爲〈薤露蒿里歌〉, 以送終. 至李延年, 分爲二等, 〈薤露〉送王公貴人, 〈蒿里〉送士大夫庶人. 挽柩者歌之, 因呼爲『挽歌』.

【田橫】?~B.C.202. 秦나라 말기 齊나라 귀족으로 진시황이 제나라를 멸하자 형 田儋과 군사를 일으켜 재건을 꾀하여 초한전 때 자립하여 齊王이 되었다. 그러나 한나라가 들어서자 다시 5백여 명을 이끌고 바다의 섬으로 들어가 버티다가 한 고조가 즉위하여 부르자 장안 궁문에 이르자 그의 신하가 될 수 없다고 자결하였다. 따르던 자들이 차마 울지 못하고 대신 노래를 불렀는데 이것이 뒤에 만가의 근원이 되었다 함. 그 외 《古今注》(中), 《樂府詩集》(27), 《酉陽雜俎》(續四), 《初學記》(14), 《北堂書鈔》(29) 등에 널리 실려 있음.
【李周翰】李善. 당나라 때 학자로 《文選》을 주석함.
【李延年】한 무제 때의 악사. 누이는 李夫人으로서 무제의 총애를 받음.

참고 및 관련 자료

1. 《史記》 田儋列傳
田橫懼誅, 而與其徒屬五百餘人入海, 居島中. 高帝聞之, 以爲田橫兄弟本定齊, 齊人賢者多附焉, 今在海中不收, 後恐爲亂, 迺使使赦田橫罪而召之. 田橫因謝曰: 「臣亨陛下之使酈生, 今聞其弟酈商爲漢將而賢, 臣恐懼, 不敢奉詔, 請爲庶人, 守海島中.」 使還報, 高皇帝迺詔衛尉酈商曰: 「齊王田橫卽至, 人馬從者敢動搖者致族夷!」 迺復使使持節具告以詔商狀, 曰: 「田橫來, 大者王, 小者迺侯耳; 不來, 且擧兵加誅焉.」 田橫迺與其客二人乘傳詣雒陽. 未至三十里, 至尸鄕廐置, 橫謝使者曰: 「人臣見天子當洙沐.」 止留. 謂其客曰: 「橫始與漢王俱南面稱孤, 今漢王爲天子, 而橫迺爲亡虜而北面事之, 其恥固已甚矣. 且吾亨人之兄, 與其弟並肩而事其主, 縱彼畏天子之詔, 不敢動我, 我獨不愧於心乎? 且陛下所以欲見我者, 不過欲一見吾面貌耳. 今陛下在洛陽, 今斬吾頭, 馳三十里間, 形容尙未能敗, 猶可觀也.」 遂自剄, 令客奉其頭, 從使者馳奏之高帝. 高帝曰: 「嗟乎, 有以也夫! 起自布衣, 兄弟三人更王, 豈不賢乎哉!」 爲之流涕, 而拜其二客爲都尉, 發卒二千人, 以王者禮葬田橫. 旣葬, 二客穿其冢旁孔, 皆自剄, 下從之. 高帝聞之, 迺大驚, 以田橫之客皆賢. 吾聞其餘尙五百人在海中, 使使召之. 至則

聞田橫死, 亦皆自殺. 於是迺知田橫兄弟能得士也.

2. 《漢書》田儋傳
漢滅項籍, 漢王立爲皇帝, 彭越爲梁王. 橫懼誅, 而與其徒屬五百餘人入海, 居島中. 高帝聞之, 以橫兄弟本定齊, 齊人賢者多附焉, 今在海中不收, 後恐有亂, 乃使使赦橫罪而召之. 橫謝曰:「臣亨陛下之使酈食其, 今聞其弟商爲漢將而賢, 臣恐懼, 不敢奉詔, 請爲庶人, 守海島中.」使還報, 高帝乃詔衛尉酈商曰:「齊王橫卽至, 人馬從者敢動搖者致族夷!」乃復使使持節具告以詔意, 曰:「橫來, 大者王, 小者乃侯耳; 不來, 且發兵加誅.」橫乃與其客二人乘傳詣雒陽. 至尸鄕廐置, 橫謝使者曰:「人臣見天子, 當洗沐.」止留. 謂其客曰:「橫始與漢王俱南面稱孤, 今漢王爲天子, 而橫乃爲亡虜, 北面事之, 其媿固已甚矣. 又吾亨人之兄, 與其弟幷肩而事主, 縱彼畏天子之詔, 不敢動搖, 我獨不媿於心乎? 且陛下所以欲見我, 不過欲壹見我面貌耳. 陛下在雒陽, 今斬吾頭, 馳三十里間, 形容尚未能敗, 猶可知也.」遂自剄, 令客奉其頭, 從使者馳奏之高帝. 高帝曰:「嗟乎, 有以! 起布衣, 兄弟三人更王, 豈非賢哉!」爲之流涕, 而拜其二客爲都尉, 發卒二千, 以王者禮葬橫. 旣葬, 二客穿其冢旁, 皆自剄從之. 高帝聞而大驚, 以橫之客皆賢者, 吾聞其餘尚五百人在海中, 使使召至, 聞橫死, 亦皆自殺. 於是乃知田橫兄弟能得士也.

3. 《文選》(28)〈繆熙伯挽歌詩題〉注
譙周《法訓》曰:「挽歌者, 高帝召田橫, 至尸鄕自殺, 從者不敢哭, 而不勝哀, 故爲此歌, 以寄哀音焉」

4. 《搜神記》(16) 挽歌辭
挽歌者, 喪家之樂, 執紼者相和之聲也. 挽歌辭有〈薤露〉·〈蒿里〉二章, 漢田橫門人作. 橫自殺, 門人傷之, 悲歌. 言人如薤上露, 易晞滅. 亦謂人死精魂歸於蒿里. 故有二章.

5. 《古今注》(中)
平陵東翟義門人所作也. 王莽殺義, 義門人作歌以怨之, 薤露·蒿里並喪歌也. 出門橫門人. 橫自殺, 門人傷之, 爲之悲歌. 言人命知薤上之露, 易晞滅也. 亦謂人死魂魄, 歸乎蒿里. 故有二章: 一章曰:「薤上朝露何易晞? 露晞明朝還復滋. 人死一去何時歸?」其二曰:「蒿里誰家地聚歛? 魂魄無賢愚, 鬼伯一何相催促人命? 不得少踟躕」至孝武時, 李延年乃分爲二曲. 薤露送王公貴人; 蒿里送士大夫庶人, 使挽柩者, 歌之世呼爲挽歌.

6.《中華古今注》(下)

悲歌, 平陵東翟義門人之所作也. 王莽殺義, 門人作此歌, 以怨也. 薤露・蒿里, 歌並喪歌也. 出田橫門人. 橫自殺, 門人傷之, 爲悲歌. 言人命如薤上之露, 易晞滅也. 亦謂人死魂精, 歸於蒿里. 故有二章, 其一章曰: 「薤上朝露何易晞? 露晞明朝更復落. 人死一去何時歸?」其二章曰: 「蒿里誰家地聚歛, 精魄無賢愚, 鬼伯一何相催促人命? 不得少踟躕.」至孝武帝時, 李延年乃分二章, 爲二曲. 薤露, 送公卿貴人; 蒿里歌送士夫庶人, 使挽柩者, 歌之世亦呼挽歌.

7.《樂府詩集》(27)

崔豹《古今注》曰: 「薤露・蒿里, 泣商歌也. 本出田橫門人, 橫自殺. 門人傷之, 爲作悲歌. 言人命奄忽, 如薤上之露, 易晞滅也. 亦謂人死魂魄歸於蒿里. 至漢武帝時, 李延年分爲二曲, 薤露, 送王公貴人; 蒿里, 送士大夫庶人. 使挽柩者歌之, 亦謂之挽歌.」譙周《法訓》曰: 「挽歌者, 漢高帝召田橫, 至尸鄉自殺. 從者不敢哭而不勝哀, 故爲挽歌以寄哀音.」《樂府解題》曰: 「《左傳》云: '齊將與吳戰於艾陵, 公孫夏命其徒歌虞殯.' 杜預云: '送死薤露歌卽喪歌, 不自田橫始也.'」按蒿里, 山名, 在泰山南. 魏武帝〈薤露行〉曰: 「惟漢二十二世, 所任誠不良.」曹植又作〈惟漢行〉: 「薤上露何易晞? 露晞明朝更復落, 人死一去何時歸?」

8.《酉陽雜俎》續(四)

世說挽歌, 起於田橫, 爲橫死. 從者不敢大哭, 爲歌以寄哀也. 摯虞初禮, 議挽歌出於漢武帝, 役人勞苦, 歌聲哀切, 遂以送終. 非古制也.

9.《初學記》(14)

干寶《搜神記》曰: 挽歌者, 喪家之樂, 執紼者相和之聲也. 挽歌詞有薤露・蒿里二章, 出田橫門人. 橫自殺, 門人傷之悲歌. 言人如薤上露易晞滅也. 亦謂人死. 精魂歸於蒿里. 故有二章.

10.《北堂書鈔》(29)

挽歌者, 執紼相和之聲.

11.《十八史略》(2)

故齊田橫與其徒五百餘人入海島, 上召之曰: 「橫來, 大者王, 小者侯, 不來且擧兵誅.」橫與二客乘傳, 至洛陽尸鄉自到. 以王禮葬之, 二客自到從之, 五百人在島中者, 聞之自殺.

011. 武仲不休, 士衡患多

011-① 武仲不休
  붓을 멈추지 않은 무중

　후한後漢의 부의傅毅는 자가 무중武仲이며 부풍扶風 무릉茂陵 사람이다. 젊어서 널리 배웠다. 숙종肅宗이 널리 문학에 뛰어난 선비를 불러들였는데 부의는 그때 난대령사蘭臺令史가 되었으며 낭중郎中을 임명받아 반고班固, 가규賈逵 등과 함께 전적의 교서校書 업무를 맡아보았다. 부의는 돌아가신 명제明帝의 공덕이 가장 뛰어나고 풍성한데도 종묘에서 그의 덕을 칭송하는 음악이 아직 마련되지 않았다고 여겨 《시詩》의 〈청묘淸廟〉편을 의거하여 〈현종(顯宗, 明帝)의 송덕가〉 10편을 지어 올렸다. 이로부터 그의 시문이 청아하다고 조정에 그 평이나 이름이 드러나게 되었다.
　위魏 문제(文帝, 曹丕)의 《전론典論》에는 이렇게 말하였다.
　"문인들끼리 서로 경시하는 풍조는 예부터 그래왔다. 반고班固에 있어서 부의는 백중지간伯仲之間일 뿐이다. 그럼에도 반고는 부의를 하찮게 보아 그 아우 반초班超에게 보낸 글에 '부의는 능히 문장을 지어 난대령이 되었지만 붓을 들면 생각만큼 훌륭히 지어내지는 못하였다'라고 하였다."

　後漢, 傅毅字武仲, 扶風茂陵人. 少博學, 肅宗博召文學之士, 以毅爲蘭臺令史, 拜郎中, 與班固·賈逵共典校書. 毅追美明帝功德最盛, 而廟頌未立, 乃依〈淸廟〉, 作〈顯宗頌〉十篇奏之. 由是文雅顯於朝廷.
　魏文帝《典論》曰:「文人相輕, 自古而然. 傅毅之於班固, 伯仲之

間耳. 而固小之, 與弟超書曰: 『武仲以能屬文, 爲蘭臺令史, 下筆不能自休.』」

【傅毅】후한 때 문인이며 학자로 蘭臺令史가 되어 班固, 賈逵 등과 궁중 도서를 교감함.
【肅宗】肅宗孝章皇帝. 章帝 劉炟. 후한의 제3대 황제. 明帝 劉莊의 아들. 76~88년까지 재위함.
【蘭臺令史】문서를 담당하는 관리. 蘭臺는 한나라 왕실 궁중 도서관 이름.
【班固】자는 孟堅(32~92). 漢나라 扶風 安陵(지금의 陝西省 咸陽市) 출신. 아버지 班彪가 《漢書》를 완성하지 못한 채 죽자 明帝가 반고를 蘭臺令史에서 蘭臺郞・典校秘書로 삼아 《漢書》를 완성토록 명하였음. 다시 章帝 建初 4년(79)에 《白虎通德論》을 완성했으며, 작품으로는 〈兩都賦〉, 〈幽通賦〉, 〈答賓戲〉, 〈典引〉, 〈封燕然山銘〉등이 있음. 和帝 永元 元年(89)에는 두헌(竇憲)의 中護軍이 되어 흉노를 토벌하러 나서기 함. 뒤에 宦官의 모함을 입어 옥사하였음. 《後漢書》(40)에 傳이 있음.
【賈逵】漢末의 학자이며 행정가. 字는 景伯. 魏나라에 이르러 정치에 참여하기도 하였음. 운하를 만들어 水利를 도모하고, 吳나라에 대하여 방비를 엄하게 한 인물. 그의 아들 賈充의 딸은 晋 惠帝의 皇后가 되었음.
【顯宗】明帝. 東漢 제2대 황제 劉莊. 光武帝의 아들. 廟號는 顯宗孝明皇帝. 58년~75년 재위함.
【廟頌】종묘에서 공덕을 찬미하여 음악에 맞추어 읊던 시
【淸廟】《詩經》周頌 중에 실린 시편의 이름. 周나라 文王의 덕을 찬양한 내용임.
【曹丕】魏文帝 曹丕(187~226). 자는 子桓. 曹操의 둘째 아들. 아버지 曹操가 죽고 魏王을 습봉하여 漢나라 丞相이 됨. 延康 元年(220)에 禪讓을 받아 황제가 되었으며 연호를 黃初로 바꾸고 국호를 魏나라로, 洛陽을 도읍으로 정함. 재위 7년에 졸하였으며 시호는 文皇帝. 문장에도 뛰어나 《典論》을 지었으며 그 중 〈論文〉은 문학 이론과 비평의 유명한 글로 평가받고 있음. 그 외에 〈燕歌行〉은 현존 최초의 7언시로 알려짐. 《三國志》(2)에 紀가 있음. 《魏志》에 "帝諱丕. 字子桓, 受漢禪"이라 함. '魏儲南館'[245] 참조.

【典論】魏文帝 曹丕가 쓴 문집으로 《文選》(52)에 기재되어 있는 〈論文〉편은 문학 이론으로 중시됨.
【班超】A.D.32~102년. 班固의 아우이며 '投筆從戎'의 고사를 남긴 인물. 생김이 虎頭燕頷의 상이어서 '虎頭將軍'이라 불렸음. 西域에 출정하여 그 공으로 定遠侯에 봉해짐.(《後漢書》 班超傳, 931 참조) 반초가 젊을 때 관상가가 보고 "君虎頭燕頷, 飛而食肉, 當封侯萬里"라 하였음.

참고 및 관련 자료

1. 《後漢書》文苑傳(傅毅)
傅毅字武仲, 扶風茂陵人也. 少博學, 永平中, 於平陵習章句, 因作〈迪志詩〉曰: 『……』毅以顯宗求賢不篤, 士多隱處, 故作〈七激〉以爲諷. 建初中, 肅宗博召文學之士, 以毅爲蘭臺令史, 拜郎中, 與班固·賈逵共典校書. 毅追美孝明帝功德最盛, 而廟頌未立, 乃依〈淸廟〉, 作〈顯宗頌〉十篇奏之. 由是文雅顯於朝廷.

011-② 士衡患多
우환이 많은 육기

진晉나라 육기陸機는 자가 사형士衡이며 오군吳郡 사람으로 대사마大司馬 육항陸抗의 아들이다. 키가 7척이나 되었으며 그의 목소리는 종소리 같았다. 어려서 기이한 재주가 있었고 문장은 당대의 으뜸이었다. 아우 육운陸雲과 함께 낙양으로 들어가 태상太常 장화張華를 찾아가자 장화는 평소 그들의 이름을 익히 알고 있던 터라 마치 구면처럼 대해주면서 이렇게 말하였다.
"오나라를 정벌하고 이 두 준재를 얻었구나."
그리고 다시 시중侍中 왕제王濟를 찾아가자 왕제가 양락羊酪을 가리키며 이렇게 물었다.
"오 땅에 이와 필적할 만한 음식이 있소?"
육기는 이렇게 대답하였다.
"천리호千里湖의 순채蓴菜국, 말하末下의 소금에 절인 된장이 있지요."
당시 사람들은 명답이라 칭하였다.
육기는 하늘로부터 타고난 재주를 가지고 있었으며 그의 문장은 웅장하고 화려하였다. 장화는 일찍이 이렇게 말한 적이 있었다.
"사람이란 문장을 지을 때 항상 자신의 재능이 모자람을 한스럽게 여기기 마련이다. 그러나 그대는 재주가 남아도는 것을 걱정하는구나."
그의 아우 육운도 형에게 준 편지에 이렇게 말하였다.
"저 군묘君苗는 형의 문장을 보게 되면 문득 붓과 벼루를 태워 없애 버리고 싶은 생각이 듭니다."
장화가 그를 여러 대신들에게 추천하여 그는 중서랑中書郎에 올랐다.
뒤에 성도왕成都王 사마영司馬穎이 군대를 일으켜 장사왕長沙王 사마예司馬乂를 토벌할 때 임시로 육기에게 후장군하북대도독後將軍河北大都督의 직함을 주었다. 육기가 오나라 출신으로 중원에 이르러 벼슬하는 기려羈旅의 몸으로 이렇게 갑자기 여러 선비들을 앞질러 출세하자 많은 사람들이 그에 대하여 원한을 품게 되어 결국 그를 헐뜯어 사마영에게 고자질을 하였다. 사마영은 노하여 육기를 잡아오도록 하였다.
이에 육기는 이렇게 한탄하였다.
"내 고향 화정華亭의 학 우는 소리를 어찌하면 다시 들을 수 있을까?"
그리고 그만 죽음을 당하고 말았다.
당초 육기에게는 뛰어난 개가 있어 이름을 황이黃耳라 하였다. 이윽고 그가 수도로 옮겨 살고 있으면서 오랫동안 집안 소식을 들을 수 없었다. 이에 육기는 웃음거리 삼아 개에게 이렇게 말을 걸었다.
"집에서 소식이 끊어져 편지가 없구나. 네가 능히 편지를 가지고 소식을 얻어올 수 있겠느냐?" 그러자 개는 꼬리를 흔들며 끙끙 소리를 내는 것이었다. 육기가 편지를 써서 대나무 통에 넣어 이를 개의 목에 걸어주었더니 개는 길을 찾아 남쪽으로 내달렸다. 그리고 다시 그 답장을 가지고 낙양으로 돌아왔다. 뒤로 이와 같은 일이 상례였다.

晉, 陸機字士衡, 吳郡人, 大司馬抗之子. 身長七尺, 其聲如鐘. 少有異才, 文章冠世. 與弟雲俱入洛, 造太常張華.

華素重其名, 如舊相識, 曰:「伐吳之役, 利獲二俊.」

又詣侍中王濟, 濟指羊酪謂曰:「吳中何以敵此?」

答云:「千里蓴羹, 末下鹽豉.」

時人稱名對.

機天才透逸, 辭藻宏麗.

華嘗謂之曰:「人之爲文, 常恨才少, 而子更患其多.」

弟雲嘗與書曰:「君苗見兄文, 輒欲燒其筆硯.」

華薦之諸公, 累遷中書郎.

後成都王穎起兵, 討長沙王乂, 假機後將軍河北大都督. 機以羈旅入宦, 頓居群士之右. 皆有怨心, 譖之於穎. 穎怒使人收機.

機歎曰:「華亭鶴唳, 豈可復聞乎?」

遂遇害.

初機有駿犬, 名黃耳. 旣羈寓京師, 久無家問, 笑語犬曰:「我家絶無書. 汝能齎書取消息否?」

犬搖尾作聲. 機乃爲書以竹筒盛之, 繫其頸. 犬尋路南走, 遂至家, 得報還洛. 後以爲常.

【陸機】자는 士衡(261~303). 조부는 陸孫. 아버지는 陸抗. 모두가 삼국시대 吳나라의 將相을 지냄. 西晉이 吳를 멸하자 육기는 문을 걸어 잠그고 10년을 공부하여 洛陽으로 들어가 太子司馬·著作郎을 지냈으며 平原太守를 역임하여 陸平原이라고도 불림. 八王之亂 때 長沙王(司馬乂)의 將軍, 河北大都督이 되었으나 패하여 동생 陸雲 등과 함께 처형당함. 文學史에서는 그의 〈文賦〉가 중요한 비평 저작으로 알려짐. 《晉書》(54)에 전이 있음.

【陸雲】자는 士龍(262~303). 吳郡출신. 陸機의 아우. 두 형제 모두 문장에 뛰어나 「二陸」이라 불림. 成都王(司馬穎)을 섬겨 淸河內史를 지냈음. 그 때문에 흔히 陸淸河로 불림. 그 형이 피살당하자 陸雲도 함께 해를 입음. 《晉書》 권54에 傳이 있으며, 明 張溥가 집일한 《陸士龍集》이 있음.

【王濟】자는 武子(240?~285?). 王渾의 아들. 《易》과 《老莊》에 밝아 裴楷와 이름을 날렸으며 武帝의 딸 常山公主의 남편. 侍中을 역임함. 말에 대해서 잘 알았다고 함. 王愷와 사치와 호기를 다툰 일로도 유명함. 中書郎, 驍騎將軍, 侍中 등을 역임함. 《晉書》(42)에 전이 있음. 왕제는 太原 晉陽 출신이었음. '武子金埒'[120] 참조.

【羊酪】羊乳를 발효시킨 乳酪品.

【江東】陸機의 출신지인 吳 땅을 가리킴.

【千里鄕】지명.

【蓴羹】蓴菜로 끓인 국. 순채는 水菜의 일종. 張翰의 〈吳江鱸魚〉 고사.

【末下】역시 지명. 그러나 이를 '未下'로 보아 "아직 넣지 않은"의 뜻으로 풀이하기도 한다. 따라서 '未下鹽豉'는 소금을 넣기 전의 된장, 즉 청국장이나 메주를 뜻하는 말로 보임.

【鹽豉】소금에 절인 된장. '豉'는 콩을 발효시켜 만든 된장과 비슷한 식품. 메주.

【君苗】陸雲의 어릴 때의 자.

【華亭】松江에 있다. 육기가 고향에 있을 때 오나라 왕으로부터 받은 封土. 鶴으로 이름난 名所.

참고 및 관련 자료

1. 《晉書》(54) 陸機傳

陸機字士衡, 吳郡人也. 祖遜, 吳丞相. 父抗, 吳大司馬. 機身長七尺, 其聲如鐘. 少有異才, 文章冠世. 伏膺儒術, 非禮不動. 抗卒, 領父兵爲牙門將. 年二十而吳滅, 退居舊里, 閉門勤學, 積有十年. ……至太康末, 與弟雲俱入洛, 造太常張華. 華素重其名, 如舊相識, 曰:「伐吳之役, 利獲俊.」又嘗詣侍中王濟, 濟指羊酪謂機曰:「卿吳中何以敵此?」答云:「千里蓴羹, 未下鹽豉.」時人稱名對. …… 初, 機有駿犬, 名黃耳, 甚愛之. 旣而羈寓京師, 久無家問, 笑語犬曰:「我家絶無書. 汝能齎書取消息不?」犬搖尾作聲. 機乃爲書以竹筩盛之而繫其頸, 犬尋路南走, 遂至家, 得報還洛. 其後因以爲常. ……太安初, 穎與河間王顒起兵討長沙王乂, 假機後將軍·河北大都督, 督北中郎將王粹·冠軍牽秀等諸軍二十餘萬人. 機以三世爲將, 道家所忌, 又羈旅入宦, 頓居羣士之右, 以王粹·牽秀等皆有怨心, 固辭都督. ……遂譖機於穎, 言其有異志. ……穎大怒, 使秀密收機. 其夕, 機夢黑幰繞車, 手決不開, 天明而秀兵至. 機釋戎服, 著白帢, 與秀相見, 神色自若, 謂秀曰:「自吳朝傾覆, 吾兄弟宗族蒙國重恩, 入侍帷幄, 出剖符竹. 成都命吾以重任, 辭不獲已. 今日受誅, 其非命也!」因與穎牋, 詞甚悽惻. 旣而歎曰:「華亭鶴唳, 豈可復聞乎!」遂遇害於軍中. 時年四十三. ……是日昏霧晝合, 大風折木, 平地尺雪, 議者以爲陸氏之寃. 機天才透逸, 辭藻宏麗. 華嘗嘗謂之曰:「人之爲文, 常恨才少, 而子更患其多.」弟雲嘗與書曰:「君苗見兄文, 輒欲燒其筆硯.」

2. 《世說新語》言語篇

陸機詣王武子, 武子前置數斛羊酪, 指以示陸曰:「卿江東何以敵此?」陸云:「有千里蓴羹, 末下鹽豉耳!」

3. 《十八史略》(3)

穎將陸機戰敗, 被收. 歎曰:「華亭鶴唳可復聞乎?」與弟雲, 皆爲穎所殺. 機雲皆陸抗子也.

012. 桓譚非讖, 王商止訛

012-① 桓譚非讖
참언서를 모르는 환담

　후한後漢의 환담桓譚은 자가 군산君山이며 패국沛國 상현相縣 사람으로 음률音律을 좋아하였다. 세조世祖가 즉위하자 그를 의랑급사중議郞給事中의 벼슬을 주었다. 뒤에 조칙을 내려 영대靈臺의 설치 장소를 놓고 회의를 벌이도록 하였다. 당시 황제는 바야흐로 참언을 믿기 시작한 때였으므로 의심나는 문제가 있으면 그 참언으로써 결정하곤 하였다. 그리고는 환담에게 이렇게 말하였다.
"내가 참언으로 결정하고자 하는데 어떻소?"
　이에 환담은 이렇게 말하였다.
"저는 참언서를 읽어보지 못하였습니다."
　황제가 그 이유를 묻자 환담은 다시 참언서는 경서經書가 아님을 극구 설명하였다. 그러자 황제는 크게 화를 내었다.
"환담은 내가 믿는 참언서를 성인이 쓰지 않은 것이라 하여 불법이라 하고 있다."
　그리하여 장차 하옥하여 처단할 참이었다. 환담은 머리를 땅에 찧어 피가 흐르도록 사죄하여 겨우 용서받을 수 있었다.
　그는 축출되어 육안군승六安郡丞으로 나갔다가 그곳에서 죽었다.

　後漢, 桓譚字君山, 沛國相人, 好音律. 世祖卽位, 拜議郞給事中. 後詔會議靈臺所處. 時帝方信讖, 多以決定嫌疑.
　謂譚曰:「吾欲讖決之何如?」

譚曰:「臣不讀讖.」

帝問其故. 譚復極言讖之非經.

帝大怒曰:「譚非聖無法, 將下斬之.」

叩頭流血, 乃得解. 出爲六安郡丞卒.

【桓譚】후한 때 학자로 자는 君山. 音律과 讖言에 밝았음.《新論》을 지음. 《後漢書》에 "譚著書言當世行事二十九篇, 號曰《新論》, 上書獻之, 世祖善焉. 《琴道》一篇未成, 肅宗使班固續成之. 所著賦·誄·書·奏, 凡二十六篇"라 함.
【世祖】世祖光武皇帝. 光武帝. A.D.25~57년 재위. 東漢(後漢)의 첫 황제. 劉秀. 자는 文叔. 長沙 定王 劉發의 후손. 漢 景帝가 유발을 낳고, 유발이 春陵 節侯 劉買를 낳았으며 뒤에 封地가 南陽 白水鄕으로 옮겨져 그곳을 春陵이라 하고 가문을 이루었음. 그리고 유매의 막내아들이 劉外였으며 그가 劉回를 낳았고, 유회가 南頓令 劉欽을 낳았으며 유흠이 유수를 낳았음. 이가 동한을 일으켜 낙양에 도읍을 하여 유씨 왕조를 이은 것이며 이를 東漢(後漢)이라 부름.
【議郎給事中】議郎은 천자의 옆에서 물음에 답하는 관리. 급사중은 궁전에서 천자의 顧問. 應對를 담당하는 관리.
【讖】讖緯書. 五經 등을 참고하여 교묘하게 미래를 점치는 데 사용하는 문장으로 황제가 聖經이라 하여 법인 양 믿었음.

참고 및 관련 자료

1.《後漢書》桓譚傳

馮衍字敬通, 京兆杜陵人也. 祖野王, 元帝時爲大鴻臚. 衍幼有奇才, 年九歲, 能誦《詩》, 至二十而博通羣書. 王莽時, 諸公多薦舉之者, 衍辭不肯仕. 時天下兵起, 莽遣更始將軍廉丹討伐山東. 丹辟衍爲掾, 與俱至定陶. 莽追詔丹曰:「倉廩盡矣, 府庫空矣, 可以怒矣, 可以戰矣. 將軍受國重任, 不捐身於中野, 無以報恩塞責.」丹惶恐, 夜召衍, 以書示之. 衍因說丹曰:「衍聞順而成者, 道之所大也; 逆而功者, 權之所貴也. 是故期於有成, 不問所由; 論於大體, 不守小節.

昔逢丑父伏軾而使其君取飲，稱於諸侯；鄭祭仲立突而出忽，終得復位，美於《春秋》。蓋以死易生，以存易亡，君子之道也．詭於衆意，寧國存身，賢智之慮也．故《易》曰『窮則變，變則通，通則久，是以自天祐之，吉，無不利』。若夫知其不可而必行之，破軍殘衆，無補於主，身死之日，負義於時，智者不爲，勇者不行．且衍聞之，得時無怠．張良以五世相韓，椎秦始皇博浪之中，勇冠乎賁・育，名高乎太山，將軍之先，爲漢信臣．新室之興，英俊不附．今海内潰亂，人懷漢德，甚於詩人思召公也，愛其甘棠，而況子孫乎？人所歌舞，天必從之．方今爲將軍計，莫若屯據大郡，鎮撫吏士，砥厲其節，百里之內，牛酒日賜，納雄桀之士，詢忠智之謀，要將來之心，待從橫之變，興社稷之利，除萬人之害，則福祿流於無窮，功烈著於不滅．何與軍覆於中原，身膏於草野，功敗名喪，恥及先祖哉？聖人轉禍而爲福，智士因敗而爲功，願明公深計而無與俗同．」丹不能從．進及睢陽，復說丹曰：「蓋聞明者見於無形，智者慮於未萌，況其昭晳者乎？凡患生於所忽，禍發於細微，敗不可悔，時不可失．公孫鞅曰：『有高人之行，負非於世；有獨見之慮，見贅於人．』故信庸庸之論，破金石之策，襲當世之操，失高明之德．夫決者智之君也，疑者事之役也．時不重至，公勿再計」丹不聽，遂進及無鹽，與赤眉戰死．衍乃亡命河東．其後有詔會議靈臺所處，帝謂譚曰：「吾欲[以]讖決之，何如？」譚默然良久，曰：「臣不讀讖．」帝問其故，譚復極言讖之非經．帝大怒曰：「桓譚非聖無法，將下斬之．」譚叩頭流血，良久乃得解．出爲六安郡丞，意忽忽不樂，道病卒，時年七十餘．初，譚著書言當世行事二十九篇，號曰《新論》，上書獻之，世祖善焉．《琴道》一篇未成，肅宗使班固續成之．所著賦・誄・書・奏，凡二十六篇．

012-② 王商止訛
유언비어를 그치게 한 왕상

전한前漢의 왕상王商은 자가 자위子威이며 탁군涿郡 여오蠡吾 사람이다. 성제成帝 때 좌장군左將軍이 되었을 때였다. 경사京師 백성들이 이유도 없이 놀라면서 대홍수가 이를 것이라는 유언비어에 떨고 있었다. 백성들은 이에 서로 내닫고 밟고 하여 노약자들은 울부짖기도 하여 장안長安에 대혼란이 일어났다. 천자는 공경들을 불러모아 회의를 열었다. 그러자 대장군大將軍 왕봉王鳳은 태후와 상급의 후궁들은 배를 타고 피하면 될 것이며, 관리와 백성은 장안성長安城에 올라가 물을 피하면 될 것이라 하였다. 그러나 왕상은 생각이 달랐다.

"자고로 나라에 도가 없으면 하늘이 물로써 징계를 내려 성곽을 휩쓰는 것입니다. 그러나 지금은 정치가 화평하고 전쟁도 없어 상하가 안전합니다. 어찌 대홍수가 갑자기 이른다는 것입니까? 이는 틀림없이 와전된 말일 것입니다."

그리하여 황제도 그 말에 따라 행동을 그쳤다. 과연 그 소문은 와전된 것이었다. 황제는 왕상이 굳은 의지로 지켜준 것을 아름답고 장한 것이라 하여 여러 차례 그 의견을 칭찬하였다. 그러자 왕봉은 크게 부끄러움을 느꼈다.

뒤에 왕상은 승상丞相에 올랐다. 그의 사람됨은 바탕이 어질고 위엄과 신중함을 지켰다. 키는 8척이 넘었으며 체구는 훤칠하게 컸고 용모는 남을 넘어설 정도였다. 선우單于가 내조하였을 때 왕상은 미앙궁未央宮 조정에 앉아있었다. 선우는 앞으로 나가 왕상에게 배알拜謁을 하면서 쳐다보고는 크게 두려움에 떨어 그만 조정에 물러 나와 퇴각하였다. 황제가 이를 듣고 감탄하면서 이렇게 말하였다.

"진실로 우리 한나라의 재상답도다."

왕봉은 왕상을 원망하여 몰래 그의 비리를 찾고 있었다. 왕상은 결국 그에게 걸려들어 재상직에서 면직당하고 죽고 말았다.

前漢, 王商字子威, 涿郡蠡吾人. 成帝時爲左將軍, 京師民無故相驚, 言大水至. 百姓奔走相踩躪, 老弱號呼, 長安大亂. 天子召公卿議, 大將軍王鳳以爲太后與上及后宮可御船, 令吏民上長安城以避水.

商曰:「自古無道之國, 水猶不冒城郭, 今政治和平, 世無兵革, 上下相安. 何因有大水暴至? 此必訛言.」

上迺止. 果訛言.

上美壯商之固守, 數稱其議, 而鳳大慙. 後爲丞相.

爲人多質有威重. 長八尺餘, 身體鴻大, 容貌過人.

單于來朝商坐未央廷中. 單于前拜謁商, 仰視大畏之, 遷廷却退.

上聞歎曰:「眞漢相矣.」

鳳怨商, 陰求其短, 卒爲所中, 免相薨.

【王商】자는 子威. 王武의 아들. 成帝 때 左將軍을 지냈음.《漢書》에 전이 있음. 王譚, 王立, 王根, 王逢時와 함께 關內侯가 되어 五侯라 불렀음.
【成帝】西漢의 제9대 황제 劉驁. 孝成皇帝. 元帝 劉奭의 아들. B.C.32~B.C.7년 재위함. 趙飛燕과의 연애 고사로 유명함.
【王鳳】왕실의 외척으로 당시의 권세가. 成帝의 외삼촌이며 大司馬大將軍을 거쳐 尙書에 오름.
【單于】匈奴의 왕을 일컫는 말.
【未央宮】漢나라 초기의 궁전. 엣터는 지금의 陝西省 西安市 西北 長安 故城의 서남쪽에 있음. 西漢 말에 戰禍를 입은 후, 東漢·隋·唐 각 朝代에 걸쳐 여러 차례 개축하였으나 唐末에 다시 훼손됨.

참고 및 관련 자료

1.《漢書》王商傳
王商字子威, 涿郡蠡吾人也, 徙杜陵. 商父武, 武兄無故, 皆以宣帝舅封. 無故爲平昌侯, 武爲樂昌侯. 語在《外戚傳》. 商少爲太子中庶子, 以肅敬敦厚稱. 父薨,

商嗣爲侯, 推財以分異母諸弟, 身無所受, 居喪哀戚. 於是大臣薦商行可以厲羣臣, 義足以厚風俗, 宜備近臣. 繇是擢爲諸曹侍中中郞將. 元帝時, 至右將軍·光祿大夫. 是時, 定陶共王愛幸, 幾代太子. 商爲外戚重臣輔政, 擁佑太子, 頗有力焉. 元帝崩, 成帝卽位, 甚敬重商, 徙爲左將軍. 而帝元舅大司馬大將軍王鳳顓權, 行多驕僭. 商論議不能平鳳, 鳳知之, 亦疏商. 建始三年秋, 京師民無故相驚, 言大水至, 百姓奔走相蹈躪, [老弱號呼], 長安中大亂. 天子親御前殿, 召公卿議. 大將軍鳳以爲太后與上及後宮可御船, 令吏民上長安城以避水. 羣臣皆從鳳議. 左將軍商獨曰:「自古無道之國, 水猶不冒城郭. 今政治和平, 世無兵革, 上下相安, 何因當有大水一日暴至? 此必訛言也, 不宜令上城, 重驚百姓.」上乃止. 有頃, 長安中稍定, 問之, 果訛言. 上於是美壯商之固守, 數稱其議. 而鳳大慙, 自恨失言. 明年, 商代匡衡爲丞相, 益封千戶, 天子甚尊任之. 爲人多質有威重, 長八尺餘, 身體鴻大, 容貌甚過絶人. 河平四年, 單于來朝, 引見白虎殿. 丞相商坐未央廷中, 單于前, 拜謁商. 商起, 離席與言, 單于仰視商貌, 大畏之, 遷延卻退. 天子聞而歎曰:「此眞漢相矣!」初, 大將軍鳳連昏楊肜爲琅邪太守, 其郡有災害十四, 已上. 商部屬按問, 鳳以曉商曰:「災異天事, 非人力所爲. 肜素善吏, 宜以爲後.」商不聽, 竟奏免肜, 奏果寢不下, 鳳重以是怨商, 陰求其短, 使人上書言商閨門內事. 天子以爲暗昧之過, 不足以傷大臣, 鳳固爭, 下其事司隸. 先是皇太后嘗詔問商女, 欲以備後宮. 時女病, 商意亦難之, 以病對, 不入. 及商以閨門事見考, 自知爲鳳所中, 惶怖, 更欲內女爲援, 乃因新幸李婕妤家白見其女. 會日有蝕之, 太中大夫蜀郡張匡, 其人佞巧, 上書願對近臣陳日蝕咎. 下朝者在將軍丹等問匡, 對曰:「竊見丞相商作威作福, 從外制中, 取必於上, 性殘賊不仁, 遣票輕吏微求人罪, 欲以立威, 天下患苦之. 前頻陽耿定上書言商與父傅通, 及女弟淫亂, 奴殺其私夫, 疑商教使. 章下有司, 商私怨懟. 商子俊欲上書告商, 俊妻將軍丹女, 持其書以示丹, 丹惡其父子乖迕, 爲女求去. 商不盡忠納善以輔至德, 知聖主崇孝, 遠別不親, 後庭之事皆受命皇太后, 太后前聞商有女, 欲以備後宮, 商言有固疾, 後有耿定事, 更詭道因李貴人家內女. 執左道以亂政, 誣罔詩大臣節, 故應是而日蝕.《周書》曰『以左道事君者誅.』《易》曰『日中見昧, 則折其右肱.』往者丞相周勃再建大功, 及孝文時纖介怨恨, 而日爲之蝕, 於是退勃使就國, 卒無怵愁憂. 今商無尺寸之功, 而有三世之寵, 身位三公, 宗族爲列侯·吏二千石·侍中諸曹, 給事禁門內, 連昏諸侯王, 權寵至盛. 審有內亂殺人怨懟之端, 宜窮(意)[竟]考問. 臣聞秦丞相呂不韋見王無子, 意欲有秦國, 卽求好女以爲妻, 陰知其有身而獻之王, 産始皇帝. 及楚相春申君亦見王無子, 心利楚國, 卽獻有身妻

而產懷王. 自漢興幾遭呂・霍之患, 今商有不仁之性, 乃因怨以內女, 其姦謀未可測度. 前孝景世七國反, 將軍周亞夫以爲卽得雒陽劇孟, 關東非漢之有. 今商宗族權勢, 合貲鉅萬計, 私奴以千數, 非特劇孟匹夫之徒也. 且失道之至, 親戚畔之, 閨門內亂, 父子相訐, 而欲使之宣明聖化, 調和海內, 豈不謬哉! 商視事五年, 官職陵夷而大惡著於百姓, 甚虧損盛德, 有鼎折足之凶. 臣愚以爲聖主富於春秋, 卽位以來, 未有懲姦之威, 加以繼嗣未立, 大異並見, 尤宜誅討不忠, 以遏未然. 行之一人, 則海內震動, 百姦之路塞矣.」於是左將軍丹等奏:「商位三公, 爵列侯, 親受詔策爲天下師, 不遵法度以翼國家, 而回辟下媚以進其私, 執左道以亂政, 爲臣不忠, 罔上不道, 《甫刑》之辟, 皆爲上戮, 罪名明白. 臣請詔謁者召商詣若盧詔獄.」上素重商, 知匡言多險, 制曰「弗治」. 鳳固爭之, 於是制詔御史:「蓋丞相以德輔翼國家, 典領百寮, 協和萬國, 爲職任莫重焉. 今樂昌侯商爲丞相, 出入五年, 未聞忠言嘉謀, 而有不忠執左道之辜, 陷于大辟. 前商女弟內行不脩, 奴賊殺人, 疑商教使, 爲商重臣, 故抑而不窮. 今或言商不以自悔而反怨懟, 朕甚傷之. 惟商與先帝有外親, 未忍致于理. 其赦商罪. 使者收丞相印綬.」商免相三日, 發病歐血薨, 諡曰: 戾侯. 而商子弟親屬爲駙馬都尉・侍中・中常侍・諸曹大夫郎吏者, 皆出補吏, 莫得留給事宿衛者. 有司奏商罪過未決, 請除國邑. 有詔長子安嗣爵爲樂昌侯, 至長樂衛尉・光祿勳. 商死後, 連年日蝕地震, 直臣京兆尹王章上封事召見, 訟商忠直無罪, 言鳳顓權蔽主. 鳳竟以法誅章, 語在《元后傳》. 至元始中, 王莽爲安漢公, 誅不附己者, 樂昌侯安見被以罪, 自殺, 國除.

013. 嵇呂命駕, 程孔傾蓋

013-① 嵇呂命駕
혜강을 만나러 수레를 몰고 간 여안

《진서晉書》에 실려 있다.
　혜강嵇康은 자가 숙야叔夜이며 초국譙國 질銍 땅 사람이다. 천성이 솜씨가 뛰어나 대장장이 일을 좋아하였다. 집에 한 그루의 버드나무가 있었는데 심히 무성하였다. 이에 물을 끌어들여 불어나게 한 다음 그 나무 둘레를 흐르게 하고는 여름이면 그 나무 아래에서 풀무질을 하곤 하였다. 동평東平의 여안呂安은 그의 고상한 아취雅趣에 감복하여 매번 그를 보고 싶은 생각이 떠오르면 즉시 천 리 먼 길을 수레를 몰아 달려왔으며 혜강 역시 그를 친구로 대하며 친하게 맞아 주었다.

《晉書》: 嵇康字叔夜, 譙國銍人, 性巧而好鍛. 宅中有一柳樹, 甚茂. 乃激水圍之, 每夏月, 居其下以鍛. 東平呂安服其高致, 每一相思, 輒千里命駕, 康友而善之.

【嵇康】자는 叔夜(223~262). 어릴 때 고아였으며 奇才가 있었음. 老莊에 심취하였으며 시문에 능하였고 '竹林七賢'의 하나임. 뒤에 鍾會의 모함을 입어 司馬昭에게 죽음을 당함. 本姓은 奚氏였으나 뒤에 銍縣 嵇山 곁에 옮겨 살아 성을 嵇氏로 바꾸었다 함. 〈廣陵散曲〉, 〈琴賦〉, 〈養生論〉, 〈聲無哀樂論〉, 〈與山巨源絶交書〉 등이 유명함. 《晉書》(49)에 전이 있음.

【激水】물을 막아 불어나게 함. 철을 단련하고 담금질하기에 필요한 것임을 말함.
【呂安】嵇康의 절친한 친구. 자는 仲悌. 東平人. 冀州刺史. 呂昭의 둘째아들.

참고 및 관련 자료

1. 《晉書》(49) 嵇康傳
嵇康字叔夜, 譙國銍人也, 其先姓奚, 會稽上虞人, 以避怨, 徙焉. 銍有嵇山, 家于其側, 因而命氏. 兄喜, 有當世才, 歷太僕·宗正. ……性絶巧而好鍛. 宅中有一柳樹, 甚茂. 乃激水圜之, 每夏月, 居其下以鍛. 東平呂安服康高致, 每一相思, 輒千里命駕, 康友而善之.

013-② 程孔傾蓋
가던 길 멈추고 환담을 나눈 공자와 정자

《공자가어孔子家語》에 실려 있다.
　공자가 담郯 땅으로 가는 도중에 길에서 정자程子를 만나자 길가에 수레를 세워 그 덮개가 비스듬히 된 채로 말을 나누었는데 해가 지도록 심히 아주 친한 모습이었다. 그러고는 자로子路를 돌아보며 이렇게 말하였다.
　"속백束帛을 가져다가 이 선생님께 드려라."

《家語》曰: 孔子之郯, 遭程子於塗, 傾蓋而語, 終日甚相親. 顧謂子路曰:「取束帛以贈先生.」

【呂安】嵇康의 절친한 친구. 자는 仲悌. 東平人. 冀州刺史. 呂昭의 둘째아들.
【程子】子華子. 이름은 木.《子華子》책은 그의 저술로 알려짐.
【傾蓋而語】수레의 뚜껑(지붕)이 비스듬하게 기울도록 해 둔 채로 즐거운 담화를 나눔을 말함.
【束帛】묶은 비단. 흔히 선물용으로 쓰임.

참고 및 관련 자료

1.《孔子家語》致思篇

孔子之郯, 遭程子於塗, 傾蓋而語, 終日甚相親, 顧謂子路曰:「取束帛以贈先生.」子路屑然對曰:「由聞之, 士不中間見, 女嫁無媒, 君子不以交, 禮也.」有間, 又顧謂子路, 子路又對如初. 孔子曰:「由!《詩》不云乎?『有美一人, 清揚宛兮, 邂逅相遇, 適我願兮.』今程子, 天下賢士也, 於斯不贈, 則終身弗能見也. 小子行之.」

2.《說苑》尊賢篇

孔子之郯, 遭程子於塗, 傾蓋而語, 終日. 有間, 顧子路曰:「取束帛一以贈先生.」子路不對. 有間, 又顧曰:「取束帛一以贈先生.」子路屑然對曰:「由聞之也, 士不中而見, 女無媒而嫁, 君子不行也.」孔子曰:「由, 詩不云乎?『野有蔓草, 零露溥兮, 有美一人, 清揚婉兮, 邂逅相遇, 適我願兮.』今程子天下之賢士也, 於是不贈, 終身不見. 大德毋踰閑, 小德出入可也.」

3.《韓詩外傳》(2)

傳曰: 孔子遭齊程本子於郯之間, 傾蓋而語終日, 有間, 顧子路曰:「由來! 取束帛以贈先生.」子路不對. 有間, 又顧曰:「取束帛以贈先生.」子路率爾而對曰:「昔者由也聞之於夫子, 士不中道相見. 女無媒而嫁者, 君子不行也.」孔子曰:「夫詩不云乎?『野有蔓草, 零露溥兮, 有美一人, 清揚宛兮, 邂逅相遇, 適我願兮.』且夫齊程本子, 天下之賢士也, 吾於是而不贈, 終身不之見也. 大德不踰閑, 小德出入可也.」

4.《子華子》

子華子反自郯, 遭孔子於塗, 傾蓋相顧, 相語終日, 甚相懽也. 孔子命子路曰:「取束帛以贈先生」子路屑然而對曰:「由聞之, 士不中間見, 女嫁無媒, 君子不以交, 禮也.」子曰:「固哉! 由也. 詩不云乎?『有美一人, 清揚婉兮, 邂逅相遇, 適我願兮.』今程子天下之賢士也. 於斯不贈, 則終身弗能見也, 小子行之.」

5.《孔叢子》(上) 雜訓篇

子思曰:「然, 吾昔從夫子于郯, 遇程子于塗, 傾蓋而語, 終日而別, 命子路將束帛贈焉, 以其同道于君子也.」

6.《孔子集語》事譜(上)

傳曰: 孔子遭齊程本子於郯之閒, 傾蓋而語, 終日, 有間, 顧子路:「由, 束帛十匹, 以贈先生.」子路不對, 有間, 又顧曰:「束帛十匹, 以贈先生.」子路率爾而對曰:「昔者, 由也聞之於夫子, 士不中道相見, 女無媒而嫁者, 君子不行也.」孔子曰:「夫詩不云乎!'野有蔓草, 零露溥兮. 有美一人, 清揚婉兮. 邂逅相遇, 適我願兮.'且夫齊程本子, 天下之賢士也, 吾於是而不贈, 終身不之見也. 大德不踰閑, 小德出入可也.」

014. 劇孟一敵, 周處三害

014-① 劇孟一敵
극맹은 나라에 필적할 인물

전한前漢의 극맹劇孟은 낙양洛陽 사람으로 의협심이 강한 것으로 널리 이름이 알려졌다. 오초吳楚의 반란이 일어났을 때 조후條侯 주아부周亞夫가 태위太尉로서 동쪽으로 진압에 나서서 하남河南에 이르렀다가 이 극맹을 얻게 되자 기뻐하며 이렇게 말하였다.

"오초 두 나라가 대사를 일으키면서 이 극맹같은 이를 자신의 편으로 삼지 않았다니. 내 이로써 그들은 더 이상 아무것도 할 수 없음을 알 수 있도다. 천하가 소란하여 동요를 일으키고 있는 이때 내가 대장군으로서 이를 얻은 것은 나라에 필적할 자를 하나 얻은 것과 같다."

前漢, 劇孟, 洛陽人. 以俠顯. 吳楚反時, 條侯周亞夫爲太尉, 東將至河南得劇孟.

喜曰:「吳楚擧大事而不求劇孟. 吾知其無能爲已. 天下騷動, 大將軍得之, 若一敵國.」

【劇孟】서한 때의 유명한 游俠. 周亞夫를 도와 오초칠국의 난을 평정함. 《史記》游俠列傳 및《漢書》游俠田 참조.
【周亞夫】漢나라 景帝 때의 將軍으로 吳楚七國의 난을 평정하고 條侯에 봉해짐.

【吳楚反】景帝 3년(B.C.154)에 吳王(劉濞)·膠西王(劉卬)·膠東王(劉雄渠)·菑川王(劉賢)·濟南王(劉辟光)·楚王(劉戊)·越王(劉遂) 등의 일곱 제후왕이 일으킨 반란.

참고 및 관련 자료

1. 《史記》游俠列傳
條侯將乘六乘傳, 會兵滎陽. 至雒陽, 見劇孟, 喜曰:「七國反, 吾乘傳至此, 不自意全. 又以爲諸侯已得劇孟, 劇孟今無動. 吾據滎陽, 以東無足憂者」至淮陽, 問父絳侯故客鄧都尉曰:「策安出?」客曰:「吳兵銳甚, 難與爭鋒. 楚兵輕, 不能久. 方今爲將軍計, 莫若引兵東北壁昌邑, 以梁委吳, 吳必盡銳攻之. 將軍深溝高壘, 使輕兵絶淮泗口, 塞吳饟道. 彼吳梁相敝而糧食竭, 乃以全彊制其罷極, 破吳必矣.」條侯曰:「善.」從其策, 遂堅壁昌邑南, 輕兵絶吳饟道.

2. 《漢書》游俠傳
劇孟者, 洛陽人也. 周人以商賈爲資, 劇孟以俠顯. 吳楚反時, 條侯爲太尉, 乘傳東, 將至河南, 得劇孟, 喜曰:「吳楚擧大事而不求劇孟, 吾知其無能爲已.」天下騷動, 大將軍得之若一敵國云. 劇孟大類朱家, 而好博, 多少年之戱. 然孟母死, 自遠方送喪蓋千乘, 及孟死, 家無十金之財.

014-② 周處三害
주처로 인한 세 가지 폐해

진晉나라 주처周處는 자가 자은子隱이며 의흥義興 양선陽羨 사람이다. 팔 힘이 누구도 따를 수 없었으며 세세한 예절을 지키는 일을 닦지 않아 그가 사는 주곡州曲에서 모두 골칫거리로 여기고 있었다. 주처는 자신이 사람들로부터 미움의 대상이라는 것을 알고 개연히 행동을 고치겠다는 각오를 단단히 하고 마을 부로父老에게 여쭈어보았다.

"지금 시대는 평화롭고 풍년이 들고 있습니다. 무슨 고통이 있어 그토록 고민스러운 표정들을 짓고 있는 것입니까?"

이 질문에 부로가 탄식하며 말하였다.

"세 가지 해로움이 아직 제거되지 못하고 있는데 무슨 즐거움이 있겠는가?"

주처가 말하였다.

"무엇을 두고 하는 말씀입니까?"

부로는 이렇게 대답하였다.

"남산에 이마가 흰 사나운 호랑이, 그리고 장교長橋 아래의 교룡蛟龍, 거기에 바로 그대를 더하여 세 가지이지."

주처가 말하였다.

"제가 능히 이를 제거해 드리겠습니다."

이에 그는 산으로 들어가 호랑이를 쏘아 죽이고 물로 뛰어들어 교룡을 틀어 죽여 없앴다. 그리고 드디어 자신의 의지를 면려하여 학문을 가까이 하고 문장에 힘썼다. 그리고 뜻을 의열義烈을 이루는 데에 두었으며 말은 반드시 충성되고 믿음직하게 하여 자신을 극복하였다. 이렇게 일 년, 주부州府에서 차례로 그를 불렀다.

진晉나라에 벼슬하여 어사중승御史中丞이 되자 그는 총신寵臣이건 귀척이건 피하지 않았다.

저족氐族 제만년齊萬年이 반란을 일으키자 조정에서는 주처의 강직함을 증오하고 있던 터라 모두가 이렇게 말하였다.

"주처는 명장의 아들이며 충렬하고 과감합니다."

이에 하후준夏侯駿에게 예속시켜 서쪽 정벌에 나서게 하였다. 그러자 복파장군伏波將軍 손수孫秀가 이렇게 말하였다.

"그대는 노모가 계시니 이를 핑계로 사양해도 됩니다."

이에 주처는 이렇게 말하였다.

"충과 효의 도리를 어찌 둘 모두를 온전히 이룰 수 있겠습니까? 이미 어버이를 떠나 임금을 모시는 몸이 되었으니 부모라고 어찌 자신만의 아들이라 여길 수 있겠습니까!"

이윽고 전투에 나섰다가 그만 패하고 말았다. 곁에 있던 이들이 퇴각할 것을 권하자 주처는 칼을 어루만지며 이렇게 말하였다.

"이는 내가 절의를 본받아 목숨을 던질 날이다. 어찌 물러서 할 수 있는 일이겠는가? 또 옛날 양장良將이 임금의 대명을 받고 흉문凶門을 나섰다. 아마 이는 앞으로 나가는 것만 있었지 물러섬은 없다는 것이리라. 그대들이 믿음을 저버린다면 형세로 보아 우리는 결코 떨쳐 일어날 수가 없다. 내 나라의 대신이 되어 몸으로써 나라를 위해 죽는 것이 어찌 옳지 않은 일이겠는가?"

그리하여 힘써 싸우다가 죽고 말았다. 뒤에 그에게 평서장군平西將軍의 직함이 추증되었다.

晉, 周處字子隱, 義興陽羨人. 膂力絶人, 不修細行, 州曲患之.

處自知爲人所惡, 慨然有改勵之志, 爲父老曰:「今時和歲豐. 何苦而不樂?」

父老歎曰:「三害未除, 何樂之有?」

處曰:「何謂也?」

答曰:「南山白額猛虎, 長橋下蛟, 幷子爲三矣.」

處曰:「吾能除之.」

乃入山射殺猛虎, 投水搏殺蛟, 遂勵志好學, 有文思, 志存義烈, 言必忠信克己. 暮年, 州府交辟.

仕晉爲御史中丞, 凡所糾劾, 不避寵戚.

及氐人齊萬年反, 朝臣惡處强直, 皆曰:「處名將子, 忠烈果毅.」

乃使隸夏侯駿西征. 伏波將軍孫秀謂之曰:「卿有老母, 可以此辭.」

處曰:「忠孝之道, 安得兩全? 旣辭親事君, 父母安得而子乎!」
已而戰敗, 左右勸退.

處按劍曰:「此吾效節授命之日, 何退之爲? 且古者良將受命凶門以出. 蓋有進無退也. 諸君負信, 勢必不振. 我爲大臣, 以身殉國, 不亦可乎?」

遂力戰以沒. 追贈平西將軍.

【周處】자는 子隱(?~279). 원래 江蘇 宜興人으로 처음 포악하게 굴어 고향에서 쫓겨났으나 뒤에 吳나라가 평정되자 洛陽으로 들어가 新平太守가 되어 변방 戎狄과 羌族 등 이민족을 안정시킴. 그 공로로 廣漢太守를 거쳐 散騎常侍, 御史中丞을 지냈으며 氐人 齊萬年이 모반하자 토벌에 나서 활줄이 끊어지고 화살이 다하도록 싸우다 죽음. 저술로 《默語》 30편과 《風土記》가 있으며 《吳書》를 찬집하기도 함. 《晉書》(58)에 전이 있음.

【州曲】鄕里. '州'는 2천5백 가. '曲'은 部曲, 변두리.

【父老】고을의 원로를 일컫는 말.

【名將子】주처의 아버지 周魴은 오나라의 鄱陽 태수로 공이 있었음.

【凶門】살아서 돌아올 것을 기대하지 않음을 말함. 흉문은 원래 喪家의 북문으로 장군이 출정하여 나아갈 때에는 초상의 예를 갖춰 북문으로 나와 출정함을 비유함.《淮南子》"將軍受命, 乃令祝史·太卜齋宿三日, 之太廟, 鑽靈龜, 卜吉日, 以受鼓旗. 君入廟門, 西面而立; 將入廟門, 趨至堂下, 北面而立. 主親操鉞, 持頭, 授將軍其柄, 曰:「從此上至天者, 將軍制之」復操斧, 持頭, 援將軍其柄曰:「從此下至淵者, 將軍制之」將已受斧鉞, 答曰:「國不可從外治也, 軍不可從中御也. 二心不可以事君, 疑志不可以應敵. 臣旣以受制於前矣, 鼓旗斧鉞之威, 臣無還請, 願君亦無垂一言之命於臣也. 君若不許, 臣不敢將. 君若許之, 臣辭而行」乃爪鬋, 設明衣也, 鑿凶門而出. 乘將軍車, 載旌旗斧鉞, 累若不勝. 其臨敵決戰, 不顧必死, 無有二心. 是故無天於上, 無地於下, 無敵於前, 無主於後; 進不求名, 退不避罪, 唯民是保, 利合於主; 國之實也. 上將之道也"라 함.

> 참고 및 관련 자료

1. 《世說新語》自新篇

周處年少時, 兇彊俠氣, 爲鄉里所患; 又義興水中有蛟, 山中有邅跡虎, 並皆暴犯百姓; 義興人謂爲「三橫」, 而處尤劇. 或說處殺虎斬蛟, 實冀「三橫」唯餘其一. 而處既刺殺虎, 又入水擊蛟, 蛟或浮或沒, 行數十里, 處與之俱, 經三日三夜, 鄉里皆謂已死, 更相慶; 處竟殺蛟而出. 聞里人相慶, 始知爲人情所患, 有自改意. 乃入吳尋二陸. 平原不在, 正見清河, 具以情告; 并云: 「欲自修改, 而年已蹉跎, 終無所成!」清河曰: 「古人貴朝聞夕死, 況君前途尚可; 且人患志之不立, 亦何憂令名不彰邪?」處遂自改勵, 終爲忠臣孝子.

2. 《晉書》(58) 周處傳

周處字子隱, 義興陽羨人也. 父魴, 吳郡陽太守. 處少孤, 未弱冠, 膂力絶人, 好馳騁田獵, 不脩細行, 縱情肆慾, 州曲患之. 處自知爲人所惡, 乃慨然有改勵之志, 爲父老曰: 「今時和歲豐. 何苦而不樂耶?」父老歎曰: 「三害未除, 何樂之有?」處曰: 「何謂也?」答曰: 「南山白額猛獸, 長橋下蛟, 幷子爲三矣.」處曰: 「若此爲患, 吾能除之.」父老曰: 「子若除之, 則一郡之大慶, 非徒去害而已.」處乃入山射殺猛獸, 因投水搏蛟, 蛟或沈或浮, 行數十里, 而處與之俱, 經三日三夜, 人謂死, 皆相慶賀. 處果殺蛟而反, 聞鄉里相慶, 始知人患己之甚, 乃入吳尋二陸. ……處遂勵志好學, 有文思. 志存義烈, 言必忠信克己. 昔年, 州府交辟. 仕吳爲東觀左丞. ……及居近侍, 多所規諷. 遷御史中丞, 凡所糾劾, 不避寵戚. 梁王肜違法, 處深文案之. 及氐人齊萬年反, 朝臣惡處强直, 皆曰: 「處, 吳之名將子也, 忠烈果毅.」乃使隷夏侯駿西征. 伏波將軍孫秀知其將死, 謂之曰: 「卿有老母, 可以此辭也.」處曰: 「忠孝之道, 安得兩全! 既辭親事君, 父母安得而子乎? 今日是我死所也.」萬年聞之, 曰: 「周府君昔臨新平, 我知其爲人, 才兼文武, 若專斷而來, 不可當也. 如受制於人, 此成擒耳.」……弦絶矢盡, 播系不救. 左右勸退, 處按劍曰: 「此是吾效節授命之日, 何退之爲? 且古者良將受命, 鑿凶門以出. 蓋有進無退也. 今諸君負信, 勢必不振. 我爲大臣, 以身殉國, 不亦可乎?」遂力戰以沒. 追贈平西將軍, 賜錢百萬, 葬地一頃, 京城地五十畝爲第, 又賜王家近田五頃. 詔曰: 「處母年老, 加以遠人, 朕每愍念, 給其醫藥酒米, 賜以終年.」

015. 胡廣補闕, 袁安倚賴

015-① 胡廣補闕
궁궐을 지켜낸 호광

후한後漢의 호광胡廣은 자가 백시伯始이며 남군南郡 화용華容 사람이다. 효렴과孝廉科에 천거되어 장주章奏의 시험을 치러 안제安帝가 호광을 천하 제일로 합격시켰다. 여러 차례 삼공三公을 역임하였으며 나이 여든에 몸과 힘이 대단하였다. 성격은 온유溫柔하고 근검 소박하여 항상 공손한 말씨와 표정을 지녔다. 그는 일에 통달하고 숙련되었으며 조정의 전장典章에 밝고 명확하였다. 비록 직언으로 남이 듣기 싫어하는 말을 하는 태도는 없었지만 여러 가지 빠짐없이 챙기는 데에는 도움이 되었다. 그리하여 수도에서는 이러한 말이 생겨났다.

"만사가 제대로 처리되지 않는다면 호광에게 물어라. 천하에 중용中庸을 지키는 호광이로다."

뒤에 이고李固, 조계趙戒, 두교杜喬 등과 청하왕淸河王 유산劉蒜을 세우고자 의논을 할 때 여오후蠡吾侯 유지劉志가 양기梁冀의 여동생을 아내로 맞았기 때문에 양기는 유지를 황제로 세우고자 하였다. 이에 조광은 조계와 함께 양기의 위세를 두려워하여 모두 이렇게 말하였다.

"오직 대장군 양기의 의견을 따를 수밖에 없습니다."

그러자 이고와 두교만은 본래 의논한 대로 지킬 것을 고집하였지만 끝내 여오후 유지가 등극하고 말았다. 이가 환제桓帝이다. 이 논의의 일이 있고 나서 호광은 당시에 비난을 받았다. 그는 다시 공대公臺에 올라 30여 년을 재임하였으며 안제安帝, 순제順帝, 충제冲帝, 질제質帝, 환제桓帝, 영제靈帝에 이르기까지 여섯 황제를 모셨다. 무릇 한 번의 사공司空, 두 번의 사도司徒, 세 번의 태위太尉에 다시 태부太傅까지 역임하였던 것이다. 그가 불러 벼슬길에 오르도록 추천한 이들은 모두가 천하의 명사들이었다. 옛 관리 진번陳蕃, 이함李咸과 함께 삼사三司가 되었을 때 진번 등은 매번 조회 때면 병을 핑계로 호광을 피해주었다. 이를 두고 당시 사람들은 호광에게 영예로움을 넘기기 위한 것이라 칭송하였다.

後漢, 胡廣字伯始, 南郡華容人. 擧孝廉, 試章奏. 安帝以廣爲天下第一. 累爲三公, 年已八十而心力克壯. 性溫柔謹素, 常遜言恭色. 達練事體, 明解朝章. 雖無謇直之風, 屢有補闕之益.

故京師諺曰:「萬事不理問伯始, 天下中庸有胡公」

及共李固·趙戒·杜喬議立淸河王蒜, 而蠡吾侯志取梁冀妹, 冀欲立之.

廣·戒憚冀, 皆曰:「惟大將軍令」

獨固與喬, 堅守本議, 竟立蠡吾侯. 是爲桓帝. 以此議毁於時. 自再公臺三十餘年, 歷事安·順·沖·質·桓·靈六帝. 凡一履司空, 再作司徒, 三登太尉, 又爲太傅. 其所辟命, 皆天下名士. 與故吏陳蕃·李咸, 竝爲三司, 蕃等每朝會輒稱疾避廣, 時人榮之.

【胡廣】 후한 때의 인물로 자는 伯始. 온화한 덕정을 베풀어 여섯 황제를 모시면서 三公에 올랐고 많은 관리를 등용하여 치적을 이룸. 《後漢書》에 전이 있음.
【孝廉】 한나라 때 관리 추천 과목으로 孝廉科와 秀才科가 있었음.
【安帝】 후한 제6대 황제 劉祜. A.D.107~125년 재위함.
【本議】 淸河王을 세우고자 했던 처음의 회의.
【公臺】 三公의 자리.
【桓帝】 東漢 제11대 황제. 劉志. 劉翼의 아들이며 147~167년 재위함.
【六帝】 후한의 安帝, 順帝, 沖帝, 質帝, 桓帝 靈帝를 말함. 90여 년간의 기간.

【陳蕃】자는 仲擧(?~168). 汝南人. 太傅에 이르렀으며 桓帝 때 대장군 竇武와 宦官을 탄핵하다가 해를 입었음.《後漢書》(66)에 傳이 있음. '陳蕃下榻'[246] 참조.

참고 및 관련 자료

1.《後漢書》胡廣傳

胡廣字伯始, 南郡華容人也. 六世祖剛, 淸高有志節. 平帝時, 大司徒馬宮辟之. 値王莽居攝, 剛解其衣冠, 縣府門而去, 遂亡命交阯, 隱於屠肆之閒. 後莽敗, 乃歸鄕里. 父貢, 交阯都尉. 廣少孤貧, 親執家苦. 長大, 隨輩入郡爲散吏. 太守法雄之子眞, 從家來省其父. 眞頗知人. 會歲終應擧, 雄勑眞助[其]求(其)才. 雄因大會諸吏, 眞自於牖閒密占察之, 乃指廣以白雄, 遂察孝廉. 旣到京師, 試以章奏, 安帝以廣爲天下第一. 旬月拜尙書郞, 五遷尙書僕射. 時年已八十, 而心力克壯. 繼母在堂, 朝夕瞻省, 傍無几杖, 言不稱老. 及母卒, 居喪盡哀, 率禮無愆. 性溫柔謹素, 常遜言恭色. 達練事體, 明解朝章. 雖無謇直之風, 屢有補闕之益. 故京師諺曰:「萬事不理問伯始, 天下中庸有胡公.」及共李固定策, 大議不全, 又與中常侍丁肅婚姻, 以此譏毁於時.

015-② 袁安倚賴
천하가 의지했던 원안

후한後漢의 원안袁安은 자가 소공邵公이며 여남汝南 여양汝陽 사람이다. 엄격하고 중후하며 위엄이 있어 주리州里 사람들의 공경을 받았다. 숙종肅宗 말 사공司空을 거쳐 사도司徒에 올랐으며 화제和帝 때 생을 마쳤다.

애초 원안은 천자가 어리고 약한데다가 외척이 정권을 휘어잡고 있어 매번 조회 때마다 나아가 천자를 뵙거나 공경들과 국사를 논할 때면 탄식을 하며 눈물을 흘리지 않은 적이 없었다. 이리하여 천자로부터 대신들까지 모두가 그를 의지하고 있었는데 그가 죽자 조정에서는 통곡하며 안타깝게 여겼다.

당초 원안의 아버지가 죽자 원안은 아버지의 장지를 찾으러 다녔다. 그런데 길에서 세 명의 서생들을 만났는데 그들이 원안에게 어디로 가는가를 물었다. 원안이 사실을 고하자 서생들이 한 곳을 손가락으로 가리키며 이렇게 일러주는 것이었다.

"이곳을 장지로 삼으면 마땅히 대대로 상공上公이 나오리라."

그리고 잠깐 사이에 보이지 않는 것이었다. 원안은 이상하게 여기며 이에 그곳을 장지로 삼았다. 그 때문에 몇 대를 거치며 집안이 융성하게 된 것이다.

後漢, 袁安字邵公, 汝南汝陽人. 嚴重有威, 見敬於州里. 肅宗末爲司空遷司徒. 和帝時薨.

初安以天子幼弱, 外戚擅權, 每朝會進見及與公卿言國家事, 未嘗不噫嗚流涕. 自天子及大臣皆倚賴之.

及薨, 朝廷痛惜焉.

初安父沒, 訪求葬地. 道逢三書生, 問安何之.

安告之, 生乃指一處云:「葬此地, 當世爲上公」

須臾不見, 安異之, 於是葬其地. 故累世隆盛.

【袁安】자는 邵公. 汝南 汝陽 사람으로 章帝 때 司徒에 올랐던 인물.《後漢書》에 전이 있음.

【肅宗】肅宗孝章皇帝. 章帝 劉炟. 후한의 제3대 황제. 明帝 劉莊의 아들. A.D.76~88년까지 재위함.

【和帝】동한의 제4대 황제 劉肇. A.D.89~105년 재위함.
【外戚】황후의 친척. 어머니 쪽의 친척.
【朝會·進見】朝會는 조신들이 전체 회의를 하여 임금을 접견하는 것이며, 進見은 개인적으로 천자를 배알하여 의견을 개진하는 것.

참고 및 관련 자료

1. 《後漢書》袁安傳

袁安字邵公, 汝南汝陽人也. 祖父良, 習《孟氏易》, 平帝時擧明經, 爲太子舍人; 建武初, 至成武令. 安少傳良學. 爲人嚴重有威, 見敬於州里. 初爲縣功曹, 奉檄詣從事, 從事因安致書於令. 安曰:「公事自有郵驛, 私請則非功曹所持」. 辭不肯受, 從事懼然而止. 後擧孝廉, 除陰平長·任城令, 所在吏人畏而愛之. 永平十三年, 楚王英謀爲逆, 事下郡覆考. 明年, 三府擧安能理劇, 拜楚郡太守. 是時英辭所連及繫者數千人, 顯宗怒甚, 吏案之急, 迫痛自誣, 死者甚衆. 安到郡, 不入府, 先往案獄, 理其無明驗者, 條上出之. 府丞掾史皆叩頭爭, 以爲阿附反虜, 法與同罪, 不可. 安曰:「如有不合, 太守自當坐之. 不以相及也.」遂分別具奏. 帝感悟, 卽報許, 得出者四百餘家. 歲餘, 徵爲河南尹. 政號嚴明, 然未曾以臧罪鞠人. 常稱曰:「凡學仕者, 高則望宰相, 下則希牧守. 錮人於聖世, 尹所不忍爲也.」聞之者皆感激自勵. 在職十年, 京師肅然, 名重朝廷. 建初八年, 遷太僕. 初, 安父沒, 母使安訪求葬之, 道逢三書生, 問安何之, 安爲言其故, 生乃指一處, 云「葬此地, 當世爲上公」. 須臾不見, 安異之. 於是遂葬其所占之地, 故累世隆盛焉. 安子京·敞最知名.

016. 黃霸政殊, 梁習治最

016-① 黃霸政殊
특이한 치적을 이룬 황패

　　전한前漢의 황패黃霸는 자가 차공次公이며 회양淮陽 양하陽夏 사람이다. 무제武帝 말에 대조待詔의 신분으로 돈을 바치고 관직을 사서 그 값으로 시랑알자侍郞謁者에 보임되었다. 뒤에 다시 곡물을 바치고 좌풍익左馮翊의 2백 석 졸사卒史에 보임되었다. 풍익 땅에서는 황패가 재물로 관직을 사서 들어온 것이라 하여 좋은 직책을 주지 않고 그저 군郡의 돈과 곡식을 계산하는 하찮은 일을 맡겼다. 그러나 그는 장부와 문서를 정확히 하여 청렴한 것으로 이름이 나게 되었다. 선제宣帝 때에 그는 양주자사揚州刺史로 발탁되었으며 현량과賢良科에 높은 점수로 등제하여 영천태수潁川太守가 되었다. 그는 교화에 힘을 썼으며 주벌誅罰을 앞세우지 않았다. 겉은 관대하며 안으로는 명철하여 관리와 백성들로부터 민심을 얻었고 호구가 해마다 증가하여 천하에 제일 잘 다스려지는 곳이 되었다.
　　그는 이러한 치적을 인정받아 경조윤京兆尹을 발탁되었으나 그만 다른 과실에 연루되어 폄직된 다음 다시 영천태수로 복귀하게 되었다. 그가 영천을 다스린 것은 앞뒤 모두 8년간이었는데 군은 더욱 잘 다스려졌다. 이때 봉황과 신작神雀 등 상서로운 징조를 알리는 새들이 각 군국郡國에 자주 모여들었는데 영천이 특히 많았다. 천자는 황패의 치적과 행실이 마침내 어른이 될 수 있다고 여겨 조서를 내려 그를 칭찬하고 찬양하면서 관내후關內侯의 작위와 황금 백 근, 그리고 2천 석의 벼슬 등급을 하사하였다. 뒤에 그는 승상丞相에 올랐다. 황패는 백성을 다스리는 데에 뛰어나 재상이 되자 나라의 기강과 호령을 총괄하였다. 그의 풍채는 병길丙吉이나 위상魏相, 우정국于定國에 미치지 못하였으며 공명도 영천군을 다스렸을 때에 비해 손색이 있었다.

前漢, 黃霸字次公, 淮陽陽夏人. 武帝末以待詔入錢賞官, 補侍郎謁者. 後復入穀, 補左馮翊二百石卒史. 馮翊以霸入財爲官, 不署右職, 使領郡錢穀計. 簿書正以廉稱. 宣帝時擢揚州刺史, 以賢良高第爲潁川太守. 力行敎化, 而後誅罰. 外寬內明, 得吏民心, 戶口歲增, 治爲天下第一. 徵守京兆尹, 坐貶秩歸潁川. 前後八年, 郡中愈治. 是時鳳凰神雀, 數集郡國, 潁川尤多. 天子以霸治行終長者, 下詔稱揚, 賜爵關內侯·黃金百斤·秩中二千石. 後爲丞相. 霸材長於治民, 及爲相總綱紀號令, 風采不及丙·魏·于定國, 功名損於治郡.

【黃霸】자는 次公. 전한 武帝, 宣帝 때의 행정가. 《史記》 張蒼傳 참조.

【武帝】西漢 5대 황제 劉徹. 景帝(劉啓)의 아들이며 B.C.140~B.C.87년까지 54년간 재위함. 대내외적으로 學術, 疆域, 文學, 문물제도 등 여러 방면에 걸쳐 많은 치적을 남겨 강력한 帝國을 건설함.

【左馮翊】수도 長安을 左馮翊·右扶風·京兆 세 구역으로 나누어 이를 三輔라 하였음.

【宣帝】西漢 7대 황제. 이름은 劉詢. B.C.73~B.C.49년 재위함.

【神雀】'神爵'으로도 표기하며 참새의 일종. 상서로움을 상징하는 새.

【關內侯】秦漢시대에 형식적인 명의로 봉했던 爵位.

【綱紀】主簿와 같음. 《文選》 李善 주에 "綱紀, 謂主簿也. 敎主簿宣之. 故曰綱紀, 猶今稱門下也"라 하였으며 《通鑑》 胡三省 주에 "綱紀, 綜理府事者也"라 함.

【丙·魏】丙吉과 魏相. 모두 황패 이전의 丞相.

【于定國】자는 曼倩. 東海 郯人. 于公의 아들. 漢 宣帝 때 뛰어난 법관. 조정에서 "張釋之爲廷尉, 天下無冤民, 于定國爲廷尉, 民自以無冤"이라 하였음. 뒤에 丞相에 올라 西平侯에 봉해짐. 《漢書》 于公傳 참조.

> 참고 및 관련 자료

1. 《史記》張蒼傳(黃霸)

黃丞相霸者, 淮陽人也. 以讀書爲吏, 至潁川太守. 治潁川, 以禮義條敎喩告化之. 犯法者, 風曉令自殺. 化大行, 名聲聞. 孝宣帝下制曰:「潁川太守霸, 以宣布詔令治民, 道不拾遺, 男女異路, 獄中無重囚. 賜爵關內侯, 黃金百斤.」徵爲京兆尹而至丞相, 復以禮義爲治. 以丞相病死. 子嗣, 後爲列侯. 黃丞相卒, 以御史大夫于定國代. 于丞相已有廷尉傳, 在《張廷尉》語中. 于丞相去, 御史大夫韋玄成代.

2. 《十八史略》(2)

三年, 丙吉薨, 黃霸爲丞相. 霸嘗爲潁川太守, 吏民稱神明不可欺. 力敎化後誅罰. 長史許丞, 老病聾. 督郵白欲逐之, 霸曰:「許丞廉吏, 雖老尚能拜起, 重聽何傷? 數易長史, 送故迎新之費, 及姦吏因緣, 絶簿書盜財物, 公私費耗甚多. 所易新吏, 又未必賢, 或不如其故, 徒相益爲亂. 凡治道去其太甚者耳.」霸以外寬內明, 得吏民心, 治爲天下第一. 至是代吉, 霸材長於治民, 及爲相, 功名損治郡時.

016-② 梁習治最
최고의 치적을 이룬 양습

《위지魏志》에 실려 있다.

양습梁習은 자가 자우子虞이며 진군陳郡 자현柘縣 사람이다. 별부사마別部司馬로써 병주자사幷州刺史가 되었다. 고간高幹의 황폐하고 어지러운 행정을 이어받아 그곳 병주는 호적胡狄이 그 경계 지역에서 웅거하며 발호하였고 관리와 백성들은 도망하여 그 부락으로 들어가고 있었으며 병사들은 무리를 믿고 도적질로 온갖 폐해를 입히면서 서로 돌아가며 선동하여 바둑판처럼 대치하고 있었다. 양습이 그곳에 부임하자 이들을 유도하고 가르치며 불러들여 모두 예로써 호걸들을 불러 우대하여 차츰

이들을 추천하고 막부幕府로 오도록 하였다. 이리하여 변경은 정리되기 시작하였으며 백성들은 들판에 널리 퍼질 정도로 안심하였다. 이들에게 농사와 잠업을 권장하고 법령을 내려 금지할 것은 금하였다. 그리고 훌륭한 명사들을 조정으로 보내기도 하여 모두가 세간에 이름이 드날렸다. 태조太祖가 이를 훌륭히 여겨 그에게 관내후關內侯의 작위를 주고 정식 자사로 임명하였다. 이에 장로들은 자신들이 알고 있던 과거의 많은 자사들로서 양습에 미칠 만한 자는 없다고 여겼다.

문제文帝 때에 다시 그는 자사가 되었으며 그의 정치는 항상 천하의 제일이었다.

구본舊本에 '습習'자를 '집集'으로 표기하였으나 이는 오기이다.

《魏志》: 梁習字子虞, 陳郡柘人. 以別部司馬, 領幷州刺史. 承高幹荒亂之餘, 胡狄在界, 張雄跋扈, 吏民亡叛, 入其部落, 兵家擁衆, 作爲寇害, 更相扇動, 往往棊跱.

習到官, 誘喩招納, 皆禮召其豪右, 稍相薦擧, 使詣幕府. 邊境肅淸, 百姓布野, 勤勸農桑, 令行禁止. 貢達名士, 咸顯於世. 太祖賞之, 賜爵關內侯, 更拜爲眞. 長老稱詠以爲自所聞識刺史, 未有及習者. 文帝時復爲刺史, 政治常爲天下最.

舊本: '習'作'集'誤.

【魏志】陳壽(233~297)의 《三國志》 중의 〈魏書〉. 魏나라를 정통으로 기록한 二十五史의 正史.
【梁習】삼국시대 魏나라 때의 유명한 刺史. 《三國志》 魏志에 전이 있음.
【子虞】일부본에는 '孟虞'라고도 되어 있음.
【高幹】幷州刺史. 양습은 그의 후임자였음.
【太祖】魏 武帝 曹操(155~220). 자는 孟德. 어릴 때는 阿瞞으로 불렸음. 沛國 출신으로 기지와 변화는 물론 문장에도 뛰어났었으며 曹丕의 아버지로

한말 세력을 키워 魏나라를 건립하는 기초를 세움. 아들 조비가 獻帝로부터 선양을 받아 武帝로 추존함.《孫子略解》,《兵書接要》,《曹操集》등이 있음.《三國志》(1)에 紀가 있음.《十八史略》(3)에 "魏主丕, 姓曹氏, 沛國譙人也. 父操爲魏王, 丕嗣位. 首立九品官人之法, 州郡皆置九品中正, 區別人物, 第其高下. 丕既簒漢, 自立爲帝, 追尊操爲太祖武皇帝, 改元黃初"라 함.

【文帝】魏文帝. 曹丕(187~226). 자는 子桓. 曹操의 둘째 아들. 아버지 曹操가 죽고 魏王을 습봉하여 漢나라 丞相이 됨. 延康 元年(220)에 禪讓을 받아 황제가 되었으며 연호를 黃初로 바꾸고 국호를 魏나라로, 洛陽을 도읍으로 정함. 재위 7년에 졸하였으며 시호는 文皇帝. 문장에도 뛰어나《典論》을 지었으며 그 중〈論文〉은 문학 이론과 비평의 유명한 글로 평가받고 있음. 그 외에〈燕歌行〉은 현존 최초의 七言詩로 알려짐.《三國志》(2)에 紀가 있음.《魏志》에 "帝諱丕. 字子桓, 受漢禪"이라 함. '魏儲南館'[245] 참조.

참고 및 관련 자료

1.《三國志》魏志(15) 梁習傳

梁習字子虞, 陳郡柏人也. 爲郡綱紀. 太祖爲司空. ……以別部司馬, 領幷州刺史. 承高幹荒亂之餘, 胡狄在界, 張雄跋扈, 吏民亡叛, 入其部落, 兵家擁衆, 作爲寇害, 更相扇動, 往往棊跱. 習到官, 誘喻招納, 皆禮召其豪右, 稍相薦擧, 使詣幕府. 豪右已盡, 乃次發諸丁彊以爲義從; 又因大軍出征, 分請以爲勇力. 吏兵已去之後, 稍移其家, 前後送鄴, 凡數萬口; 其不從命者, 興兵致討, 斬首千數, 降附者萬計. 單于恭順, 名王稽顙, 部曲服事供職, 同於編戶. 邊境肅清, 百姓布野, 勤勸農桑, 令行禁止. 貢達名士, 咸顯於世. ……太祖賞之, 賜爵關內侯, 更拜爲眞. 長老稱詠以爲自所聞識刺史, 未有及習者. 文帝時復爲刺史, 政治常爲天下最.

017. 墨子悲絲, 楊朱泣岐

염색을 보고 슬퍼한 묵자와 기로에서
울음을 터뜨린 양주

《회남자淮南子》에 실려 있다.
"양자楊子가 갈 길을 정할 수 없는 갈림길을 만나자 울었으니 이는 남쪽으로 가도 되고 북쪽으로 가도 될 길이었기 때문이었다. 묵자墨子는 옷감을 물들이는 것을 보고 울었으니 이는 노란 물을 들이면 노랗게 되고 검은 물을 들이면 검게 변하기 때문이었다."
고유高誘는 이렇게 말하였다.
"그 근본은 같으나 그 결과는 달라짐을 안타깝게 여긴 것이다."

《淮南子》曰:「楊子見逵路而哭之, 爲其可以南可以北; 墨子見練絲而泣之, 爲其可以黃可以黑.」
高誘曰:「憫其本同而末異.」

【淮南子】책 이름. 前漢의 淮南王 劉安이 여러 학자를 모아 함께 만든 책. 老莊 사상을 바탕으로 하였음.
【楊子】楊朱. 전국시대 사상가. 爲我主義者. 墨翟과 대비하여 거론되며 《列子》에 楊朱篇이 있음.
【逵路】〈四庫全書〉본에는 '岐路'로 되어 있음. 갈림길.
【墨子】이름은 翟. 墨家의 대표적인 학자이며 兼愛·非戰 등의 박애주의를 주창함. 《墨子》참고.
【練絲】염색하지 않은 새하얀 명주실.

【高誘】동한 涿郡 涿縣 사람으로 젊을 때 盧植에게서 배움. 獻帝 建安 10년 司空掾을 거쳐 東郡 濮陽令에 오름.《呂氏春秋》및《淮南子》,《戰國策》등에 注를 달았음.

참고 및 관련 자료

1.《淮南子》說林訓

楊子見逵路而哭之, 爲其可以南可以北; 墨子見練絲而泣之, 爲其可以黃可以黑. 趨舍之相合, 猶金石之一調, 相去千歲, 合一音也.

018. 朱博烏集, 蕭芝雉隨

018-① 朱博烏集
까마귀가 모여든 주박의 집

　　전한前漢의 주박朱博은 자가 자원子元이며 두릉杜陵 사람이다. 애제哀帝 때 어사부御史府의 관사 백여 곳 구역에 우물물이 모두 말라버렸다. 그리고 부府에는 잣나무가 줄을 지어 심어져 있었는데 항상 그곳에 까마귀 수천 마리가 날아들어 둥지를 틀고 모여 살면서 아침이 어디론가 날아갔다가 저녁이면 다시 찾아오는 왔는데 이를 '조석오朝夕烏'라 불렀다. 그런데 까마귀들이 날아간 다음 몇 개월이 되도록 되돌아오지 않는 것이었다. 장로들이 이상하게 여겼다. 그로부터 두 해 정도 흐른 뒤 주박이 대사공大司空이 되었다. 그는 이렇게 상주上奏하였다.

　　"고황제高皇帝께서 어사대부御史大夫라는 관직을 설치하면서 그 지위를 승상丞相 아래에 두었습니다. 그런데 지금 2천 석의 벼슬은 어사대부를 거치지 아니하고 곧바로 승상이 됩니다. 이로써 권위가 가벼워져 국정을 이끌 중책이 아닌 것이 되고 말았습니다. 저는 대사공의 관직은 없애되 어사대부의 관직은 다시 복원하여 옛 제도를 준수하여 받들었으면 합니다. 저는 원하옵건대 온갖 힘을 기울여 모든 관료의 솔선수범을 보이고자 합니다."

　　황제는 그 의견을 따라 다시 주박을 어사대부에 임명하였으며 뒤에 승상에 올랐으나 다른 죄에 연루되어 자살하고 말았다.

　　前漢, 朱博字子元, 杜陵人. 哀帝時, 御史府史舍百餘區, 井水皆竭. 又其府中列柏樹, 常有野烏數千, 棲宿其上, 晨去暮來, 號曰『朝夕烏』.

烏去不來者數月, 長老異之. 後二歲餘, 博爲大司空.

奏言:「高皇帝置御史大夫, 位次丞相. 今中二千石未更御史大夫而爲丞相. 權輕, 非所以重國政也. 臣以爲大司空官可罷, 復置御史大夫, 遵奉舊制. 臣願盡力以爲百僚率.」

從之, 迺更拜博御史大夫. 後爲丞相, 坐事自殺.

【朱博】前漢 哀帝 때의 인물로 자는 子元. 杜陵 사람으로 御史大夫를 거쳐 丞相에 오름.《漢書》에 전이 있음.
【哀帝】西漢 제10대 황제. 이름은 劉欣. 元帝(劉奭)의 둘째 아들 劉康의 아들로 제위에 오름. B.C.32~B.C.1년 재위함.
【高皇帝】高祖. 漢 高祖 劉邦. 자는 季. 沛郡 豐邑 출신으로 秦나라 말 義兵을 일으켜 項羽와 결전 끝에 漢 帝國을 설립함. 太祖高帝. 漢 帝國을 세운 임금. B.C.202~B.C.195년 재위.《史記》高祖本紀 참조.
【御史府】어사는 비서와 감찰을 담당하는 관리.
【二千石】군수·지방장관을 대신하는 말로 쓰임. 녹봉의 수준이 2천 석이었음.

참고 및 관련 자료

1.《漢書》薛宣朱博傳
朱博字子元, 杜陵人也. 家貧, 少時給事縣爲亭長, 好容少年, 捕搏敢行. 稍遷爲功曹, 伉俠好交, 隨從士大夫, 不避風雨. 是時, 前將軍望之子蕭育·御史大夫萬年子陳咸以公卿子著材知名, 博皆友之矣. 時諸陵縣屬太常, 博以太常掾察廉, 補安陵丞. 後去官入京兆, 歷曹史列掾, 出爲督郵書掾, 所部職辦, 郡中稱之. 而陳咸爲御史中丞, 坐漏泄省中語下獄. 博去吏, 間步至廷尉中, 候司咸事. 咸掠治困篤, 博詐得爲醫入獄, 得見咸, 具知其所坐罪. 博出獄, 又變姓名, 爲咸驗治數百, 卒免咸死罪. 咸得論出, 而博以此顯名, 爲郡功曹. 久之, 成帝卽位, 大將軍王鳳秉政, 奏請陳咸爲長史. 咸薦蕭育·朱博除莫府屬, 鳳甚奇之, 擧博櫟陽令, 徙雲陽·平陵縣, 以高弟入爲長安令. 京師治理, 遷冀州刺史.

018-② 蕭芝雉隨
꿩이 따라다닌 소지

소광제蕭廣濟의 《효자전孝子傳》에 실려 있다.

소지蕭芝는 효성이 지극하였다. 그는 상서랑尙書郞에 임명되었는데 꿩 수천 마리가 그의 집에 모여들어 먹이를 쪼아먹으며 머물러 살고 있었다. 그가 당직이 되어 임지로 떠날 때면 꿩들은 갈림길까지 그를 배웅하였고, 그가 숙직을 마치고 집으로 돌아와 문에 들어설 때면 그 꿩들이 수레 앞까지 날아들어 반가이 울어대었다.

蕭廣濟《孝子傳》: 蕭芝至孝. 除尙書郞, 有雉數千頭, 飮啄宿止. 當上直送至岐路, 及下直入門, 飛鳴車前.

【蕭廣濟】전한 때 효성으로 이름난 인물.
【蕭芝】전한 때 사람.
【除】'옛 관직을 제거하고 새로운 관직에 임명하다'는 뜻으로 除授와 같음.
【尙書郞】상서성의 관리. 상서성은 궁중에서 문서를 담당함.
【上直·下直】관청에 숙직하며 비상시를 대비하는 것. 上直은 숙직을 함. 下直은 숙직을 마치고 귀가함.

019. 杜后生齒, 靈王出髭

019-① 杜后生齒
없던 이가 솟아난 두후

《진서晉書》에 실려 있다.
　성제成帝의 공황후恭皇后 두씨杜氏는 휘諱가 능양陵陽이며 진남장군鎭南將軍 두예杜預의 증손녀였다. 공황후는 어려서 아름다운 자태가 있었으나 나이가 차도록 이가 나지 않는 것이었다. 그리하여 구혼을 하러 왔던 자가 이를 알고는 문득 혼담이 중지되기 일쑤였다. 황제와 혼담이 이루어져서 납채納采를 하는 날에 하룻밤 사이에 모든 이가 났다. 황후의 자리에 오른 지 6년이 되도록 아들이 없었다. 이에 앞서 삼오三吳 지역의 어떤 여자가 서로 더불어 하얀 꽃을 비녀로 꽂았는데 멀리서 보면 마치 흰 능금꽃과 같았다. 전해오는 말로는 하늘의 직녀가 죽어 상복을 입은 것이라 하였는데 이때에 이르러 황후가 세상을 뜨고 말았던 것이다.

　《晉書》: 成恭杜皇后諱陵陽, 鎭南將軍預曾孫. 后少有姿色, 然長猶無齒. 有來求婚者, 輒中止. 及帝納采之日, 一夜齒盡生. 在位六年無子.
　先是三吳女子, 相與簪白花, 望之如素柰. 傳言天公織女死, 爲之著服, 至是而后崩.

【成帝】西漢의 제9대 황제 劉驁. 孝成皇帝. 元帝 劉奭의 아들. B.C.32년~B.C.7년 재위. 趙飛燕과의 연애 고사로 유명함.

【杜皇后】成帝의 황후. '恭'은 諡號, '杜'는 姓.
【預】杜預. 자는 元凱(222~284). 京兆 杜陵人. 杜恕의 아들이며 杜甫의 선대. 河南尹, 度支尙書, 荊州都督 등을 거쳐 羊祜가 죽자 뒤를 이어 鎭南大將軍이 됨. 치적이 훌륭하여 당시 백성과 조정에서는 그를 '杜父', '杜武庫'라 불렀음. 太康 원년에 吳를 평정한 공로로 當陽侯에 봉해짐. 經學에도 밝아 《春秋左傳經傳集解》를 남김. 《三國志》(16)와 《晉書》(34)에 전이 있음.
【納采】혼례의 六禮(納采·問名·納吉·納徵·請期·親近)의 하나. 납채의 '채'는 採擇의 뜻. 기러기를 보내서 채택의 뜻을 표시함.
【三吳】晉宋 때에는 吳興·吳郡·丹陽의 세 지방을 함께 일컫는 말.
【素柰】'柰'는 능금나무. 사과와 비슷한 과일. 흰색·붉은 색·청색의 세 가지가 있고, '素柰'는 흰색의 능금이라 함.
【織女死, 爲之著服】직녀의 죽음을 애도하는 상복. 하얀 꽃을 비녀로 꽂음.

> 참고 및 관련 자료

1. 《晉書》(32) 后妃傳(下) 成恭杜皇后傳

成恭杜皇后諱陵陽, 京兆人, 鎭南將軍預之曾孫也. 父乂, 成帝以后奕世名德, 咸康二年, 備禮拜爲皇后, 卽日入宮. 帝於太極前殿, 群臣畢賀, 晝漏盡, 懸籥, 百官乃罷. 后少有姿色, 然長猶無齒. 有來求婚者, 輒中止. 及帝納采之日, 一夜齒盡生. 七年三月, 后崩, 年二十一. 外官五日一臨, 內官旦一入, 葬訖止. 后在位六年無子. 先是三吳女子, 相與簪白花, 望之如素柰. 傳言天公織女死, 爲之著服, 至是而后崩.

019-② 靈王出髭
콧수염이 난 영왕

《좌씨전左氏傳》에 실려 있다.

왕자王子 조朝가 이렇게 말하였다.

"주 정왕定王 6년 진秦나라 사람들이 이러한 요언을 퍼뜨렸습니다.

'주나라에 콧수염이 있는 왕이 있으려니, 역시 그 왕의 직무를 잘 수행하여 제후가 복종하고 영화를 누리리라. 그 다음 뒤를 이은 왕도 직무에 충실하리라. 그러나 그 뒤에는 왕실은 왕위를 두고 불화가 생길 것이며, 제후들도 더 이상 손을 쓸 수 없게 되어 변란의 재앙을 입게 되리라'라고 말입니다.

영왕靈王은 태어나면서부터 콧수염이 있었으며, 왕은 매우 신명하고 성스러워 제후들에게 그 어떤 악행도 저지르지 않았습니다. 그리하여 영왕과 경왕景王의 두 임금 시대는 태평함을 누릴 수 있었습니다."

《左氏傳》: 王子朝曰:「定王六年, 秦人降妖曰:『周其有髭王, 亦克能修其職, 諸侯服享, 二世供職. 王室其有間王位, 諸侯不圖, 而受其亂災. 至于靈王, 生而有髭. 王甚神聖, 無惡於諸侯,』靈王·景王, 克終其世」

【左傳氏】「春秋三傳」의 하나. 《左傳氏》·《左傳》이라고도 함. 孔子의 《春秋》를 左丘明이 傳을 지어 《春秋左氏傳》이라 함.
【王子朝】 춘추시대 주나라의 왕자. 姬朝.
【妖】妖言. 流言蜚語. 정치를 헐뜯거나 미래의 재앙을 예고하는 말.
【靈王·景王】 妖言에서 말한 두 임금. 태어날 때부터 콧수염이 있었다는 것은 靈妙한 것이기 때문에 靈王이라 諡號를 정한 것임.

참고 및 관련 자료

1. 《左傳》昭公 26년

在定王六年, 秦人降妖, 曰:「周其有頹王, 亦克能修其職, 諸侯服享, 二世共職. 王室其有間王位, 諸侯不圖, 而受其亂災.」至于靈王, 生而有頿. 王甚神聖, 無惡於諸侯. 靈王·景王克終其世. 今王室亂, 單旗·劉狄剝亂天下, 壹行不若, 謂「先王何常之有, 唯余心所命, 其誰敢討之」, 帥羣不弔之人, 以行亂于王室. 侵欲無厭, 規求無度, 貫瀆鬼神, 慢棄刑法, 倍奸齊盟, 傲很威儀, 矯誣先王. 晉爲不道, 是攝是贊, 思肆其罔極. 茲不穀震盪播越, 竄在荊蠻, 未有攸底. 若我一二兄弟甥舅獎順天法, 無助狡猾, 以從先王之命, 毋速天罰, 赦圖不穀, 則所願也. 敢盡布其腹心及先王之經, 而諸侯實深圖之. 昔先王之命曰:「王后無適, 則擇立長. 年鈞以德, 德鈞以卜.」王不立愛, 公卿無私, 古之制也. 穆后及大子壽早夭卽世, 單·劉贊私立少, 以間先王. 亦唯伯仲叔季圖之!」閔馬父聞子朝之辭, 曰:「文辭以行禮也. 子朝干景之命, 遠晉之大, 以專其志, 無禮甚矣, 文辭何爲?」

020. 賈誼忌鵩, 莊周畏犧

020-① 賈誼忌鵩
복조를 두려워한 가의

전한前漢의 가의賈誼는 낙양雒陽 사람이다. 나이 열여섯에 능히 《시서詩書》를 외우고 문장을 지어 군에 이름이 알려지자 하남태수河南太守 오공吳公이 그의 뛰어난 재능을 듣고 불러 자신의 문하에 두었다.
그 오공이 정위廷尉에 오르자 이렇게 추천하였다.
"가의는 나이가 어리지만 자못 제자백가의 글에 능통합니다."
이리하여 문제文帝가 그를 불러 박사博士로 삼았다.
매번 조령詔令에 대한 논의가 하달되어 여러 원로 선생들은 능히 해결하지 못하는 것을 가의가 모두 대답을 해낼 때면 사람들은 각기 자신의 뜻에서 나온 것처럼 여기며 모두 그의 능력을 인정하였고 황제도 기뻐하였다.
그는 차례를 뛰어넘어 한 해만에 태중대주太中大夫에 올랐다. 가의는 한나라가 새로 들어섰으니 의당 정삭正朔을 개정하고 복색服色과 여러 제도도 바꾸어야 하며 관직의 명칭도 정하고 예악禮樂도 부흥시켜야 한다고 여겼다. 이에 그 의례儀禮의 초고를 작성하였다. 그러나 황제는 겸양하게 미루며 서두르지 않는 것이었다. 그러나 여러 법령에 대하여 새롭게 제정한 것은 모두 가의의 발의에 의해 이루어진 것이었다.
천자가 가의를 공경公卿의 지위에 임명하려 하자 강후(絳侯, 周勃)와 관영灌嬰의 무리들이 그를 저해하였다. 이에 천자도 그를 멀리하게 되었고 그의 의견은 채용되지 않은 채 그를 장사왕長沙王 태부太傅로 삼아 멀리 보내고 말았다. 그가 장사에 와 있은 지 3년 되던 해 그의 관사에 복조鵩鳥라는 새가 날아와 앉은 귀퉁이에 앉는 것이었다. 복조란 치효鴟鴞와 비슷한 새로써 불길한 징조를 알려준다고 여기던 새였다. 가의는 유배를 오다시피 그곳에 왔던 것이며 장사 지역은 낮고 습한 곳이었다. 이에 스스로 자신의 수명이 길지 않을 것이라 슬픔을 이기지 못하여 〈복조부鵬鳥賦〉를 지어 자신의 심회를 펴고자 하였다. 일 년 쯤 지나 황제가 가의를 떠올리고 다시 불렀다. 그가 궁궐로 돌아가 입궁하자 임금은 마침 신에게 제사를 올린 고기를 받으며 선실宣室에 앉아 있었다. 그리고 가의를 보자 귀신의 일에 대한 감흥이 있어 가의에게 귀신의 근본에 대한 질문을 하였다. 가의가 도道를 갖추어 귀신이 그럴 수밖에 없는 이유를 설명하자 한밤중이 되도록 임금은 자리를 앞으로 내어 당기며 물었다. 그리고 이야기가 끝나자 황제는 이렇게 말하였다.

"내 오랫동안 가생을 만나지 못하여 내 그대보다 더 나을 것이라 여겼는데 지금 보니 그대를 따를 수 없겠구려."

그리하여 양왕梁王의 태부太傅로 삼아주었다. 그가 죽었을 때는 겨우 나이 서른셋이었다.

공장孔臧의 〈효부鴞賦〉라는 글에는 이렇게 말하였다.

"옛날 가의는 박식한 선비였으며 복조를 이처럼 아주 싫어하였다."

前漢, 賈誼, 雒陽人. 年十八, 能誦詩書屬文, 稱於郡中, 河南守吳公聞其秀材, 召置門下.

及爲廷尉, 迺言:「誼年少頗通諸家書」

文帝召爲博士. 每詔令議下, 諸老先生未能言, 誼盡爲之對. 人人各如其意所出, 諸生以爲能, 帝說之. 超遷歲中至太中大夫. 誼以爲漢興當改正朔, 易服色・制度, 定官名, 興禮樂. 迺草具其儀. 帝謙讓未皇也. 然諸法令命所更定, 皆誼發之.

天子以誼任公卿之位, 絳灌之屬害之. 於是上亦疏之, 不用其議, 以爲長沙王太傅. 三年有鵩飛入舍, 止於坐隅. 鵩似鴞不祥鳥也. 誼旣適居, 長沙卑濕. 自傷悼以爲壽不得長. 迺爲賦以自廣. 歲餘帝思誼徵之. 入見上方受釐坐宣室. 因感鬼神事, 而問鬼神之本.

誼具道所以然之故, 至夜半, 帝前席, 旣罷曰:「吾久不見賈生,

自以爲過之, 今不及也.」

迺拜梁王太傅. 死年三十三.

孔臧〈鴞賦〉云:「昔賈生有識之士, 忌茲鵩鳥.」

【賈誼】B.C.200~B.C.168년. 西漢시대의 政論家이며 文學家. 文帝 초에 博士가 되어 大中大夫에 올랐으나 죄를 짓고 長沙로 쫓겨남. 그때 屈原과 자신을 비교하여 〈吊屈原賦〉를 지었으며 司馬遷은 이의 공통점을 살려 〈屈原賈生列傳〉으로 묶음.

【雒陽】洛陽. 한나라는 火德의 왕조이기 때문에 물을 기피하여 '落'자 대신에 물이 없는 '雒'자를 사용했다 함. 《博物志》(6)에 "舊洛陽字作水邊各. 漢, 火行也, 忌水, 故去水而加隹. 又魏於行次爲土, 水得土而流, 上得水而柔, 故復去隹加水, 變雒爲洛焉"라 함.

【文帝】전한 제3대 황제 劉恒. 太宗孝文皇帝. 高祖 劉邦의 庶子로써 薄太后의 아들. B.C.179~B.C.157년 재위함. 한나라 초기 文景之治를 이루어 제국의 기틀을 다짐.

【正朔】正月과 초하루. 한해가 시작하는 달의 초하루.

【絳灌】'絳'은 絳侯 周勃, '灌'은 灌嬰. 모두 한나라 건국 당시의 功臣.

【服】服鳥(鵩鳥). 부엉이, 혹은 올빼미를 뜻함. 당시 불길한 새로 여겼음.

【鴞】부엉이.

【胾】제사 때 신에게 바치는 고기.

【宣室】未央宮 앞에 있는 正室.

【梁王】文帝의 아들. 長沙王보다는 신분이 높았기 때문에 太傅도 모시는 왕의 등급을 따름.

【孔臧】공자의 11대손. 漢나라 武帝 때 어사대부. 〈鴞賦〉를 지음.

> 참고 및 관련 자료

1.《史記》屈原賈生列傳

賈生名誼, 雒陽人也. 年十八, 以能誦詩屬書聞於郡中. 吳廷尉爲河南守, 聞其秀才, 召置門下, 甚幸愛. 孝文皇帝初立, 聞河南守吳公治平爲天下第一, 故與李斯同邑

而常學事焉, 乃徵爲廷尉. 廷尉乃言賈生年少, 頗通諸子百家之書. 文帝召以爲博士.

2.《漢書》賈誼傳

賈誼, 雒陽人也, 年十八, 以能誦詩書屬文稱於郡中. 河南守吳公聞其秀材, 召置門下, 甚幸愛. 文帝初立, 聞河南守吳公治平爲天下第一, 故與李斯同邑, 而嘗學事焉, 徵以爲廷尉. 廷尉乃言誼年少, 頗通諸家之書. 文帝召以爲博士. 是時, 誼年二十餘, 最爲少. 每詔令議下, 諸老先生未能言, 誼盡爲之對, 人人各如其意所出. 諸生於是以爲能. 文帝說之, 超遷, 歲中至太中大夫. 誼以爲漢興二十餘年, 天下和洽, 宜當改正朔, 易服色制度, 定官名, 興禮樂. 乃草具其儀法, 色上黃, 數用五, 爲官名悉更, 奏之. 文帝謙讓未皇也. 然諸法令所更定, 及列侯就國, 其說皆誼發之. 於是天子議以誼任公卿之位. 絳・灌・東陽侯・馮敬之屬盡害之, 乃毀誼曰:「雒陽之人年少初學, 專欲擅權, 紛亂諸事」於是天子後亦疏之, 不用其議, 以誼爲長沙王太傅. 誼旣以適去, 意不自得, 及度湘水, 爲賦以弔屈原.

3.《西京雜記》(5) 賈誼〈鵩鳥賦〉

賈誼在長沙, 鵩鳥集其承塵. 長沙俗以鵩鳥至人家, 主人死. 誼作鵩鳥賦, 齊死生, 等榮辱, 以遣憂累焉.

4.《搜神記》(9)

賈誼爲長沙王太傅, 四月庚子日, 有鵩鳥飛入其舍, 止于坐偶, 良久乃去. 誼發書占之, 曰:「野鳥入室, 主人將去.」誼忌之, 故作〈鵩鳥賦〉, 齊死生而等禍福, 以致命定志焉.

020-② 莊周畏犧
희생이 되기를 거부한 장주

《장자莊子》에 실려 있다.
어떤 이가 장자를 초빙하자 장자가 그 사신에게 이렇게 응대하였다.
"그대는 희생으로 쓸 소를 보았소? 그에게 문채 나는 비단을 입히고

먹이 콩을 주는 등 우대를 받지만 끌려서 태묘太廟로 들어갈 때는 다시 살고자 하나 가능하겠소?"

《사기史記》에는 이렇게 실려 있다.

"장주莊周는 몽蒙 땅 사람이다. 일찍이 그 몽 땅 칠원漆園의 관리를 지냈으며 양梁 혜왕惠王과 같은 시기로써 그 학문은 노자老子에게 근본을 두고 있고 저서는 거의가 우언寓言이다. 지극히 광양洸洋하며 제 멋대로 자신의 뜻에 맞춘 것들이다. 그 때문에 왕공王公 대인大人일지라도 능히 그의 그릇됨을 써 낼 수가 없었던 것이다. 초楚 위왕威王이 장주의 어짊을 듣고 사신으로 하여금 그에게 후한 예물을 갖추어 맞이해 오도록 하여 그를 재상으로 삼았으면 하였다."

장주가 이때 이 말을 인용하여 응대한 것이다.

곽상郭象은 이렇게 말하였다.

"살아 있기를 즐겁게 여긴 자로써 희생이 되기를 두려워하여 초나라의 부름을 사양한 것이다."

《莊子》曰: 或聘於莊子.

莊子應其使曰:「子見夫犧牛乎? 衣以文繡, 食以芻菽, 及其牽而入於太廟, 雖欲爲孤犢, 其可得乎?」

《史記》曰:「莊周蒙人. 嘗爲蒙漆園吏. 與梁惠王同時, 其學本於老子, 著書率寓言. 洸洋自恣以適己. 故王公大人不能器之. 楚威王聞周賢, 使使厚幣迎之, 許以爲相.」

周引此辭應之.

郭象云:「樂生者, 畏犧而辭聘.」

【莊子】莊周가 저술한 책. 위진 대는 三玄學의 하나였으며, 당나라 때 도교가 흥성하면서 《南華眞經》이라 불러 도교의 경전이 됨.

【或】《史記》에는 楚 威王으로 되어 있음.
【芻菽】'芻'는 꼴과 여물, '菽'은 콩의 총칭.
【漆園】지명.
【梁惠王】전국시대 魏(梁)나라 군주. 孟子와 동시대의 인물.
【寓言】사람이나 사물에 빗대어 자신의 생각을 펼친 문장의 한 종류.
【洸洋】넓어 끝이 없는 모양. 疊韻連綿語.
【郭象】자는 子玄. 晉나라 때 유명한 玄學家.《莊子》의 向秀 주가 사라지고 게다가 〈秋水〉와 〈至樂〉편이 없음을 알고 자신의 주를 넣어 〈郭氏注〉를 냄. 뒤에 〈向秀本〉이 발견되어《장자》의 주 二本이 전함. 司徒掾을 거쳐 黃門侍郞을 지냈으며 東海王(司馬越)에게 발탁되어 太傅主簿를 역임함.《晉書》(50)에 전이 있음.

참고 및 관련 자료

1.《莊子》列禦寇篇
或聘於莊子. 莊子應其使曰:「子見夫犧牛乎? 衣以文繡, 食以芻菽, 及其牽而入於大廟, 雖欲爲孤犢, 其可得乎!」

2.《史記》老莊申韓列傳
楚威王聞莊周賢, 使使厚幣迎之, 許以爲相. 莊周笑謂楚使者曰:「千金, 重利; 卿相, 尊位也. 子獨不見郊祭之犧牛乎? 養食之數歲, 衣以文繡, 以入大廟. 當是之時, 雖欲爲孤豚, 豈可得乎? 子亟去, 無汙我. 我寧游戲汙瀆之中自快, 無爲有國者所羈, 終身不仕, 以快吾志焉.」

3.《韓詩外傳》逸文(《太平御覽》474)
楚襄王遣使者持金千斤, 白璧百雙, 聘莊子欲以爲相. 莊子曰:「獨不見夫入廟之牲乎? 衣以文繡, 食以芻豢, 出則清道而行, 止則居帳之內, 此豈不貴乎? 及其不免於死, 宰執旌居其前, 或持其後, 當此之時, 雖欲爲孤犢, 從雞鼠游, 豈可得乎? 僕聞之: 左手據天下之國, 右手刎其吭, 愚者不爲也.」

021. 燕昭築臺, 鄭莊置驛

021-① 燕昭築臺
곽외를 위해 누대를 지은 연소왕

《사기史記》에 실려 있다.
연燕나라 소왕昭王이 즉위하자 자신을 낮추고 후한 예물로 어진 이를 초빙하였다. 그리하여 곽외郭隗에게 이렇게 말하였다.
"제齊나라가 우리나라에 난이 일어난 틈을 타서 우리를 습격하여 우리 연나라를 깨뜨렸습니다. 나는 우리 연나라는 작고 힘도 지극히 약하여 보복을 하기에는 부족함을 알고 있습니다. 그러나 어진 선비를 얻어 나라 다스림을 함께 함으로써 선왕先王의 치욕을 씻고자 합니다. 이것이 저의 소원입니다. 선생께서 가능한 자를 살펴주십시오. 제가 몸으로 그를 섬기겠습니다."
그러자 곽외가 말하였다.
"왕께서 반드시 선비를 초치하고자 하신다면 먼저 저 곽외로부터 시작하십시오. 그렇게 되면 하물며 저보다 현명한 자가 어찌 천리를 멀다하겠습니까?"
이에 소왕은 곽외를 위하여 궁실을 짓고 그를 스승으로 모셨다. 그러자 악의樂毅가 위魏나라로부터, 추연鄒衍이 제齊나라에서, 극신劇辛이 조趙나라로부터 달려왔으며 선비들이 다투어 연나라로 몰려들었다. 뒤에 연나라는 진秦나라, 초楚나라, 그리고 삼진三晉과 연합하여 제나라를 쳐서 패배시켰다. 제나라 성 가운데 항복을 받아내지 못한 곳은 오직 요성聊城과 거莒, 즉묵即墨뿐이었으며 그 나머지는 모두 연나라에 귀속되고 말았다.
공문거(孔文擧, 孔融)이 조공(曹公, 曹操)에게 올린 편에 이렇게 말하였다.
"연나라 소왕은 누대를 지어 곽외를 존경하였습니다."

그리고 포소(鮑昭, 鮑照)의 〈악부樂府〉에는 "어찌 한갓 흰 구슬만 하사하였겠는가? 황금 누대까지 만들어 주었다네"라 하고, 그 주注에 "연 소왕이 천금을 누대에 쌓아두고 천하의 선비들을 끌어들였다"라 하였다.

《史記》: 燕昭王卽位, 卑身厚幣, 以招賢者.

謂郭隗曰:「齊國因孤之國亂, 而襲破燕. 孤極知燕小力少, 不足以報. 然誠得賢士以共國, 以雪先王之恥, 孤之願也. 先生視可者, 得身事之.」

隗曰:「王必欲致士, 先從隗始. 況賢於隗者, 豈遠千里哉?」

於是昭王爲隗改築宮而師事之. 樂毅自魏往, 鄒衍自齊往, 劇辛自趙往, 士爭趨燕. 後與秦・楚・三晉合謀伐齊敗之. 齊城之不下者, 唯聊・莒・卽墨, 餘皆屬燕.

孔文擧與曹公書曰:「昭王築臺以尊郭隗.」

鮑昭〈樂府〉曰:「豈伊白璧賜? 將起黃金臺.」注云:「燕昭王置千金於臺上, 以延天下之士.」

【昭王】 전국시대 燕나라 군주. 연왕 쾌의 뒤를 이어 B.C.311~B.C.279년까지 33년간 재위함. 연나라는 周 武王(姬發)의 아우 召公(姬奭)이 봉을 받아 지금의 北京 지역을 중심으로 발달했던 나라이며 도읍은 薊.《史記》燕世家 참조.

【郭隗】 燕나라의 元老이며 策士, 賢者. 유세가.

【孤之國亂】 燕나라의 易王(噲)가 나라를 재상 子之에게 넘겨주어 나라에 큰 혼란이 일어남.《史記》燕世家 및《戰國策》燕策 참조.

【先王之恥】 선왕은 昭王의 아버지인 易王(噲). 易王은 齊나라의 공격을 받아 죽음을 당하였음.

【樂毅】 전국시대 연(燕)나라의 장군으로 齊나라 70여 개의 城을 빼앗았음. 뒤에 田單의 이간에 걸려 趙로 도망침.《史記》樂毅列傳 참조.

【鄒衍】전국시대 齊나라 학자. 음양가의 대표적인 인물. 《史記》〈孟荀列傳〉 참조.
【劇辛】昭王의 재상.
【三晉】晉나라가 전국시대 이르면서 韓·魏·趙로 나뉘어 이를 묶어 '삼진'이라 함.
【孔文擧】孔融(153~208). 자는 文擧. 建安七子 중의 하나. 東漢 魯國人. 孔子의 20세손. 문장에 능하였고 기지가 있었음. 뒤에 曹操의 미움을 받아 가족이 모두 피살됨. 아버지 孔宙는 泰山都尉를 지냄. 《後漢書》(70)에 전이 있음. '孔融坐滿'[248] 참조.
【曹公】曹操(155~220). 자는 孟德. 어릴 때는 阿瞞으로 불렸음. 沛國 출신으로 기지와 변화는 물론 문장에도 뛰어났었으며 曹丕의 아버지로 한말 세력을 키워 魏나라를 건립하는 기초를 세움. 아들 조비가 獻帝로부터 선양을 받아 武帝로 추존함. 《孫子略解》, 《兵書接要》, 《曹操集》 등이 있음. 《三國志》(1)에 紀가 있음.
【鮑昭】鮑照. '昭'는 '照'자의 오기. 포조의 악부는 《문선》(28) 〈放歌行〉을 가리킴.
【樂府】漢 武帝가 민간의 음악과 가사를 수집하기 위해 樂府라는 관청을 설치하였음. 뒤에 수집한 음악과 그 가사를 악부라 하게 되었음. 그 뒤에는 악부의 체재를 모방하여 만들어진 작품도 樂府體라 하였으며 句에 장단이 있어 長短句라고도 부름.

참고 및 관련 자료

1. 《史記》 燕召公世家
燕昭王於破燕之後卽位, 卑身厚幣, 以招賢者. 謂郭隗曰:「齊因孤之國亂而襲破燕, 孤極知燕小力少, 不足以報. 然誠得賢士以共國, 以雪先王之恥, 孤之願也. 先生視可者, 得身事之.」郭隗曰:「王必欲致士, 先從隗始. 況賢於隗者, 豈遠千里哉!」於是昭王爲隗改築宮而師事之. 樂毅自魏往, 鄒衍自齊往, 劇辛自趙往, 士爭趨燕. 燕王弔死問孤, 與百姓同甘苦. 二十八年, 燕國殷富, 士卒樂軼輕戰, 於是遂以樂毅爲上將軍, 與秦·楚·三晉合謀以伐齊, 齊兵敗, 湣王出亡於外. 燕兵獨追北, 入至臨淄, 盡取齊寶, 燒其宮室宗廟. 齊城之不下者, 獨唯聊·莒·卽墨, 其餘皆屬燕, 六歲.

2. 《戰國策》燕策(1)

燕昭王收破燕後卽位, 卑身厚幣, 以招賢者, 欲將以報讎. 故往見郭隗先生曰: 「齊因孤國之亂, 而襲破燕. 孤極知燕小力少, 不足以報. 然得賢士與共國, 以雪先王之恥, 孤之願也. 敢問以國報讎者奈何?」郭隗先生對曰: 「帝者與師處, 王者與友處, 霸者與臣處, 亡國與役處. 詘指而事之, 北面而受學, 則百己者至; 先趨而後息, 先問而後嘿, 則十己者至; 人趨己趨, 則若己者至; 馮几據杖, 眄視指使, 則廝役之人至; 若恣睢奮擊, 呴籍叱咄, 則徒隸之人至矣. 此古服道致士之法也. 王誠博選國中之賢者, 而朝其門下, 天下聞王朝其賢臣, 天下之士必趨於燕矣.」昭王曰: 「寡人將誰朝而可?」郭隗先生曰: 「臣聞古之君人, 有以千金求千里馬者, 三年不能得. 涓人言於君曰: 『請求之.』君遣之. 三月得千里馬, 馬已死, 買其首五百金, 反以報君. 君大怒曰: 『所求者生馬, 安事死馬而捐五百金?』涓人對曰: 『死馬且買之五百金, 況生馬乎? 天下必以王爲能市馬, 馬今至矣.』於是不能期年, 千里之馬至者三. 今王誠欲致士, 先從隗始; 隗且見事, 況賢於隗者乎? 豈遠千里哉?」於是昭王爲隗築宮而師之. 樂毅自魏往, 鄒衍自齊往, 劇辛自趙往, 士爭湊燕. 燕王弔死問生, 與百姓同其甘苦. 二十八年, 燕國殷富, 士卒樂佚輕戰. 於是遂以樂毅爲上將軍, 與秦·楚·三晉合謀以伐齊. 齊兵敗, 閔王出走於外. 燕兵獨追, 北入至臨淄, 盡取齊寶, 燒其宮室宗廟. 齊城之不下者, 唯獨莒·卽墨.

3. 《史記》樂毅列傳

樂毅賢, 好兵, 趙人擧之. 及武靈王有沙丘之亂, 乃去趙適魏. 聞燕昭王以子之之亂而齊大敗燕, 燕昭王怨齊, 未嘗一日而忘報齊也. 燕國小, 辟遠, 力不能制, 於是屈身下士, 先禮郭隗以招賢者. 樂毅於是爲魏昭王使於燕, 燕王以客禮待之. 樂毅辭讓, 遂委質爲臣, 燕昭王以爲亞卿, 久之.

4. 《新序》雜事(三)

燕易王時, 國大亂, 齊閔王興師伐燕, 屠燕國, 載其寶器而歸. 易王死, 及燕國復, 太子立爲燕王, 是爲燕昭王. 昭王賢, 卽位, 卑身厚幣, 以招賢者. 謂郭隗曰: 「齊因孤國之亂, 而襲破燕. 孤極知燕小力少, 不足以報, 然得賢士與共國, 以雪先王之醜, 孤之願也. 先生視可者, 得身事之.」隗曰: 「臣聞古人之君, 有以千金求千里馬者, 三年不能得, 涓人言於君曰: 『請求之.』君遣之, 三月得千里馬. 馬已死, 買其骨五百金, 反以報君. 君大怒曰: 『所求者生馬, 安用死馬, 捐五百金?』涓人對曰: 『死馬且市之五百金, 況生馬乎? 天下必以王爲能市馬, 馬今至矣.』於是不朞年, 千里馬至者二. 今王誠欲必致士, 請從隗始. 隗且見事, 況賢於隗

者乎? 豈遠千里哉?」於是昭王爲隗築宮而師之. 樂毅自魏往, 鄒衍自齊往, 劇辛自趙往, 士爭走燕. 燕王吊死問孤, 與百姓同甘苦, 二十八年, 燕國殷富, 士卒樂軼輕戰. 於是遂以樂毅爲上將軍, 與秦楚三晉合謀以伐齊. 樂毅之筴, 得賢之功也.

5.《說苑》君道篇
燕昭王問於郭隗曰:「寡人之狹人寡, 齊人削取八城, 匈奴驅馳樓煩之下, 以孤之不肖, 得承宗廟恐危社稷, 存之有道乎?」郭隗曰:「有, 然恐王之不能用也.」昭王避席請聞之, 郭隗曰:「帝者之臣, 其名, 臣也, 其實, 師也; 王者之臣, 其名, 臣也, 其實, 友也; 霸者之臣, 其名, 臣也, 其實, 賓也; 危國之臣, 其名, 臣也, 其實, 虜也. 今王將東面, 目指氣使以求臣, 則廝役之材至矣; 南面聽朝, 不失揖讓之禮以求臣, 則人臣之材至矣; 西面等禮相亢, 下之以色, 不乘勢以求臣, 則朋友之材至矣; 北面拘指, 逡巡以退以求臣, 則師傅之材至矣. 如此則上可以王, 下可以霸, 唯王擇焉.」燕王曰:「寡人願學而無師.」郭隗曰:「王誠欲興道, 隗請爲天下之士開路.」於是燕王常置郭隗上坐南面, 居三年, 蘇子聞之, 從周歸燕; 鄒衍聞之, 從齊歸燕; 樂毅聞之, 從趙歸燕; 屈景聞之, 從楚歸燕. 四子畢至, 果以弱燕幷彊齊; 夫燕齊非均權敵戰之國也, 所以然者, 四子之力也. 詩曰:「濟濟多士, 文王以寧.」此之謂也.

6.《稱》(漢墓에서 出土된 帛書 중의 古佚書)
帝者臣, 名臣, 其實師也; 王者臣, 名臣, 其實友也; 霸者臣, 名臣, 其實臣也, 名臣也, 其實庸也. 亡者臣, 名臣也, 其實虜也.

7.《十八史略》(1)
燕: 姬姓, 召公奭之所封也. 三十餘世, 至文公, 嘗納蘇秦之說, 約六國爲從. 文公卒, 易王噲立, 十年, 以國讓其相子之, 南面行王事, 而噲老不聽政, 顧爲臣. 國大亂, 齊伐燕取之, 醢子之而殺噲. 燕人立太子平爲君, 是爲昭王. 弔死問生, 卑辭厚幣, 以招賢者, 問郭隗曰:「齊因孤之國亂, 而襲破燕. 孤極知燕小不足以報, 誠得賢士與共國, 以雪先王之恥, 孤之願也. 先生視可者, 得身事之.」隗曰:「古之君, 有以千金使涓人求千里馬者, 買死馬骨五百金而返. 君怒, 涓人曰:『死馬且買之, 況生者乎? 馬今至矣.』不期年, 千里馬至者三. 今王必欲致士, 先從隗始. 況賢於隗者, 豈遠千里哉!」於是昭王爲隗改築宮, 師事之. 於是士爭趨燕, 樂毅自魏往, 以爲亞卿, 任國政. 已而使毅伐齊, 入臨淄, 齊王出走, 毅乘勝, 六月之間, 下齊七十餘城. 惟莒卽墨不下.

021-② 鄭莊置驛
역마를 두고 잔치를 벌인 정당시

전한前漢의 정당시鄭當時는 자가 장莊이며 진陳나라 사람이다. 효문제孝文帝 때에 임협任俠으로 스스로 즐거움을 삼으면서 장우張羽라는 사람을 곤액에서 구해주어 그 명성이 양梁나라 초楚나라 사이에 알려지게 되었다.

효경제孝景帝 때에 그는 태자사인太子舍人이 되어 매번 닷새마다 한 번씩 주어지는 세목洗沐 휴가가 되면 항상 장안長安의 여러 곳 교외에 역마驛馬를 두고 빈객을 초청하여 낮이 밤이 되도록 잔치를 벌이면서 혹시 자신이 치우쳐 미처 초청하지 못한 자가 있지 않을까 염려하였다. 그와 안면을 두고 사귀는 친구들은 거의가 아버지뻘 되는 이들이며 천하에 이름이 난 명사들이었다.

무제武帝 때 그는 대사농大司農으로 자리를 옮겼다. 당시 그는 대리大吏가 되어 자신의 문하門下에게 이렇게 주의를 주었다.

"손님이 찾아오면 그의 신분의 귀천에 관계없이 문에서 기다리는 자가 없도록 즉시 맞아들여라."

그는 손님들에게 빈주賓主의 예로써 맞았으며 상대를 귀하게 대접하고 자신은 낮추었다. 그리고 그는 곡사穀士 및 관속官屬, 승사丞史 등 낮은 직급을 추천할 때도 항상 자신보다 어진 이를 끌어들였다. 남의 좋은 말을 들으면 그를 윗사람으로 모시며 그러한 사람이 뒤쳐지지나 않을까 걱정하였다. 산동山東의 여러 공경들은 이로써 만족해하며 정장鄭莊, 정당시을 칭찬하였다. 뒤에 그는 죄에 빠졌다가 다시 여남태수汝南太守로 기용되어 그가 죽었을 때 그의 집에는 남아있는 재물이 없었다.

이에 앞서 하규下邽의 적공翟公이라는 사람이 정위廷尉에 오르자 빈객이 역시 그 문을 메웠으나 그가 해임되자 빈객의 발길이 끊겨 그 문밖에 참새 잡는 그물을 칠 정도였다. 그런데 그가 다사 정위로 복위하자 빈객들이 그 집을 찾아오려 하였다. 이에 적공은 그 문에 크게 이렇게 글을 써 붙였다.

"한 번 죽고 한 번 살아봐야 친구의 정을 알 수 있고, 한 번 가난해보고 한 번 부자가 되니 친구의 태도를 알 수 있으며, 한 번 귀해지고 한 번 천해 보니 친구의 정이 드러나도다."

前漢, 鄭當時字莊, 陳人. 孝文時, 以任俠自喜. 脫張羽於阨, 聲聞梁楚間. 孝景時太子舍人, 每五日洗沐, 常置驛馬長安諸郊, 請謝賓客, 夜以繼日, 常恐不徧. 其知友皆大父行, 天下有名之士. 武帝時, 遷大司農.

當時爲大吏戒門下:「客至亡貴賤, 亡留門者.」

執賓主之禮, 以其貴下人. 其推轂士及官屬丞史, 常引以爲賢於己. 聞人之善言, 進之上, 唯恐後. 山東諸公以此翕然稱鄭莊. 後陷罪, 起爲汝南太守卒, 家亡餘財. 先是下邽翟公爲廷尉, 賓客亦塡門, 及廢門外可設爵羅.

後復爲廷尉, 客欲往, 翟公大署其門曰:「一死一生, 迺知交情; 一貧一富, 迺知交態; 一貴一賤, 交情乃見.」

【鄭當時】전한 때의 행정가.《史記》汲鄭列傳 참조.
【孝文帝】전한 제3대 황제 劉恒. 太宗孝文皇帝. 高祖 劉邦의 庶子로써 薄太后의 아들. B.C.179~B.C.157년 재위함. 한나라 초기 文景之治를 이루어 제국의 기틀을 다짐.
【孝景帝】景帝. 西漢 4대 황제. 劉啓. B.C.156~B.C.141년까지 16년간 재위함. 文帝의 아들이며 梁孝王(劉武)의 형. 文景之治를 이루어 한나라 기반을 다짐.
【武帝】西漢 5대 황제 劉徹. 景帝(劉啓)의 아들이며 B.C.140~B.C.87년까지 54년간 재위함. 대내외적으로 학술, 강역, 문학 등 여러 방면에 걸쳐 많은 치적을 남겨 강력한 帝國을 건설함.
【舍人】皇后태자·太子·皇女·王侯 등의 개인적인 시종. 家臣.
【請謝】초청하여 감사를 표함.

【留門】 손님을 맞이하기 위해서 문에서 기다림.
【推轂】 '轂'은 수레의 바퀴통. 사람을 천거함을 말함.
【山東】 函谷關, 혹은 崤山, 또는 華山 이동 지역을 일컫는 말.
【翕然】 화합하는 모양. 많은 사람이 일치하여 협동하는 모양.
【可設爵羅】 사람이 왕래하지 않은 곳에 새를 잡는 그물을 치듯이 사람의 기척이 없어진 것을 이르는 말.
【翟公】《史記》 司馬遷 贊의 구절 鄭當時·翟公 두 사람 모두 비슷하지만, 적공은 사람을 비난하였고, 정당시는 남을 비방하지 않고 덕을 쌓았음을 말한 것이라 함.

참고 및 관련 자료

1.《史記》 汲鄭列傳(鄭當時)

鄭當時者, 字莊, 陳人也. 其先鄭君嘗爲項籍將; 籍死, 已而屬漢. 高祖令諸故項籍臣名籍, 鄭君獨不奉詔. 詔盡拜名籍者爲大夫, 而逐鄭君. 鄭君死孝文時. 鄭莊以任俠自喜, 脫張羽於戹, 聲聞梁楚之間. 孝景時, 爲太子舍人. 每五日洗沐, 常置驛馬長安諸郊, 存諸故人, 請謝賓客, 夜以繼日, 至其明旦, 常恐不徧. 莊好黃老之言, 其慕長者如恐不見. 年少官薄, 然其游知交皆其大父行, 天下有名之士也. 武帝立, 莊稍遷爲魯中尉·濟南太守·江都相, 至九卿爲右內史. 以武安侯·魏其時議, 貶秩爲詹事, 遷爲大農令. 莊爲太史, 誡門下:「客至, 無貴賤無留門者」 執賓主之禮, 以其貴下人. 莊廉, 又不治其産業, 仰奉賜以給諸公. 然其餽遺人, 不過算器食. 每朝, 候上之間, 說未嘗不言天下之長者. 其推轂士及官屬丞史, 誠有味其言之也, 常引以爲賢於己. 未嘗名吏, 與官屬言, 若恐傷之. 聞人之善言, 進之上, 唯恐後. 山東士諸公以此翕然稱鄭莊. 鄭莊使視決河, 自請治行五日. 上曰:「吾聞『鄭莊行, 千里不齎糧』, 請治行者何也?」 然鄭莊在朝, 常趨和承意, 不敢甚引當否. 及晚節, 漢征匈奴, 招四夷, 天下費多, 財用益匱. 莊任人賓客爲大農僦人, 多逋負. 司馬安爲淮陽太守, 發其事, 莊以此陷罪, 贖爲庶人. 頃之, 守長史. 上以爲老, 以莊爲汝南太守. 數歲, 以官卒. 鄭莊·汲黯始列爲九卿, 廉, 內行脩絜. 此兩人中廢, 家貧, 賓客益落. 及居郡, 卒後家無餘貲財. 莊兄弟子孫以莊故, 至二千石六七人焉. 太史公曰: 夫以汲·鄭之賢, 有勢則賓客十倍, 無勢則否, 況衆人乎! 下邽翟公有言, 始翟公爲廷尉, 賓客闐門; 及廢, 門外可設雀羅.

翟公復爲廷尉, 賓客欲往, 翟公乃大署其門曰:「一死一生, 乃知交情. 一貧一富, 乃知交態. 一貴一賤, 交情乃見.」汲·鄭亦云, 悲夫!

2.《漢書》鄭當時列傳

鄭當時字莊, 陳人也. 其先鄭君嘗事項籍, 籍死而屬漢. 高祖令諸故項籍臣名籍, 鄭君獨不奉詔. 詔盡拜名籍者爲大夫, 而逐鄭君. 鄭君死孝文時. 先是下邦翟公爲廷尉, 賓客亦塡門, 及廢, 門外可設爵羅. 後復爲廷尉, 客欲往, 翟公大署其門曰:「一死一生, 乃知交情; 一貧一富, 乃知交態; 一貴一賤, 交情乃見.」

022. 瓘靖二妙, 岳湛連璧

022-① 瓘靖二妙
글씨에 오묘한 재능을 보인 위관과 삭정 두 사람

《진서晉書》에 실려 있다.
위관衛瓘은 자가 백옥伯玉이며 하동河東 안읍安邑 사람이다. 무제武帝 때 상서령尙書令이 되어 시중侍中의 직함을 겸하였다. 성격이 엄정하여 법으로써 아래 사람을 다스렸다. 그리하여 상서尙書를 참좌參左 정도로, 낭랑을 연속掾屬정도로 취급하였다. 위곤의 학문은 깊고 넓었으며 문예文藝에 뛰어났다. 상서랑 삭정索靖과 함께 초서草書에 능하여 당시 이대일묘一臺二妙라 불렀다. 한말漢末 장지張芝 역시 초서에 뛰어났었는데 논자들은 이렇게 말하였다.
"위관은 백영伯英, 장지의 힘줄을 터득하였고 삭정은 백영의 살을 이어 받았다."
위관의 글씨는 삭정보다 나았지만 해서楷書의 필법은 삭정에 아주 미치지 못하였다.
삭정은 자가 유안幼安이며 돈황敦煌 사람이다. 어려서 많은 무리 속에 빼어난 기량을 가지고 있었다. 같은 고향 사람 범충氾衷, 장표張彪, 삭계索紒, 삭영索永과 함께 태학太學에 들어가 그 이름이 해내에 자자하여 돈황오룡敦煌五龍이라 불렸다.
삭정은 경사經史에도 해박하였다. 현량과賢良科에 천거되어 그 답안 대책문對策文은 가장 높은 점수로 급제하였다. 여러 벼슬을 거쳐 유격장군遊擊將軍에 올랐다.
백영伯英은 장지의 자이다.

《晉書》: 衛瓘字伯玉, 河東安邑人. 武帝時, 拜尙書令, 加侍中. 性嚴整以法御下, 視尙書若參左, 郎若掾屬. 瓘學問深博, 明習文藝. 與尙書郎索靖, 俱善草書, 時號一臺二妙.

漢末張芝亦善草書, 論諸謂:「瓘得伯英筋. 靖得伯英肉.」

瓘筆勝靖, 然有楷法遠不能及靖.

靖字幼安, 敦煌人. 少有逸群之量, 與鄕人氾衷·張彪·索紒·索永俱詣太學, 馳名海內, 號稱敦煌五龍. 靖該博經史. 擧賢良, 對策高第, 累遷遊擊將軍.

伯英, 芝字也.

【衛瓘】 자는 伯玉(220~291). 衛恒의 아버지이며 衛玠의 조부. 晉初 人物. 약관에 이미 尙書郎을 거쳐 通事郎, 中書郎, 散騎常侍, 侍中, 廷尉卿 등을 지냄. 鄧艾와 鍾會를 따라 蜀을 벌하였으며 다시 등애와 종회의 반란을 평정하여 關中의 여러 군사를 관할하는 도독이 됨. 鎭西將軍, 鎭東將軍을 거쳐 晉나라가 들어서자 侍中, 司空이 됨. 汝南王(司馬亮)을 돕다가 賈后와 틈이 벌어져 죽음을 당함. 草書에도 능하여 張芝의 풍을 이어받았다는 평을 받았음. 《晉書》(36)에 전이 있음.
【索靖】 張芝 누이의 손자이며 敦煌 출신. 晉나라 때 征西司馬를 지냄. 草書에 아주 뛰어났었음. 《晉書》(60)에 전이 있음.
【武帝】 晉 武帝. 司馬炎. 西晉의 개국군주. 司馬昭의 長子. 자는 安世. 咸熙 2年(265)에 魏나라로부터 禪讓의 형식으로 나라를 이어받아 晉나라를 세우고 洛陽을 도읍으로 함. 재위 26년(265~290). 묘호는 世祖. 《晉書》(3)에 紀가 있음.
【一臺二妙】 '臺'는 尙書臺. '妙'는 妙手·名手.
【張芝】 자는 伯英(?~192). 東漢의 뛰어난 서예가. 敦煌(지금의 甘肅省) 출신으로 주로 弘農의 華陰(지금의 陝西省)에서 활동하였음. 집이 가난하여 집안의 모든 옷감은 먼저 글씨 연습을 한 후에 다시 사용하였다는 일화를 남겼음. 章草에 뛰어났으나 뒤에 崔瑗, 杜度의 필법을 익히고 다시 새로 풍조를 이룬 楷法을 결합하여 章草의 점획과 파책(波磔)을 줄여『今草』를

창안하여 그 體勢와 氣脈이 한 획에 연속되는 글씨체를 만들었음. 三國의 韋誕이 이를 예찬하여 『草聖』이라 칭함. 王羲之는 이의 서법을 매우 중시하였으며 왕희지의 草書는 거의 이 張芝의 영향을 받은 것으로 알려졌음. 저서로는 《筆心論》이 있었으나 지금 전하지 않으며 〈淳化閣帖〉에 그의 작품 몇 편이 전하고 있으나 진품이 아닌 것으로 의심을 받고 있음.
【索紒】《晉書》에는 '索紾'으로 되어 있음.

> 참고 및 관련 자료

1.《晉書》(36) 衛瓘傳

衛瓘字伯玉, 河東安邑人也. 高祖暠, 漢明帝時, 以儒學自代郡徵, 至河東安邑卒, 因所賜亡地而葬之, 子孫遂家焉. ……咸寧初, 徵拜尙書令, 加侍中. 性嚴整, 以法御下, 視尙書若參左, 尙書郎若掾屬. 瓘學問深博, 明習文藝. 與尙書郎敦煌郎索靖, 俱善草書, 時號「一臺二妙」. 漢末張芝亦善草書, 論諸謂:「瓘得伯英筋. 靖得伯英肉.」

2.《晉書》(60) 索靖傳

靖字幼安, 敦煌人也. 累世官族, 父湛, 北地太守, 靖少有逸群之量, 與鄕人氾衷·張彪·索紾·索永俱詣太學, 馳名海內, 號稱敦煌五龍. 四人並早亡, 唯靖該博經史, 兼通內緯. 州辟別駕, 郡舉賢良方正, 對策高第. 傅玄·張華與靖一面, 皆厚與至相結. ……靖與尙書令衛瓘俱以善草書知名, 帝愛之. 瓘筆勝靖, 然有楷法, 遠不能及靖. 靖在臺積年, 除雁門太守, 遷魯相, 又拜酒泉太守. 惠帝卽位, 賜爵關內侯. 靖有先識遠量, 知天下將亂, 指洛陽宮門銅駝, 歎曰:「會見汝在荊棘中耳!」元康中, 西戎反叛, 拜靖大將軍梁王肜左司馬, 加蕩寇將軍, 屯兵粟邑, 擊賊, 敗之. 遷始平內史, 及趙王倫篡位, 靖應三王義擧, 以左衛將軍討孫秀有功, 加散騎常侍, 遷後將軍. 太安末, 河間王顒擧兵向洛陽, 拜靖使持節·監洛城諸軍事·遊擊將軍, 令雍秦涼義兵, 與賊戰, 大破之, 靖亦被傷而卒, 追贈太常, 時年六十五. 後又贈司空, 進封安樂亭侯, 諡曰莊. 靖著《五行三統正驗論》, 辯理陰陽氣運. 又撰《索子》·《晉詩》各二十卷. 又作《草書狀》.

022-② 岳湛連璧
연벽이라 불린 반악과 하후잠

진晉나라 반악潘岳은 자가 안인安仁이며 형양滎陽 중모中牟 사람이다. 어려서 재주가 뛰어나고 똑똑하여 칭송을 받았으며 향읍鄕邑에서 그를 기동奇童으로 부르며 종군終軍이나 가의賈誼와 짝이 될만하다고 하였다.

하후잠夏侯湛은 자가 효약孝若이며 초국譙國 초현譙縣 사람이다. 어려서 재주가 풍성하였고 문장에 뛰어났으며 신사新詞를 잘 지었다. 용모가 아름다워 반악과 친한 벗이었다. 두 사람이 매번 행동하거나 함께 수레를 탈 때면 방석을 함께 하여 경도京都에서는 그들을 '연벽連璧'이라 불렀다. 반악은 모습에 위의가 있었으며 말씨도 아주 수려하였다. 어려서는 항상 탄환을 끼고 낙양洛陽의 거리를 나섰는데 그때 부인들이 그를 만나면 모두가 손을 잡고 에워싸서는 과일(귤)을 던져 넣어 수레에 가득 채운 채 돌아오곤 하였다. 수재秀才로 천거되어 당시 명성이 으뜸이었으며 이 때문에 많은 사람들로부터 질투를 받아 10년을 제대로 펴지 못한 채 뒤에 하양령河陽令으로 나서게 되었다. 자신의 재능을 자부하다가 침울하고 우울함에 빠진 채 그 뜻을 펴지 못하였다. 뒤에 황문시랑黃門侍郎에 올랐다.

하후잠은 현량과賢良科에 천거되어 대책對策은 중간 등급으로 급제하였으며 산기상시散騎常侍의 벼슬로 생을 마쳤다.

晉, 潘岳字安仁, 滎陽中牟人. 少以才穎見稱, 鄕邑號爲奇童, 謂終賈之儔也.

夏侯湛字孝若, 譙國譙人. 幼有盛才, 文章宏富, 善構新詞. 美容觀, 與潘岳友善. 每行止同輿接茵, 京都謂之『連璧』. 岳美姿儀, 辭藻絶麗.

少時常挾彈出洛陽道, 婦人遇之者, 皆連手縈繞, 投之以菓, 滿車而歸. 擧秀才, 名冠世, 爲衆所疾, 棲遲十年, 出爲河陽令. 負其才, 鬱鬱不得志, 後至黃門侍郎.

湛擧賢良, 對策中第, 終散騎常侍.

【潘岳】 자는 安仁(247~300). 文學에 뛰어났던 인물.〈悼亡詩〉로 유명함. 《文選》(23·57) 참조. 《晉書》(55)에 전이 있음. '潘岳望塵'[156]에는 권세가의 뒷전에서 먼지를 뒤집어쓰며 아부하는 輕薄한 재주를 가진 사람으로 나옴.
【終賈】 終軍과 賈誼. 두 사람 모두 전한 시대 사람으로 어려서부터 총명했었음. '終軍棄繻'[201] 및 '賈誼忌鵩'[020] 참조.
【夏侯湛】 자는 孝若(243~291). '하후담'으로도 읽음. 太尉掾을 거쳐 郎中을 지냈으며 太子舍人, 尙書郎, 野王令, 中書侍郞, 南陽相 등을 역임함. 문장에 뛰어나 논저가 30여 편이 있었음. 항상 潘岳과 함께 다녀 '連璧'이라는 고사를 남김. 《晉書》(55)에 전이 있음.
【連璧】 나란히 늘어선 玉. '璧'은 둥근 옥. 《世說新語》의 容止篇에도 나옴.
【縈繞】 '얽히고 감다'의 뜻을 나타내는 雙聲連綿語.
【棲遲】 편안히 은거함. 《詩經》陳風 衡門에 "衡門之下, 可以棲遲. 泌之洋洋, 可以樂飢"라 함.
【黃門侍郎】 천자 좌우의 시종으로 급사의 업무를 관리. 궁중의 작은 문은 황색이었으며 그 때문에 이러한 이름이 붙여졌음.

참고 및 관련 자료

1. 《晉書》(55) 潘岳傳
潘岳字安仁, 滎陽中牟人也. 祖瑾, 安平太守. 父芘, 琅邪内史. 岳少以才穎見稱, 鄉邑號爲奇童, 謂終賈之儔也. 早辟司空太尉府, 擧秀才. ……岳才名冠世, 爲衆所疾, 遂栖遲十年, 出爲河陽令. 負其才, 鬱鬱不得志. ……岳美姿儀, 辭藻絶麗, 尤善爲哀誄之文. 少時常挾彈出洛陽道, 婦人遇之者, 皆連手縈繞, 投之以果, 遂滿車而歸.

2. 《晉書》(55) 夏侯湛傳

夏侯湛字孝若, 譙國譙人也. 祖威, 魏兗州刺史. 父莊, 淮南太守. 湛幼有盛才, 文章宏富, 善構新詞, 而美容觀, 與潘岳友善. 每行止同輿接茵, 京都謂之『連璧』.

3. 《世說新語》容止篇

潘安仁·夏侯湛並有美容, 喜同行, 時人謂之「連璧」.

4. 《語林》

安仁至美, 每行, 老嫗以果擲之. 滿車. 張孟陽至醜, 每行, 小兒以瓦石投之, 亦滿車.

5. 《文選》(23) 潘岳〈悼亡詩〉

荏苒冬春謝, 寒暑忽流易. 之子歸窮泉, 重壤永幽隔.
私懷誰克從, 淹留亦何益? 僶俛恭朝命, 迴心反初役.
望廬思其人, 入室想所歷. 帷屏無髣髴, 翰墨有餘跡.
流芳未及歇, 遺挂猶在壁. 悵怳如或存, 周遑忡驚惕.
如彼翰林鳥, 雙栖一朝隻. 如彼遊川魚, 比目中路析.(하략)

023. 郤詵一枝, 戴憑重席

023-① 郤詵一枝
계수나무 한 가지에 비유한 극선

《진서晉書》에 실려 있다.
극선郤詵은 자가 광기廣基이며 제음濟陰 선보單父 사람이다. 박학다재하였으며 덩치가 훤칠하여 무리 가운데 우뚝하였다. 그는 자질구레한 일에 얽매임이 없었으며 주군州郡에서 예를 갖추어 불렀으나 결코 이에 응하지 않았다. 그러다가 태시泰始 연간에 현량과賢良科에 천거되어 대책對策의 시험에서 일등으로 급제하였다. 그리하여 의랑議郞을 제수 받고 옹주자사雍州刺史로 승진하게 되었을 때 무제武帝가 동당東堂에서 대신들을 모아 놓고 그를 전송해주면서 극선에게 이렇게 물었다.
"경은 스스로 어떻게 다스림을 삼고자 하오?"
극선은 이렇게 대답하였다.
"신은 현량과에 천거되었고 대책 시험도 천하에 제일이었습니다. 그러나 그 정도라면 이는 계수나무 수풀의 한 가지요, 곤산崑山의 한 조각 옥돌과 같을 뿐이지요."
무제는 웃음으로 대답을 대신하였다.
극선은 임지에 이르러 위엄이 있고 명확한 판단을 하여 성망과 명예가 아주 높았다.

《晉書》: 郤詵字廣基, 濟陰單父人. 博學多才, 瓌偉倜黨. 不拘細行, 州郡禮命並不應. 泰始中, 擧賢良. 對策上第, 拜議郞, 遷雍州刺史.
武帝於東堂會送, 問詵曰:「卿自以爲何如?」

對曰:「臣擧賢良對策, 爲天下第一, 猶桂林一枝·崑山片玉.」
帝笑.
詵在任威嚴明斷, 甚得聲譽.

【郤詵】자는 廣基. 濟陰 사람으로 晉 武帝 때 議郞을 거쳐 雍州刺史에 이름. '郄詵'으로도 표기함.
【倜黨】많은 무리 가운데서 출중함. 才氣가 높아 다른 것에 구속을 받지 않음을 말함.
【泰始】西晉 武帝 司馬炎의 첫 연호. 265~274년까지 10년간.
【武帝】晉 武帝. 司馬炎. 西晉의 개국군주. 司馬昭의 長子. 자는 安世. 咸熙 2年(265)에 魏나라로부터 禪讓의 형식으로 나라를 이어받아 晉나라를 세우고 洛陽을 도읍으로 함. 재위 26년(265~290). 廟號는 世祖.《晉書》(3)에 紀가 있음.
【崑山】崑崙山, 玉의 산지.

참고 및 관련 자료

1.《晉書》(52) 郤詵傳
郤詵字廣基, 濟陰單父人也. 父晞, 尙書左丞. 詵博學多才, 瓌偉倜黨. 不拘細行, 州郡禮命並不應. 泰始中, 詔天下擧賢良直言之士, 太守文立擧詵應選. …… 以對策上第, 拜議郎, 母憂去職. …… 累遷雍州刺史. 武帝於東堂會送, 問銑曰:「卿自以爲何如?」對曰:「臣擧賢良對策, 爲天下第一, 猶桂林一枝·崑山片玉.」帝笑. 侍中奏免詵官, 帝曰:「吾與之戲耳, 不足怪也.」詵在任威嚴明斷, 甚得四方聲譽. 卒於官.

023-② 戴憑重席
자리를 겹쳐 앉은 대빙

후한後漢 대빙戴憑은 자가 차중次中이며 여남汝南 평여平輿 사람이다. 광무제光武帝 때 명경과明經科에 천거되어 박사博士 시험을 치렀다. 그리하여 뒤에 시중侍中을 제후 받았다. 어느 날 정월 초하루 조정의 신년하례 때에 모든 관료들이 모두 모였을 때 광무제는 여러 신하들로 하여금 능히 경학에 대하여 해석을 할 수 있는 자로 하여금 번갈아 가며 서로 어려운 문제를 풀어보도록 하였다. 그리하여 의미를 통달하지 못하는 자에게는 곧바로 그 깔고 앉은자리를 빼앗아 통달한 자에게 더 보태 주도록 하였는데 대빙은 드디어 50여 개의 자리를 겹쳐 깔고 앉게 되었다. 그 때문에 경사京師에서는 이러한 말이 생겨났다.
"경학 해석에 막힘이 없는 대시중戴侍中이로다!"
구본舊本에는 빙憑자를 풍馮자로 표기하였는데 이는 오류이다.

後漢, 戴憑字次中, 汝南平輿人.
光武時擧明經, 試博士. 後拜侍中. 正旦朝賀, 百僚畢會, 帝令群臣能說經者, 更相難詰. 義有不通, 輒奪其席, 以益通者.
憑遂重坐五十餘席, 故京師爲語曰:「解經不窮戴侍中!」
舊本: 憑作馮誤.

【戴憑】後漢 光武帝 때의 인물로 자는 次中. 易學에 매우 밝았음. 侍中 벼슬을 역임함. 《後漢書》儒林傳에 전이 있음.
【光武帝】世祖光武皇帝. 光武帝. A.D.25~57년 재위함. 東漢(後漢)의 첫 황제. 劉秀. 자는 文叔. 長沙 定王 劉發의 후손. 漢 景帝가 유발을 낳고, 유발이

春陵節侯 劉買를 낳았으며 뒤에 封地가 南陽 白水鄕으로 옮겨져 그곳을 春陵이라 하고 가문을 이루었음. 그리고 유매의 막내아들이 劉外였으며 그가 劉回를 낳았고, 유회가 南頓令 劉欽을 낳았으며 유흠이 유수를 낳았음. 이가 동한을 일으켜 낙양에 도읍을 하여 유씨 왕조를 이은 것이며 이를 東漢(後漢)이라 부름.
【擧明經】 經典에 밝아 과거를 치르지 않고 천거하여 발탁하는 제도.
【正旦】 정월 초하루.

(참고 및 관련 자료)

1. 《後漢書》 儒林傳 (上) 戴憑傳.

戴憑字次中, 汝南平輿人也. 習《京氏易》, 年十六, 郡擧明經, 試博士, 拜郞中. 時詔公卿大會, 群臣皆就席, 憑獨立. 光武問其意. 憑對曰: 「博士說經皆不如臣, 而坐居臣上, 是以不得就席.」 帝卽召上殿, 令與諸儒難說, 憑多所解釋. 帝善之, 拜爲侍中, 數進見問得失. 帝謂憑曰: 「侍中當匡補國政, 勿有隱情.」 憑對曰: 「陛下嚴.」 帝曰: 「朕何用嚴?」 憑曰: 「伏見前太尉西曹掾蔣遵, 淸亮忠孝, 學通古今, 陛下納膚受之訴, 遂致禁錮, 世以是爲嚴.」 帝怒曰: 「汝南子欲復黨乎?」 憑出, 自繫廷尉, 有詔勅出. 後復引見, 憑謝曰: 「臣無謇諤之節, 而有狂瞽之言, 不能以尸伏諫, 偸生苟活, 誠惡聖朝.」 帝卽勅尙書解遵禁錮, 拜憑虎賁中郞將, 以侍中兼領之. 正旦朝賀, 百僚畢會, 帝令群臣能說經者, 更相難詰. 義有不通, 輒奪其席, 以益通者. 憑遂重坐五十餘席, 故京師爲語曰: 「解經不窮戴侍中!」 在職十八年, 卒於官, 詔賜東園梓器, 錢二十萬.

024. 鄒陽長裾, 王符縫掖

024-① 鄒陽長裾
옷깃을 길게 늘어뜨린 추양

전한前漢의 추양鄒陽은 제齊나라 사람으로 사람됨이 지략이 있었으며 뜻에 맞지 않으면 강개하여 남의 뜻에 구차스럽게 영합함이 없었다.

한漢나라가 들어서자 제후들은 모두가 어진 이를 초빙하여 자신의 봉지를 다스렸다. 오왕吳王 유비劉濞도 사방의 유사游士들을 초치하였다. 이에 추양은 오나라에 벼슬을 하여 문장으로 그 이름이 알려졌으나 오랜 시간이 지나 오왕이 태자의 일로 천자의 조정을 원망하며 병을 핑계로 조정에 나가지 않으면서 남몰래 사악한 음모를 꾸미고 있었다.

이에 추양은 오왕 유비에게 간언하는 상소문을 올렸는데 그 대략은 다음과 같다.

"지금 제가 지혜를 다하고 논의를 다하여 쉽고 정밀하게 지극한 염려를 편다면 그 어느 나라에 간들 벼슬을 얻지 못할 곳이 없습니다. 그리고 또 고루함을 수식하는 재능을 부린다면 그 어느 왕의 문하에선들 긴 소매를 끌며 벼슬하지 못할 곳이 있겠습니까? 그러나 저는 몇몇 왕의 조정을 거치면서 회수淮水를 등지고 수천 리 먼 이곳에 오게 된 것은 제가 살던 나라를 증오하고 오나라 백성을 즐겨서가 아닙니다. 속으로 그대께서 남에게 낮추는 풍모를 높이고 아울러 대왕의 의로움을 즐겁다 여겼기 때문이었습니다. 대왕께서는 소홀히 여기지 마시기 바랍니다!"

오왕이 그의 의견을 받아들이지 않자 추양은 그곳을 떠나 양梁 효왕孝王을 섬겼으며 마침내 상객上客이 되었다.

前漢, 鄒陽齊人, 爲人有智略, 慷慨不苟合. 漢興, 諸侯皆自治民聘賢. 吳王濞招致四方游士. 陽仕吳, 以文辯著名, 久之吳王以太子事怨望, 稱疾不朝, 陰有邪謀.

陽奏書諫, 略曰:「今臣盡智畢議, 易精極慮, 則無國不可干, 飾固陋之心, 則何王之門, 不可曳長裾乎? 然臣所以歷數王之朝, 背淮千里而自致者, 非惡臣國而樂吳民也. 竊高下風之行, 尤說大王之義. 願大王無忽!」

王不納, 陽乃去, 從梁孝王, 卒爲上客.

【鄒陽】西漢 초기의 학자이며 문장가. 吳王(劉濞)을 섬기다가 梁孝王(劉武)를 섬겨 上客이 됨.《史記》및《漢書》에 전이 있음.
【吳王濞】劉濞(B.C.215~B.C.154). 한 고조 유방의 조카이며 吳王에 봉해짐. 景帝 3년(B.C.154)에 楚, 趙, 膠東, 膠西, 濟王, 淄川 등과 소위 七國之亂을 일으켰다가 죽음을 당하였음.《漢書》荊燕吳傳 참조.
【太子事】吳王의 太子가 조정에 들어왔을 때 孝文帝의 太子와 주사위 놀이를 했는데 순서 때문에 서로 싸워 황태자가 화가 나 주사위 놀이판으로 吳나라 태자를 쳐서 죽인 사건.
【曳長裾】관리로서 관복의 긴 옷자락을 끌고 다님. 벼슬을 뜻함.
【梁孝王】文帝의 아들이며 景帝의 아우. 이름은 劉武. 梁나라에 諸侯王으로 봉해짐. 지극히 사치를 부렸음.《史記》梁孝王世家 및《漢書》文三王傳 참조.

> 참고 및 관련 자료

1.《史記》魯仲連鄒陽列傳
鄒陽者, 齊人也. 游於梁, 與故吳人莊忌夫子·淮陰枚生之徒交. 上書而介於羊勝·公孫詭之閒. 勝等嫉鄒陽, 惡之梁孝王. 孝王怒, 下之吏, 將欲殺之. 鄒陽客游, 以讒見禽, 恐死而負累, 乃從獄中上書曰:「臣聞: 忠無不報, 信不見疑, 臣常以爲然, 徒虛語耳. 昔者, 荊軻慕燕丹之義, 白虹貫日, 太子畏之; 衛先生爲秦畫長平之事, 太白蝕昴, 而昭王疑之. 夫精變天地而信不喩兩主, 豈不哀哉! 今臣

盡忠竭誠, 畢議願知, 左右不明, 卒從吏訊, 爲世所疑, 是使荊軻·衛先生復起, 而燕·秦不悟也. 願大王孰察之. 昔卞和獻寶, 楚王刖之; 李斯竭忠, 胡亥極刑. 是以箕子詳狂, 接輿辟世, 恐遭此患也. 願大王孰察卞和·李斯之意, 而後楚王·胡亥之聽, 無使臣爲箕子·接輿所笑. 臣聞比干剖心, 子胥鴟夷, 臣始不信, 乃今知之. 願大王孰察, 少加憐焉. 諺曰:『有白頭如新, 傾蓋如故.』何則? 知與不知也. 故昔樊於期逃秦之燕, 藉荊軻首以奉丹之事; 王奢去齊之魏, 臨城自剄以卻齊而存魏. 夫王奢·樊於期非新於齊·秦而故於燕·魏也, 所以去二國死兩君者, 行合於志而慕義無窮也. 是以蘇秦不信於天下, 而爲燕尾生; 白圭戰亡六城, 爲魏取中山. 何則? 誠有以相知也. 蘇秦相燕, 燕人惡之於王, 王按劍而怒, 食以駃騠; 白圭顯於中山, 中山人惡之魏文侯, 文侯投之以夜光之璧. 何則? 兩主二臣, 剖心坼肝相信, 豈移於浮辭哉! 故女無美惡, 入宮見妒; 士無賢不肖, 入朝見嫉. 昔者司馬喜髕脚於宋, 卒相中山; 范雎摺脅折齒於魏, 卒爲應侯. 此二人者, 皆信必然之畫, 捐朋黨之私, 挾孤獨之位, 故不能自免於嫉妒之人也. 是以申徒狄自沈於河, 徐衍負石入海. 不容於世, 義不苟取, 比周於朝, 以移主上之心. 故百里奚乞食於路, 繆公委之以政; 甯戚飯牛車下, 而桓公任之以國. 此二人者, 豈借宦於朝, 假譽於左右, 然後二主用之哉? 感於心, 合於行, 親於膠漆, 昆弟不能離, 豈惑於衆口哉? 故偏聽生姦, 獨任成亂. 昔者魯聽季孫之說而逐孔子, 宋信子罕之計而囚墨翟. 夫以孔·墨之辯, 不能自免於讒諛, 而二國以危. 何則? 衆口鑠金, 積毁銷骨也. 是以秦用戎人由余而霸中國, 齊用越人蒙而彊威·宣. 此二國, 豈拘於俗, 牽於世, 繫阿偏之辭哉? 公聽並觀, 垂名當世. 故意合則胡越爲昆弟, 由余·越人蒙是矣; 不合, 則骨肉出逐不收, 朱·象·管·蔡是矣. 今人主誠能用齊·秦之義, 後宋·魯之聽, 則五伯不足稱, 三王易爲也. 是以聖王覺寤, 捐子之之心, 而能不說於田常之賢; 封比干之後, 修孕婦之墓, 故功業復就於天下. 何則? 欲善無厭也. 夫晉文公親其讎, 彊霸諸侯; 齊桓公用其仇, 而一匡天下. 何則, 慈仁慇勤, 誠加於心, 不可以虛辭借也. 至夫秦用商鞅之法, 東弱韓·魏, 兵彊天下, 而卒車裂之; 越用大夫種之謀, 禽勁吳, 霸中國, 而卒誅其身. 是以孫叔敖三去相而不悔, 於陵子仲辭三公爲人灌園. 今人主誠能去驕傲之心, 懷可報之意, 披心腹, 見情素, 墮肝膽, 施德厚, 終與之窮達, 無愛於士, 則桀之狗可使吠堯, 而蹠之客可使刺由; 況因萬乘之權, 假聖王之資乎? 然則荊軻之湛七族, 要離之燒妻子, 豈足道哉! 臣聞: 明月之珠, 夜光之璧, 以闇投人於道路, 人無不按劍相眄者. 何則? 無因而至前也. 蟠伏根柢, 輪囷離詭, 而爲萬乘器者. 何則? 以左右先爲之容也. 故無因至前, 雖出隨侯之珠, 夜光之璧,

猶結怨而不見德. 故有人先談, 則以枯木朽株樹功而不忘. 今夫天下布衣窮居之士, 身在貧賤, 雖蒙堯·舜之術, 挾伊·管之辯, 懷龍逢·比干之意, 欲盡忠當世之君, 而素無根柢之容, 雖竭精思, 欲開忠信, 輔人主之治, 則人主必有按劍相眄之跡, 是使布衣不得爲枯木朽株之資也. 是以聖王制世御俗, 獨化於陶鈞之上, 而不牽於卑亂之語, 不奪於衆多之口. 故秦皇帝任中庶子蒙嘉之言, 以信荊軻之說, 而匕首竊發; 周文王獵涇·渭, 載呂尙而歸, 以王天下. 故秦信左右而殺, 周用烏集而王. 何則? 以其能越攣拘之語, 馳域外之議, 獨觀於昭曠之道也. 今人主沈於諂諛之辭, 牽於帷裳之制, 使不羈之士與牛驥同皂, 此鮑焦所以忿於世而不留富貴之樂也. 臣聞: 盛飾入朝者不以利汙義, 砥厲名號者不以欲傷行, 故縣名勝母而曾子不入, 邑號朝歌而墨子回車. 今欲使天下寥廓之士, 攝於威重之權, 主於位勢之貴, 故回面汙行以事諂諛之人而求親近於左右, 則士伏死堀穴巖藪之中耳, 安肯有盡忠信而趨闕下者哉!」書奏梁孝王, 孝王使人出之, 卒爲上客.

2.《漢書》권21

鄒陽, 齊人也. 漢興, 諸侯王皆自治民聘賢. 吳王濞招致四方游士, 陽與吳嚴忌·枚乘等俱仕吳, 皆以文辯著名. 久之, 吳王以太子事怨望, 稱疾不朝, 陰有邪謀, 陽奏書諫. 爲其事尙隱, 惡指斥言, 故先引秦爲諭, 因道胡·越·齊·趙·淮南之難, 然後乃致其意.

024-② 王符縫掖
진정한 유학자의 왕부

후한後漢의 왕부王符는 자가 절신節信이며 안정安定 임경臨涇 사람이다. 어려서부터 학문을 좋아하였으며 지조가 있어 곧은 기질이 세속과 함께 하지 못하였다. 이 때문에 그는 벼슬길에 오르지 못한 채 은거하여 저술 30여 편을 내어 당시의 득실을 비판하였는데 그 책이《잠부론潛夫論》이다.

뒤에 도료장군度遼將軍 황보규皇甫規가 관직에서 물러나 귀향했을 때 고향 사람 중에 돈을 써서 안문태수鴈門太守 자리를 얻은 자가 있어 그 역시 관직을 버리고 집에 돌아와 있었다. 그 안문태수를 지냈던 자가 명함을 보내어 황보규를 만나러 갔다. 황보규는 누운 채 그를 만나려 하지 않았다. 이윽고 그가 들어오자 황보규가 물었다.

"그대는 전에 안문군에 있었으니 그곳 기러기 고기를 먹어보았을 텐데 훌륭하였소?"

그런데 잠시 후 다시 하인이 이렇게 보고하였다.

"왕부가 문에서 기다리십니다."

황보규는 평소 왕부의 이름을 익히 들어온 터라 깜짝 놀라 급히 일어나 옷에 띠를 두를 겨를도 없이 나막신을 끌며 나아가 맞았다.

그리고 왕부의 손을 잡고 돌아와 함께 자리를 한 다음 즐거움을 끝없이 나누었다.

당시 사람들은 이를 두고 이렇게 말하였다.

"2천 석 태수를 지낸 자가 봉액縫掖을 입은 유학자만 못하네."

이 말은 서생書生의 도덕과 의가 귀중함을 말한 것이다. 왕부는 뒤에 끝내 벼슬길에 나서지 않았다.

後漢, 王符字節信, 安定臨涇人. 少好學, 有志操, 耿介不同於俗. 以此遂不得升進, 乃隱居著書三十餘篇, 以譏當時失得, 號《潛夫論》. 後度遼將軍皇甫規, 解官歸, 鄕人有以貨得鴈門太守者, 亦去職還家, 書刺謁規.

規臥不迎, 旣入而問:「卿前在郡食鴈美乎?」

有頃又白:「王符在門.」

規素聞符名, 乃驚遽而起, 衣不及帶, 屣履出迎. 援符手而還, 與同坐極歡.

時人爲之語曰:「徒見二千石, 不如一縫掖.」
言書生道義之爲貴也. 後竟不仕.

【王符】東漢의 유명한 학자. 자는 節信(85~162? 혹163?). 安定 臨涇(지금의 甘肅省 鎭原縣) 사람으로 평생 벼슬하지 아니하고 정론서《潛夫論》을 저술함. 《後漢書》에 전이 있음.
【潛夫論】10권 35편. 王符가 당시의 弊政을 통렬히 비판한 政論書.
【度遼將軍】遼水를 건너 오랑캐를 물리치는 임무를 맡은 장군. 漢나라의 武帝 때 설치함. 後漢 明帝 때에 남쪽 오랑캐를 정벌하기 위한 장군도 이 직함을 주었음.
【皇甫規】성은 皇甫(複姓) 이름은 規. 王符와 같은 시기 度遼將軍을 지냈던 인물.
【食鴈】돈으로 鴈門 태수가 되었다는 것을 비꼬아 한 말. 안문은 山西省 북쪽에 있는 산이며 관문 요새.
【二天石】郡守의 봉급이 2천 석이었으며 이에 따라 지방장관을 부르는 말로 쓰임.
【縫掖】儒家의 복장을 말함. 소매에서부터 양쪽 겨드랑이를 서로 꿰맨 옷. 孔子가 입었던 복장이라 함.

참고 및 관련 자료

1.《後漢書》王符傳
王符字節信, 安定臨涇人也. 少好學, 有志操, 與馬融·竇章·張衡·崔瑗等友善. 安定俗鄙庶孼, 而符無外家, 爲鄕人所賤. 自和·安之後, 世務游宦, 當塗者更相薦引, 而符獨耿介不同於俗, 以此遂不得升進. 志意蘊憤, 乃隱居著書三十餘篇, 以譏當時失得, 不欲章顯其名, 故號曰《潛夫論》. 其指訐時短, 討謫物情, 足以觀見當時風政, 著其五篇云爾.

2.《潛夫論》(36) 叙錄
夫生於當世, 貴能成大功, 太上有立德, 其次有立言. 闍茸而不才, 先器能當官, 未嘗服斯伇, 無所效其勛. 中心時有感, 援筆紀數文, 字以綴愚情, 財令不忽忘. 芻蕘雖微陋, 先聖亦咨詢. 草創敍先賢三十六篇, 以繼前訓, 左丘明五經.

025. 鳴鶴日下, 士龍雲間

햇빛 아래 순명학, 구름 사이 육사룡

《진서晉書》에 실려 있다.

육운陸雲은 자가 사룡士龍으로 여섯 살에 능히 문장을 지었으며 성격이 청정淸正하고 재능이 있었다. 어려서 형 육기陸機와 이름을 함께 하였다. 비록 문장은 형 육기에게 미치지 못하였지만 논리는 형을 앞서서 이륙二陸이라 불렸다. 어릴 때 오吳나라 상서尙書 민홍閔鴻이 그를 보고 기이하게 여겨 이렇게 말하였다.

"이 아이는 만약 용 같은 망아지가 아니라면 봉황의 새끼일 것이다."

뒤에 그는 육운을 현량과賢良科에 추천하였다.

오나라가 진나라에게 평정되자 그는 수도 낙양洛陽으로 갔다. 육운은 순은荀隱과는 아무런 면식이 없었다. 어느 날 마침 장화張華와 함께 자리를 하였을 때 장화가 이렇게 제의하였다.

"오늘 그대들이 서로 만났으니 평범한 이야기는 나누지 말고 높은 대화를 나누어보시오."

그러자 육운은 기다렸다는 듯 손짓하며 이렇게 자신을 소개하였다.

"이름 그대로 구름 사이에 노니는 육사룡陸士龍이라 하오."

순은이 나섰다.

"태양 아래 노니는 순명학荀鳴鶴이오."

명학은 순은의 자이다.

육운이 다시 말하였다.

"이미 청운을 열고 흰 꿩을 보고 있는데 어찌 그대는 어찌 활을 끼고 화살을 당기지 않소?"

순은이 말을 이었다.

"본래 『운룡규규雲龍騤騤』라 하였는데 이는 그저 산과 들에 뛰어다니는 미록麋鹿에 불과하군. 짐승이 미미하여 큰 활로는 상대가 되지 않소. 이 까닭으로 활을 당기는 것이 이렇게 늦었을 뿐이오."

장화는 손뼉을 치며 크게 웃었다.

자사刺史 주준周浚이 그를 불러 종사從事로 삼고는 사람들에게 이렇게 말하였다.

"육운은 지금 시대의 안자顔子입니다."

육운은 중서시랑中書侍郎의 관직에 올랐으나 그의 형 육기와 함께 성도왕成都王 사마예司馬乂에게 죽음을 당하고 말았다.

이에 앞서 육운이 일찍이 친구 집에 묵고자 길을 가다가 밤이 어두워 길을 잃고 말았다. 어디로 갈지 방향을 잡지 못하고 헤매고 있을 때 마침 멀리 풀숲에 불빛이 보여 그리로 달려갔더니 집 한 채가 있어 그 집에 숙박하게 되었다. 그곳에는 나이 어린 소년이 있어 아름답고 풍모가 뛰어났었다. 그와 함께 《노자老子》를 주제로 말을 나누게 되었는데 그의 말에 이치가 있었고 뜻이 아주 심원하였다. 아침이 되어 이별하고 길을 떠나 십 리 쯤 이르자 바로 친구의 집이었다. 그런데 그 친구 말로는 그 근처 수십 리 안에는 인가가 없다는 것이었다. 육운은 마음속으로 비로소 무언가 느낌이 들어 다시 되돌아가서 어젯밤 잤던 곳을 찾아보았더니 바로 왕필王弼의 무덤이었다. 육운은 본래 현학玄學에는 관심이 없었으나 이로부터 《노자》에 대한 담론이 특수하게 진보하였다.

《晉書》: 陸雲字士龍, 六歲能屬文, 性淸正, 有才理, 少與兄機齊名. 雖文章不及機, 而特論過之, 號『二陸』.

幼時吳尙書閔鴻見而奇之, 曰:「此兒若非龍駒, 是鳳雛.」

後擧雲賢良.

吳平, 入洛. 雲與荀隱未相識, 嘗會張華坐, 華曰:「今日相遇, 可勿爲常談.」

雲因抗手曰:「雲間陸士龍.」

隱曰:「日下荀鳴鶴.」

鳴鶴, 隱字也.

雲又曰:「旣開靑雲覩白雉. 何不張爾弓挾爾矢?」

隱曰:「本謂是雲龍騤騤, 乃是山鹿野麋, 獸微弩强. 是以發遲.」

華撫手大笑.

刺史周浚召爲從事, 謂人曰:「士龍當今之顔子也.」

官至中書侍郞, 與機同被害.

初雲嘗行逗宿故人家, 夜暗迷路, 莫知所從, 忽望草中有火趣之, 至一家寄宿, 見一年少美風姿, 共談《老子》, 辭致深遠. 向曉辭去, 行十許里, 至故人家, 云此數十里中無人居. 雲意始悟, 卻尋昨宿處, 乃王弼冢. 本無玄學, 自此談《老》殊進.

【陸雲】자는 士龍(262~303). 吳郡출신. 陸機의 아우. 두 형제 모두 문장에 뛰어나 '二陸'이라 불림. 成都王(司馬穎)을 섬겨 淸河內史를 지냈음. 그 때문에 흔히 陸淸河로 불림. 그 형이 피살당하자 陸雲도 함께 해를 입음. 《晉書》(54)에 傳이 있으며, 明 張溥가 집일한 《陸士龍集》이 있음.

【兄機】陸機(261~303). 자는 士衡. 조부는 陸孫. 아버지는 陸抗. 모두가 삼국시대 吳나라의 將相을 지냄. 西晉이 吳를 멸하자 육기는 문을 걸어 잠그고 10년을 공부하여 洛陽으로 들어가 太子司馬·著作郎을 지냈으며 平原太守를 역임하여 陸平原이라고도 불림. 八王之亂 때 長沙王(司馬乂)의 將軍, 河北大都督이 되었으나 패하여 동생 陸雲 등과 함께 처형당함. 文學史에서는 그의 〈文賦〉가 중요한 비평 저작으로 알려짐. 《晉書》(54)에 전이 있음.

【閔鴻】당시 吳나라 尙書 벼슬에 있던 인물.

【龍駒】駿馬, 천리마의 새끼라는 뜻.

【鳳雛】봉황의 새끼로 성장하면 훌륭한 새가 되듯 장래에 큰 인물이 될 것임을 말함.
【荀隱】자는 鳴鶴. 荀隱으로도 쓰며, 安樂太守를 지냈던 인물.
【張華】자는 茂先(232~300). 詩, 書, 文章 등에 고루 능하였던 晉나라 때의 문호이며 학자. 司空을 지냈으며 趙王 司馬倫에게 해를 입음. 후인이 집일한 《張茂先集》이 있으며 저서로는 유명한 《博物志》가 전함. 《晉書》(36)에 전이 있음.
【駸駸】말이 당당하게 나아가는 모양. 말이 강한 모양. 《詩經》 小雅 采薇에 "駕彼四牡, 四牡駸駸"라 함.
【從事】지방관을 보좌하여 기록을 담당하는 관리.
【顔子】顔回, 顔淵. 공자의 제자로 학문과 행실에 가장 이름이 높았던 인물.
【王弼】자는 輔嗣(226~249). 어려서부터 학문에 밝았으며 특히 道家의 이론으로 儒學을 引證하려한 학문방법을 창안하였음. 그리하여 玄學에 뛰어났을 뿐 아니라 漢代 유학의 質朴瑣屑한 면을 타파하였음. 尙書郎을 지냈으며 《老子注》와 《周易注》가 유명하며 〈道略論〉이 있음. 《三國志》 魏書 鍾會傳 注에 관련 기록이 있음. '何晏神伏'[228] 참조.
【玄學】'玄'은 玄妙한 道라는 뜻. 즉 老子가 추구했던 학문을 말하며 위진시대 《老子》, 《莊子》, 《周易》을 묶어 三玄學이라 하였음.

참고 및 관련 자료

1. 《晉書》(54) 陸雲傳

陸雲字士龍, 六歲能屬文, 性淸正, 有才理, 少與兄機齊名. 雖文章不及機, 而特論過之, 號曰『二陸』. 幼時吳尙書閔鴻見而奇之, 曰:「此兒若非龍駒, 當是鳳雛.」後擧雲賢良, 時年十六. 吳平, 入洛. 機初詣張華, 華問雲何在. 機曰:「雲有笑疾, 未敢自見.」俄而雲至. 華爲人多姿制, 又好帛繩纏鬚. 雲見而大笑, 不能自已. 先時, 嘗著縗絰上船, 於水中顧見其影, 因大笑落水, 人救獲免. 雲與荀隱未相識, 嘗會張華坐, 華曰:「今日相遇, 可勿爲常談.」雲因抗手曰:「雲間陸士龍.」隱曰:「日下荀鳴鶴.」鳴鶴, 隱字也. 雲又曰:「旣開靑雲覩白雉. 何不張爾弓, 挾爾矢?」隱曰:「本謂是雲龍駸駸, 乃是山鹿野麋, 獸微弩强. 是以發遲.」華撫手大笑. 刺史周浚召爲從事, 謂人曰:「士龍當今之顔子也.」……僚屬隨克入者數十人,

流涕固請, 穎惻然有宥雲色. 孟玖扶穎入, 催令殺雲. 時年四十二. ……初, 雲嘗行, 逗宿故人家, 夜暗迷路, 莫知所從. 忽望草中有火光, 於是趣之. 至一家, 便寄宿, 見一年少, 美風姿, 共談《老子》, 辭致深遠. 向曉辭去, 行十許里, 至故人家, 云此數十里中無人居. 雲意始悟, 却尋昨宿處, 乃王弼冢. 雲本無玄學, 自此談《老》殊進.

2.《世說新語》排調篇

荀鳴鶴·陸士龍二人未相識, 俱會張茂先坐; 張令共語, 以其並有大才, 可勿作常語. 陸舉手曰:「雲間陸士龍」荀答曰:「日下荀鳴鶴」陸曰:「旣開靑龍覩白雉, 何不張爾弓·布爾矢?」荀答曰:「本謂雲龍騤騤, 乃是山鹿野麋; 獸微弩彊, 是以發遲」張乃撫掌大笑.

026. 晉宣狼顧, 漢祖龍顏

026-① 晉宣狼顧
뒤돌아보는 이리의 관상을 한 사마중달

　진晉나라 선황제宣皇帝는 휘가 의司馬懿이며 자는 중달仲達, 하내河內 온현溫縣 효경리孝敬里 사람이다. 성은 사마씨司馬氏이다. 어려서 총명하고 명랑하며 큰 지략이 있었고 박학하여 그 이름이 알려져 있었다.

　한말漢末 대란이 일어나자 그는 늘 강개하여 천하를 두고 근심하였다. 위魏 무제武帝가 그를 승상丞相으로 삼았으며 그에게 불려 문학연文學掾이 되었다가 여러 차례 승진을 거쳐 상국相國이 되었다. 진晉 무제武帝가 위나라로부터 선양을 받자 그를 높여 선황제라 부른 것이다. 선제는 안으로 조급하면서 밖으로는 관대하였으며 시기심이 많으면서 권력의 변화에 잘 적응하였다. 위 무제 조조가 선제 사마의가 천하를 차지할 웅지를 품고 있음을 살펴본 다음 그가 뒤돌아보는 이리의 관상을 가지고 있다는 소문도 들은 터라 이에 그를 시험해보고자 하였다. 이에 그를 앞으로 걸어가도록 한 다음 뒤를 돌아보도록 하였다. 그가 정면으로 얼굴을 하여 뒤를 향했을 때 몸은 그에 맞게 움직이지 않는 것이었다. 조조가 또 한 번은 세 마리의 말이 함께 구유의 먹이를 먹고 있는 꿈을 꾸고는 심히 그를 미워하였다.

　이에 조조는 태자 조비曹丕에게 이렇게 말하였다.

　"사마의는 남의 신하로 머물 놈이 아니다. 틀림없이 너의 집안일을 간섭할 것이다."

　태자 조비는 평소 선제 사마의와 친하여 매번 서로를 안전하게 도와주곤 하여 그 때문에 화를 면할 수 있었던 것이다.

晉, 宣皇帝, 諱懿字仲達, 河內溫縣孝敬里人. 姓司馬氏. 少聰朗多大略, 博學洽聞. 漢末大亂 常慨然有憂天下心, 魏武爲丞相, 辟爲文學掾, 累遷相國.

武帝受禪, 上尊號曰宣皇帝. 帝內急而外寬, 猜忌而多權變. 魏武察帝有雄豪志, 聞有狼顧相, 欲驗之, 乃召使前行令反顧, 面正向後而身不動. 又嘗夢三馬同食一槽, 甚惡焉.

因謂太子丕曰:「司馬懿, 非人臣也. 必預汝家事」

太子素與帝善. 每相全佑, 故免.

【宣皇帝】宣帝 司馬懿(179~251). 자는 仲達. 溫縣人. 司馬師와 司馬昭의 아버지이며 司馬炎(西晉의 첫 황제 晉武帝. 265~290 재위)의 할아버지. 曹操가 승상이 되자 그의 掾이 되었다가 능력을 인정받아 尙書를 거쳐 撫軍에 올라 蜀漢을 막음. 뒤에 大將軍 曹爽과 함께 漢나라 정권을 휘둘렀으며 諡號는 文으로 하였다가 다시 宣文이라 하였으며 魏 元帝(陳留王) 때 宣王으로 부름. 司馬炎이 魏나라를 이어받고 황제가 되어 宣帝라 추존하였음.《晉書》(1)에 紀가 있음.

【魏武帝】魏나라 曹操(155~220). 자는 孟德. 어릴 때는 阿瞞으로 불렸음. 沛國 출신으로 기지와 변화는 물론 문장에도 뛰어났으며 曹丕의 아버지로 한말 세력을 키워 魏나라를 건립하는 기초를 세움. 아들 조비가 獻帝로부터 선양을 받아 武帝로 추존함.《孫子略解》,《兵書接要》,《曹操集》등이 있음. 《三國志》(1)에 紀가 있음.

【曹丕】魏文帝 曹丕(187~226). 자는 子桓. 曹操의 둘째 아들. 아버지 曹操가 죽고 魏王을 습봉하여 漢나라 丞相이 됨. 延康 元年(220)에 禪讓을 받아 황제가 되었으며 연호를 黃初로 바꾸고 국호를 魏나라로, 洛陽을 도읍으로 정함. 재위 7년에 졸하였으며 시호는 文皇帝. 문장에도 뛰어나《典論》을 지었으며 그 중〈論文〉은 문학 이론과 비평의 유명한 글로 평가받고 있음. 그 외에〈燕歌行〉은 현존 최초의 7언시로 알려짐.《三國志》(2)에 紀가 있음.《魏志》에 "帝諱丕. 字子桓, 受漢禪"이라 함. '魏儲南館'[245] 참조.

【三馬同食一槽】'三馬'는 司馬懿와 그의 두 아들인 司馬師와 司馬昭를 가리키며 '一槽'는 음이 같은 曹氏를 가리켜 말 세 마리가 하나의 구유에서 먹이를 먹음을 비유함.

【晉武帝】司馬炎. 西晉의 개국군주. 司馬昭의 長子. 자는 安世. 咸熙 2年 (265)에 魏나라로부터 禪讓의 형식으로 나라를 이어받아 晉나라를 세우고 洛陽을 도읍으로 함. 재위 26년(265~290). 묘호는 世祖.《晉書》(3)에 紀가 있음.

【太子丕】魏文帝 曹丕(187~226). 자는 子桓. 曹操의 둘째 아들. 아버지 曹操가 죽고 魏王을 습봉하여 漢나라 丞相이 됨. 延康 元年(220)에 禪讓을 받아 황제가 되었으며 연호를 黃初로 바꾸고 국호를 魏나라로, 洛陽을 도읍으로 정함. 재위 7년에 졸하였으며 시호는 文皇帝. 문장에도 뛰어나《典論》을 지었으며 그 중〈論文〉은 문학 이론과 비평의 유명한 글로 평가받고 있음. 그 외에〈燕歌行〉은 현존 최초의 七言詩로 알려짐.《三國志》(2)에 紀가 있음. 《魏志》에 "帝諱丕. 字子桓, 受漢禪"이라 함.

참고 및 관련 자료

1.《晉書》本紀(1) 高祖宣帝

宣皇帝, 諱懿字仲達, 河內溫縣孝敬里人. 姓司馬氏. 其先出自帝高陽之子重黎, 爲夏官祝融. ……帝卽方之第二子也. 少有奇節, 聰朗多大略, 博學洽聞, 伏膺儒教. 漢末大亂 常慨然有憂天下心. ……及魏武爲丞相, 又辟爲文學掾, 累遷相國. ……帝內急而外寬, 猜忌而多權變. 魏武察帝有雄豪志, 聞有狼顧相, 欲驗之, 乃召使前行令反顧, 面正向後而身不動. 又嘗夢三馬同食一槽, 甚惡焉. 因謂太子曰:「司馬懿, 非人臣也. 必預汝家事」太子素與帝善. 每相全佑, 故免. 帝於是勤於吏職, 夜以忘寢, 至於芻牧之間, 悉皆臨履, 由是魏武意遂安.

026-② 漢祖龍顏
용안의 관상을 가진 한 고조

전한前漢의 고조高祖는 휘는 방邦이며 자는 계季, 패국沛國 풍읍豐邑 양리陽里 사람으로 성은 유씨劉氏였다. 유방의 어머니가 일찍이 대택大澤의 언덕에서 쉬고 있는데 신을 만나는 꿈을 꾸고 있었다. 이때에 우레가 치며 사방이 어두컴컴해졌다. 유방의 아버지가 가서 살펴보았더니 교룡交龍이 그 여인을 위에서 덮치고 있는 것이었다. 이윽고 태기가 있어 드디어 고조 유방을 낳았다. 그는 콧등이 우뚝하고 얼굴은 용을 닮아 있었으며 아름다운 수염이 덥수룩하고, 팔뚝에는 72개의 검은 점이 있었다. 성품이 관대하고 인자하여 남을 아끼고 사랑하였으며 뜻이 활달하였다. 항상 큰 도량을 가지고 있었으며, 집안사람이나 생업에 대해서는 전혀 관심이 없어 돌보지 않았다.

前漢, 高祖, 諱邦字季, 沛豐邑陽里人, 姓劉氏. 母媼嘗息大澤之陂, 夢與神遇, 是時雷電晦冥, 父太公往視, 則見交龍於上, 已而有娠, 遂産高祖. 隆準而龍顏, 美鬚髥, 左股有七十二黑子. 寬仁愛人, 意豁如也. 常有大度不事家人生産作業.

【高祖】漢 高祖 劉邦. 자는 季. 沛郡 豐邑 출신으로 秦나라 말 義兵을 일으켜 項羽와 결전 끝에 漢 帝國을 설립함. 太祖高皇帝. 漢 帝國을 세운 임금. B.C.202~B.C.195년 재위.《史記》高祖本紀 참조.
【交龍】'蛟龍'과 같음.

> 참고 및 관련 자료

1.《史記》高祖本紀
高祖, 沛豐邑中陽里人, 姓劉氏, 字季. 父曰太公, 母曰劉媼. 其先劉媼嘗息大澤之陂, 夢與神遇. 是時雷電晦冥, 太公往視, 則見蛟龍於其上. 已而有身, 遂産高祖. 高祖爲人, 隆準而龍顔, 美須髥, 左股有七十二黑子. 仁而愛人, 喜施, 意豁如也. 常有大度, 不事家人生産作業. 及壯, 試爲吏, 爲泗水亭長, 廷中吏無所不狎侮. 好酒及色. 常從王媼·武負貰酒, 醉臥, 武負·王媼見其上常有龍, 怪之. 高祖每酤留飮, 酒讎數倍. 及見怪, 歲竟, 此兩家常折券棄責.

2.《漢書》高帝紀(1 上)도 대략 같음.

3.《十八史略》(2)
漢太祖高皇帝: 堯之後, 姓劉氏, 名邦, 字季, 沛豐邑中陽里人也. 母媼息大澤之陂, 夢與神遇, 時大雷雨晦冥. 父太公往, 見交龍其上, 已而産劉季, 隆準而龍顔, 美鬚髥, 左股有七十二黑子, 寬仁愛人, 意豁如也. 有大度, 不事家人生産.

027. 鮑靚記井, 羊祜識環

027-① 鮑靚記井
우물에 빠져 죽었던 기억을 되살려낸 포정

《진서晉書》에 실려 있다.
포정鮑靚은 자가 태현太玄이며 동해東海 사람이다. 그는 나이 다섯에 부모에게 이렇게 말하는 것이었다.
"저는 본래 곡양曲陽의 이씨 집 아이였습니다. 아홉 살에 우물에 빠져 죽었습니다."
그 부모가 그 집을 찾아가 물었더니 모두가 부절을 맞춘 듯이 그 아이의 말과 같았다.
포정은 유학과 노장의 학문을 겸비하였고 천문天文과 하락河洛의 도서까지 모두 명통하였다.
뒤에 남해태수南海太守로 전임되었다.
일찍이 신선 음군陰君을 만나 도결道訣을 전수 받았으며, 백여 세를 살고 생을 마쳤다.

《晉書》: 鮑靚字太玄, 東海人.
年五歲, 語父母云:「本是曲陽李家兒, 九歲墮井死.」
其父母訪問, 皆符驗. 靚學兼內外, 明天文·河洛書. 後遷南海太守.
嘗見仙人陰君, 授道訣, 百餘歲卒.

【鮑靚】晉나라 때 인물로 자는 太玄, 東海 사람. 南海太守를 지냄.
【內外】儒道와 老壯을 가리킴.

【河洛書】 '河'는 伏羲의 〈河圖〉, '洛'은 禹王의 〈洛書〉.
【陰君】《列仙傳》에 陰長生은 新野 사람으로 漢 和帝 陰皇后의 증조할아버지라 하였음.
【道訣】 '道'는 道家, 道教, '訣'은 秘訣.

> 참고 및 관련 자료

1. 《晉書》(95) 藝術傳 鮑靚
鮑靚字太玄, 東海人也. 年五歲, 語父母云:「本是曲陽李家兒, 九歲墮井死.」其父母尋訪得李氏, 推問皆符驗. 靚學兼內外, 明天文‧河洛書, 稍遷南陽中部都尉, 爲南海太守. 嘗行部入海, 遇風, 飢甚, 取白石煮食之而自濟. 王機時爲廣州刺史, 入廁, 忽見二人著烏衣, 與機相捍, 良久擒之, 得二物似烏鴨. 靚曰:「此物不祥.」機焚之, 徑飛上天, 機尋誅死. 靚嘗見仙人陰君, 授道訣, 百餘歲卒.

027-② 羊祜識環
잃어버린 반지를 찾아낸 양호

　진晉나라 양호羊祜는 자가 숙자叔子이며 태산泰山 남성南城 사람으로 집안 대대로 2천 석의 관리를 역임하였다. 양호에 이르기까지 9대 동안 모두가 청렴하고 덕이 있는 집안으로 알려져 있었다.
　양호가 나이 다섯이었을 때 유모에게 자신이 가지고 놀던 금반지를 달라고 하는 것이었다. 유모가 이상히 여겨 말하였다.
　"너는 그러한 물건을 가진 적이 없는데."
　그러자 양호가 즉시 이웃 이씨李氏네 집으로 가서 동쪽 담장의 뽕나무 아래에서 이를 찾아내는 것이었다. 그 주인이 놀라 말하였다.
"이는 내 죽은 아이가 가지고 놀다가 잃어버린 것이다."
그러면서 다시 말하였다.
"어디로 가지고 간다는 것이냐?"
유모가 이를 갖추어 말하자 이씨는 슬픔에 젖고 말았다. 당시 사람들은 이 일을 괴이하게 여겨 이렇게 말하였다.
"이씨의 아들은 바로 양호의 전신이었을 것이다."
양호는 널리 배워 문장에 능하였다. 그는 위魏나라 고귀향공高貴鄕公 때에 공거公車라 불려 중서시랑中書侍郎이 되었다. 진晉 무제武帝는 오吳나라를 멸망시킬 뜻을 가지고 양호를 형주제군사荊州諸軍事의 도독都督으로 삼아 남하南夏로 나가 진수하도록 임무를 맡겼다. 그는 다시 승진하여 정남대장군征南大將軍, 남성후南城侯를 역임하였다. 그리고 죽은 뒤 태부太傅로 추증되었다.
이에 앞서 묘 터를 잘 보는 사람이 있었다. 그는 이렇게 말하였다.
"양호 조상의 묘에는 제왕이 날 기운이 있다. 만약 이를 파버리면 자손이 끊어질 것이다."
양호는 의심을 받을까 겁이 나서 그만 그 묘를 파버렸다. 그러자 묘 터 보는 자가 이렇게 말하였다.
"그래도 팔이 부러진 삼공三公이 날 것이다."
양호는 결국 말에서 떨어져 팔이 부러졌고 삼공의 지위에 올랐으나 아들이 없었다.
양호는 산수를 좋아하여 매번 계절의 풍광이 펼쳐질 때면 반드시 현산峴山을 찾아가 술을 차려놓고 노래를 부르며 놀았는데 해가 지도록 지칠 줄을 몰랐다.
양양襄陽의 백성들은 양호가 평소 놀고 쉬고 하던 곳에 비석과 사당을 세우고 해마다 제사를 올렸다. 그 비석을 보는 자는 누구 하나 눈물을 흘리지 않는 자가 없어 두예杜預가 그 비석 이름을 〈타루비墮淚碑〉라 지었다. 그리고 형주 사람들은 양호의 이름 '호'자를 입에 올리지 않을 정도였다.

晉, 羊祜字叔子, 泰山南城人, 世吏二千石. 至祜九世, 竝以淸德聞. 祜年五歲時, 令乳母取所弄金環.

乳母曰:「汝先無此物.」

祜卽詣隣人李氏東垣桑樹中探得之. 主人驚曰:「此吾亡兒所失物.」

云:「何持去?」

乳母具言之, 李氏悲惋.

時人異之, 謂:「李氏子卽祜之前身也.」

祜博學能屬文, 魏高貴鄕公時, 公車徵, 拜中書侍郞.

武帝有滅吳之志, 以祜都督荊州諸軍事, 出鎭南夏.

累進征南大將軍·南城侯. 卒, 贈太傅.

初有善相墓者, 言:「祜祖墓所有帝王氣, 若鑿之則無.」

祜遂鑿之. 相者見曰:「猶出折臂三公.」

祜竟墮馬折臂, 仕至公而無子. 祜樂山水, 每風景必造峴山, 置酒言詠, 終日不倦. 襄陽百姓於祜平生遊憩之所, 建碑立廟, 歲時享祀. 望其碑者, 莫不流涕. 杜預因名爲〈墮淚碑〉. 荊州人爲祜諱名云.

【羊祜】자는 叔子(221~278). 羊續의 손자이며 司馬師 羊皇后의 아우. 司馬昭가 권력을 독점하자 이에 좇아 中書侍郞, 給事中, 黃門郞, 秘書監 등의 직책을 담당하면서 荀勖과 더불어 국가 기밀을 관장함. 晉나라가 되면서 中軍將軍, 散騎常侍 등을 거쳐 尙書左僕射, 衛將軍 등을 역임함. 荊州를 지키면서 吳나라 백성에게 잘해주어 오나라 사람들이 그들 羊公이라 불렀음. 선정을 베풀고 그가 죽자 백성들이 罷市를 할 정도였다 함. 그의 碑廟는 杜預가 〈墮淚碑〉라 불렀음.《老子傳》이 있으며《晉書》(34)에 전이 있음.

【二千石】지방장관(군수)의 별칭.

【高貴鄕公】曹髦(241~260). 字는 彦士. 曹丕의 손자. 東海定王 曹霖의 아들로 처음 剡縣에 高貴鄕의 公으로 봉해짐. 뒤에 司馬師가 廢帝를 폐멸하고 曹髦를 세워 재위 7년 만에 司馬昭의 무리 중에 賈充이 成帝를 사주하여 암살함. 그는 학문을 좋아하고 서화에 재능이 있어 여러 학자들과《書》,《易》,《禮》를 토론하기도 하였음.《三國志》(4)에 전이 있음.

【公車】관청의 이름. 원래는 門 이름. 천자의 수레를 보관해 두는 곳.
【晉武帝】司馬炎. 西晉의 개국군주. 司馬昭의 長子. 자는 安世. 咸熙 2年(265)에 魏나라로부터 禪讓의 형식으로 나라를 이어받아 晉나라를 세우고 洛陽을 도읍으로 함. 재위 26년(265~290). 묘호는 世祖. 《晉書》(3)에 紀가 있음.
【相墓】묘지의 방위나 위치를 잡아주는 일. 묘지 풍수를 말함.
【峴山】湖北 襄陽에 있는 산.
【杜預】자는 元凱(222~284). 京兆 杜陵人. 杜恕의 아들이며 杜甫의 선대. 河南尹, 度支尙書, 荊州都督 등을 거쳐 羊祜가 죽자 뒤를 이어 鎭南大將軍이 됨. 치적이 훌륭하여 당시 백성과 조정에서는 그를 '杜父', '杜武庫'라 불렀음. 太康 원년에 吳를 평정한 공로로 當陽侯에 봉해짐. 經學에도 밝아 《春秋左傳經傳集解》를 남김. 《三國志》(16)와 《晉書》(34)에 전이 있음.

참고 및 관련 자료

1. **《搜神記》(15)**
羊祜年五歲時, 令乳母取所弄金鐶. 乳母曰:「汝先無此物.」祜卽詣鄰人李氏東垣桑樹中, 探得之. 主人驚曰:「此吾亡兒所失物也. 云何持去?」乳母具言之. 李氏悲惋. 時人異之.

2. **《晉書》(34) 羊祜傳**
羊祜字叔子, 泰山南城人也. 世吏二千石, 並以淸德聞. ……祜年五歲, 時令乳母取所弄金鐶. 乳母曰:「汝先無此物.」祜卽詣鄰人李氏東垣桑樹中探得之. 主人驚曰:「此吾亡兒所失物也, 云何持去!」乳母具言之, 李氏悲惋. 時人異之. 謂李氏子則祜之前身也. 又有善相墓者, 言祜祖墓所有帝王氣, 若鑿之則無後, 祜遂鑿之. 相者見曰:「猶出折臂三公.」而祜竟墮馬折臂, 位至公而無子.

3. **《太平廣記》(387) 羊祜**
晉羊祜三歲時, 乳母抱行, 乃令於東鄰樹孔中探得金鐶. 東鄰之人云:「吾兒七歲墮井死. 曾弄金鐶, 失其處所.」乃驗祜前身, 東鄰子也.(《獨異志》)

4. **《世說新語》術解篇**
人有相羊祜父墓, 後應出受命君; 祜惡其言, 遂掘斷墓後, 以壞其勢. 相者立視之, 曰:「猶應出折臂三公.」俄而祜墜馬折臂, 位果至公.

5. 기타 참고자료
《冥祥記》(《古小說鉤沉》輯本).

028. 仲容靑雲, 叔夜玉山

028-① 仲容靑雲
청운의 도량을 가진 완함

《진서晉書》에 실려 있다.

완함阮咸은 자가 중용仲容이며 진류陳留 울씨尉氏 땅 사람이다. 방임 괄달하여 얽매임이 없어 숙부 완적阮籍과 함께 죽림竹林의 놀이에 빠졌다. 당시 사람들은 그들이 하는 일을 기롱하였다. 완함과 완적은 길의 남쪽에 살았고, 그 외의 여러 완씨阮氏들은 길의 북쪽에 살았다. 북완北阮은 부유하였고 남완南阮은 가난하였다. 7월 7일 옷을 말리는 습속에 따라 북완 사람들의 빨랫줄에는 온통 비단옷으로 눈을 부시게 하였다. 이에 완함은 긴 장대에 삼베로 만든 독비犢鼻 바지를 뜰에 걸어 말리면서 이렇게 말하였다.

"풍속이니 그냥 지나칠 수야 없지."

그는 산기시랑散騎侍郞의 벼슬을 역임하였으며, 음률에 묘한 감식이 있었고 비파 연주에 뛰어났었다. 그는 비록 세상에 살지만 세속의 일은 거들떠보지 않은 채 오직 친구들과 음악을 연주하며 술에 취해 있을 뿐이었다.

순욱荀勗이 매번 완함과 음악에 대하여 논할 때면 스스로 그에 미치지 못한다고 여겨 그를 미워하였지만 그를 치평태수(治平太守, 始平太守)에 보임토록 내보내 주었다.

안연년顔延年은 〈오군영五君詠〉이라는 글을 썼는데 그 하나에 이렇게 노래하였다.

"중용은 청운의 기량이 있어,
　실로 사람 중에 우수한 재질을 타고났도다.
　음악에 통달함은 어찌 그리 깊었던가?
　미세한 것까지 알아내어 악기에다 실었네.
　곽혁郭奕은 이미 마음으로 취하였고,
　산공山公이 알아준 것은 잘못된 관찰이 아니었다네.
　여러 차례 추천을 받아도 벼슬길에 나서지 않다가
　순욱의 한 번 부름에 태수로 나갔다네."

《晉書》: 阮咸字仲容, 陳留尉氏人. 任達不拘, 與叔父籍爲竹林之游. 當世譏其所爲. 咸與籍居道南, 諸阮居道北. 北阮富而南阮貧. 七月七日, 北阮盛曬衣服, 錦綺粲目.

咸以竿挂大布犢鼻於庭曰:「未能免俗.」

歷散騎侍郞. 妙解音律, 善彈琵琶. 雖處世不交人事, 唯共親知絃歌酣宴而已. 荀勖每與咸論音律, 自以爲遠不及, 疾之. 出補始平太守.

顔延年作〈五君詠〉, 其一曰:『仲容靑雲器, 實稟生民秀. 達音何用深? 識微在金奏. 郭奕已心醉, 山公非虛覯. 屢薦不入官, 一麾乃出守.』

【阮咸】 자는 仲容(234~304). 阮籍의 從子. 음악에 조예가 깊었으며 비파 연주에 뛰어났다 함. 散騎侍郞, 始平太守 등을 역임함. 술과 淸談으로 이름이 났으며 역시 竹林七賢 중의 하나. 《晉書》(49)에 전이 있음.

【任達】 放任曠達. 禮俗에 구속됨이 없는 행동을 뜻함.

【阮籍】자는 嗣宗(210~263). 陳留의 尉氏人. 阮瑀의 아들. 老莊에 밝았으며 거문고, 바둑, 시문 등에 능하였음. 步兵校尉를 역임하여 흔히 阮步兵이라 불림. '竹林七賢' 중의 하나. 〈豪傑詩〉, 〈詠懷詩〉, 〈達莊論〉, 〈大人先生傳〉 등이 있으며 《三國志》(21), 《晉書》(49)에 전이 있음.

【七月七日】진나라 때 음력 이 날에는 책이나 옷을 햇볕을 쬐어 말리는 습속이 있었음.

【大布】거칠고 변변치 않은 베.

【犢鼻】犢鼻褌이라고도 하며 司馬相如가 술집을 하면서 만들어 입었던 아주 작은 바지. 모양이 작은 소의 코와 닮았다고 하여 그렇게 불렀다 함.

【荀勗】자는 公曾(?~289). 荀爽의 증손으로 대장군 曹爽의 掾이 되었으나 조상이 피살되자 司馬昭에게 발탁되어 記室로서 裴秀, 羊祜와 함께 機密을 담당함. 뒤에 司馬炎이 晉나라를 일으키자 安陽令·侍中·中書監, 光祿大夫, 儀同三司 등을 지냄. 晉初 晉律을 제정하였으며 음악에도 조예가 깊었고 당시의 서적을 정리하기도 함. 《晉書》(39)에 전이 있음.

【顔延年】晉나라 때 사람. 문학가. 謝靈運과 병칭되었음.

【五君詠】'五君'은 阮籍·嵇康·劉伶·阮咸·向秀를 가리킴. 《文選》(21)에 실려 있음.

【郭奕】자는 泰業. 진나라 때 인물. 雍州刺, 尙書 등을 지냄. 《晉書》(45)에 전이 있음. 郭弈으로 표기한 판본이 있으나 이는 오기임.

【山公】山濤. 자는 巨源(205~283). 老莊에 심취하였으며 술을 좋아하였음. 嵇康, 阮籍, 呂安 등과 친하였으며 죽림칠현의 하나. 《晉書》(43)에 전이 있음.

참고 및 관련 자료

1. 《晉書》(49) 阮咸傳

阮咸字仲容, 父熙, 武都太守. 咸任達不拘, 與叔父籍爲竹林之游. 當世禮法者譏其所爲. 咸與籍居道南, 諸阮居道北. 北阮富而南阮貧. 七月七日, 北阮盛曬衣服, 皆錦綺粲目. 咸以竿挂大布犢鼻於庭, 人或怪之, 答曰:「未能免俗, 聊復爾耳!」歷散騎侍郞. ……咸妙解音律, 善彈琵琶. 雖處世不交人事, 惟共親知絃歌酣宴而已. ……荀勗每與咸論音律, 自以爲遠不及也, 疾之. 出補始平太守. 以壽終.

2. 《文選》(21) 顏延年〈五君詠〉
(1) 阮步兵(阮籍)
阮公雖淪跡, 識密鑒亦洞. 沈醉似埋照, 寓辭類託諷.
長嘯若懷人, 越禮自驚衆. 物故不可論, 途窮能無慟?
(2) 嵇中散(嵇康)
中散不偶世, 本自餐霞人. 形解驗默仙, 吐論知凝神.
立俗迕流議, 尋山洽隱淪. 鸞翮有時鎩, 龍性誰能馴?
(3) 劉參軍(劉靈, 劉伶)
劉靈善閉關, 懷情滅聞見. 鼓鍾不足歡, 榮色豈能眩?
韜精日沈飲, 誰知非荒宴? 頌酒雖短章, 深衷自此見.
(4) 阮始平(阮咸)
仲容青雲器, 實稟生民秀. 達音何用深? 識微在金奏.
郭弈已心醉, 山公非虛覯. 屢薦不入官, 一麾乃出守.
(5) 向常侍(向秀)
向秀甘淡薄, 深心託豪素. 探道好淵玄, 觀書鄙章句.
交呂旣鴻軒, 攀嵇亦鳳擧. 流連河裏遊, 惻愴山陽賦.

3. 《世說新語》任誕篇
阮仲容・步兵居道南, 諸阮居道北；北阮皆富, 南阮貧. 七月七日, 北阮盛曬衣, 皆紗羅錦綺；仲容以竿挂大布犢鼻褌於中庭. 人或怪之. 答曰:「未能免俗, 聊復爾耳!」

028-② 叔夜玉山
옥산과 같은 혜강

진晉나라 혜강嵇康은 자가 숙야叔夜이며 기이한 재주를 가지고 있었고 원대하고 고매하여 남과 무리를 이룰 수 없을 정도였으며, 문장의 기품도 아름다웠다. 풍모와 위의가 있어 겉은 흙이나 나무토막 같은 모습으로 아무런 꾸밈이나 장식도 갖추지 않았다. 사람들은 그의 그러한 모습을 용의 무늬에 봉황의 자태로써 하늘이 내린 본바탕이 저절로 그런 것이라 여겼다.

조용하고 욕심이 적었으며 더럽다는 욕을 먹어도 그 흠을 감춘 채 관대하여 큰 아량이 있었다. 많은 책을 보아 널리 통달하였으며 특히 〈노장老莊〉을 좋아하였다. 위魏나라 종실과 혼인을 하여 중산대부中散大夫가 되었다. 그와 사귀는 자는 오직 완적阮籍, 산도山濤와 그의 부류에 참여하는 자들인 상수向秀, 유령劉伶, 완함阮咸, 왕융王戎이었으며 함께 죽림竹林에서 놀아 세상에서는 흔히 말하는 '죽림칠현竹林七賢'이 이들이다. 왕융과 숙야叔夜는 함께 산양山陽에 20년을 살았지만 한 번도 그 얼굴에 기쁨과 화내는 기색을 드러내어 본 적이 없었다.

《세설신어世說新語》에는 이렇게 말하였다.

"혜숙야는 사람됨은 암암嵒嵒함이 마치 외로운 소나무 한 그루가 우뚝 솟아 있는 것 같으며, 그가 취하였을 때는 괴아傀俄함이 마치 옥산玉山이 무너지려 하는 것 같다."

晉, 嵇康字叔夜, 有奇才, 遠邁不群. 美詞氣, 有風儀, 而土木形骸, 不自藻飾. 人以爲龍章鳳姿, 天質自然. 恬靜寡欲, 含垢匿瑕, 寬簡有大量. 博覽該通, 長好〈老莊〉. 與魏宗室婚, 拜中散大夫.

所與交者, 唯阮籍·山濤, 預其流者, 向秀·劉伶·阮咸·王戎, 爲竹林之游. 世所謂竹林七賢也. 戎與叔夜居山陽二十年, 未嘗見其喜慍之色.

《世說》曰:「叔夜之爲人, 嵒嵒若孤松之獨立, 其醉也傀俄若玉山之將頹.」

【嵇康】자는 叔夜(223~262). 어릴 때 고아였으며 奇才가 있었음. 老莊에 심취하였으며 시문에 능하였고 '竹林七賢'의 하나임. 뒤에 鍾會의 모함을 입어 司馬昭에게 죽음을 당함. 本姓은 奚氏였으나 뒤에 銍縣 嵇山 곁에 옮겨 살아 성을 嵇氏로 바꾸었다 함.〈廣陵散曲〉,〈琴賦〉,〈養生論〉,〈聲無哀樂論〉,〈與山巨源絶交書〉 등이 유명함.《晉書》(49)에 전이 있음.

【土木形骸】형체를 흙이나 나무와 같이 하여 꾸미지 않음.

【恬靜】조용히 세속에 욕심이 없는 모습이나 마음가짐.

【阮籍】자는 嗣宗(210~263). 陳留의 尉氏人. 阮瑀의 아들. 老莊에 밝았으며 거문고, 바둑, 시문 등에 능하였음. 步兵校尉를 역임하여 흔히 '阮步兵'이라 불림. '竹林七賢' 중의 하나.〈豪傑詩〉,〈詠懷詩〉,〈達莊論〉,〈大人先生傳〉 등이 있으며《三國志》(21),《晉書》(49)에 전이 있음. 유유자적하며 휘파람을 잘 불었음.

【山濤】자는 巨源(205~283). 老莊에 심취하였으며 술을 좋아하였음. 嵇康, 阮籍, 呂安 등과 친하였으며 죽림칠현의 하나.〈任誕〉편 참조.《晉書》(43)에 전이 있음. '山濤識量'[041] 참조.

【向秀】자는 子期(227?~272?). 竹林七賢의 하나. 처음 山濤·嵇康·呂安 등과 자연을 즐기다가 嵇康과 呂安이 司馬氏에게 죽음을 당한 후 벼슬길로 들어서 黃門侍郞, 散騎常侍를 지냄.《老·莊》에 심취하여《莊子注》를 완성하였으며, 이를 바탕으로 한 郭象의《莊子注》가 지금도 전함. 賦에도 뛰어나〈思舊賦〉를 남김.《晉書》(49)에 傳이 있음. 向은 姓氏나 地名을 경우 '상'으로 읽음.

【劉伶】자는 伯倫. 용모가 못생겼다 하며 魏末 司馬氏가 정권을 휘두르자 自然으로 돌아가 老莊을 신봉하여 無爲而治를 주장하면서 음주로 세월을 보냄. 죽림칠현의 하나.〈酒德頌〉을 남김.〈任誕〉편 참조.《晉書》(49)에 전이 있음. 唐 이전에는〈劉靈〉으로 표기하였음. 그는 죽림칠현 중 술로 제일 이름이 나 있으며 늘 종자를 시켜 삽을 차고 다니게 하며 술 취해 쓰러져 죽는 그 자리를 파서 묻어 달라고 할 정도였다 함.

【阮咸】자는 仲容(234~304). 阮籍의 從子. 음악에 조예가 깊었으며 비파 연주에 뛰어났다 함. 散騎侍郞, 始平太守 등을 역임함. 술과 청담으로 이름이 났으며 역시 竹林七賢 중의 하나.《晉書》(49)에 전이 있음.

【王戎】자는 濬沖(234~305). 王安豊으로도 불림. 王綏의 아버지이며 安豊縣侯를 역임함. 성격이 인색하였으며 禮敎에 얽매이지 않았음. 阮籍, 山濤,

向秀, 阮咸, 嵇康, 劉伶과 더불어 '竹林七賢'으로 불림. 《晉書》(43)에 전이 있음.

> 참고 및 관련 자료

1. 《晉書》(49) 嵇康傳

嵇康字叔夜. ……康早孤, 有奇才, 遠邁不群. 身長七尺八寸, 美詞氣, 有風儀, 而土木形骸, 不自藻飾. 人以爲龍章鳳姿, 天質自然. 恬靜寡欲, 含垢匿瑕, 寬簡有大量. 學不師受, 博覽無不該通, 長好〈老莊〉. 與魏宗室婚, 拜中散大夫. ……所與神交者, 惟陳留阮籍·河內山濤, 豫其流者, 河內向秀·沛國劉伶·籍兄子咸·琅邪王戎, 遂爲竹林之游. 世所謂竹林七賢也. 戎自言與康居山陽二十年, 未嘗見其喜慍之色.

2. 《世說新語》任誕篇

陳留阮籍, 譙國嵇康, 河內山濤, 三人年皆相比, 康年少亞之. 預此契者: 沛國劉伶, 陳留阮咸, 河內向秀, 琅邪王戎. 七人常集于竹林之下, 肆意酣暢, 故世謂「竹林七賢」.

3. 《世說新語》容止篇

嵇康身長七尺八寸, 風姿特秀. 見者歎曰:「蕭蕭肅肅, 爽朗清擧.」或云:「蕭蕭如松下風, 高而徐引.」山公曰:「嵇叔夜之爲人也, 巖巖若孤松之獨立; 其醉也, 傀俄若玉山之將崩.」

4. 《嵇康別傳》

康長七尺八寸, 偉容色, 土木形骸, 不加飾厲, 而龍章鳳姿, 天質自然; 正爾在羣形之中, 便自知非常之器.

5. 《十八史略》(3)

吳主皓淫虐日甚, 預表請速征之. 表至, 張華適與帝棊, 卽推枰斂手贊其決. 帝許之. 山濤告人曰:「自非聖人, 外寧必有內憂, 釋吳爲外懼, 豈非算乎?」時濤爲吏部尙書. 濤昔在魏晉之間, 與嵇康, 阮籍, 籍兄子咸, 向秀, 王戎, 劉伶, 相友, 號竹林七賢, 皆崇尙老莊虛無之學, 輕蔑禮法, 縱酒昏酣, 遺落世事. 士大夫皆慕效之, 謂之放達. 惟濤仍留意世事, 至是典選, 甄拔人物, 各爲題目而奏之, 時人稱之爲山公啓事.

029. 毛義奉檄, 子路負米

029-① 毛義奉檄
임명장을 받은 모의의 모습

후한後漢의 모의毛義는 자가 소절少節이며 여강廬江 사람이다. 집이 가난하였으나 효성으로 칭송을 받았다. 남양南陽의 장봉張奉이 그의 이름을 흠모하여 가서 살펴보았다. 함께 자리를 정하였을 때 마침 부府에서 격문이 도착하여 모의를 수령守令으로 임명한다는 것이었다. 모의는 그 격문을 받들고 들어오면서 얼굴에 희색이 만면한 것이었다. 장봉은 뜻이 고상한 선비였다. 이에 그는 모의를 천박하다 여기며 자신이 찾아온 것을 후회하고는 이별을 고집스럽게 말하며 떠나버렸다. 뒤에 모의의 어머니가 죽자 그는 관직을 버리고 상복을 입었다. 그러자 얼마 뒤 공부公府에서 그를 불러 현령縣令으로 삼았으며 그때 그의 진퇴 행동은 반드시 예에 의거하였다. 뒤에 그는 현량과賢良科에 천거되어 공거公車로 발탁되었지만 나가지 않았다.

그러자 장봉은 이렇게 탄식하였다.

"어진 자란 진실로 예측할 수 없구나. 지난날에 그가 기쁜 얼굴을 한 것은 어버이를 위해 자신을 굽힌 것이었다. 소위 집안이 가난하고 어버이가 늙었을 경우 관직을 가리지 않고 수행하는 법이라는 것을 실행하기 위한 것이었구나!"

장제章帝가 조서를 내려 모의를 포상하여 사랑을 베풀며 곡식 천 곡斛을 하사하였으며 매년 8월이면 장리長吏가 그의 근황을 위해 방문하며 거기에 더하여 양고기와 술을 내려주었다. 그는 집에서 생을 마쳤다.

後漢, 毛義字少節, 廬江人. 家貧以孝行稱. 南陽張奉慕其名, 往候之. 坐定而府檄適至, 以義爲守令. 義奉檄而入, 喜動顔色, 奉者志尙士也. 心賤之, 自恨來, 固辭而去. 及義母死, 去官行服. 數辟公府, 爲縣令, 進退必以禮.

後擧賢良, 公車徵不至. 張奉歎曰:「賢者固不可測. 往日之喜, 乃爲親屈. 所謂家貧親老, 不擇官而仕者也!」

章帝下詔, 褒寵義, 賜穀千斛, 常以八月, 長吏問起居, 加賜羊酒. 壽終于家.

【毛義】후한 章帝 때 인물로 자는 少節. 孝誠이 뛰어났었음.
【張奉】후한 때의 인물.
【守令】郡守와 縣令. 南陽 사람.
【章帝】肅宗孝章皇帝. 東漢 제3대 황제 劉烜. 明帝 劉莊의 아들이며 A.D.76~88년 재위함.
【千斛】'斛'은 곡식의 양을 재는 단위. 10말.
【八月】음력 8월은 만물이 시들며 열매 맺은 달이기 때문에 가친의 안부를 묻는 관습이 있었다 함.
【長吏】漢나라의 丞相이나 三公의 속관. 魏晉 이후에는 王公府의 속관.
【羊酒】양고기와 술.

참고 및 관련 자료

1. 《後漢書》劉趙淳于江劉周趙列傳

中興, 廬江毛義少節, 家貧, 以孝行稱. 南陽人張奉慕其名, 往候之. 坐定而府檄適至, 以義守令, 義奉檄而入, 喜動顔色. 奉者, 志尙士也, 心賤之, 自恨來, 固辭而去. 及義母死, 去官行服. 數辟公府, 爲縣令, 進退必以禮. 後擧賢良, 公車徵, 遂不至. 張奉歎曰:「賢者固不可測. 往日之喜, 乃爲親屈也. 斯蓋所謂

『家貧親老, 不擇官而仕』者也.」建初中, 章帝下詔襃寵義, 賜穀千斛, 常以八月長吏問起居, 加賜羊酒. 壽終于家.

2.《說苑》建本篇

子路曰:「負重道遠者, 不擇地而休; 家貧親老者, 不擇祿而仕. 昔者由事二親之時, 常食藜藿之實而爲親負米百里之外, 親沒之後, 南遊於楚, 從車百乘, 積粟萬鍾, 累茵而坐, 列鼎而食, 願食藜藿負米之時不可復得也; 枯魚銜索, 幾何不蠹, 二親之壽, 忽如過隙, 草木欲長, 霜露不使, 賢者欲養, 二親不待, 故曰: 家貧親老不擇祿而仕也.」

3.《韓詩外傳》(1)

枯魚銜索, 幾何不蠹, 二親之壽, 忽如過客. 樹木欲茂, 霜露不使, 賢士欲成其名, 二親不待. 故曰: 家貧親老, 不擇官而仕也. 詩曰:『雖則如燬, 父母孔邇.』此之謂也.

4.《韓詩外傳》(1)

「任重道遠者, 不擇地而息, 家貧親老者, 不擇官而仕.」

5.《二十四孝》負米養親

周, 仲由, 字子路, 家貧, 嘗食藜薯之食, 爲親負米百里之外. 親沒, 南遊於楚, 從車百乘, 積粟萬鍾, 累褥而坐, 列鼎而食. 乃嘆曰:「雖欲食黍薯之食, 爲親負米百里之外, 不可得也.」有詩爲頌. 詩曰:『負米供甘旨, 寧辭百里遙. 身榮親而沒, 猶念舊劬勞.』

6.《十八史略》(3)

廬江毛義, 以行義稱. 張奉候之, 府檄適至, 以義守安陽令. 義捧檄入, 喜動顏色. 奉心賤之. 後義母死, 徵辟皆不至. 奉乃歎曰:「往日之喜, 爲親屈也.」上下詔襃寵之.

029-② 子路負米
부모를 위해 쌀을 짊어지고 온 자로

《공자가어孔子家語》에 실려 있다.

중유仲由는 자가 자로子路였다. 공자를 뵙자 그는 이렇게 말하였다.

"무거운 짐을 지고 먼 길을 가는 경우 땅을 가리지 않고 쉬는 법이며, 집은 가난하고 늙은 어버이를 모시고 있는 자는 봉록을 가리지 아니하고 벼슬하는 법입니다. 제가 옛날 양친을 모시고 있을 때에는 항상 여곽藜藿의 열매를 먹었지만 기꺼이 백 리 길도 쌀을 짊어지고 어버이를 위해서 달려왔습니다. 그러나 어버이가 돌아가신 다음에는 남쪽 초楚나라로 유람할 때 따르는 수레가 백 승乘이나 되고 쌓아놓은 곡식이 만 종鍾이나 되며 자리는 겹쳐 깔 정도였으며 음식은 솥을 늘여놓을 정도였습니다. 그때에 차라리 여곽의 거친 음식을 먹을지언정 어버이를 위해 쌀을 짊어지고 가고 싶었습니다."

공자가 말하였다.

"중유는 어버이를 모심에 살아 계신 동안에는 자신의 힘을 다하였고, 돌아가신 뒤에는 그리움을 극진히 한 자라 할 수 있구나."

《家語》: 仲由字子路.

見孔子曰:「負重涉遠, 不擇地而休, 家貧親老, 不擇祿而仕. 昔由事二親之時, 常食藜藿之實, 爲親負米百里之外. 親沒之後, 南遊於楚, 從車百乘, 積粟萬鍾, 累茵而坐, 列鼎而食. 願欲食藜藿, 爲親負米不可得也.」

子曰:「由也事親, 可謂生事盡力, 死事盡思者也.」

【仲由】자로(子路). 공자의 제자로서 효행으로 널리 알려진 인물.
【藜藿】명아주 잎과 콩잎, 거칠고 변변치 않은 음식을 이르는 말.
【百乘】'승'은 수레를 헤아리는 단위. 백승은 卿大夫, 千乘은 諸侯, 萬乘은 天子임.
【鍾】곡물의 단위. 6斛4斗를 1종이라 함. '斛'은 열 말.
【列鼎】음식이 풍부한 것을 이르는 말. '정'은 다리가 세 개인 솥.

참고 및 관련 자료

1. 《孔子家語》致思篇

子路見於孔子曰:「負重涉遠, 不擇地而休; 家貧親老, 不擇祿而仕. 昔者, 由也事二親之時, 常食藜藿之實, 爲親負米百里之外. 親歿之後, 南遊於楚, 從車百乘, 積粟萬鍾, 累茵而坐, 列鼎而食, 願欲食藜藿, 爲親負米, 不可復得也. 枯魚銜索, 幾何不蠹! 二親之壽, 忽若過隙.」孔子曰:「由也事親, 可謂生事盡力, 死事盡思者也.」

2. 《說苑》建本篇

子路曰:「負重道遠者, 不擇地而休; 家貧親老者, 不擇祿而仕. 昔者由事二親之時, 常食藜藿之實而爲親負米百里之外, 親沒之後, 南遊於楚, 從車百乘, 積粟萬鍾, 累茵而坐, 列鼎而食, 願食藜藿負米之時不可復得也; 枯魚銜索, 幾何不蠹, 二親之壽, 忽如過隙, 草木欲長, 霜露不使, 賢者欲養, 二親不待, 故曰: 家貧親老不擇祿而仕也.」

3. 《二十四孝》負米養親

周, 仲由, 字子路, 家貧, 嘗食黍薯之食, 爲親負米百里之外. 親沒, 南遊於楚, 從車百乘, 積粟萬鍾, 累褥而坐, 列鼎而食. 乃嘆曰:「雖欲食黍薯之食, 爲親負米百里之外, 不可得也.」有詩爲頌. 詩曰:『負米供甘旨, 寧辭百里遙. 身榮親而沒, 猶念舊劬勞.』

030. 江革巨孝, 王覽友弟

030-① 江革巨孝
큰 효자 강혁

　후한後漢의 강혁江革은 자가 차옹次翁이며 제국齊國 임치臨淄 사람이다. 어려서 아버지를 잃고 홀로 어머니와 살다가 난을 만나 어머니를 업고 피난하였다. 그리하여 온갖 험한 길을 거쳐 항상 남의 추수하고 떨어진 이삭을 주워 어머니를 모셨다. 그래도 자주 도적을 만나 혹 그를 데리고 가려고 겁을 주기도 하였다. 그럴 때면 강혁은 곧바로 눈물을 쏟으며 노모가 계시다고 애원하였다. 그 말이 간곡하여 족히 남을 감동시킬 수 있어 도적도 차마 그를 더 이상 괴롭히지 못하였다. 강혁은 유랑 끝에 하비下邳에 이르렀으나 가난을 벗어나지 못한 채 옷도 입지 못하고 맨발로 고용살이를 하며 어머니를 봉양하였다. 그러다가 건무建武 말에야 어머니와 함께 고향으로 돌아올 수 있었다. 해마다 세밑이 되면 현에서는 호구조사를 실시하였다. 강혁은 어머니를 모시고 직접 가면서 몸이 흔들리지 않도록 하기 위하여 자신이 직접 수레를 끌었으며 소나 말을 사용하지 않았다. 이로써 향리에서는 그를 강거효江巨孝라 불렀다.
　어머니가 돌아가시고 나서 그는 현량방정과賢良方正科에 천거되어 사공장사司空長史가 되었다.
　숙종肅宗은 그의 효성을 예우하여 간의대부諫議大夫로 삼았으나 그는 고향으로 되돌아 갈 것을 고하며 병으로 사직하였다.
　이리하여 매년 8월이면 장사長史가 그를 찾아와 안부를 묻고 양고기와 술을 공급하여 종신토록 여생을 편안히 살도록 하였다. 그리하여 그의 큰 효성을 천하에 널리 알렸던 것이다.
　구본舊本에는 '거巨'자를 '충忠'자로 썼는데 이는 오류이다.

後漢, 江革字次翁, 齊國臨淄人. 少失父, 獨與母居. 遭亂負母逃難, 備歷阻險, 常採拾以爲養. 數遇賊, 或劫欲將去, 革輒涕泣言有老母. 辭氣愿款, 有足感動人者, 賊不忍犯之. 革轉客下邳, 窮貧, 裸跣行傭以供母. 建武末, 與母歸鄉里.

至歲時, 縣當案比, 革以母老不欲搖動, 自在轅中輓車, 不用牛馬. 由是鄉里稱江巨孝. 及母終, 擧賢良方正, 遷司空長史.

肅宗崇禮之, 拜諫議大夫, 賜告歸, 因謝病. 常以八月長史存問, 致羊酒, 以終厥身. 巨孝之稱行於天下.

舊本: '巨'作'忠', 非.

【江革】後漢 때의 孝子. 뒤에 司空長史의 벼슬을 지냄.《後漢書》에 전이 있음.
【臨淄】지금의 山東 淄博市 臨淄鎭. 춘추전국시대 齊나라의 도읍이었으며 漢代 제후국 齊나라의 도읍.
【下邳】縣 이름. 지금의 江蘇省 睢寧縣.
【建武】東漢 光武帝 劉秀의 첫 연호. A.D.25~55년까지 31년간.
【案比】조사하여 비교함. 검열을 위해 호구조사를 함.
【告歸】휴가를 신청하여 잠시 집으로 돌아가는 것.
【肅宗】肅宗孝章皇帝. 章帝 劉炟. 후한의 제3대 황제. 明帝 劉莊의 아들. 76~88년까지 재위함.

참고 및 관련 자료

1.《後漢書》江革
江革字次翁, 齊國臨淄人也. 少失父, 獨與母居. 遭天下亂, 盜賊並起, 革負母逃難, 備經阻險, 常採拾以爲養. 數遇賊, 或劫欲將去, 革輒涕泣求哀, 言有老母, 辭氣愿款, 有足感動人者. 賊以是不忍犯之, 或乃指避兵之方, 遂得俱全於難. 革轉客下邳, 窮貧裸跣, 行傭以供母, 便身之物, 莫不必給. 建武末年, 與母歸鄉里. 每至歲時, 縣當案比, 革以母老, 不欲搖動, 自在轅中輓事, 不用牛馬, 由是

鄕里稱之曰「江巨孝」. 太守嘗備禮召, 革以母老不應. 及母終, 至性殆滅, 嘗寢伏冢廬, 服竟, 不忍除. 郡守遣丞掾釋服, 因請以爲吏.

2. 《二十四孝》行傭供母

後漢, 江革, 少喪父, 獨與母居, 遭亂, 負母逃難, 數遇賊, 或欲劫之去. 革輒泣告有母在, 賊不忍殺. 轉客下邳. 貧窮裸跣. 行傭, 以供母. 母使身之物, 莫不畢給. 有詩爲頌. 詩曰: 『負母逃危難, 窮途賊犯頻. 告哀方獲免, 傭力以供親.』

3. 《小學》善行篇「實明倫」

江革, 少失父, 獨與母居, 遭天下亂. 盜賊並起. 革負母逃難, 備經險阻, 常採拾以爲養, 數遇賊, 或劫欲將去, 革輒涕泣求哀, 言有老母, 辭氣愿款, 有足感動人者, 賊以是不忍犯之. 或乃指避兵之方, 遂得俱全. 轉客下邳, 貧窮裸跣, 行傭以供母, 便身之物, 莫不畢給.

030-② 王覽友弟
아우로서 우애를 다한 왕람

진晉나라 왕람王覽은 자가 현통玄通이다. 어머니 주씨朱氏는 왕람의 형 왕상王祥을 대하면서 매우 무도하였다. 왕람은 나이 겨우 몇 살일 때 왕상이 매를 맞는 것을 보고 문득 그때마다 울면서 감싸 안으면서 매번 어머니께 간언을 하여 어머니가 겨우 조금씩 흉학凶虐이 그치게 되었다. 그런가 하면 주씨가 여러 차례 왕상에게 이치에 어긋나는 일을 시키자 왕람은 그때마다 문득 그 일을 형과 같이 하곤 하였다. 또 왕상의 아내까지 학대하며 일을 시키면 왕람의 처 역시 달려가 그 일을 함께 하였다. 주씨는 결국 자신의 친아들을 걱정하여 그치게 되었다.

아버지가 죽은 후 점차 왕상의 이름이 알려지기 시작하자 주씨는 이를 깊이 미워하여 몰래 짐독酖毒을 술에 넣어 왕상을 죽이고자 하였다. 왕람은 이를 알고 지름길로 달려가 그 술을 가져왔다. 그러자 왕상은 그 술에 독이 있어 혹 아우가 대신 마실까 의심하여 서로 빼앗으려 하였다. 그러자 주씨가 급히 나서서 그 술을 엎어버리고 말았다. 이로부터 주씨가 왕상에게 음식을 내릴 때면 그때마다 왕람이 먼저 맛을 보았다. 왕람의 효성과 우애, 그리고 공경과 진실함은 그 이름이 왕상 다음으로 알려졌다. 그는 광록대부光祿大夫에 올랐으며 그의 집에는 말을 묶는 목책을 마련해 줄 정도였다.

晉, 王覽字玄通. 母朱遇兄祥無道. 覽年數歲, 見祥被楚撻, 輒涕泣抱持, 每諫其母, 母少止凶虐. 朱屢以非理使祥. 覽輒與俱. 又虐使祥妻, 覽妻亦趨而共之. 朱患之乃止. 祥喪父後, 漸有時譽. 朱深疾之, 密使酖祥. 覽知之, 徑起取酒, 祥疑其有毒, 爭而不與, 朱遽奪反之. 自後朱賜祥饌, 覽輒先嘗. 覽孝友恭恪, 名亞於祥. 仕至光祿大夫, 門施行馬.

【王覽】 자는 玄通. 王祥의 배다른 아우. 王融의 후처 朱氏 소생. 진나라 때 光祿大夫를 지냄.
【母朱】 왕상의 아버지 王融은 薛氏를 아내로 맞아 왕상을 낳았으나 설씨가 죽은 뒤에 다시 廬江의 朱氏를 아내로 맞아 王覽을 낳았음.
【王祥】 王覽의 형. 자는 休徵(184~268). 晉나라 때 琅邪 臨沂 사람. '剖冰得鯉'의 孝道 고사로 널리 알려진 인물. 벼슬이 太保에 이름. 《晉書》(63) 王祥傳이 있음.
【反之】 '反'은 覆과 같음. 엎어버림.
【行馬】 말 따위가 도망치거나 들어오는 것을 막기 위해 두른 울타리나 목책. 漢魏 때 三公의 문에 이를 설치하였으며 晉나라 고관으로써 퇴직한 자의 집에도 이를 설치하였음.

> 참고 및 관련 자료

1. 《晉書》(33) 王覽傳

王覽字玄通. 母朱遇兄祥無道. 覽年數歲, 見祥被楚撻, 輒涕泣抱持. 至于成童, 每諫其母, 其母少止凶虐. 朱屢以非理使祥. 覽輒與祥俱. 又虐使祥妻, 覽妻亦趨而共之. 朱患之, 乃止. 祥喪父之後, 漸有時譽. 朱深疾之, 密使酖祥. 覽知之, 徑起取酒, 祥疑其有毒, 爭而不與, 朱遽奪反之. 自後朱賜祥饌, 覽輒先嘗. 朱懼覽致斃, 遂止. 覽孝友恭恪, 名亞於祥. ……頃之, 以疾上疏乞骸骨. 詔聽之, 以太中大夫歸老, 賜錢二十萬, 牀帳薦褥, 遣殿中醫療疾給藥. 後轉光祿大夫, 門施行馬.

2. 《小學》善行篇 「實明倫」

王祥弟覽, 母朱氏, 遇祥無道, 覽年數歲, 見祥被楚撻, 輒涕泣抱持. 至于成童, 每諫其母, 其母少止凶虐. 朱屢以非理, 使祥覽與祥俱, 又虐使祥妻, 覽妻亦趨而公之, 朱患之, 乃止.

031. 蕭何定律, 叔孫制禮

031-① 蕭何定律
법률을 제정한 소하

전한前漢의 고조高祖 유방이 관중關中으로 들어와 진秦나라 백성들에게 약법삼장約法三章을 선포하였다.

"사람을 죽인 자는 사형에 처한다. 남에게 상해를 입힌 자나 도적질한 자는 그에 해당하는 죄를 묻는다."

이는 번거롭던 진나라 법을 줄여 간단히 한 것으로서 진나라 백성들은 크게 환영하였다.

그 뒤 사방 이민족이 귀부歸附해 오지 않았으며 전쟁도 그치지 않아 결국 이 삼장의 법으로는 간악한 무리들을 막아낼 수가 없었다. 이에 상국相國 소하蕭何가 진나라 법을 잘 취합하고 정리하되 그 중 당시 시의에 맞은 것을 취하여 구장九章의 법률을 제정하였다.

고조가 포의布衣였을 때 소하는 자주 관리로써 고조를 받들고 보호해 주었었다. 그리고 뒤에 고조가 패공沛公이 되자 소하는 그의 승丞이 되어 일을 감독하였다. 패공이 함양咸陽에 도착하자 여러 장수들이 다투어 진나라 금백金帛과 재물財物을 보관한 창고로 달려가 그 물건들을 나누어 갖는 것이었다. 그러나 소하만은 홀로 먼저 들어가 진나라 승상丞相과 어사御史의 법률 서적을 거두어 보관하였다. 패공은 이로써 천하의 요충지나 요새, 호구의 다소, 강하고 약한 장소, 백성이 고통으로 느끼는 분야 등을 모두 알 수 있었으니 이는 소하가 안전하게 보관한 진나라 도서를 통해서 그렇게 할 수 있었던 것이다. 고조가 즉위하여 논공행상이 벌어졌을 때 소하의 공이 가장 높았으며 그로 인해 그를 가장 먼저 찬후酇侯에 봉하였던 것이다.

前漢, 高祖初入關, 約法三章. 曰:「殺人者死, 傷人及盜抵罪」 蠲削煩苛, 秦民大說. 其後四夷未附, 兵革未息, 三章之法, 不足以禦姦. 於是相國蕭何, 攗摭秦法, 取其宜於時者, 作律九章. 高祖布衣時, 何數以吏事護高祖, 高祖爲沛公, 何嘗爲丞督事. 沛公至咸陽, 諸將皆爭走金帛財物之府, 分之. 何獨先入, 收秦丞相·御史律令圖書藏之. 沛公具知天下阨塞, 戶口多少强弱處, 民所疾苦者, 以何得秦圖書也. 高祖卽位, 論功行封, 以何功最盛, 先封酇侯.

【漢高祖】劉邦. 자는 季. 沛郡 豐邑 출신으로 秦나라 말 義兵을 일으켜 項羽와 결전 끝에 漢 帝國을 설립함. 太祖高皇帝. 漢 帝國을 세운 임금. B.C.202~B.C.195년 재위.《史記》高祖本紀 참조.
【關中】지금의 西安을 중심으로 한 지역. 秦나라 때 도읍 咸陽이 있었음.
【攗摭】'攗'은 '捃'과 같음. '물건 따위를 줍다'의 뜻.
【蕭何】蕭相國(?~B.C.193). 沛縣(현재는 江蘇省內에 있음) 사람으로 秦 말기에 劉邦을 도와 병사를 일으켜 공을 세움. 후에 유방은 漢王이 되고 소하는 丞相이 되었으며 高帝 11년에 승상을 相國으로 개칭함.《史記》蕭相國世家 참조.
【沛公】漢나라의 高祖 劉邦을 그 고향 沛縣에 맞추어 부르는 칭호.
【咸陽】지금의 陝西 西安 근처 咸陽市. 秦나라가 도읍으로 정했던 곳.
【阨塞】'阨'은 '隘'와 같음. 險塞·要害堅固한 곳.

참고 및 관련 자료

1.《史記》高祖本紀
漢元年十月, 沛公兵遂先諸侯至霸上. 秦王子嬰素車白馬, 係頸以組, 封皇帝璽符節, 降軹道旁. 諸將或言誅秦王. 沛公曰:「始懷王遣我, 固以能寬容; 且人已服降, 又殺之, 不祥」乃以秦王屬吏, 遂西入咸陽. 欲止宮休舍, 樊噲·張良諫, 乃封秦重寶財物府庫, 還軍霸上. 召諸縣父老豪桀曰:「父老苦秦苛法久矣, 誹謗者族, 偶語者棄市. 吾與諸侯約, 先入關者王之, 吾當王關中. 與父老約, 法三章

耳: 殺人者死, 傷人及盜抵罪. 餘悉除去秦法. 諸吏人皆案堵如故. 凡吾所以來, 爲父老除害, 非有所侵暴, 無恐! 且吾所以還軍霸上, 待諸侯至而定約束耳.」乃使人與秦吏行縣鄕邑, 告諭之. 秦人大喜, 爭持牛羊酒食獻饗軍士. 沛公又讓不受, 曰:「倉粟多, 非乏, 不欲費人.」人又益喜, 唯恐沛公不爲秦王.

2. 《漢書》高祖紀와 刑法志도 대략 같음.

3. 《十八史略》(2)
破秦入關, 降秦王子嬰, 旣定秦, 還軍霸上. 悉召諸縣父老豪傑, 謂曰:「父老苦秦苛法久矣. 吾與諸侯約, 先入關中者王之, 吾當王關中, 與父老約, 法三章耳: 殺人者死, 傷人及盜抵罪, 餘悉除去秦苛法.」秦民大喜.

031-② 叔孫制禮
궁중 예법을 제정한 숙손통

전한前漢의 숙손통叔孫通은 설薛 땅 사람이다. 진秦나라 때 문학文學으로써 대조박사待詔博士를 지내다가 한漢나라에 항복하여 박사博士가 되어 직사군稷嗣君이라 불렸다. 한왕漢王 유방이 황제에 오르자 진나라 의례나 법률을 모두 제거하여 간편하게 바꾸어버렸다. 그러자 신하들은 술을 마실 때면 자신의 공이 어떻다고 다투며 떠들어대고, 취하면 혹 마구 소리를 지르는가 하면 더러는 칼을 빼어 기둥을 치는 등 질서를 잡을 수가 없었다.

유방은 갈수록 이러한 행동이 싫어졌다. 그때 숙손통이 유방에게 이렇게 말하였다.

"원컨대 유가의 학술이 활발한 노魯나라 생도들을 불러 저의 제자들과 함께 조정에서의 의례儀禮를 세우겠습니다. 자못 고례古禮와 진의秦儀에서 취하여 잘 섞어 만들어보겠습니다."

황제가 노나라 생도들을 불러 그들로 하여금 숙손통의 제자들과 들에다 면절綿蕝을 만들어 구획을 삼고 한 달 남짓 연습을 시키도록 하였다. 그리고 나자 숙손통이 아뢰었다.

"황상께서 가히 시험해 보실 수 있습니다."

고조 7년, 장락궁長樂宮이 완성되자 제후들과 군신들이 그 해 10월 조회를 열게 되었다. 행사를 마치고 술이 준비되었을 때 존비의 순서에 따라 일어나 황제를 위해 축수하였다. 이렇게 술잔이 아홉 차례 행해지자 알자謁者가 말하였다.

"술자리는 이것으로 마칩니다."

그리고 어사가 법대로 집행하면서 의례대로 행하지 못하는 자를 지적하여 곧바로 끌고 나갔다. 이로부터 조정에서는 감히 시끄럽게 떠들거나 예를 범하는 자가 없게 되었다.

황제는 이렇게 말하였다.

"내 오늘에야 비로소 황제라는 자리가 귀한 것임을 알았소."

그리하여 숙손통을 봉상奉常으로 임명하고 금 5백 근을 하사하였다.

前漢, 叔孫通薛人. 秦時以文學待詔博士, 降漢拜博士, 號稷嗣君. 漢王爲皇帝, 悉去秦儀法爲簡易. 群臣飮爭功, 醉或妄呼, 拔劍擊柱.

上益厭之, 通說上:「願徵魯諸生, 與臣弟子共起朝儀, 頗采古禮與秦儀, 雜就之.」

上使徵魯諸生, 與其弟子, 爲綿蕝野外, 習之月餘.

通曰:「上可試觀.」

七年長樂宮成, 諸侯群臣朝十月, 行禮畢置酒, 以尊卑次起上壽. 觴九行, 謁者言:「罷酒.」御史執法, 擧不如儀者輒引去. 竟朝無敢

喧譁失禮者.

帝曰:「吾乃今日知爲皇帝之貴也.」

拜通爲奉常, 賜金五百斤.

【叔孫通】 薛縣 출신으로 秦末에 博士에 올랐음. 뒤에 項羽의 속관이었으나 劉邦에게 옮겨 稷嗣君이라 불림. 漢 王朝 건립 후 典章制度를 마련함. 《史記》,《漢書》에 傳이 있음.
【稷嗣君】 '稷嗣'는 고을의 이름.
【魯諸生】 魯나라에는 孔子 출신지이며 유가가 흥성했던 지역이었음.
【綿蕝】 솜의 실로 구획을 정하여 예를 익혔으며 절은 띠로써 이를 세워 관리들을 줄을 세워 질서를 바로 잡았음.
【朝十月】 한나라는 당시까지 秦나라의 曆法을 사용하여 10월이 정월이었으며 이 때문에 이때에 신년 축하 조회를 했던 것임.
【喧譁】 아주 시끄럽게 떠드는 상황을 말하는 雙聲連綿語.
【奉常】 秦나라 때에 宗廟禮儀를 담당했으며 漢 景帝 때 이를 '太常'이라 고쳐 불렀음.

참고 및 관련 자료

1.《史記》叔孫通傳

叔孫通者, 薛人也. 秦時以文學徵, 待詔博士. 數歲, 陳勝起山東, 使者以聞, 二世召博士諸儒生問曰:「楚戍卒攻蘄入陳, 於公如何?」博士諸生三十餘人前曰:「人臣無將, 將卽反, 罪死無赦. 願陛下急發兵擊之.」二世怒, 作色. 叔孫通前曰:「諸生言皆非也. 夫天下合爲一家, 毀郡縣城, 鑠其兵, 示天下不復用. 且明主在其上, 法令具於下, 使人人奉職, 四方輻輳, 安敢有反者! 此特羣盜鼠竊狗盜耳, 何足置之齒牙閒. 郡守尉今捕論, 何足憂.」二世喜曰:「善.」盡問諸生, 諸生或言反, 或言盜. 於是二世令御史案諸生言反者下吏, 非所宜言. 諸言盜者皆罷之. 迺賜叔孫通帛二十匹, 衣一襲, 拜爲博士. 叔孫通已出宮, 反舍, 諸生曰:「先生何言之諛也?」通曰:「公不知也, 我幾不脫於虎口!」迺亡去, 之薛, 薛已降楚矣. 及項梁之薛, 叔孫通從之. 敗於定陶, 從懷王. 懷王爲義帝, 徙長沙, 叔孫通留事

項王. 漢二年, 漢王從五諸侯入彭城, 叔孫通降漢王. 漢王敗而西, 因竟從漢. 叔孫通儒服, 漢王憎之; 廼變其服, 服短衣, 楚製, 漢王喜. 叔孫通之降漢, 從儒生弟子百餘人, 然通無所言進, 專言諸故羣盜壯士進之. 弟子皆竊罵曰:「事先生數歲, 幸得從降漢, 今不能進臣等, 專言大猾, 何也?」叔孫通聞之, 廼謂曰:「漢王方蒙矢石爭天下, 諸生寧能鬬乎? 故先言斬將搴旗之士. 諸生且待我, 我不忘矣.」漢王拜叔孫通爲博士, 號稷嗣君. 漢五年, 已并天下, 諸侯共尊漢王爲皇帝於定陶, 叔孫通就其儀號. 高帝悉去秦苛儀法, 爲簡易. 羣臣飲酒爭功, 醉或妄呼, 拔劍擊柱, 高帝患之. 叔孫通知上益厭之也, 說上曰:「夫儒者難與進取, 可與守成. 臣願徵魯諸生, 與臣弟子共起朝儀.」高帝曰:「得無難乎?」叔孫通曰:「五帝異樂, 三王不同禮. 禮者, 因時世人情爲之節文者也. 故夏·殷·周之禮所因損益可知者, 謂不相復也. 臣願頗采古禮與秦儀雜就之.」上曰:「可試爲之, 令易知, 度吾所能行爲之.」於是叔孫通使徵魯諸生三十餘人. 魯有兩生不肯行, 曰:「公所事者且十主, 皆面諛以得親貴. 今天下初定, 死者未葬, 傷者未起, 又欲起禮樂. 禮樂所由起, 積德百年而後可興也. 吾不忍爲公所爲. 公所爲不合古, 吾不行. 公往矣, 無汙我!」叔孫通笑曰:「若眞鄙儒也, 不知時變.」遂與所徵三十人西, 及上左右爲學者與其弟子百餘人爲緜蕞野外. 習之月餘, 叔孫通曰「上可試觀.」上旣觀, 使行禮, 曰:「吾能爲此.」廼令羣臣習肄, 會十月. 漢七年, 長樂宮成, 諸侯羣臣皆朝十月. 儀: 先平明, 謁者治禮, 引以次入殿門, 廷中陳車騎步卒衛宮, 設兵張旗志. 傳言「趨」. 殿下郎中俠陛, 陛數百人. 功臣列侯諸將軍軍吏以次陳西方, 東鄉; 文官丞相以下陳東方, 西鄉. 大行設九賓, 臚傳. 於是皇帝輦出房, 百官執職傳警, 引諸侯王以下至吏六百石以次奉賀. 自諸侯王以下莫不振恐肅敬. 至禮畢, 復置法酒. 諸侍坐殿上皆伏抑首, 以尊卑次起上壽. 觴九行, 謁者言「罷酒」. 御史執法舉不如儀者輒引去. 竟朝置酒, 無敢讙譁失禮者. 於是高帝曰:「吾廼今日知爲皇帝之貴也.」廼拜叔孫通爲太常, 賜金五百斤.

2. 《**漢書**》酈陸朱劉叔孫傳(叔孫通)
叔孫通, 薛人也. 秦時以文學徵, 待詔博士. 數歲, 陳勝起, 二世召博士諸儒生問曰:「楚戍卒攻蘄入陳, 於公何如?」博士諸生三十餘人前曰:「人臣無將, 將則反, 罪死無赦. 願陛下急發兵擊之.」二世怒, 作色. 通前曰:「諸生言皆非. 夫天下爲一家, 毀郡縣城, 鑠其兵, 視天下弗復用. 且明主在上, 法令具於下, 吏人人奉職, 四方輻輳, 安有反者! 此特羣盜鼠竊狗盜, 何足置齒牙間哉? 郡守尉(令)[今]捕誅, 何足憂?」二世喜, 盡問諸生, 諸生或言反, 或言盜. 於是二世令御史按諸生言反者下吏, 非所宜言. 諸生言盜者皆罷之. 乃賜通帛二十疋, 衣一襲, 拜爲博士. 通已出,

反舍, 諸生曰:「生何言之諛也?」通曰:「公不知, 我幾不免虎口!」乃亡去之薛, 薛已降楚矣. 及項梁之薛, 通從之. 敗定陶, 從懷王. 懷王爲義帝, 徙長沙, 通留事項王. 漢二年, 漢王從五諸侯入彭城, 通降漢王. 通儒服, 漢王憎之, 乃變其服, 服短衣, 楚製. 漢王喜. 通之降漢, 從弟子百餘人, 然無所進, 剸言諸故羣盜壯士進之. 弟子皆曰:「事先生數年, 幸得從漢, 今不進臣等, 剸言大猾, 何也?」通乃謂曰:「漢王方蒙矢石爭天下, 諸生寧能鬪乎? 故先言斬將搴旗之士. 諸生且待我, 我不忘矣.」漢王拜通爲博士, 號稷嗣君. 漢王已幷天下, 諸侯共尊爲皇帝於定陶, 通就其儀號. 高帝悉去秦儀法, 爲簡易. 羣臣飮爭功, 醉或妄呼, 拔劍擊柱, 上患之. 通知上益厭之, 說上曰:「夫儒者難與進取, 可與守成. 臣願徵魯諸生, 與臣弟子共起朝儀.」高帝曰:「得無難乎?」通曰:「五帝異樂, 三王不同禮. 禮者, 因時世人情爲之節文者也. 故夏, 殷·周禮所因損益可知者, 謂不相復也. 臣願頗采古禮與秦儀雜就之.」上曰:「可試爲之, 令易知, 度吾所能行爲之.」於是通使徵魯諸生三十餘人. 魯有兩生不肯行, 曰:「公所事者且十主, 皆面諛親貴. 今天下初定, 死者未葬, 傷者未起, 又欲起禮樂. 禮樂所由起, 百年積德而後可興也. 吾不忍爲公所爲. 公所爲不合古, 吾不行. 公往矣, 毋污我!」通笑曰:「若眞鄙儒, 不知時變.」遂與所徵三十人西, 及上左右爲學者與其弟子百餘人爲緜蕞野外. 習之月餘, 通曰:「上可試觀.」上使行禮, 曰:「吾能爲此.」乃令羣臣習肄, 會十月. 漢七年, 長樂宮成, 諸侯羣臣朝十月. 儀: 先平明, 謁者治禮, 引以次入殿門, 廷中陳車騎戎卒衛官, 設兵, 張旗志. 傳曰「趨」. 殿下郎中俠陛, 陛數百人. 功臣列侯諸將軍軍吏以次陳西方, 東鄉; 文官丞相以下陳東方, 西鄉. 大行設九賓, 臚句傳. 於是皇帝輦出房, 百官執戟傳警, 引諸侯王以下至吏六百石以次奉賀. 自諸侯王以下莫不震恐肅敬. 至禮畢, 盡伏, 置法酒. 諸侍坐殿上皆伏抑首, 以尊卑次起上壽. 觴九行, 謁者言「罷酒」. 御史執法擧不如儀者輒引去. 竟朝置酒, 無敢讙譁失禮者. 於是高帝曰:「吾乃今日知爲皇帝之貴也.」拜通爲奉常, 賜金五百斤.

3.《十八史略》(2)

帝懲秦苛法爲簡易. 羣臣飮酒爭功, 醉或妄呼, 拔劍擊柱. 叔孫通說上曰:「儒者難與進取, 可與守成. 願徵魯諸生, 共起朝儀.」上從之, 魯有兩生不肯行, 曰:「禮樂積德, 而後可興也.」通與所徵及上左右, 與弟子百餘人, 爲緜蕞野外習之. 七年, 長樂宮成, 諸侯羣臣皆朝賀. 謁者治禮, 引諸侯王以下, 至吏六百石, 以次奉賀, 莫不振恐肅敬. 禮畢置法酒, 御史執法, 擧不如儀者, 輒引去. 竟朝罷酒, 無敢誼譁失禮者. 上曰:「吾乃今日知爲皇帝之貴也.」拜通爲太常.

032. 葛豊刺擧, 息躬歷詆

032-① 葛豊刺擧
풍자와 검거에 뛰어난 제갈풍

　전한前漢의 제갈풍諸葛豊은 자가 소계少季로서 낭야琅邪 사람이었다. 그는 경학에 밝아 군郡의 문학文學이라는 벼슬에 올랐으며 성격이 독특하고 강직하기가 이를 데 없었다. 원제元帝 때 사예교위司隸校尉로 발탁되었다. 그는 잘못을 풍자하는 일과 죄 있는 자를 검거하는데 누구도 용서함이 없었다. 그리하여 서울 장안에서는 이러한 상황을 두고 이렇게들 말하였다.
　"요즈음 어찌 그리 격조한가? 제갈풍을 만날까 그런 것인가?"
　황제는 그의 절의를 가상히 여겨 그에게 광록대부光祿大夫의 작위를 더해 주었다.

　前漢, 諸葛豊字少季, 琅邪人. 以明經爲郡文學, 特立剛直.
元帝擢爲司隸校尉, 刺擧無所避, 京師爲之語曰:「間何闊? 逢諸葛」
上嘉其節, 加秩光祿大夫.

【諸葛豊】前漢 元帝 때 經學에 밝았으며 강직하기로 이름이 났던 인물. 《漢書》에 전이 있음.
【元帝】西漢 제8대 황제 劉奭. 宣帝 劉詢의 아들이며 B.C.48~B.C.33년 재위함.
【司隸校尉】죄수나 노예의 徒役을 담당하는 관리.
【逢諸葛】顔師古 注에 "問者何久闊? 不相見以逢諸葛故也"라 함.

참고 및 관련 자료

1. 《漢書》蓋諸葛劉鄭孫毋將何傳(諸葛豐)

諸葛豐字少季, 琅邪人也. 以明經爲郡文學, 名特立剛直. 貢禹爲御史大夫, 除豐爲屬, 擧侍御史. 元帝擢爲司隷校尉, 刺擧無所避, 京師爲之語曰:「間何闊, 逢諸葛.」上嘉其節, 加豐秩光祿大夫.

032-② 息躬歷詆
공경대부를 차례로 꾸짖은 식부궁

전한前漢의 식부궁息夫躬은 자가 자미子微이며 하내河內 하양河陽 사람이다. 어려서 박사제자博士弟子가 되어 《춘추春秋》를 전수받았고 여러 기록과 서적을 두루 열람하여 통달하였다. 애제哀帝 때에 그는 광록대부擢光祿大夫, 급사중給事中으로 발탁되었다. 그는 당시 공경대신들을 차례로 꾸짖어 이렇게 상소하였다.

"지금 승상丞相 왕가王嘉는 건실하기는 하나 너무 일을 줄이고 각박하게 하여 기용해서는 안 됩니다. 그리고 어사대부御史大夫 가연賈延은 처지고 나약하여 자신의 직무를 수행할 수 없습니다. 그리고 좌장군左將軍 공손록公孫祿과 사예司隷 포선鮑宣은 모두가 겉으로는 목이 뻣뻣한 인물이라 알려져 있지만 안으로는 실제 어리석어 자신이 맡은 정사를 이해하지 못하고 있습니다. 또 여러 조曹 산하의 관료들은 그 재빠름이 족히 관료의 숫자만큼 되지 못합니다. 마침내 어떤 적이 강한 노弩로 우리의 성을 포위하고 긴 창으로 궁성을 표적으로 덤벼온다면 폐하께서는 누구와 더불어 대처하겠습니까?"

前漢, 息夫躬字子微, 河內河陽人. 少爲博士弟子, 受《春秋》, 通覽記書. 哀帝擢光祿大夫·給事中.

上疏歷詆公卿大臣曰:「方今丞相王嘉健而蓄縮, 不可用. 御史大夫賈延墮弱不任職. 左將軍公孫祿·司隷鮑宣, 皆外有直項之名, 內實駭不曉政事. 諸曹以下, 僕遫不足數. 卒有強弩圍城, 長戟指闕, 陛下誰與備之?」

【息夫躬】西漢의 학자. 자는 子微.《春秋》에 밝았으며 哀帝 때 광록대부에 오름.《漢書》에 전이 있음.
【哀帝】西漢 제10대 황제. 이름은 劉欣. 元帝(劉奭)의 둘째 아들 劉康의 아들로 제위에 오름. B.C.32~B.C.1년 재위함.
【墮弱】'墮'는 '惰'와 같음.
【鮑宣】전한 때의 인물. 司隷 벼슬을 역임함.
【僕遫】顔師古 注에 '평범하고 재능이 적은 것'이라 하였음. '遫'은 '速'의 古字.

참고 및 관련 자료

1.《漢書》蒯伍江息夫傳(息夫躬)
息夫躬字子微, 河內河陽人也. 少爲博士弟子, 受《春秋》, 通覽記書. 容貌壯麗, 爲衆所異. 哀帝初卽位, 皇后父特進孔鄕侯傅晏與躬同郡, 相友善, 躬繇是以爲援, 交游日廣. 先是, 長安孫寵亦以游說顯名, 免汝南太守, 與躬相結, 俱上書, 召待詔. 是時哀帝被疾, 始卽位, 而人有告中山孝王太后祝詛上, 太后及弟宜鄕侯馮參皆自殺, 其罪不明. 是後無鹽危山有石自立, 開道. 躬與寵謀曰:「上亡繼嗣, 體久不平, 關東諸侯, 心爭陰謀. 今無鹽有大石自立, 聞邪臣託往事, 以爲大山石立而先帝龍興. 東平王雲以故與其后日夜祠祭祝詛上, 欲求非望. 而后躬伍宏反因方術以醫技得幸, 出入禁門. 霍顯之謀將行於杯杓, 荊軻之變必起於帷幄. 事勢若此, 告之必成; 發國姦, 誅主讎, 取封侯之計也.」躬·寵乃與中郎右師譚, 共因中常侍宋弘上變事告焉, 上惡之, 下有司案驗, 東平王雲·雲后謁及伍宏等皆坐誅. 上擢寵爲南陽太守, 譚潁川都尉, 弘·躬皆光祿大夫左曹給事中. 是時

侍中董賢愛幸, 上欲侯之, 遂下詔云:「躬·寵因賢以聞, 封賢爲高安侯, 寵爲方陽侯, 躬爲宜陵侯, 食邑各千戶. 賜譚爵關內侯, 食邑.」丞相王嘉內疑東平獄事, 爭不欲侯賢等, 語在《嘉傳》. 嘉固言董賢泰盛, 寵·躬皆傾覆有佞邪材, 恐必撓亂國家, 不可任用. 嘉以此得罪矣.

033. 管寧割席, 和嶠專車

033-① 管寧割席
함께 앉은 자리를 베어버린 관녕

《세설신어世說新語》에 실려 있다.

관녕管寧은 자가 유안幼安이다. 화흠華歆과 더불어 채소밭을 매고 있다가 땅에 떨어진 금을 발견하자 관녕은 이를 호미로 휘저어 던지며 마치 기왓장이나 돌을 보듯 하며 조금도 기이하게 여기지 않았다. 그러나 화흠은 이를 주워 보고 나서야 내던지는 것이었다.

또 어느 날 한 번은 함께 앉아 책을 읽고 있을 때 어떤 귀한 신분 관리의 수레가 지나가고 있었다. 그때 관녕은 읽던 책을 여전히 읽고 있었지만 화흠은 책을 덮고 이를 구경하는 것이었다. 이에 관녕은 함께 앉았던 자리를 칼로 잘라 베어 나누어 앉으며 이렇게 말하였다.

"그대는 내 친구가 아니다."

관녕과 화흠, 그리고 병원邴原 세 사람이 함께 공부 길에 나섰다. 세 사람은 모두 서로 아주 친한 사이였다. 그 때문에 당시 사람들은 그를 한 마리의 용이라 부르며 이렇게 말하였다.

"관녕은 용의 머리요, 병원은 배이며, 화흠은 꼬리로다."

《世說》: 管寧字幼安. 與華歆共園鋤菜, 見地有金, 寧揮鋤與瓦石不異, 歆捉而擲之.

又嘗同席讀書, 有乘軒冕過門者, 寧讀書如故, 歆廢書而看.

寧割席分坐曰:「子非吾友也.」

寧·歆·邴原俱游學, 三人相善, 故時人號爲一龍.
謂:「寧爲龍頭, 原爲龍腹, 歆爲龍尾.」

【管寧】자는 幼安(158~241). 삼국시대. 魏의 先虛人. 春秋 齊나라 때 管仲의 후손으로 遼東에 피해 살다가 魏나라 文帝와 明帝 때 벼슬을 내렸으나 끝내 사양하였음. 寧은 甯으로도 씀. 《三國志》(11)에 전이 있음.

【華歆】자는 子魚(156~231). 삼국시대 魏나라 高堂人. 어릴 때 관녕과 함께 같이 공부하였으며 漢末에 豫章太守를 거쳐 뒤에 吳나라 孫策을 따르다가, 다시 魏나라에 벼슬하여 曹丕를 도와 漢나라를 찬탈함. 《三國志》(13)에 전이 있음. '華歆忭旨'[106] 참조.

【軒冕】軒은 大夫 이상이 타는 수레. 冕 고위 관리들이 쓰는 관. 고위 관리를 지칭하는 말.

【邴原】자는 根矩(?~211). 후한 때 인물로 孔融의 추천을 받았으나 黃巾賊의 난으로 피난함. 曹操가 五官將長史를 삼았으나 나가지 않음. 《三國志》(11)에 전이 있음.

참고 및 관련 자료

1. 《世說新語》德行篇
管寧·華歆共園中鋤菜, 見地有片金, 管揮鋤與瓦石不異, 華捉而擲去之. 又嘗同席讀書, 有乘軒過門者, 寧讀書如故, 歆廢書出看. 寧割席分坐曰:「子非吾友也!」

2. 《魏略》
寧少恬靜, 常笑邴原, 華子魚有仕宦意; 及歆爲司徒, 上書讓寧. 寧聞之, 笑曰:「子語本欲作老吏, 故榮之耳.」

3. 《魏略》
靈帝時, 與北海邴原, 管寧俱遊學相善, 時號三人爲一龍. 謂歆爲龍頭, 寧爲龍腹, 原爲龍尾.

033-② 和嶠專車
수레를 독차지한 화교

진晉나라 화교和嶠는 자가 장여長輿이며 여남汝南 서평西平 사람이다. 젊어서 풍격이 있었으며 돈후하여 스스로를 높이고 자중하였다. 당세에 이름이 풍성히 날려 조정과 재야 모두 그가 능히 풍속을 정리하고 인륜을 바로잡을 만한 사람이라 여겼다.
이리하여 유애庾敱는 그를 보고 이렇게 감탄하였다.
"화교는 빽빽하기가 마치 천 길의 소나무와 같다. 비록 울퉁불퉁한 옹이에 마디가 많지만 큰 건물을 지을 때라면 동량의 재목으로 사용할 수 있다."
계속 승진하여 중서령中書令에 올랐다.
무제武帝는 그의 그릇됨을 깊다 여겨 우대하였다. 옛날에는 중서감中書監과 중서령中書令은 동급의 수레를 타고 조정에 들어올 수 있었는데 이때 순욱荀勖이 중서감이었다. 화교는 순욱이 사람됨이 비천하다 여겨 자신의 의기意氣대로 등급이 높아야 한다고 하였다. 그리하여 매번 동승할 때마다 그는 높고 거친 행동으로 수레를 독차지하여 앉았다. 이 때문에 중서감과 중서령의 수레를 달리하였는데 이는 바로 화교 때부터 시작된 것이다.

晉, 和嶠字長興, 汝南西平人. 少有風格, 厚自崇重. 有盛名於世, 朝野許其能整風俗, 理人倫.
庾敱見而歎曰:「嶠森森如千丈松. 雖磈砢多節目, 施之大廈, 有棟梁之用.」
累遷中書令.

武帝深器遇之. 舊監令共車入朝, 時荀勖爲監. 嶠鄙其爲人, 以意氣加之. 每同乘, 高抗專車而坐, 乃使監令異車, 自嶠始也.

【和嶠】자는 長輿. 太子少傅, 中書令, 散騎常侍, 光祿大夫 등을 역임함. 성품이 인색하고 돈에 대하여 집착을 가졌다 함.《晉書》(45)에 전이 있음.
【庾敳】자는 子嵩(261~311). 王衍의 중시를 받아 吏部郞. 東海王(司馬越)의 太傅가 되었으며 石勒의 난에 왕연과 함께 피살됨.《晉書》(50)에 전이 있음. '庾敳墮幘'[230] 참조.《晉書》에는 '周顗'로 되어 있음.
【磥砢】'磥'는 '뇌(磊)'와 같음. 원음은 '뢰라'로 雙聲連綿語.
【武帝】晉 武帝. 司馬炎. 西晉의 개국군주. 司馬昭의 長子. 자는 安世. 咸熙 2年(265)에 魏나라로부터 禪讓의 형식으로 나라를 이어받아 晉나라를 세우고 洛陽을 도읍으로 함. 재위 26년(265~290). 廟號는 世祖.《晉書》(3)에 紀가 있음.
【荀勖】자는 公曾(?~289). 荀爽의 증손으로 대장군 曹爽의 掾이 되었으나 조상이 피살되자 司馬昭에게 발탁되어 記室로서 裴秀, 羊祜와 함께 機密을 담당함. 뒤에 司馬炎이 晉나라를 일으키자 安陽令・侍中・中書監, 光祿大夫, 儀同三司 등을 지냄. 晉初 晉律을 제정하였으며 음악에도 조예가 깊었고 당시의 서적을 정리하기도 함.《晉書》(39)에 전이 있음.
【監令】中書監과 中書令.
【高抗】뜻을 높게 가져서 남에게 굽히지 않음.

> 참고 및 관련 자료

1.《晉書》(45) 和嶠傳
和嶠字長輿, 汝南西平人也. 祖洽, 魏尙書令. 父逌, 魏吏部尙書. 嶠少有風格, 慕舅夏侯玄之爲人, 厚自崇重. 有盛名于世, 朝野許其能整風俗, 理人倫. 襲父爵上蔡伯, 起家太子舍人. 累遷潁川太守, 爲政淸簡, 甚得百姓歡心. 太傅從事中郞庾顗見而歎曰:「嶠森森如千丈松. 雖磥砢多節目, 施之大廈, 有棟梁之用.」賈充亦重之, 稱於武帝, 入爲給事黃門侍郞, 遷中書令. 帝深器遇之. 舊監令共車入朝, 時荀勖爲監. 嶠鄙其爲人, 以意氣加之. 每同乘, 高抗專車而坐, 乃使監令異車, 自嶠始也.

034. 時苗留犢, 羊續懸魚

034-① 時苗留犢
송아지는 남겨놓고 떠난 시묘

《위략魏略》에 실려 있다.

시묘時苗는 자가 덕주德冑였으며 거록鉅鹿 사람이다. 젊어서 청렴하고 담백하여 악한 일이라면 질겁하였다. 건안建安 연간에 수춘령壽春令이 되었으며 그의 법령은 바람이 풀이 기울 교화를 성취시켰다. 그가 처음 관직에 나갔을 때는 아주 변변찮은 박분거薄轒車를 타고, 누런 암소 새끼 한 마리, 그리고 베로 짠 이불과 자루 하나가 전부였다. 일 년이 지나 그 누런 암소가 새끼를 낳자 그는 그 송아지를 그대로 남겨둔 채 떠나면서 주부主簿에게 이렇게 말하였다.

"내가 이곳에 올 때는 본래 이 송아지가 없었다. 이 송아지는 회남淮南 땅 소생이다."

당시 사람들은 모두 이러한 태도에 감격하였다. 이러한 일로 그 이름이 천하에 알려졌으며 뒤에 중랑장中郞將에 오르게 되었다.

《魏略》: 時苗字德冑, 鉅鹿人. 少淸白, 爲人疾惡. 建安中爲壽春令, 令行風靡. 其始之官, 乘薄轒車, 黃牸牛, 布被囊. 歲餘牛生一犢.

及去留其犢, 謂主薄曰:「令來時本無此犢, 犢是淮南所生.」

時人皆以爲激. 然由是名聞天下. 後遷中郞將.

【魏略】魏나라의 역사서. 지금은 전하지 않음. 陳壽의 《三國志》 저술에 기본이 되었던 역사 자료임.

【時苗】삼국시대 壽春令을 지냈던 인물. 그가 수춘령으로 임직하면서 덕정을 베풀어 많은 사람들이 칭송하였음. 특히 그가 부임할 때 자신의 소가 끄는 수레를 타고 왔는데 마침 그가 떠날 때 그 소가 새끼를 낳자 "이 송아지는 이곳에서 태어났으니 이곳에 남겨두겠다"라 하여 백성들이 그 송아지를 서로 돌보며 '時公犢'이라 하였다 함.(《魏略》)

【建安】東漢 마지막 황제인 獻帝(劉協)의 연호. A.D.196~219년까지 24년간. 조씨 부자가 득세하여 실권을 잃고 있을 때였으며 문학은 建安七子들이 활동할 때였음.

【壽春】지금의 安徽省 壽縣. 漢나라 제후국 淮南國의 수도였음.

【風靡】풀이 옆으로 쓰러지는 것처럼 복종하는 것.《論語》顏淵篇 참조.

【薄簦車】'薄'은 발(簾), '簦'은 수레의 덮개. 변변치 않은 수레를 말함.

참고 및 관련 자료

1. 《幼學瓊林》

轅門傳號令, 李將軍椎饗士之牛; 邑士起謳歌, 時令尹留去官之犢.

2. 《論語》顏淵篇

季康子問政於孔子曰:「如殺無道, 以就有道, 何如?」孔子對曰:「子爲政, 焉用殺? 子欲善而民善矣. 君子之德風, 小人之德草. 草上之風, 必偃.」

034-② 羊續懸魚
뇌물로 바쳐온 물고기를 걸어둔 양속

후한後漢의 양속羊續은 자가 흥조興祖이며 태산太山 평양平陽 사람이다. 남양태수南陽太守가 되어 정령을 잘 선포하고 펴서 백성의 고통과 이익을 살펴 백성들이 탄복하였다. 항상 떨어진 옷에 거친 식사를 하였으며 말은 여위고 수레는 낡은 것이었다. 부승府丞이 어느 날 그에게 생선을 바치자 양속은 이를 받아 정원에 걸어두었다. 뒤에 다시 물고기를 진상하자 양속은 전에 매달아 두었던 것을 꺼내어 그의 의도를 막아버렸다.

영제靈帝가 그를 태위太尉로 삼고자 하였다. 당시 삼공三公에 임명되는 자는 모두가 동원東園에 천만 금의 사례비를 내는 것이 관례였으며 중사中使로 하여금 이를 독촉하였다. 그 이름을 좌추左騶라 하며, 그가 가는 곳이면 문득 예와 공경으로 맞이하여 후한 뇌물을 더 얹어주곤 하였다. 양속은 그가 찾아오자 그를 홑 방석에 앉히고는 헌 솜옷의 외투를 꺼내어 들어 보여주며 이렇게 말하였다.

"신이 가지고 있는 재물이란 이것뿐이오."

이러한 일이 이유가 되어 그는 공公의 직위에 오르지 못하였다.

後漢, 羊續字興祖, 太山平陽人. 爲南陽太守, 班宣政令, 候民病利, 百姓歎服. 常敝衣薄食, 車馬羸敗. 府丞嘗獻其生魚, 續受而懸之於庭. 後又進之, 續乃出前所懸者, 以杜其意. 靈帝欲以爲太尉.

時拜三公者, 皆輸東園禮錢千萬, 令中使督之, 名爲左騶. 其所之往, 輒迎致禮敬, 厚加贈賂.

續乃坐使於單席, 擧縕袍示之曰:「臣所資唯斯以已.」

以此故不登公位.

【羊續】자는 興祖. 南陽太守를 역임하였음. 《後漢書》에 전이 있음.
【靈帝】동한 제12대 황제 劉宏. 158~189년 재위함.
【東園禮錢】후한 桓帝 때 궁핍한 재정을 보전하기 위하여 공식적으로 매관 매직을 하였음. 東園에 관청을 설치하여 관직에 임명된 자에게 사례금을 헌납하도록 한 것으로써 2천 석의 관리에 임관되면 2천만 전, 4백 석에는 4백만 전으로 하였음.
【中使】국내의 勅使.
【左騶】임관된 관직의 사례금 납부 여부를 감독하는 관리.

참고 및 관련 자료

1.《後漢書》羊續

羊續字興祖, 太山平陽人也. 其先七世二千石卿校. 祖父侵, 安帝時司隸校尉. 父儒, 桓帝時爲太常. 續以忠臣子孫拜郞中, 去官後, 辟大將軍竇武府. 及武敗, 坐黨事, 禁錮十餘年, 幽居守靜. 及黨禁解, 復辟太尉府, 四遷爲廬江太守. 後揚州黃巾賊攻舒, 焚燒城郭, 續發縣中男子二十以上, 皆持兵勒陳, 其小弱者, 悉使負水灌火, 會集數萬人, 幷執力戰, 大破之, 郡界平. 後安風賊戴風等作亂, 續復擊破之, 斬首三千餘級, 生獲渠帥, 其餘黨輩原爲平民, 賦與佃器, 使就農業. 中平三年, 江夏兵趙慈反叛, 殺南陽太守秦頡, 攻沒六縣, 拜續爲南陽太守. 當入郡界, 乃羸服閒行, 侍童子一人, 觀歷縣邑, 採問風謠, 然後乃進. 其令長貪絜, 吏民良猾, 悉逆知其狀, 郡內驚竦, 莫不震懾. 乃發兵與荊州刺史王敏共擊慈, 斬之, 獲首五千餘級. 屬縣餘賊並詣續降, 續爲上言, 宥其枝附. 賊旣淸平, 乃班宣政令, 候民病利, 百姓歡服. 時權豪之家多尙奢麗, 續深疾之, 常敝衣薄食, 車馬羸敗. 府丞嘗獻其生魚, 續受而懸於庭; 丞後又進之, 續乃出前所懸者以杜其意. 續妻後與子祕俱往郡舍, 續閉門不內, 妻自將祕行, 其資藏唯有布衾・敝衹裯, 鹽・麥數斛而已, 顧勑祕曰:「吾自奉若此, 何以資爾母乎?」使與母俱歸. 六年, 靈帝欲以續爲太尉. 時拜三公者, 皆輸東園禮錢千萬, 令中使督之, 名爲「左騶」. 其所之往, 輒迎致禮敬, 厚加贈賂. 續乃坐使人於單席, 擧縕袍以示之, 曰:「臣之所資, 唯斯而已.」左騶白之, 帝不悅, 以此故不登公位. 而徵爲太常, 未及行, 會病卒, 時年四十八. 遺言薄斂, 不受賵遺. 舊典, 二千石卒官賻百萬, 府丞焦儉遵續先意, 一無所受. 詔書褒美, 勑太山太守以府賻錢賜續家云.

035. 樊噲排闥, 辛毗引裾

035-① 樊噲排闥
달문을 밀치고 들어간 번쾌

　전한前漢의 번쾌樊噲는 패沛 땅 사람이다. 개백정으로 생업을 삼고 있다가 고조高祖 유방劉邦을 따라나서서 천하를 평정하여 그 공으로 무양후舞陽侯에 봉해졌다. 고조가 한번은 병이 나서 사람 만나기를 피한 채 궁궐 안에 누워 문지기에게 신하들조차 들어오지 못하도록 하도록 명해놓고 있었다.
　이 때문에 신하들 중에 강후(絳侯, 周勃), 관영灌嬰 등이 감히 들어가지 못한 지가 열흘이나 되었다. 그러자 번쾌가 달문闥門을 밀치고 곧바로 들어갔으며 대신들이 뒤를 따랐다. 황제는 홀로 환관의 무릎을 베개 삼아 누워 있었다. 번쾌 등이 눈물을 흘리며 이렇게 말하였다.
　"처음 폐하께서 저희들과 풍패豐沛에 일어나 천하를 평정하고자 하였을 때, 우리는 얼마나 비장하였습니까? 그런데 지금 천하가 이미 평정되었는데 또다시 이렇게 곤비困憊하십니까? 게다가 폐하께서 병이 심하신 데도 우리들과 만나 일을 계책하려 하지 않으신 채 홀로 환관을 베개로 누워 계시면서 우리를 끊으시려 하시다니요! 게다가 폐하 혼자만이 진나라 환관 조고趙高의 일을 보지 못하셨습니까?"
　이에 고조는 웃으며 자리에서 일어났다.
　당초 고조가 이미 관중關中을 평정하자 항왕項王이 뒤따라 도착하여 화를 내며 고조를 공격하려 하였다. 고조는 백여 기騎의 기마병을 데리고 홍문鴻門에서 항우項羽를 만났다. 항우의 참모 아부亞父 범증范增이 항장項莊에게 명하여 칼을 뽑고 춤을 추면서 고조를 쳐서 죽이도록 하였다. 그러자 항백項伯이 항상 함께 춤을 추면서 고조를 가려 막아주었다. 번쾌가 일이 급함을 듣고 방패를 들고 곧바로 들어가 심히 노한 표정을 짓자 항우가 그를 보고 장사라 여기며 한 주전자의 술과 돼지 어깨 살을 내려 주었다. 번쾌는 술을 마시고 칼을 뽑아 고기를 베어 입에 넣은 다음 이렇게 말하였다.

"저는 죽어도 술은 사양하지 않습니다. 그런데 어찌 겨우 술 한 주전자입니까?"

그 사이 고조는 변소에 가면서 번쾌를 손짓으로 불러 홀로 말을 타고 빠져나왔다. 번쾌 등도 걸어서 산을 거쳐 내려와 도망하여 패상霸上의 군영으로 돌아왔다. 이 날 번쾌가 없었더라면 하마터면 위태로웠을 것이다.

前漢, 樊噲沛人. 以屠狗爲事, 從高祖定天下, 以功封舞陽侯. 帝嘗病, 惡見人, 臥禁中, 詔戶者, 無得入群臣. 群臣絳·灌等, 莫敢入十餘日. 噲乃排闥直入, 大臣隨之. 上獨枕一宦者臥.

噲等流涕曰:「始陛下與臣等起豐沛定天下, 何其壯也? 今天下已定, 又何憊也? 且陛下病甚, 不見臣等計事, 顧獨枕一宦者絶乎! 且獨不見趙高之事乎?」

帝笑而起.

初帝已定關中, 項王至怒欲攻之. 帝從百餘騎見羽鴻門, 亞父范增令項莊拔劍舞欲擊帝, 項伯常屏蔽之. 噲聞事急, 持盾直入怒甚.

羽壯之, 賜以卮酒彘肩, 噲飮酒拔劍切肉食之曰:「臣死且不辭. 豈特卮酒乎?」

帝如廁, 麾噲出, 獨騎馬. 噲等步從山下走, 歸霸上軍. 是日微噲幾殆.

【樊噲】沛縣 사람으로 한나라 초기의 將軍(?~B.C.189). 젊어서 개백정이었으나 劉邦을 따라와서 部將이 되어 공을 세워 賢成君에 봉해짐. 진나라가 멸망한 후 鴻門宴에서 項羽를 꾸짖고 유방을 구함. 한나라 건국 후에는

丞相이 되었으며 舞陽侯에 봉해짐. 《漢記》, 《漢書》에 전이 있음.
【屠狗】개를 잡는 백정.
【高祖】漢 高祖 劉邦. 자는 季. 沛郡 豐邑 출신으로 秦나라 말 義兵을 일으켜 項羽와 결전 끝에 漢 帝國을 설립함. 太祖高皇帝. 漢 帝國을 세운 임금. B.C.202~B.C.195년 재위함. 《史記》高祖本紀 참조.
【絳侯】周勃. 樊噲 등과 함께 呂氏 일족을 제거한 인물. 《漢書》에 전이 있음.
【灌嬰】한 고조 劉邦을 도와 垓下에서 項羽를 참수하였으며 陳平 등과 함께 여씨 일족을 제거한 인물. 《漢書》에 전이 있음.
【闥】궁중의 작은 문.
【憊】곤비함. 피로하고 고달픔.
【趙高之事】秦나라 환관 조고. 始皇帝가 죽자 詔書를 조작하여 큰아들 扶蘇에게 죽음을 내리고 胡亥를 세워 횡포를 부렸음. 指鹿爲馬의 고사를 남긴 인물. 漢 高祖 劉邦이 關中으로 들어가자 2세 호해를 죽이고 2세의 조카 子嬰을 秦王으로 세웠으며, 이에 자영은 조고를 죽이고 고조 유방에게 항복하였음.
【項羽】項籍. 秦末 24살에 봉기하여 천하를 호령한 霸王. 《史記》項羽本紀에 "項籍者, 下相人也. 字羽. 初起時, 年二十四"라 하였음. 그는 楚 義帝를 假王으로 세워 놓고, 자신이 天下를 휘어잡자 스스로를 西楚霸王이라 하였음. 《史記》項羽本紀 참조.
【亞父范增】范增은 項羽에게 존경을 받아 '亞父'로 불렸음.
【項伯】항우의 숙부. 張良과 친교가 있어 高祖와 혼인을 맺었음. 항백의 도움으로 鴻門에서의 만나게 되었으며 고조가 위기를 넘길 수 있었음. 고조가 즉위한 후 제후에 봉해져서 劉氏의 姓을 받았음.
【卮酒】4升을 담을 수 있는 큰 잔.

> 참고 및 관련 자료

1. 《史記》樊噲列傳
先黥布反時, 高祖嘗病甚, 惡見人, 臥禁中, 詔戶者無得入羣臣. 羣臣絳·灌等莫敢入. 十餘日, 噲乃排闥直入, 大臣隨之. 上獨枕一宦者臥. 噲等見上流涕曰:「始陛下與臣等起豐沛, 定天下, 何其壯也! 今天下已定, 又何憊也! 且陛下病甚,

大臣震恐, 不見臣等計事, 顧獨與一宦者絶乎? 且陛下獨不見趙高之事乎?」高帝笑而起.

2. 《史記》項羽本紀

沛公旦日從百餘騎來見項王, 至鴻門, 謝曰:「臣與將軍戮力而攻秦, 將軍戰河北, 臣戰河南, 然不自意能先入關破秦, 得復見將軍於此. 今者有小人之言, 令將軍與臣有郤.」項王曰:「此沛公左司馬曹無傷言之; 不然, 籍何以至此.」項王即日因留沛公與飲. 項王·項伯東嚮坐. 亞父南嚮坐. 亞父者, 范增也. 沛公北嚮坐, 張良西嚮侍. 范增數目項王, 舉所佩玉玦以示之者三, 項王默然不應. 范增起, 出召項莊, 謂曰:「君王爲人不忍, 若入前爲壽, 壽畢, 請以劍舞, 因擊沛公於坐, 殺之. 不者, 若屬皆且爲所虜.」莊則入爲壽, 壽畢, 曰:「君王與沛公飲, 軍中無以爲樂, 請以劍舞.」項王曰:「諾.」項莊拔劍起舞, 項伯亦拔劍起舞, 常以身翼蔽沛公, 莊不得擊. 於是張良至軍門, 見樊噲. 樊噲曰:「今日之事何如?」良曰:「甚急. 今者項莊拔劍舞, 其意常在沛公也.」噲曰:「此迫矣, 臣請入, 與之同命.」噲即帶劍擁盾入軍門. 交戟之衛士欲止不内, 樊噲側其盾以撞, 衛士仆地, 噲遂入, 披帷西嚮立, 瞋目視項王, 頭髮上指, 目眥盡裂. 項王按劍而跽曰:「客何爲者?」張良曰:「沛公之參乘樊噲者也.」項王曰:「壯士, 賜之卮酒.」則與斗卮酒. 噲拜謝, 起, 立而飲之. 項王曰:「賜之彘肩.」則與一生彘肩. 樊噲覆其盾於地, 加彘肩上, 拔劍切而啗之. 項王曰:「壯士, 能復飲乎?」樊噲曰:「臣死且不避, 卮酒安足辭! 夫秦王有虎狼之心, 殺人如不能舉, 刑人如恐不勝, 天下皆叛之. 懷王與諸將約曰'先破秦入咸陽者王之'. 今沛公先破秦入咸陽, 豪毛不敢有所近, 封閉宮室, 還軍霸上, 以待大王來. 故遣將守關者, 備他盜出入與非常也. 勞苦而功高如此, 未有封侯之賞, 而聽細說, 欲誅有功之人. 此亡秦之續耳, 竊爲大王不取也.」項王未有以應, 曰:「坐.」樊噲從良坐. 坐須臾, 沛公起如廁, 因招樊噲出.

3. 《漢書》樊酈滕灌傅靳周傳(樊噲)

噲以呂后弟呂須爲婦, 生子伉, 故其比諸將最親. 先黥布反時, 高帝嘗病, 惡見人, 臥禁中, 詔戶者無得入羣臣. 羣臣絳·灌等莫敢入. 十餘日, 噲乃排闥直入, 大臣隨之. 上獨枕一宦者臥. 噲等見上流涕曰:「始陛下與臣等起豐沛, 定天下, 何其壯也! 今天下已定, 又何憊也! 且陛下病甚, 大臣震恐, 不見臣等計事, 顧獨與一宦者絶乎? 且陛下獨不見趙高之事乎?」高帝笑而起. 項羽在戲下, 欲攻沛公. 沛公從百餘騎因項伯面見項羽. 謝無有閉關事. 項羽旣饗軍士, 中酒, 亞父謀欲殺沛公, 令項莊拔劍舞坐中, 欲擊沛公, 項伯常屏蔽之. 時獨沛公與張良得入坐,

樊噲居營外, 聞事急, 乃持盾入. 初入營, 營衛止噲, 噲直撞入, 立帳下. 項羽目之, 問爲誰. 張良曰:「沛公參乘樊噲也」項羽曰:「壯士」賜之巵酒彘肩. 噲既飲酒, 拔劍切肉食之. 項羽曰:「能復飲乎?」噲曰:「臣死且不辭, 豈特巵酒乎! 且沛公先入定咸陽, 暴師霸上, 以待大王. 大王今日至, 聽小人之言, 與沛公有隙, 臣恐天下解心疑大王也」項羽默然. 沛公如廁, 麾噲去. 既出, 沛公留車騎, 獨騎馬, 噲等四人步從, 從山下走歸霸上軍, 而使張良謝項羽. 羽亦因遂已, 無誅沛公之心. 是日微樊噲奔入營譙讓項羽, 沛公幾殆.

4.《十八史略》(2)

項羽率諸侯兵, 欲西入關, 或說沛公守關門. 羽至, 門閉, 大怒攻破之, 進至戲, 期旦擊沛公. 羽兵四十萬, 號百萬, 在鴻門; 沛公兵十萬, 在霸上. 范增說羽曰:「沛公居山東, 貪財好色, 今入關, 財物無所取, 婦女無所幸, 此其志不在小. 吾令人望其氣, 皆爲龍成五采, 此天子氣也. 急擊勿失」羽季父項伯. 素善張良, 夜馳至沛公軍告良, 呼與俱去, 良曰:「臣從沛公, 有急亡不義」入具告, 因要伯, 入見, 沛公奉巵酒爲壽, 約爲婚姻, 曰:「吾入關, 秋毫不敢有所近, 籍吏民封府庫, 而待將軍. 所以守關者, 備他盜也, 願伯具言臣之不敢倍德」伯許諾曰:「旦日不可不蚤自來謝」伯去具以告羽, 且曰:「人有大功, 擊之不義. 不如因善遇之」沛公旦從百餘騎, 見羽鴻門, 謝曰:「臣與將軍, 戮力而攻秦, 將軍戰河北, 臣戰河南. 不自意先入關破秦, 得復見將軍於此. 今者有小人之言, 令將軍與臣有隙」羽曰:「此沛公左司馬曹無傷之言」羽留沛公與飲. 范增數目羽, 舉所佩玉玦者三, 羽不應. 增出使項莊入:「前爲壽, 請以劍舞, 因擊沛公」項伯亦拔劍起舞, 常以身翼蔽沛公, 莊不得擊. 張良出告樊噲以事急, 噲擁盾直入, 瞋目視羽, 頭髮上指, 目皆盡裂, 羽曰:「壯士, 賜之巵酒」則與斗巵酒. 「賜之彘肩」則生彘肩. 噲立飲, 拔劍切肉啗之. 羽曰:「能復飲乎?」噲曰:「臣死且不避, 巵酒安足辭? 沛公先破秦入咸陽, 勞苦而功高如此, 未有封爵之賞, 而將軍聽細人之說, 欲誅有功之人, 此亡秦之續耳, 切爲將軍不取也」羽曰:「坐」噲從良坐. 須臾沛公起如廁, 因招噲出, 閒行趨霸上, 留良謝羽曰:「沛公不勝桮杓, 不能辭, 使臣良奉白璧一雙, 再拜獻將軍足下, 玉斗一雙, 再拜奉亞父足下」羽曰:「沛公安在?」良曰:「聞將軍有意督過之, 脫身獨去, 已至軍矣」亞父拔劍, 撞玉斗而破之曰:「唉! 豎子不足謀, 奪將軍天下者, 必沛公也」

035-② 辛毘引裾
황제의 소매를 잡고 늘어진 신비

《위지魏志》에 실려 있다.

신비辛毘는 자가 좌치佐治이며 영천潁川 양적陽翟 사람이다. 문제文帝가 등극하여 그를 시중侍中으로 삼았다. 문제는 기주冀州의 토착민 10만 호를 하남河南으로 이주시켜 그곳을 충실하게 하고자 하였다. 당시 해마다 메뚜기 재해가 생겨 백성들이 굶주리고 있어 많은 해당 관서에서는 불가하다고 여겼다. 그러나 황제의 의중은 아주 견고하였다. 신비와 조정의 신하들이 황제를 뵙고자 하였으나 황제는 그들이 반대의견을 낼 것임을 알고 얼굴에 노기를 드러낸 채 맞이하였다. 그 분위기에 아무도 감히 입을 열지 못하자 신비가 나섰다.

"폐하께서는 저를 불초하다 여기지 않으시고 좌우의 신하로서 곁에 두고 일을 모책하고 의논하는 관리로 삼으셨습니다. 그런데 어찌 저와 논의를 하지 않으려 하십니까? 제가 말씀드리는 것은 사사로운 것이 아니며 사직을 두고 염려하는 사안입니다."

황제는 대답을 하지 않은 채 일어나 들어가 버렸다. 신비는 황제를 따라가며 그 소매를 잡아당겼지만 황제는 옷을 벗어버리며 돌아오지 않았다. 그러다가 한참 뒤에 다시 나와 이렇게 물었다.

"그대는 어찌 바로잡아 주기가 그리도 급한가?"

신비가 말하였다.

"지금 이주시키면 민심을 잃게 될 것입니다. 그리고 그들을 먹일 식량도 없습니다."

황제는 결국 그 반을 이주시키는 것으로 축소하였다.

한번은 신비가 황제의 꿩 사냥에 따라나섰다. 황제가 말하였다.

"꿩 사냥은 이렇게 즐겁구나!"

그러자 신비가 말하였다.

"폐하에게는 아주 즐거운 일이겠으나 여러 아래 사람들은 아주 고통스럽습니다!"

황제는 묵묵히 말이 없었다. 뒤에는 결국 꿩 사냥 횟수를 줄였다.

신비는 위위衛尉로서 삶을 마쳤다.

《魏志》: 辛毘字佐治, 潁川陽翟人. 文帝踐阼, 遷侍中. 帝欲徙冀州士家十萬戶實河南. 時連蝗民饑, 群司以爲不可, 而帝意甚盛. 毘與朝臣俱求見, 帝知其欲諫, 作色以見之.

皆莫敢言, 毘曰:「陛下不以臣不肖, 置之左右, 厠之謀議之官. 安得不與臣議? 臣所言非私, 乃社稷之慮也.」

帝不答, 起入內, 毘隨而引其裾, 帝遂奪衣不還.

良久乃出, 曰:「卿持我何太急邪?」

毘曰:「今徙旣失民心, 又無以食.」

帝遂徙其半.

嘗從帝射雉. 帝曰:「射雉樂哉!」

毘曰:「於陛下甚樂, 群下甚苦!」

帝黙然. 後遂乃爲之稀出. 終衛尉.

【辛毘】 자는 佐治. 삼국시대 魏나라의 행정가.

【魏文帝】 曹丕(187~226). 자는 子桓. 曹操의 둘째 아들. 아버지 曹操가 죽고 魏王을 습봉하여 漢나라 丞相이 됨. 延康 元年(220)에 禪讓을 받아 황제가 되었으며 연호를 黃初로 바꾸고 국호를 魏나라로, 洛陽을 도읍으로 정함. 재위 7년에 졸하였으며 시호는 文皇帝. 문장에도 뛰어나 《典論》을 지었으며 그 중 〈論文〉은 문학 이론과 비평의 유명한 글로 평가받고 있음. 그 외에 〈燕歌行〉은 현존 최초의 7언시로 알려짐. 《三國志》(2)에 紀가 있음. 《魏志》에 "帝諱丕. 字子桓, 受漢禪"이라 함. '魏儲南館'[245] 참조.

【踐阼】천자의 즉위를 말함.
【蝗】메뚜기의 일종. 벼나 농작물을 갉아먹어 재해를 일으킴.
【以食】《孟子》滕文公(上)에 "勞心者治人 勞力者治於人. 治人者食於人, 天下之通義也"라 함.

036. 孫楚漱石, 郝隆曬書

036-① 孫楚漱石
돌로 양치질을 하겠다는 손초

《진서晉書》에 실려 있다.

손초孫楚는 자가 자형子荊이며 태원太原 중도中都 사람이다. 재능과 문장 수식 능력이 탁절卓絶하였으며 시원하고 고매하여 남들과 비교가 되지 않았다. 남을 능멸하고 오만하게 구는 경우가 많아 향곡鄕曲에서의 명예는 얻지 못하였다. 나이 마흔이 넘어 비로소 진동군鎭東軍의 업무에 참여하게 되었으며 끝내 풍익태수馮翊太守에 올랐다.

당초 손초가 젊은 시절 그는 은거하고자 하여 왕제王濟에게 마땅히 '돌을 베개로 삼고 흐르는 물에 양치질을 하여 자연을 벗삼으리라'라고 말해야 할 것을 그만 잘못하여 이렇게 말하고 말았다.

"돌로 이를 닦고 흐르는 물을 베개로 삼으리라."

왕제가 이 말을 듣고 이렇게 말하였다.

"흐르는 물은 베개로 삼을 수 없으며 돌은 이를 닦을 수 없는 것이오."

그러자 손초는 이렇게 둘러대었다.

"흐르는 물을 베개로 삼는 이유는 귀를 씻기 위함이요, 돌로 이를 닦는 것은 이를 더욱 튼튼히 하기 위함이라오."

《晉書》: 孫楚字子荊, 太原中都人. 才藻卓絶, 爽邁不群, 多所陵傲, 缺鄕曲之譽. 年四十餘, 始參鎭東軍事, 終馮翊太守. 初楚少時, 欲隱居.

謂王濟曰當「欲枕石漱流」, 誤云「漱石枕流.」
濟曰:「流非可枕, 石非可漱.」
楚曰:「所以枕流, 欲洗其耳; 所以漱石, 欲厲其齒.」

【孫楚】자는 子荊(?~294). 晉初의 인물. 40이 지나 벼슬길에 올라 著作郎, 馮翊太守 등을 역임함.《晉書》(56)에 전이 있음. 손초는 太原 中都 출신이었음.
【馮翊】左馮翊. 京兆·右扶風과 함께 長安을 보위하는 三輔의 하나.
【王濟】자는 武子(240?~285?). 王渾의 아들. 太原 晉陽 출신.《易》과《老莊》에 밝아 裴楷와 이름을 날렸으며 武帝의 딸 常山公主의 남편. 侍中을 역임함. 말에 대해서 잘 알았다고 함. 王愷와 사치와 호기를 다툰 일로도 유명함. 中書郎, 驍騎將軍, 侍中 등을 역임함.《晉書》(42)에 전이 있음.

참고 및 관련 자료

1.《晉書》(56) 孫楚傳
孫楚字子荊, 太原中都人也. 祖資, 魏驃騎將軍. 父宏, 南陽太守. 楚才藻卓絶, 爽邁不群, 多所陵傲, 缺鄕曲之譽. 年四十餘, 始參鎭東軍事. ……惠帝初, 爲馮翊太守. 元康三年卒. 楚少時, 欲隱居, 謂王濟曰當「欲枕石漱流」, 誤云「漱石枕流.」濟曰:「流非可枕, 石非可漱.」楚曰:「所以漱流, 欲洗其耳; 所以漱石, 欲厲其齒.」楚少所推服, 惟雅敬濟. 初, 楚除婦服, 作詩以示濟, 濟曰:「未知文生於情, 情生於文, 覽之悽然, 增伉儷之重.」

2.《世說新語》排調篇
孫子荊年少時欲隱, 語王武子曰:「當枕石漱流」, 誤曰:「漱石枕流.」王曰:「流非可枕, 石非可漱.」孫曰:「所以枕流, 欲洗其耳; 所以漱石, 欲礪其齒!」

036-② 郝隆曬書
뱃속의 책을 말린 학륭

《세설신어世說新語》에 실려 있다.
학륭郝隆이 7월 7일에 대낮 정오에 밖에 나가 하늘을 보고 눕자 사람들이 그 이유를 물었다. 그러자 학륭은 이렇게 대답하였다.
"내 뱃속의 책을 말리는 중이라오."

《世說》: 郝隆七月七日, 出日中仰臥.
人問其故, 曰:「我曬腹中書也.」

【郝隆】자는 佐治. 晉나라 汲郡 출신으로 征西參軍, 즉 桓溫의 參軍으로 있었다.
【七月七日】七夕에 옷과 책을 햇볕에 말리는 풍습이 있었음. '仲容青雲'[028] 참조.

참고 및 관련 자료

1. 《世說新語》排調篇
郝隆七月七日, 出日中仰臥. 人問其故? 答曰:「我曬書.」
2. 《藝文類聚》(4)
世說曰: 郝隆, 七月七日, 見鄰人皆曝曬衣物. 隆乃仰臥出腹, 云晒書.
3. 《事類賦》(5)·《太平御覽》(31) (모두 《世說》을 인용) 등 참조.

037. 枚皐詣闕, 充國自贊

037-① 枚皐詣闕
궁궐을 찾아온 매고

전한前漢의 매고枚皐는 자가 소유少孺이다. 장안長安에 이르러 북궐北闕에 상서를 올려 자신은 매승枚乘의 아들이라 진술하였다. 당초 그의 아버지 매승이 죽었을 때 무제武帝가 조서를 내려 그의 아들을 찾았으나 아들 매고는 글에는 무능한 자였던 것이다.

한편 매승이 양梁나라에 있을 때 매고의 어머니를 소처小妻로 맞아 매고를 낳았던 것이다. 매승이 동쪽으로 돌아가면서 매고의 어머니와 매고를 데리고 가려하였지만 매고의 어머니는 따라가지 않겠다고 하여 그 모자를 그곳에 남겨둔 채 떠나왔던 것이다. 무제는 찾던 매고가 제 발로 찾아왔다는 것을 알고 크게 기뻐하여 그를 불러 만나본 뒤 대조待詔의 벼슬을 주었다. 그리고 그의 문학을 시험하고자 전중殿中의 일을 부賦로 짓는다는 관습대로 그에게 평락관平樂館을 부 작품으로 지어보도록 하였다. 무제는 그 작품을 훌륭하다 여겨 그에게 낭관郞官의 벼슬을 주어 흉노匈奴에 사신으로 보냈다. 매고는 경술經術에는 능통하지 못하였으나 남을 웃기는 골계의 재주는 마치 배우 같았다. 그의 부송賦頌 작품은 만희嫚戱의 표현을 즐겨 썼으며 이 까닭으로 외설스럽고 직설적인 풍자로써 귀함과 사랑을 받아 동방삭東方朔이나 곽사인郭舍人 등에 비유되었다.

前漢, 枚皐字少孺. 至長安上書北闕, 自陳枚乘之子. 始乘死, 詔問乘子, 無能爲文者. 乘在梁時, 取皐母爲小妻. 及東歸, 皐母不肯隨.

留與母居. 上得大喜, 召入見待詔. 因賦殿中, 詔使賦平樂館. 善之, 拜爲郎, 使匈奴.

皐不通經術, 詼笑類俳倡, 爲賦頌好嫚戲, 以故得媟黷貴幸. 比東方朔·郭舍人等.

【枚皐】자는 少孺, 淮陽 출신으로 西漢의 유명한 賦家로 賦 백여 편이 있었다 하나 지금은 전하지 않음. 枚乘의 아들.《漢書》에 전이 있음.
【北闕】未央殿 북쪽의 문. 上書나 奏事, 혹 謁見을 하는 자는 北闕을 정문으로 하여 출입함.
【枚乘】무제가 그를 아껴 편안한 수레를 내려주고 부들 자리를 하사하는 등 그를 예를 갖추어 불렀으나 그는 오는 도중에 죽고 말았음. 이에 무제는 매승의 아들을 찾아 역시 문장에 뛰어날 것이라 기대하였으나 재주가 없는 자임을 알고 포기한 적이 있었음. 이에 스스로 매승의 아들이라 글을 올린 것임. '枚乘蒲輪'[066] 참조.
【武帝】西漢 5대 황제 劉徹. 景帝(劉啓)의 아들이며 B.C.140~B.C.87년까지 54년간 재위함. 대내외적으로 학술, 강역, 문학, 문물제도 등 여러 방면에 걸쳐 많은 치적을 남겨 강력한 帝國을 건설함.
【頌】남의 업적이나 여러 가지 사실을 찬양하는 詩文이나 문장.
【媟黷】親狎과 같음. 마구 편하게 대함.
【東方朔·郭舍人】漢 武帝 때 滑稽로 뛰어났던 사람들.

> 참고 및 관련 자료

1.《漢書》枚乘傳(枚皐)
皐字少孺. 乘在梁時, 取皐母爲小妻. 乘之東歸也, 皐母不肯隨乘, 乘怒, 分皐數千錢, 留與母居. 年十七, 上書梁共王, 得召爲郎. 三年, 爲王使, 與冗從爭, 見讒惡遇罪, 家室沒入. 皐亡至長安. 會赦, 上書北闕, 自陳枚乘之子. 上得之大喜, 召入見待詔. 皐因賦殿中. 詔使賦平樂館, 善之. 拜爲郎, 使匈奴. 皐不通經術, 詼笑類俳倡, 爲賦頌, 好嫚戲, 以故得媟黷貴幸, 比東方朔·郭舍人等, 而不得

比嚴助等得尊官.
武帝春秋二十九乃得皇子, 群臣喜, 故皐與東方朔作《皇太子生賦》及《立皇子禖祝》, 受詔所爲, 皆不從故事, 重皇子也.

2.《西京雜記》(3)
枚皐文章敏疾, 長卿制作淹遲, 皆盡一時之譽. 而長卿首尾溫麗, 枚皐時有累句, 故知疾行無善迹矣. 揚子雲曰:「軍旅之際, 戎馬之間, 飛書馳檄, 用枚皐; 廊廟之下, 朝廷之中, 高文典冊, 用相如.」

037-② 充國自贊
자신을 칭찬한 조충국

전한前漢의 조충국趙充國은 자가 옹손翁孫이며 농서隴西 상규上邽 사람이다. 기마와 활쏘기에 능하여 우림羽林을 보임받았다. 그는 사람됨이 침착하면서도 용기가 있고 큰 책략을 품고 있었다.

어려서는 장수의 절도를 좋아하였으며 병법兵法을 익혀 사이四夷의 일에 대해서 통달하고 있었다.

선제宣帝 때에 그는 후장군後將軍을 거쳐 영평후營平侯에 봉해졌다. 신작神爵 초 여러 강족羌族들이 한나라에 반기를 들고 변방을 침범하였다. 당시 조충국은 이미 나이 일흔이 넘어 황제는 그가 늙었음을 걱정하여 어사대부御史大夫 병길丙吉로 하여금 누구를 장수로 삼으면 좋을지를 조충국에게 물어보도록 하였다.

그러자 조충국은 이렇게 말하는 것이었다.

"이 늙은이를 뛰어넘을 자는 없습니다. 저는 원컨대 말을 몰아 금성金城으로 달려가 그곳 지형을 그려 방략方略으로 삼고자 합니다."

조충국은 항상 멀리까지 척후병斥候兵을 보내놓기에 힘쓰고 행군할 때에는 전비를 갖추는 것이며, 주둔할 때에는 반드시 병영兵營의 사방 벽을 견고히 하되 더욱 신중함을 견지하고 사졸을 사랑하며 먼저 계책을 세운 다음 그 뒤에 전투에 임하는 작전을 중요시하였다. 그가 드디어 서부도위부西部都尉府에 도착해서는 날마다 군사들에게 잘 먹이는 일부터 하였다. 그러자 사졸들은 모두가 그에게 부림을 받기를 원하였다. 상대 적들이 자주 도전을 해왔지만 조충국은 굳게 지키기만 하였다. 포로를 잡았더니 그들은 이렇게 말하는 것이었다.

"우리 강족의 수령들이 서로 이렇게 책임을 지우고 있습니다. '너에게 말하노니 도망가거나 배반하지 말라. 지금 한나라 천자께서 조충국 장군을 파견하여 그가 와 있다. 그는 나이가 여든 아흔이지만 전략에 뛰어나다. 지금 일전을 벌여 죽이고자 하나 그것이 가능하겠는가?'라고 말입니다."

조충국이 병사를 이끌고 선령先零에 다다르자 적들은 짐이 무겁다고 수레까지 버리고 달아나다가 물에 빠져 죽은 자가 수백 명이나 되었고 항복하거나 참수를 당한 자가 5백여 명이나 되었다. 그 뒤 강족의 다른 부락 한견罕开족은 번거롭게 군사를 쓰지 않았음에도 항복해 왔다. 드디어 그곳에 둔전屯田을 두는 것이 편한 것 등 12가지 일을 보고서로 작성하여 황제에게 올리자 황제도 그의 계책을 들어주었다. 뒤에 둔전 제도를 그만두고 무위武威를 떨치며 귀환하였다.

돌아와 그가 사직을 원하자 황제는 그에게 안거安車와 네 필의 말, 그리고 황금을 하사하며 집으로 돌아가 쉬도록 하였다.

그 뒤로도 사이에 관한 큰 논의거리가 생길 때면 항상 군사 회의에 참여하여 준비와 책략에 대하여 자문을 받았다. 그가 죽자 시호를 장후壯侯라 하였다.

당초 조충국은 그의 공덕에 따라 곽광霍光 등과 함께 초상화를 그려 미앙궁未央宮에 걸어두었었다. 성제成帝 때에 서강西羌의 반란으로 비상이 걸리자 황제는 그 일을 처리할 장수를 생각하다가 조충국의 아름다운 공훈을 추모하여 이에 황문랑黃門郎 양웅揚雄을 불러 그의 초상화에 칭송의 글을 지어 함께 걸어두도록 하였다.

前漢, 趙充國字翁孫, 隴西上邽人. 善騎射, 補羽林. 爲人沈勇有大略. 少好將帥之節而學兵法, 通知四夷事.

宣帝時爲後將軍, 封營平侯. 神爵初諸羌背叛犯塞. 時充國年七十餘, 上老之, 使御史大夫丙吉問誰可將者.

充國對曰:「亡踰於老臣者. 臣願馳至金城, 圖上方略.」

充國常以遠斥候爲務, 行必爲戰備, 止必堅營壁, 尤能持重, 愛士卒, 先計而後戰. 遂至西部都尉府, 日饗軍士, 士皆欲爲用. 虜數挑戰, 充國堅守.

捕得生口言:「羌豪相責曰: 『語汝亡反. 今天子遣趙將軍來, 年八九十矣, 善爲兵. 今請欲一鬪而死, 可得邪?』」

充國引兵至先零. 虜棄輜重, 赴水溺死者數百, 降斬五百餘. 後罕开不煩兵而下. 遂上屯田便宜十二事. 上聽其計. 後罷屯兵, 振旅而還. 乞骸骨, 賜安車・駟馬・黃金, 罷就第. 每有四夷大議, 常與參兵謀問籌策. 薨謚壯侯.

初充國以功德, 與霍光等列畫未央宮.

成帝時, 西羌有警. 上思將帥之臣, 追美充國, 迺召黃門郎揚雄, 卽圖畫而頌之.

【趙充國】 자는 翁孫. 전한 宣帝 때의 인물. 서쪽 羌族을 평정함. 《漢書》에 전이 있음.

【羽林】 천자를 호위하는 병사.

【宣帝】 西漢 7대 황제. 이름은 劉詢. B.C.73~B.C.49년 재위함.

【神爵】 서한 선제 때의 연호. B.C.61~B.C.58년까지 4년간.

【成帝】 西漢의 제9대 황제 劉驁. 孝成皇帝. 元帝 劉奭의 아들. B.C.32~B.C.7년 재위함. 趙飛燕과의 연애 고사로 유명함.

【諸羌】 서쪽 이민족. 여러 부족으로 나뉘어 '諸羌'이라 한 것임.

【先零】 羌族의 한 무리.

【罕幵】 역시 강족의 일족.
【乞骸骨】 '해골을 구걸하다'라는 뜻으로 나이가 들어 사직하여 시신을 보호할 수 있도록 해 달라는 의미임.
【安車】 안락하게 탈 수 있도록 만든 수레.
【霍光】 자는 子孟, 河東 平陽人. 霍去病의 異腹 동생. 武帝 때 奉車都尉를 지냈으며 昭帝 때 大司馬大將軍이 됨.《漢書》에 전이 있음.
【未央宮】 漢나라 초기의 궁전. 옛터는 지금의 陝西省 西安市 西北 長安故城의 서남쪽에 있음. 西漢 말에 戰禍를 입은 후, 東漢·隋·唐 각 朝代에 걸쳐 여러 차례 개축하였으나 唐末에 다시 훼손됨.
【列畫】 未央宮의 麒麟閣에 당시의 공신 11명의 초상을 그려 걸었음. 趙充國 외에 霍光·張安正·韓增·魏相·丙吉·杜延年·劉德·梁丘賀·蕭望之·蘇武 등이었음.《十八史略》(2)에 "上以戎狄賓服, 思股肱之美, 乃圖畫其人於麒麟閣. 惟霍光不名曰「大司馬大將軍博陸侯, 姓霍氏」. 其次張安世·韓增·趙充國·魏相·丙吉·杜延年·劉德·梁丘賀·蕭望之·蘇武, 凡十一人, 皆有功德, 知名當世"라 함.
【揚雄】 자는 子雲(B.C.53~A.D.18). '楊雄'으로도 표기하며 蜀郡 成都 사람. 西漢 때 賦家, 哲學家.〈甘泉賦〉,〈羽獵賦〉 등과《太玄經》,《方言》 등의 저술이 있음.《漢書》 揚雄傳 참조. '揚雄草玄'[058] 참조.

> 참고 및 관련 자료

1.《漢書》趙充國
趙充國字翁孫, 隴西上邽人也, 後徙金城令居. 始爲騎士, 以六郡良家子善騎射補羽林. 爲人沈勇有大略, 少好將帥之節, 而學兵法, 通知四夷事. 武帝時, 以假司馬從貳師將軍擊匈奴, 大爲虜所圍. 漢軍乏食數日, 死傷者多, 充國乃與壯士百餘人潰圍陷陳, 貳師引兵隨之, 遂得解. 身被二十餘創, 貳師奏狀, 詔徵充國詣行在所. 武帝親見視其創, 嗟歎之, 拜爲中郎遷車騎將軍長史.

2.《十八史略》(2)
神爵元年, 先零與諸羌畔. 上使問後將軍趙充國:「誰可將者?」充國年七十餘, 對曰:「無踰老臣.」復問:「將軍度羌虜何如? 當用幾人?」充國曰:「兵難遙度, 願至金城, 圖上方略.」乃詣金城, 上屯田奏:「願罷騎兵, 留步兵萬餘, 分屯要害處.」條不出兵留田便宜十二事, 奏每上輒下公卿議. 初是其計者什三, 中什五, 最後什八. 魏相任其計, 可必用.」上從之.

038. 王衍風鑒, 許劭月旦

038-① 王衍風鑒
풍진 세상 거울과 같은 왕연

《진서晉書》에 실려 있다.

왕연王衍은 자가 이보夷甫이다. 정신과 정서가 밝고 수려하였으며 풍모와 자태가 자상하고 아름다웠다. 한번은 산도山濤를 방문하였는데 그가 떠나자 산도는 그윽한 눈빛으로 그를 보내주면서 이렇게 말하였다.

"어떤 늙은 할멈이 이토록 훌륭한 아들을 낳았을까? 그러나 천하의 창생蒼生을 그르치게 할 녀석도 바로 이런 놈이 아닐 수 없다."

무제武帝가 그 이름을 듣고 그의 종형從兄 왕융王戎에게 이렇게 물었다.

"왕이보는 지금 당대에 누구와 비교할 수 있는가?"

왕융이 말하였다.

"그와 비교될 만한 자를 아직 보지 못하였습니다. 마땅히 옛날 사람 중에 찾아야지요."

그는 원성령元城令에 보임되자 종일 청담淸淡만 일삼았으나 자신의 현縣에 대한 업무도 역시 처리하였다. 왕연은 풍성한 재능과 아름다운 모습을 갖추고 있었으며 명석하고 똑똑하기가 마치 신과 같았다. 항상 자신을 자공子貢에게 비유하였으며 명성은 이를 바탕으로 날로 높아 갔다. 공언空言을 좋아하였으나 오직 《노장老莊》을 담론의 주제로 삼았다. 매번 옥으로 자루를 만든 주미麈尾를 들고 있었는데 그 손의 색깔이 주미와 같았다. 그는 담론을 펴다가 의리가 타당하지 못한 곳이 있으면 그 즉시 이를 고쳐 세상에서는 그를 '구중자황口中雌黃'이라 불렀으며, 조야가 흡연히 그를 '일세의 용문龍門'이라 일컬었다. 후진들이 그를 경모하였으며 상서령尙書令을 역임하였다.

석륵石勒이 도읍을 쳐들어오자 왕연을 도독정토제군사都督征討諸軍事로 삼고 태위太尉로 승진시켰다. 그러자 많은 사람들이 함께 그를 원수元帥로 추천하여 군사를 거느리고 나섰으나 석륵에게 패하고 말았다. 왕연은 석륵으로부터 풀려날 심산으로 석륵에게 짐짓 존호尊號를 칭할 것을 권하였다. 그러자 석륵이 이렇게 화를 내었다.

"그대 이름은 사해를 뒤덮고 있으며 스스로도 중한 책임을 맡고 있소. 젊은 나이에 조정에 올라 이렇게 백발이 되도록 영화를 누린 마당에 어찌 세상일에 나 몰라라 빠지려 하오?"

　그리고 사람을 시켜 밤에 그의 담장을 무너뜨려 압살시켜버렸다.

　왕융은 이렇게 말하였다.

"왕연은 신비로운 자태에 높고 투명한 모습이었다. 마치 구슬 숲의 구슬 나무 같아 저절로 이 풍진風塵 세상에 겉으로도 뚜렷이 드러나는 인물이었다."

　그런가 하면 왕돈王敦도 이렇게 말하였다.

"왕이보가 여러 사람 속에 있으면 마치 주옥이 기왓장이나 돌 사이에 있는 것과 같았다."

　고개지顧愷之가 지은 〈화찬畫贊〉에도 역시 이렇게 칭하였다.

"왕연은 높고 높은 바위 절벽이 천 길 벽을 이루고 서 있는 것과 같다."

　그의 사람됨을 두고 숭상함이 이와 같았던 것이다.

《晉書》: 王衍字夷甫. 神情明秀, 風姿詳雅. 嘗造山濤, 旣去.

濤目送之曰:「何物老嫗, 生寧馨兒? 然誤天下蒼生者, 未必非此人.」

武帝聞其名, 問其從兄戎曰:「夷甫當世誰比?」

戎曰:「未見其比, 當從古人中求耳.」

補元城令, 終日清淡, 縣務亦理. 衍有盛才美貌, 明悟若神, 常自比子貢, 聲名藉甚. 喜空言, 惟談《老莊》爲事. 每捉玉柄麈尾, 與手

同色. 義理有所不安, 隨卽改更, 世號『口中雌黃』, 朝野翕然, 謂之「一世龍門」.

累居顯職, 後進景慕, 歷尚書令. 及石勒寇京師, 以衍都督征討諸軍事, 遷太尉. 衆共推爲元帥, 擧軍爲勒所破. 衍欲求自免, 勸勒稱尊號.

勒怒曰:「君名蓋四海, 自居重任, 少壯登朝, 至於白首. 何得言不豫世事邪?」

使人夜排墻塡殺之.

王戎謂:「王衍, 神姿高徹, 如瑤林瓊樹. 自然是風塵表物」

王敦曰:「夷甫處衆中, 如珠玉在瓦石間」

顧愷之作〈畫贊〉亦稱:「衍, 巖巖淸峙, 壁立千仞」

其爲人所尙如此.

【王衍】 자는 夷甫(256~311). 竹林七賢의 하나인 王戎의 從弟. 太尉를 지냄. 《晉書》(43)에 전이 있음. '王衍風鑒'[038] 참조.

【山濤】 자는 巨源(205~283). 老莊에 심취하였으며 술을 좋아하였음. 嵇康, 阮籍, 呂安 등과 친하였으며 죽림칠현의 하나. 〈任誕〉편 참조. 《晉書》(43)에 전이 있음. '山濤識量'[041] 참조.

【寧馨】 '寧'은 '如此', '馨'은 '香'. 당시 속어로 '현명한 아들'이라는 뜻.

【武帝】 晉 武帝. 司馬炎. 西晉의 개국군주. 司馬昭의 長子. 자는 安世. 咸熙 2年(265)에 魏나라로부터 禪讓의 형식으로 나라를 이어받아 晉나라를 세우고 洛陽을 도읍으로 함. 재위 26년(265~290). 묘호는 世祖. 《晉書》(3)에 紀가 있음.

【王戎】 자는 濬沖(234~305). 王安豊으로도 불림. 王綏의 아버지이며 安豊縣侯를 역임함. 성격이 인색하였으며 禮敎에 얽매이지 않았음. 阮籍, 山濤, 向秀, 阮咸, 嵇康, 劉伶과 더불어 '竹林七賢'으로 불렸음. 《晉書》(43)에 전이 있음.

【子貢】 공자 제자. 言說이 뛰어났었음.

【麈尾】먼지떨이와 비슷한 기구. 손잡이가 달려 있으며 '麈'(고라니) 꼬리를 달아 청담을 나누던 사람들이 즐겨 손에 쥐고 말을 나누던 기구.
【口中雌黃】'자황'은 鑛物로 만든 황색의 그림 도구. 유황과 비소의 화합물이라 함. 옛날에는 글씨를 뜰 때 황색의 종이를 사용하였으며 틀린 글자를 고칠 때 사용하였다 함. 그 때문에 자신의 이론을 자유롭게 정정하는 것처럼 변설이 교묘함을 비유한 것임.
【石勒】자는 世龍(274~333). 上黨人으로 羯奴의 후예. 조카 石虎(季龍)와 함께 五胡十六國 중의 後趙를 건립함. 어려서 洛陽으로 팔려와 노예가 되었다가 八王의 난을 틈타 成都王(司馬穎)의 부장이 됨. 그 뒤 흉노족의 劉淵, 劉聰 등과 세력을 다투었으며 晉 成帝 咸和 5년(330)에 칭제하여 연호를 建平이라 함. 그는 文史를 좋아하여 軍中에서도 항상 유생으로 하여금 역사를 읽어주도록 하여 고금 제왕의 업적을 평가하기도 하였다 함. 《晉書》(104~105)에 전이 있음.
【稱尊號】尊號는 천자의 칭호. 천자에 즉위함을 말함.
【王敦】자는 處仲(266~324). 어릴 때는 阿黑. 王含의 아우이며 王導의 종제로 八王之亂 때 공을 세워 散騎常侍, 侍中, 靑州刺史, 鎭東大將軍 등을 지냄. 西晉이 망하자 司馬睿를 옹립하여 황제로 삼음. 뒤에 明帝 때 난을 일으켰다가 軍中에서 죽음.《晉書》(98)에 전이 있음.
【顧愷之】자는 長康(대략 346~407). 晉나라 최고의 화가. 그 외에 문장·해학에 뛰어났던 인물. 당시 사람들은 그를 才絶·畫絶·癡絶의 三絶로 불렀음. 《文集》과 《啓蒙記》가 있었다 하나 전하지 않음.《晉書》(92)에 전이 있음.

> 참고 및 관련 자료

1.《晉書》(43) 王衍傳
王衍字夷甫. 神情明秀, 風姿詳雅. 總角嘗造山濤, 濤嗟歎良久, 旣去. 目送之曰:「何物老嫗, 生寧馨兒? 然誤天下蒼生者, 未必非此人也.」父乂, 爲平北將軍, 常有公事, 使行人列上, 不時報. 衍年十四, 時在經史, 造僕射羊祜, 申陳事狀, 辭甚淸辯. 祜名德貴重, 而衍幼年無屈下之色, 衆咸異之. 楊駿欲以女妻焉, 衍恥之, 遂陽狂自免. 武帝聞其名, 問其從兄戎曰:「夷甫當世誰比?」戎曰:「未見其比, 當從古人中求耳.」……出補元城令, 終日淸淡, 縣務亦理. ……衍旣

有盛才美貌, 明悟若神, 常自比子貢. 聲名藉甚, 傾動當世. 妙善玄言, 唯談《老莊》
爲事. 每捉玉柄麈尾, 與手同色. 義理有所不安, 隨卽改更, 世號『口中雌黃』,
朝野翕然, 謂之「一世龍門」矣. 累居顯職, 後進景慕放效. 歷尚書令. ……及石勒·
王彌寇京師, 以衍都督征討諸軍事·持節·假黃鉞以距之. ……越之討苟晞也,
衍以太尉爲太傅軍司. 及越薨, 衆共推爲元帥. 衍以賊寇鋒起, 懼不敢當. 辭曰:
「吾少無宦情, 隨牒推移, 遂至於此. 今日之事, 安可以非才處之?」俄而擧軍
爲勒所破, 勒呼王公, 與之相見, 問衍以晉故. 衍爲陳禍敗之由, 云計不在己.
勒甚悅之, 與語移日. 衍自說少不豫事, 欲求自免, 因勸勒稱尊號. 勒怒曰:「君名
蓋四海, 身居重任, 少壯登朝, 至於白首. 何得言不豫世事邪? 破壞天下, 正是
君罪.」使左右扶出. 謂其黨孔萇曰:「吾行天下多矣, 未嘗見如此人, 當可活不?」
萇曰:「彼晉之三公, 必不爲我盡力, 又何足貴乎!」勒曰:「要不可加以鋒刃也.」
使人夜排牆塡殺之. 衍將死, 顧而言曰:「嗚呼! 吾曹雖不如古人, 向若不祖尙
浮虛, 戮力以匡天下, 猶可不至今日.」時年五十六. 衍儁秀有令望, 希心玄遠,
未嘗語利. 王敦過江, 常稱之曰:「夷甫處衆中, 如珠玉在瓦石間.」顧愷之作
〈畫贊〉, 亦稱衍巖巖清峙, 壁立千仞. 其爲人所尙如此.

2.《晉書》(43) 裴頠傳

戎有人倫鑑識, 嘗目:「山濤如璞玉渾金, 人皆欽其寶, 莫知名其器; 王衍神
姿高徹, 如瑤林瓊樹. 自然是風塵表物.」

3.《世說新語》賞譽篇

王戎云:「太尉神姿高徹, 如瑤林瓊樹, 自然是風塵外物!」

4.《世說新語》賞譽篇

王公目太尉:「巖巖清峙, 壁立千仞.」

5.《世說新語》容止篇

王大將軍稱太尉:「處衆人之中, 似珠玉在瓦石間.」

6.《十八史略》(3)

是時王衍·樂廣 皆善淸談, 衍神情明秀. 少時山濤見之曰:「何物老嫗, 生寧馨兒,
然誤天下蒼生者, 未必非此人也.」

038-② 許劭月旦
월단평을 시행한 허소

후한後漢의 허소許劭는 자가 자장子將이며 여남汝南 평여平輿 사람이다. 젊어서 이름과 절도를 높이 여겼으며 인륜人倫을 좋아하여 많은 칭송을 받았다.

당시 곽태郭太 역시 사람을 잘 알아보았다. 그 때문에 천하에는 이러한 말이 있었다.

"선비를 잘 뽑는 자는 허소와 곽태로다."

조조曹操가 미천한 신분이었을 때 항상 겸손한 말과 후한 예물을 주며 자신을 품평해 줄 것을 요구하였다. 허소는 그를 비루한 인물로 여겨 이렇게 말하였다.

"그대는 맑고 태평한 시대에는 간적姦賊이요 난세에는 영웅이로다."

조조는 크게 기뻐하며 떠났다.

당초 허소는 그의 종형 허정許靖과 함께 이름이 높아 함께 향당鄕黨 인물들을 고핵考覈하여 품평하기를 잘하였다. 그리하여 매월 사람들의 인물 품평의 제목을 바꾸었다. 그 때문에 여남에는 풍속으로 월단평月旦評이라는 것이 있게 된 것이다. 방정과方正科에 천거되었지만 박실한 태도를 지키며 나가지 않았다.

그의 형 허건許虔 역시 이름이 높아 여남에서는 평여현에 못에 두 용이 있다고 칭하였다.

後漢, 許劭字子將, 汝南平輿人. 少峻名節, 好人倫, 多所賞識. 時郭太亦知人.

故天下言:「拔士者, 稱許·郭.」

曹操微時, 常卑辭厚禮, 求爲己目.

劭鄙其人曰:「君淸平之姦賊, 亂世之英雄」

操大悅而去.

初劭與從兄靖, 俱有高名. 好共覈論鄕黨人物, 每月輒更其品題. 故汝南俗有月旦評焉. 擧方正, 郭樸不就.

兄虔亦知名. 汝南稱, 平輿淵有二龍焉.

【許劭】자는 子將. 후한 때 인물. 《後漢書》에 전이 있음. 月旦評의 고사로 널리 알려졌음.
【人倫】사람을 그와 유사한 사람과 비교하여 평하는 것. 인물품평을 말함.
【郭太】郭泰라고도 씀(127~169). 經典에 博通하여 제자가 천여 명에 이르렀으며 당시 학문을 조종으로 추앙받았음. 뒤에 范曄이 《後漢書》를 쓰면서 자신의 아버지(范泰)의 이름을 피휘하여 '郭太'로 표기하였음. 《後漢書》(68)에 전이 있음. 李元禮(李膺)가 극찬하였던 인물. '林宗折巾'[154]에 곽태가 사람을 감식하는 일에 밝았던 일화가 있음.
【曹操】魏武帝. 자는 孟德(155~220). 孟德. 어릴 때는 阿瞞으로 불렸음. 沛國 출신으로 기지와 변화는 물론 문장에도 뛰어났었으며 曹丕의 아버지로 한말 세력을 키워 魏나라를 건립하는 기초를 세움. 아들 조비가 獻帝로부터 선양을 받아 武帝로 추존함. 《孫子略解》,《兵書接要》,《曹操集》 등이 있음. 《三國志》(1)에 紀가 있음.
【淸平之姦賊】《世說新語》 識鑒篇에는 喬玄이 曹操를 평한 말로 되어 있음.
【月旦評】'월단'은 매월 초하루. 그 달의 초하루에 인품을 평론함.
【許虔】許劭의 형. 두 형제 모두 뛰어나 '二龍'이라 불림.

참고 및 관련 자료

1. 《晉書》 許劭

許劭字子將, 汝南平輿人也. 少峻名節, 好人倫, 多所賞識. 若樊子昭・和陽士者, 並顯名於世. 故天下言拔士者, 咸稱許・郭. 初爲郡功曹, 太守徐璆甚敬之. 府中聞子將爲吏, 莫不改操飾行, 同郡袁紹, 公族豪俠, 去濮陽令歸, 車徒甚盛, 將

入郡界, 乃謝遣賓客, 曰:「吾輿服豈可使許子將見.」遂以單車歸家. 劭嘗到潁川, 多長者之遊, 唯不候陳寔. 又陳蕃喪妻還葬, 鄉人(必)[畢]至, 而劭獨不往. 或問其故, 劭曰:「太丘道廣, 廣則難周; 仲舉性峻, 峻則少通. 故不造也.」其多所裁量若此. 曹操微時, 常卑辭厚禮, 求爲己目. 劭鄙其人而不肯對, 操乃伺隙脅劭, 劭不得已, 曰:「君清平之姦賊, 亂世之英雄.」操大悅而去. 劭從祖敬, 敬子訓, 訓子相, 並爲三公, 相以能諂事宦官, 故自致台司封侯, 數遣請劭. 劭惡其薄行, 終不候之. 劭邑人李逵, 壯直有高氣, 劭初善之, 而後爲隙, 又與從兄靖不睦, 時議以此少之. 初, 劭與靖俱有高名, 好共覈論鄉黨人物, 每月輒更其品題, 故汝南俗有「月旦評」焉. 司空楊彪辟, 舉方正·敦樸, 徵, 皆不就. 或勸劭仕, 對曰:「方今小人道長, 王室將亂, 吾欲避地淮海, 以全老幼.」乃南到廣陵. 徐州刺史陶謙禮之甚厚. 劭不自安, 告其徒曰:「陶恭祖外慕聲名, 內非眞正. 待吾雖厚, 其勢必薄. 不如去之.」遂復投揚州刺史劉繇於曲阿. 其後陶謙果捕諸寓士. 及孫策平吳, 劭與繇南奔豫章而卒, 時年四十六.

2.《世說新語》識鑑篇

曹公少時見橋玄(喬玄), 玄謂曰:「天下方亂, 羣雄虎爭, 撥而理之, 非君乎? 然君實是亂世之英雄, 治世之姦賊! 恨吾老矣, 不見君富貴; 當以子孫相累.」

3.《十八史略》(3)

遣皇甫嵩等討黃巾. 嵩與沛國曹操, 合軍破賊. 操父嵩, 爲宦者曹騰養子. 或云. 夏侯氏子也. 操少機警, 有權數. 任俠放蕩, 不治行業. 汝南許劭, 與從兄靖有高名, 共覈論鄉黨人物, 每月輒更其題品. 故汝南俗有月旦評. 操往問劭曰:「我何如人?」劭不答. 刦之, 乃曰:「子治世之能臣, 亂世之姦雄.」操喜而去. 至是以討賊起.

039. 賀循儒宗, 孫綽才冠

039-① 賀循儒宗
유종으로 추앙받은 하순

《진서晉書》에 실려 있다.
　하순賀循은 자가 언선彥先이며 회계會稽 산음山陰 사람이다. 절조가 높고 고상하며 엄정하여 어린 나이에 이미 남과 달랐다. 그의 언행과 행동거지는 반드시 예양禮讓에 맞추어져 있었다. 건무建武 초에 중서령中書令이 되어 다시 산기상시散騎常侍의 직함이 더해지자 이것은 굳이 사양하였다. 그리하여 태상太常의 직위를 배수받아 조정에서의 모든 의심나는 일이나 막히는 일은 모두 그에게 자문을 구하였다. 그때마다 하순은 곧바로 경經과 예禮에 근거하여 대답하였다. 그리하여 세상의 유종儒宗으로 추앙을 받았다.

《晉書》: 賀循字彥先, 會稽山陰人. 操尙高厲, 童齔不群. 言行進止, 必以禮讓. 建武初, 爲中書令, 加散騎常侍, 固辭. 改拜太常, 朝廷疑滯皆諮之. 循輒依經禮而對. 爲世儒宗.

【賀循】 자는 彥先(260~319). 賀邵의 아들이며, 《三禮》에 밝았음. 趙王 司馬倫이 簒位하자 낙향하였다가 元帝가 즉위하자 太子太傅를 지냄. 죽은 후 司空을 추증받아 賀司空이라고도 부름. 《晉書》(68)에 전이 있음.
【童齔】 '츤(齔)'은 이를 가는 나이. 대체로 7, 8세의 어린아이를 말함.
【建武】 東晉 元帝의 연호. 317년 1년간임.

【經禮】六經三禮. 六經은《易》·《詩》·《書》·《春秋》·《禮》·《樂書》, 三禮는《禮》를 다시 분화시킨 것으로《周禮》·《儀禮》·《禮記》등 유교의 경전.

참고 및 관련 자료

1. 《晉書》(68) 賀循傳
賀循字彦先, 會稽山陰人也. 其先慶普, 漢世傳《禮》, 世所謂〈京氏學〉. 族高祖純, 博學有重名, 漢安帝時爲侍中, 避安帝父諱, 改爲賀氏. 曾祖齊, 仕吳爲名將. 祖景, 滅賊校尉. 父邵, 中書令, 爲孫晧所殺, 徙家屬邊郡. 循少嬰家難, 流放海隅, 吳平, 乃還本郡. 操尚高厲, 童齓不群. 言行進止, 必以禮讓. 國相丁又請爲五官掾. ……時尚書僕射刁協與循異議, 循答義深備, 辭多不載, 竟從循議焉. 朝廷疑滯皆諮之於循. 循輒依經禮而對. 爲當世儒宗.

2. 《賀循別傳》
循字彦先, 會稽山陰人. 本姓慶, 高祖純, 避漢安帝父諱, 改爲賀氏. 父劭, 吳中書令, 以忠正見害. 循少嬰家禍, 流放荒裔, 吳平乃還. 秉節高厲, 擧動以正. 元帝爲安東, 上循爲吳國內史. 遷太常, 太傅, 薨, 贈司空也.

039-② 孫綽才冠
손작의 재능이 으뜸

《진서晉書》에 실려 있다.
　손작孫綽은 자가 흥공興公이며 풍익태수馮翊太守 손초孫楚의 아들이다. 넓은 학문에 글솜씨도 뛰어났었다. 그는 회계會稽에 살면서 10여 년 산수유람을 다녔으며 장형張衡과 좌사左思의 부賦를 지극히 중시하였다.

그리하여 매번 이렇게 말하였다.

"〈삼도부三都賦〉와 〈이경부二京賦〉는 오경五經을 고취시키는 문장이다."

일찍이 그는 〈천태산부天台山賦〉를 지었는데 문장 표현이 아주 공교하였다. 그것이 처음 완성되자 그는 이를 친구 범영기范榮期에게 보여주며 이렇게 말하였다.

"그대는 이를 땅에 던져보게. 의당 금석성金石聲이 날 것이네!"

그러자 범영기는 이렇게 말하였다.

"아마 이것이 금석성이 나기야 하겠지만 궁상宮商에 맞지 않을 것이네."

그러나 매번 아름다운 구절을 만날 때마다 문득 그는 이렇게 말하였다.

"바로 우리들을 두고 하는 말이군."

그는 저작랑著作郎을 제수받았으며 뒤에 승진을 거듭하여 정위경廷尉卿에 올랐다. 손작은 어릴 때 문장의 재주로 칭송을 받았으며 당시 문사들은 손작을 으뜸으로 여겼다. 그리하여 온교溫嶠, 왕희지王羲之, 치초郗超, 유량庾亮과 같은 높은 직위의 공경이 죽었을 때면 반드시 손작으로 하여금 비문을 짓게 한 다음 이를 돌에 새겼다.

《晉書》: 孫綽字興公, 馮翊太守楚之子. 博學善屬文. 居會稽遊放山水十餘年, 絶重張衡·左思賦.

每云:「〈三都〉·〈二京〉, 五經之鼓吹也.」

嘗作〈天台山賦〉, 辭致甚工.

初成, 以示友人范榮期云:「卿試擲地, 當作金石聲!」

榮期曰:「恐此金石, 非中宮商.」

然每至佳句, 輒云:「應是我輩語.」

除著作郎, 後轉廷尉卿.

綽少以文才稱, 于時文士, 綽爲其冠. 溫·王·郗·庾諸公薨, 必須綽爲碑文, 然後刊石焉.

【孫綽】 자는 興公(314~371). 孫楚의 손자로 형 孫統과 남으로 내려와 벼슬에 뜻을 버리고 〈遂初賦〉를 씀. 그 외에 〈遊天台山賦〉가 유명하며 뒤에 庾亮·殷浩·王羲之의 막료를 거쳐 永嘉太守·散騎常侍를 지냄. 桓溫이 수도를 洛陽으로 옮기려 하자 상소하여 반대함. 廷尉卿에 이르렀으며 長樂侯를 습봉받음. 《晉書》(56)에 전이 있음.

【孫楚】 자는 子荊(?~294). 晉初의 인물. 太原 中都 출신. 40이 지나 벼슬길에 올라 著作郎, 馮翊太守 등을 역임함. 《晉書》(56)에 전이 있음. '孫楚漱石' [036] 참조.

【張衡】 後漢 때 사람. 字는 平子. 〈二京賦〉를 지음.

【左思】 자는 太沖. 齊國人, 祕書를 지냄. 곧 '洛陽紙貴'의 고사를 낳은 인물. 바로 이 고사의 〈三都賦〉를 사람들이 서로 베끼려고 낙양의 종이가 모자라 종이 값이 급등하였다 함. 그 외에 〈詠史詩〉 8수가 유명함. 그의 문집은 사라졌으나 뒤에 《左太沖集》이 집일되어 있음. 《晉書》(92)에 전이 있음. '左思十稔'[223] 참조.

【三都】 魏都·吳都·蜀都. 左思의 〈삼도부〉는 《文選》(4)에 실려 있음.

【二京】 東京 洛陽과 西京 長安. 張衡의 〈二京賦〉는 《文選》(2)에 실려 있음. '兩都'라고도 하며 東都·西都를 가리킴.

【五經】 儒家의 경전. 漢나라 때는 《易》, 《詩》, 《書》, 《禮》, 《春秋》를 오경으로 삼았음.

【天台山】 浙江 台州府, 天台縣에 있는 산 이름. 陳나라의 智者大師가 天台宗을 열었던 산. 孫綽의 〈遊天台山賦〉는 《文選》(11)에 실려 있음.

【范榮期】 范啓. 자는 榮期, 愼陽人. 秘書郎, 黃門侍郎을 지냈으며 당시 淸談家 庾龢, 韓伯, 袁宏과 등과 사귀었음.

【金石聲】 '금'은 鐘, '석'은 磬으로 악기를 말함. 훌륭한 시나 문장을 일컫는 말로 쓰임.

【宮商】 宮·商·角·徵·羽의 오음.

【著作郎】 역사 등 조정의 저작물을 담당하는 관리.

【廷尉卿】 廷尉의 장관.

【溫王郗庾】 溫嶠, 王羲之, 郗超, 庾亮. 혹은 桓溫과 王導, 郗超, 庾亮으로 보기도 함.

참고 및 관련 자료

1. 《晉書》(56) 孫綽傳

綽字興公, 博學善屬文, 少與高陽許詢俱爲高尙之志. 居于會稽, 游放山水, 十有餘年, 乃作〈遂初賦〉以致其意. ……絶重張衡·左思之賦, 每云:「三都二京, 五經之鼓吹也.」嘗作〈天台山賦〉, 辭致甚工. 初成, 以示友人范榮期云:「卿試擲地, 當作金石聲也.」榮期曰:「恐此金石, 非中宮商.」然每至佳句, 輒云:「應是我輩語.」除著作佐郞, 襲爵長樂侯. ……綽少以文才垂稱, 于時文士, 綽爲其冠. 溫·王·郄·庾諸公之薨, 必須綽爲碑文, 然後刊石焉. 年五十八, 卒.

2. 《世說新語》文學篇

孫興公云:「三都·二京, 五經鼓吹.」

3. 《世說新語》文學篇

孫興公作天台山賦成, 以示范榮期云:「卿試擲地, 要作金石聲!」范曰:「恐子之金石, 非宮商中聲?」然每至佳句, 輒云:「應是我輩語.」

040. 太叔辯給, 摯仲辭翰

언변은 태숙광, 문장은 지우

《진서晉書》에 실려 있다.

지우摯虞는 자가 중흡仲洽이며 경조京兆 장안長安 사람이다. 재주와 학문이 박통하였으며 저술에 게으름이 없었다. 현량과賢良科에 천거되어 대책문對策文을 썼지만 아래 등급으로 급제하여 중랑中郞 벼슬을 받았다.

무제武帝가 조칙을 내려 동당東堂에 학자들을 모아 대책을 물었는데 그 대답이 모두 끝나자 그를 태자사인太子舍人으로 발탁하였고 태상경太常卿을 역임하게 되었다. 지우는 성격이 선비를 아껴 어떤 사람을 추천하여 올리려 하면 항상 그를 위해 대신 글을 써주었다. 동평東平 사람 태숙광太叔廣은 중요한 기틀에 대한 언변은 시원하여 태숙광이 담론을 벌일 때면 지우는 그의 상대가 되지 못하였다. 그러나 반대로 지우가 붓을 들어 문장으로 지으면 대신 태숙광이 그에 답을 대지 못하였다. 이들은 서로 돌아가며 이를 듣고 상대를 비웃고 놀려대었다. 이 때문에 세간에서도 이들 둘의 우열을 논할 때면 의견이 분분하였다고 한다.

《晉書》: 摯虞字仲洽, 京兆長安人. 才學通博, 著述不倦. 擧賢良, 策爲下第, 拜中郞.

武帝詔, 會東堂策問, 對畢, 擢太子舍人, 歷太常卿. 虞性愛士人, 人有表薦者, 常爲其辭. 東平太叔廣樞機淸辯, 廣談, 虞不能對; 虞筆, 廣不能答, 更相嗤笑, 紛然於世云.

【摯虞】 자는 仲洽(?~311). 그러나 많은 기록에는 仲治으로 되어 있음. 長安人. 皇甫謐의 제자이며 秘書監, 太常卿을 지냄. 《晉書》(51)에 전이 있음. 《世說新語》에는 자가 중치(仲治)로 되어 있음.
【武帝】 晉 武帝. 司馬炎. 西晉의 개국군주. 司馬昭의 長子. 자는 安世. 咸熙 2年(265)에 魏나라로부터 禪讓의 형식으로 나라를 이어받아 晉나라를 세우고 洛陽을 도읍으로 함. 재위 26년(265~290). 묘호는 世祖. 《晉書》(3)에 紀가 있음.
【下第】 及第의 등급에 상·중·하의 3단계 중 가장 낮은 점수의 합격을 뜻함.
【太叔廣】 자는 季思(?~304). 東平人. 八王之亂 때 자살함. 言辯에 뛰어났던 인물로 알려짐.
【樞機】 사물의 가장 중요한 핵심이나 中樞. 《易》에 "言行, 君子之樞機"라고 하였음.

참고 및 관련 자료

1. 《晉書》(51) 摯虞傳

摯虞字仲洽, 京兆長安人也. 父模, 魏太僕卿. 虞少事皇甫謐, 才學通博, 著述不倦. 郡檄主簿. ……擧賢良, 與夏侯湛等十七人策爲下第, 拜中郞. 武帝詔曰: ……. 會東堂策問, 對畢, ……擢爲太子舍人, 除聞喜令. 歷太常卿. ……性愛士人, 有表薦者, 恆爲其辭. 東平太叔廣樞機淸辯, 廣談, 虞不能對; 虞筆, 廣不能答, 更相嗤笑, 紛然於世云.

2. 《世說新語》文學篇

太叔廣甚辯給, 而摯仲治長於翰墨, 俱爲列卿. 每至公坐, 廣談, 仲治不能對; 退箸筆難廣, 廣又不能答.

041. 山濤識量, 毛玠公方

041-① 山濤識量
산도의 식견과 도량

《진서晉書》에 실려 있다.

산도山濤는 자가 거원巨源이며 하내河內 회현懷縣 사람이다. 어려서부터 기량이 있었으며 개연히 무리와 어울리지 않았다. 나이 마흔에 비로소 군郡의 상계연上計掾이 되었으며 효렴과孝廉科에 추천되었다.

무제武帝 때에 이부상서吏部尙書가 되었으며 뒤에 여러 차례 선발과 추천을 담당하여 내외를 두루 살펴 인재를 얻어 배치하였다. 관직은 우복야右僕射에 올라 사도司徒 직위를 추증되었다.

이에 앞서 산도는 미천한 신분에 집안도 가난하여 그 아내 한씨韓氏에게 이렇게 말한 적이 있다.

"배고픔과 추위를 견뎌주시오. 내 뒤에 삼공三公의 지위에 오르고 말 것이오. 다만 그때 그대가 삼공의 부인으로써의 자리를 감당해낼 수 있을지 알 수 없을 따름이오."

그리하여 과연 영화롭고 귀한 신분이 되자 부인은 정숙하고 신중하며 더욱 검약하였다.

배해裵楷는 사람을 알아보는 감식력이 있어 일찍이 산도를 이렇게 평하곤 하였다.

"마치 산에 올라 아래를 내려다보듯 유연하고 심원한 기풍을 가진 인물이로다."

왕융王戎 역시 산도를 이렇게 평하였다.

"질박한 옥이 금에 섞여 있는 것과 같다. 사람들은 모두 그것을 보석으로 여겨 흠모하지만 그 옥이 무슨 그릇이 될 것인지 이름 붙이는 것은 알지 못하고 있다."

양梁나라 임방任昉은 범운范雲이 상서尙書의 이부吏部 관직을 사양한 것을 글로 쓴 〈표문表文〉에서 이렇게 말하였다.

"위魏나라 대는 모개毛玠의 공정함과 방정함이 있었고, 진나라 때는 산도의 식견과 도량이 있었다오. 나를 이들과 비교한다면 한결같이 멀고 퇴락한 사람이 아니겠소?"

《晉書》: 山濤字巨源, 河內懷人. 少有器量, 介然不群. 年四十, 始爲郡上計掾, 擧孝廉. 武帝時遷吏部尙書, 前後選擧, 周徧內外, 竝得其才. 官至右僕射, 贈司徒.

初濤布衣家貧, 謂妻韓氏曰:「忍飢寒. 我後當作三公. 但不知卿堪作夫人不耳.」

及居榮貴, 貞愼儉約.

裴楷有知人鑒, 嘗謂濤:「若登山臨下, 幽然深遠.」

王戎亦目濤:「如璞玉渾金. 人皆欽其寶, 莫知名其器.」

梁任昉〈爲范雲讓尙書吏部表〉云:「在魏則毛玠公方, 居晉則山濤識量. 以臣況之, 一何遼落?」

【山濤】자는 巨源(205~283). 老莊에 심취하였으며 술을 좋아하였음. 嵇康, 阮籍, 呂安 등과 친하였으며 죽림칠현의 하나. 〈任誕〉편 참조.《晉書》(43)에 전이 있음. '山濤識量'[041] 참조.

【上計】지방의 회계를 수도에 출두하여 보고하는 관리.

【武帝】晉 武帝. 司馬炎. 西晉의 개국군주. 司馬昭의 長子. 자는 安世. 咸熙 2年(265)에 魏나라로부터 禪讓의 형식으로 나라를 이어받아 晉나라를 세우고 洛陽을 도읍으로 함. 재위 26년(265~290). 묘호는 世祖.《晉書》(3)에 紀가 있음.

【右僕射】尙書右僕射. 인사나 문서를 담당하는 尙書省에 左右의 僕射.

【裴楷】자는 叔則(237~291). 裴令公으로도 부름. 河東 聞喜人. 裴徽의 셋째 아들이며 司空 裴秀의 從弟. 용모가 준수하고 깨끗하여 '玉人'이라 불렸음. 河南尹과 中書令을 지냄. 시호는 元.《晉書》(35)에 전이 있음. '裴楷淸通' [001] 참조.

【王戎】자는 濬沖(234~305). 王安豐으로도 불림. 王綏의 아버지이며 安豐縣侯를 역임함. 성격이 인색하였으며 禮敎에 얽매이지 않았음. 阮籍, 山濤, 向秀, 阮咸, 嵇康, 劉伶과 더불어 '竹林七賢'으로 불렸음.《晉書》(43)에 전이 있음. '王戎簡要'[001] 참조.

【璞玉】아직 연마하지 않은 옥.

【渾金】아직 精鍊하지 않은 금.

【任昉】자는 彦升(460~508). 남조 梁나라 때의 文學家. 字는 彦昇. 樂安 博昌(지금의 山東省 壽光縣) 출신. 16세 때 秀才로 천거되어 太學博士에 올랐으며 「竟陵八友의」 하나. 梁 武帝 때는 黃門侍郞을 지냈으며 다시 義興新安太守를 역임함. 詩 외에 散文에도 능했으며, 「沈詩任筆」이란 말이 생겨남.《南史》(59)와《梁書》(14)에 傳이 있으며 明, 張溥가 집일한《任彦昇集》이 있음.

【范雲】南齊 때 사람. 尙書殿의 中郞이었음. 任昉이 대신 쓴〈爲范尙書讓吏部封侯第一表〉는《文選》(38)에 실려 있음.

【毛玠】삼국시대 위나라 인물. 자는 孝先. 陳留 사람으로 曹操와 曹丕를 보좌하여 위나라 건국과 행정에 큰 공을 세웠음.

참고 및 관련 자료

1.《晉書》(43) 山濤傳

山濤字巨源, 河內懷人也. 父曜, 宛句令. 濤早孤, 居貧, 少有器量, 介然不群. ……濤年四十, 始爲郡主簿·功曹·上計掾, 擧孝廉, 州辟部河南從事. ……武帝時遷吏部尙書, 前後選擧, 周徧內外, 竝得其才. 官至右僕射, 贈司徒. ……初, 濤布衣家貧. 謂妻韓氏曰:「忍饑寒. 我後當作三公. 但不知卿堪作夫人不耳.」及居榮貴, 貞愼儉約, 雖作同千乘, 而無嬪媵. 祿賜俸秩, 散之親故.

2.《文選》(38)〈爲范尙書讓吏部封侯第一表〉

臣雲言: 被尙書召, 以臣爲散騎常侍·吏部尙書, 封霄城縣開國侯, 食邑千戶. 奉命震驚, 心顔無措, 臣雲頓首頓首, 死罪死罪. 臣素門凡流, 輪翩無取, 進謝中庸, 退慚狂狷. ……在魏則毛玠公方, 居晉則山濤識量, 以臣況之, 一何遼落!(하략)

041-② 毛玠公方
공정함과 방정함을 다한 모개

《위지魏志》에 실려 있다.

모개毛玠는 자가 효선孝先이며 진류陳留 평구平丘 사람이다. 위魏 태조太祖 조조가 재상의 신분이었을 때 모개는 한 때 그의 동조연東曹掾이 되어 최염崔琰과 함께 관리를 선발하는 임무를 맡기도 하였다. 그때 그가 선발한 이들은 모두가 청렴하고 정직한 인물들이었으며, 비록 이름이 널리 알려 졌다 해도 그 행실이 근본을 지키지 않는 자라면 끝내 선발될 수가 없었다. 그는 검소함으로 사람을 통솔하는 데에 힘써 이 때문에 선비들은 청렴과 절제로 자신을 면려하여, 비록 귀척이나 총애를 받는 신하라 할지라도 수레와 복장에 감히 절도를 넘어서는 일이 없었다.

태조는 이렇게 감탄하였다.

"사람을 등용함이 이와 같다면 천하 사람들은 저절로 다스려질 것이다. 그러나 내가 할 일이 무엇이 있겠는가!"

문제(文帝, 曹丕)가 오관장五官將의 신분이었을 때 직접 모개를 찾아와 자신의 친척을 부탁하였다. 그러자 모개는 이렇게 대답하였다.

"이 늙은이가 능히 저의 직책을 지킴으로 해서 다행히 죄에서 벗어날 수 있었습니다. 지금 말씀하신 그 사람은 승진할 차례가 아닙니다. 이 까닭으로 감히 명령을 받들 수 없습니다."

이처럼 어떤 청탁도 들어주지 않자 당시 사람들은 그를 꺼려하였다.

당초 태조가 유성柳城을 평정하고 그때 노획물을 나누어 주었는데 특별히 흰 병풍과 하얀 빙궤馮几를 모개에게 하사하며 이렇게 말하였다.

"그대는 옛사람의 풍모를 가지고 있으니 그 때문에 옛사람이 사용하던 복식을 드리는 것입니다."

모개는 현달한 지위였지만 항상 베옷에 나물 음식을 먹었으며 위로부터 받은 상이나 하사품은 모두 가난한 가족들에게 나누어 주었다.

위나라가 처음 건국되었을 때 그는 복야僕射가 되어 다시 인재를 뽑는 일을 맡아보았다. 당시 태자가 아직 확정되지 않았고, 임치후臨淄侯 조식曹植이 총애를 받고 있었다. 이에 모개는 비밀리 이렇게 간하였다.

"근래 원소袁紹가 적서嫡庶를 구분하지 아니함으로써 종족과 나라가 망하고 말았습니다. 후사를 폐하거나 세우는 일은 중대한 사안이니 소문을 듣고 결정해서는 안 됩니다."

뒤에 태조는 눈으로 모개를 가리켜 이렇게 말하였다.

"이 사람이야말로 소위 말하는 나라의 사직司直이요, 나의 주창周昌이로다!"

《魏志》: 毛玠字孝先, 陳留平丘人. 魏太祖爲相, 玠嘗爲東曹掾, 與崔琰竝典選擧. 其擧用, 皆淸正士, 雖有盛名, 而行不由本者, 終莫得進. 務以儉率人, 由是士以廉節自勵, 雖貴寵之臣, 輿服不敢過度.

太祖歎曰:「用人如此, 使天下人自治. 吾復何爲哉!」

文帝爲五官將, 親自詣玠, 屬所親眷.

玠答曰:「老臣以能守職, 幸得免戾. 今所說人非遷次, 是以不敢奉命.」

請謁不行, 時人憚之.

初太祖平柳城, 班所獲器物, 特以素屛風·素馮几賜玠曰:「君有古人之風, 故賜君古人之服.」

玠居顯位, 常布衣蔬食, 賞賜以振施貧族.

魏國初建, 爲僕射, 復典選擧. 時太子未定, 而臨淄侯植有寵.

玠密諫曰:「近者袁紹以嫡庶不分, 覆宗滅國. 廢立大事, 非所宜聞.」

後太祖目指曰:「此所謂國之司直, 我之周昌也!」

【毛玠】 삼국시대 魏나라 인물. 자는 孝先. 陳留 사람으로 曹操와 曹丕를 보좌하여 위나라 건국과 행정에 큰 공을 세웠음.

【東曹掾】 東曹와 西曹가 있었으며 東曹는 지방관이나 군관의 인사를 담당하였고, 西曹는 府史署用을 담당하였음.

【崔琰】 자는 季珪. 어려서는 무협을 좋아하였으나 뒤에 鄭玄을 스승으로 모시고 유학을 익힘. 袁紹가 발탁하여 騎都尉를 삼았으나 원소가 패하자 曹操에게 의탁하여 曹丕의 스승이 됨. 뒤에 참훼를 입고 조조에게 賜死당함. 《三國志》(12)에 전이 있음. 당시 西曹掾이었음.

【五官將】 五官中郎將. 다섯 官署의 中郎의 將帥. 중랑은 宿衛侍直을 담당하였음.

【馮几】 '馮'은 '憑'과 같음. 앉아 기대어 몸을 편히 쉬는 궤 받침대.

【太子未定】 曹操의 夫人 丁義에게는 아들이 없어 첩 卞氏에게 丕·彰·植·熊의 네 아들을 낳았음. 曹植이 가장 사랑을 받았으나 丁儀는 결혼 일로 조비에게 원한이 있어 조식을 태자로 세우고자 조조에게 권하였음. 이에 조조가 신하들에게 의견을 묻자 崔琰은 조비를 죽음으로써 지키겠다고 대답하였음. 그러나 太中大夫 賈詡는 도리에 어긋나지 않는다면 좋다고 하였음. 다시 조조가 가후에게 다시 묻자 가후는 침묵하며 대답하지 않았고, 조조가 이유를 묻자 袁紹와 劉升景의 일을 거론하여 형제끼리의 싸움은 나라를 망친다고 진언하였음. 원소의 세 아들 譚·熙·尙 중 막내아들인 원상을 후계자로 삼아 결국 형제끼리의 암투 끝에 조조에게 망하고 말았던 일임.

【非所宜聞】 '聞'은 聞奏, 以聞. 신하가 군주에게 상소하는 것. 丁儀 등의 상소를 말함.

【後太祖】 建安 22년 曹操는 曹丕를 후계자로 결정하였음.

【文帝】 魏文帝 曹丕(187~226). 자는 子桓. 曹操의 둘째 아들. 아버지 曹操가 죽고 魏王을 습봉하여 漢나라 丞相이 됨. 延康 元年(220)에 禪讓을 받아 황제가 되었으며 연호를 黃初로 바꾸고 국호를 魏나라로, 洛陽을 도읍으로 정함. 재위 7년에 졸하였으며 시호는 文皇帝. 문장에도 뛰어나 《典論》을 지었으며 그 중 〈論文〉은 문학 이론과 비평의 유명한 글로 평가받고 있음. 그 외에 〈燕歌行〉은 현존 최초의 7언시로 알려짐. 《三國志》(2)에 紀가 있음. 《魏志》에 "帝諱丕. 字子桓, 受漢禪"이라 함. '魏儲南館'[245] 참조.

【曹植】 자는 子建(192~232). 曹操의 셋째 아들이며 曹丕의 아우. 어려서부터 詩文에 뛰어났었음. 조조가 매우 아껴 후계를 삼으려하자 曹丕의 시기를

받아 〈七步詩〉등의 고사를 남기기도 함. 조비가 漢 獻帝를 폐하고 帝位에 오르자 조식은 더욱 고통을 받게 됨. 조비가 죽고 曹叡가 제위를 잇고 나서도 뜻을 얻지 못하자 일찍 죽음. 그의 시 80여 수와 文章 및 辭賦 40여 편이 남아있음. 建安作家에게 영향이 가장 컸음. 조식은 일찍이 陳王에 봉해졌고 죽은 후 시호는 思. 그 때문에 「陳思王」으로 불림. 또한 東阿에 봉해진 적이 있어 東阿王으로도 불림.《曹子建集》10권이 전하며《三國志》권19에 傳이 있음.

【袁紹】자는 本初(?~202). 한말의 인물. 영제(靈帝) 때 左軍校尉를 거쳐 司隸에 올랐으며 董卓을 끌어들여 환관을 제거하였으나 이로 인해 京師에 대란이 일어나자 의견이 맞지 않아 冀州로 도망갔다가 河北을 점거함. 뒤에 曹操와의 결전에 패하자 분을 품고 죽음.《三國志》(6) 및《後漢書》(74)에 전이 있음.

【司直】군주를 위해 직언을 담당하는 사람.《詩經》鄭風의 〈羔裘〉에 "彼其之子, 國之司直"이라 함.

【周昌】漢 高祖 때의 中尉. 고조가 태자를 폐하고 총애하는 척부인의 소생 如意를 세우고자 하였으나 대신들의 강력한 반대에 부딪쳐 결국 무산되고 말았음. 당시 周昌은 결국 황제를 격노시킨 일이 있었음.

참고 및 관련 자료

1.《三國志》(12) 魏志 毛玠傳

毛玠字孝先, 陳留平丘人也. 少爲縣吏, 以淸公稱. 將避亂荊州, 未至, 聞劉表政令不明, 遂往魯陽. 太祖臨兗州, 辟爲治中從事. 玠於太祖曰:「今天下分崩, 國主遷移, 生民廢業, 饑饉流亡, 公家無經歲之儲, 百姓無安固之志, 難以持久. 今袁紹・劉表, 雖士民衆彊, 皆無經遠之慮, 未有樹基建本者也. 夫兵義者勝, 守位以財, 宜奉天子以令不臣, 脩耕植, 畜軍資, 如此則霸王之業可成也.」太祖敬納其言, 轉幕府功曹. 太祖爲司空丞相, 玠嘗爲東曹掾, 與崔琰並典選擧. 其所擧用, 皆淸正之士, 雖有盛名, 而行不由本者, 終莫得進. 務以儉率人, 由是天下之士莫不以廉節自勵, 雖貴寵之臣, 輿服不敢過度. 太祖歎曰:「用人如此, 使天下人自治. 吾復何爲哉!」文帝爲五官將, 親自詣玠, 屬所親眷. 玠答曰:「老臣以能守職, 幸得免戾. 今所說人非遷次, 是以不敢奉命.」大軍還鄴, 議所幷省. 請謁不行,

時人憚之. 咸欲省東曹. 乃共白曰:「舊西曹爲上, 東曹爲次, 宜省東曹」太祖知其情, 令曰:「日出於東, 月盛於東, 凡人言方, 亦復先東, 何以省東曹?」遂省西曹. 初, 太祖平柳城, 班所獲器物, 特以素屛風·素馮几賜玠曰:「君有古人之風, 故賜君古人之服」玠居顯位, 常布衣蔬食, 撫育孤兄子甚篤, 賞賜以振施貧族, 家無所餘. 遷右軍師. 魏國初建, 爲上書僕射, 復典選擧. 時太子未定, 而臨淄侯植有寵. 玠密諫曰:「近者袁紹以嫡庶不分, 覆宗滅國. 廢立大事, 非所宜聞」後群僚會, 玠起更衣, 後太祖目指曰:「此所謂國之司直, 我之周昌也!」

042. 袁盎卻坐, 衛瓘撫牀

042-① 袁盎卻坐
신부인의 자리를 치워버린 원앙

전한前漢의 원앙袁盎은 자가 사絲이며 안릉安陵 사람이다. 효문제孝文帝 때에 중랑장中郞將이 되었다. 문제가 상림上林에 행차할 때 황후와 신부인愼夫人이 따라나섰다. 그들은 금중禁中에 있을 때는 항상 같은 자리에 앉았다. 원앙은 이것이 위계에 맞지 않는다고 여겨 낭서郞署에서 그들이 앉을 수레를 준비할 때 원앙은 부인의 자리를 한 칸 낮추어 깎아 내렸다. 부인이 이를 보자 화를 내면서 앉으려 하지 않았고 황제 역시 노기를 드러내었다.

원앙은 이를 기회로 앞으로 나서며 이렇게 말하였다.

"제가 듣기로 존비尊卑의 순서를 바로잡으면 위아래가 화목해진다 하더이다. 지금 폐하께서 이미 황후를 세우셨으니 부인은 첩인 셈입니다. 주인을 어찌 그러한 첩의 자리와 동급으로 함께 앉힌다는 것입니까? 게다가 폐하께서 그를 사랑하신다면 후한 상금을 내리시면 될 일입니다. 폐하께서 신부인을 이러한 방법으로 위하는 것은 재앙이 되기에 알맞습니다. 폐하께서만 유독 고조의 척부인戚夫人이 사람돼지가 된 전례를 보지 못하셨나이까?"

문제는 이에 기꺼워하면서 들어가 신부인에게 설명해 주었다. 신부인은 이를 고맙게 여겨 원앙에게 금 50근을 주었다. 그러나 역시 그는 잦은 간언을 했던 이유로 궁중에 오래 있을 수는 없게 되었다.

前漢, 袁盎字絲, 安陵人. 孝文時爲中郞將. 上幸上林, 皇后·愼夫人從. 其在禁中, 常同坐. 及坐郎署, 盎引卻夫人坐. 夫人怒不肯坐, 上亦怒起.

盎因前說曰:「臣聞尊卑有序, 則上下和. 今陛下旣已立后, 夫人迺妾. 主豈可同坐哉? 且陛下幸之則厚賜之. 陛下所以爲愼夫人, 適所以禍之也. 獨不見人豕乎?」

上迺說, 入語愼夫人. 夫人賜盎金五十斤. 然亦以數諫不得久居中.

- 【袁盎】자는 絲(?~B.C.148) '爰盎'으로도 표기함. 前漢 文帝 때 인물로 직언을 잘하였으며 太常에 올랐으나 梁孝王의 원한을 사서 피살됨.《漢書》에 전이 있음.
- 【孝文帝】전한 제3대 황제 文帝 劉恒. 太宗孝文皇帝. 高祖 劉邦의 庶子로서 薄太后의 아들. B.C.179~B.C.157년 재위함. 한나라 초기 文景之治를 이루어 제국의 기틀을 다짐.
- 【愼夫人】효문제의 후궁. 夫人은 궁중 妃嬪의 등급에 따른 칭호.
- 【郎署】上林苑에 경비를 맡은 郎官의 官舍.
- 【戚夫人】漢 高祖 劉邦이 총애하던 부인. 如意를 낳았으나 呂后에게 미움을 받아 참혹하게 독살 당함.
- 【人豕】'豕'는 멧돼지. '彘'와 같음.《史記》에는 고조 유방의 여후가 척부인을 미워하여 그를 사람돼지라 부르며 죽인 사건.《十八史略》(2)에 "孝惠皇帝, 名盈, 母呂太后. 卽位之元年, 呂后鴆殺趙王如意, 斷戚夫人手足, 去眼煇耳, 飮瘖藥使居廁中, 命曰人彘, 召帝觀之. 帝驚大哭, 因病, 歲餘不能起"라 함.
- 【不得久居中】원앙은 뒤에 外職으로 발령을 받아 隴西郡의 都尉로 옮겨갔음.

> 참고 및 관련 자료

1.《史記》袁盎鼂錯列傳

上幸上林, 皇后·愼夫人從. 其在禁中, 常同席坐. 及坐, 郎署長布席, 袁盎引卻愼夫人坐. 愼夫人怒, 不肯坐. 上亦怒, 起, 入禁中. 盎因前說曰:「臣聞尊卑有

序則上下和. 今陛下旣已立后, 愼夫人乃妾, 妾主豈可與同坐哉? 適所以失尊卑矣. 且陛下幸之, 卽厚賜之. 陛下所以爲愼夫人, 適所以禍之. 陛下獨不見『人彘』乎?」於是上乃說, 召語愼夫人. 愼夫人賜盎金五十斤.

2.《漢書》爰盎鼂錯傳(爰盎)
爰盎字絲. 其父楚人也, 故爲羣盜, 徙安陵. 高后時, 盎爲呂祿舍人. 孝文卽位, 盎兄噲任盎爲郞中. 絳侯爲丞相, 朝罷趨出, 意得甚.
上幸上林, 皇后·愼夫人從. 其在禁中, 常同坐. 及坐, 郞署長布席, 盎引卻愼夫人坐. 愼夫人怒, 不肯坐. 上亦怒, 起. 盎因前說曰:「臣聞尊卑有序則上下和, 今陛下旣以立后, 愼夫人乃妾, 妾主豈可以同坐哉! 且陛下幸之, 則厚賜之. 陛下所以爲愼夫人, 適所以禍之也. 獨不見人豕乎?」於是上乃說, 入語愼夫人. 愼夫人賜盎金五十斤.

042-② 衛瓘撫牀
침상을 어루만지며 한탄한 위관

《진서晉書》에 실려 있다.

위관衛瓘은 자가 백옥伯玉이며 하동河東 안읍安邑 사람이다. 무제武帝 때 사공司空에 올랐다. 그의 행정이 맑고 간요하여 조야의 명성과 칭찬을 심히 많이 받았다. 혜제惠帝가 태자였을 때 조정의 신하들은 모두 이렇게 말하였다. "태자는 너무 순진하고 질박하여 친히 정사를 맡기에 불가능하다."

위관도 매번 계啓를 올려 태자를 폐위할 것을 진술하고 싶었지만 감히 발설을 하지는 못하고 있었다. 그러던 어느 날, 능운대陵雲臺에서 연회가 열렸다. 위관은 술 취한 기운을 빌려 황제의 상牀앞에 무릎을 꿇고 이렇게 말하였다.

"저는 계를 올려 드릴 말씀이 있습니다!"
그러고는 말을 하고자 하다가 세 번을 머뭇거리며 하지 못하는 것이었다.
그러고는 손으로 그 상을 어루만지며 이렇게 말하였다.
"이 자리가 아깝습니다!"
황제는 그의 말뜻을 알아차리고 짐짓 이렇게 둘러대었다.
"그대는 정말 크게 취하셨군요!"
위관은 다시는 이 일을 입 밖에 꺼내지 않았다.
가후賈后는 이로부터 위관을 원망하였다. 뒤에 위관은 늙어 사직하여 태보太保의 자리로 옮겨가게 되었다.

혜제 즉위하자 위관을 녹상서사錄尙書事로 삼았다. 가후는 평소 위관을 원망하고 있었으며 게다가 그의 방정하고 정직한 성격 때문에 자신 마음대로 음란하고 잔학한 행동을 할 수 없음을 시기하여 혜제에게 계를 올려 조서를 짓도록 한 다음 위관의 관직을 삭탈해 버렸다. 그리하여 마침내 위관은 해를 입어 죽음을 당하고 말았다.

《晉書》: 衛瓘字伯玉, 河東安邑人. 武帝時, 遷司空. 爲政淸簡, 甚得朝野聲譽.

惠帝爲太子, 朝臣咸謂:「純質不能親政事」

瓘每欲陳啓廢之, 而未敢發. 後會宴陵雲臺.

瓘託醉, 因跪帝床前曰:「臣欲有所啓!」

欲言而止者三, 因以手撫床曰:「此座可惜!」

帝悟, 因謬曰:「公眞大醉邪!」

瓘不復有言. 賈后由是怨之.

後告老, 進位太保就第.

惠帝立, 以瓘錄尙書事. 賈后素怨瓘, 且忌其方直不得騁己淫虐, 啓帝作詔, 免瓘官. 遂被害.

【衛瓘】자는 伯玉(220~291). 衛恒의 아버지이며 衛玠의 조부. 晉初 人物. 약관에 이미 尙書郞을 거쳐 通事郞, 中書郞, 散騎常侍, 侍中, 廷尉卿 등을 지냄. 鄧艾와 鍾會를 따라 蜀을 벌하였으며 다시 등애와 종회의 반란을 평정하여 關中의 여러 군사를 관할하는 도독이 됨. 鎭西將軍, 鎭東將軍을 거쳐 晉나라가 들어서자 侍中, 司空이 됨. 汝南王(司馬亮)을 돕다가 賈后와 틈이 벌어져 죽음을 당함. 草書에도 능하여 張芝의 풍을 이어받았다는 평을 받았음. 《晉書》(36)에 전이 있음.

【武帝】晉 武帝. 司馬炎. 西晉의 개국군주. 司馬昭의 長子. 자는 安世. 咸熙 2年(265)에 魏나라로부터 禪讓의 형식으로 나라를 이어받아 晉나라를 세우고 洛陽을 도읍으로 함. 재위 26년(265~290). 廟號는 世祖.《晉書》(3)에 紀가 있음.

【惠帝】西晉의 제2대 황제 司馬衷. 武帝 司馬炎의 아들이며 중국 역대이래 가장 백치에 가까운 군주로 널리 알려진 인물. 290~306년 재위함. 皇后 賈南風에게 조종당하여 나라를 혼란으로 몰아넣었음. '晉惠聞蟆'[164] 참조.

【凌雲臺】魏나라의 文帝가 지은 樓閣.

【牀】'床'과 같음. 침대나 의자로도 사용하였음.《晉書》에는 '狀'으로 되어 있음.

【賈后】賈充의 딸. 이름은 南風. 惠帝의 皇后. 악독하고 교활하였음. '南風擲孕'[198] 참조.

【遂被害】위관은 자신은 물론 그 일족 9명까지 가후에게 참살을 당하고 말았음.

참고 및 관련 자료

1.《晉書》(36) 衛瓘傳

衛瓘字伯玉, 河東安邑人也. 高祖暠, 漢明帝時, 以儒學自代郡徵, 至河東安邑卒, 因所賜亡地而葬之, 子孫遂家焉. ……太康初, 遷司空・侍中・令如故. 爲政淸簡, 甚得朝野聲譽. ……惠帝之爲太子也, 朝臣咸謂純質, 不能親政事. 瓘每欲陳啓廢之, 而未敢發. 後會宴陵雲臺, 瓘託醉, 因跪帝牀前曰:「臣欲有所啓」. 帝曰:「公所言何也?」 欲言而止者三, 因以手撫牀曰:「此座可惜!」帝意乃悟, 因謬曰:「公眞大醉耶!」瓘於此不復有言. 賈后由是怨瓘. ……賈后素怨瓘, 且忌其方直,

不得騁己淫虐; 又聞瓘與瑋有隙, 遂謗瓘與亮欲爲伊霍之事, 啓帝作手詔, 使瑋免瓘等官. ……遂與子恒·嶽·裔及孫等九人等被害, 是年七十三.

2. 《世說新語》規箴篇

晉武帝旣不悟太子之愚, 必有傳後意, 諸名臣亦多獻直言. 帝嘗在陵雲臺上坐, 衛瓘在側, 欲微申其懷, 因如醉跪帝前, 以手撫牀曰:「此坐可惜!」帝雖悟, 因笑曰:「公醉邪?」

3. 《十八史略》(3)

孝惠皇帝: 名衷, 性不慧, 爲太子時, 納妃賈氏, 充之女也, 多權詐. 衛瓘嘗侍武帝, 陽醉跪于前, 以手撫床曰:「此座可惜.」武帝悟, 密封尙書疑事, 令太子決之. 賈氏大懼, 倩外人具草代對, 令太子自寫. 武帝悅, 得不廢, 至是卽位.

043. 于公高門, 曹參趣裝

043-① 于公高門
　　대문을 높이 올린 우정국

　전한前漢의 우정국于定國은 자가 만천曼倩이며 동해東海 담현郯縣 사람이다. 그 아버지 우공于公이 그 현의 옥리獄吏가 되어 군郡의 결조決曹를 담당하였는데 판결이 공평하였다. 법조문에 걸려든 자로써 우공의 판결을 받은 자는 그 누구나 원한이 없을 정도였다. 그리하여 군에는 그를 위하여 살아 있을 때 사당을 지어 주었다.
　당초 그가 살고 있는 동네의 문이 망가지자 마을 부로父老들이 함께 나서서 이를 수리하였다. 그러자 우공은 이렇게 말하였다.
　"마을 문을 조금 높고 크게 지어 주십시오. 그리하여 네 필 말의 높은 수레 지붕이 드나들 수 있도록 말이오. 내 옥사를 다스리면서 많은 음덕을 베풀어 한 번도 원한을 가진 자가 없었소. 그러니 내 자손 중에 틀림없이 흥한 자가 나올 것이오."
　우정국에 이르러 선제宣帝 때에 그는 승상丞相이 되었으며 서평후西平侯에 봉해졌고, 그 아들 우영于永 역시 어사대부御史大夫가 되어 봉후封侯의 영예가 집안 대대로 이어졌던 것이라 한다.

　前漢, 于定國字曼倩, 東海郯人. 其父于公, 爲縣獄吏, 郡決曹, 決獄平. 罹文法者, 于公所決, 皆不恨. 郡中爲之生立祠. 始其閭門壞, 父老方共治之.
　于公謂曰:「少高大閭門, 令容駟馬高蓋車. 我治獄多陰德, 未嘗

有所冤. 子孫必有興者.」

至定國, 宣帝時爲丞相, 封西平侯. 子永爲御史大夫, 封侯傳世云.

【于定國】자는 曼倩. 東海 郯人. 于公의 아들. 漢 宣帝 때 뛰어난 법관. 조정에서 "張釋之爲廷尉, 天下無冤民, 于定國爲廷尉, 民自以無冤"이라 하였음. 뒤에 丞相에 올라 西平侯에 봉해짐.《漢書》于公傳 참조.
【于公】우정국의 아버지.《漢書》于公傳 참조.
【決曹】죄와 법률에 관련된 일을 담당하는 관서.
【駟馬高蓋車】大夫이상의 신분을 가진 관리가 타는 수레.
【宣帝】西漢 7대 황제. 이름은 劉詢. B.C.73~B.C.49년 재위함.

참고 및 관련 자료

1.《漢書》雋疏于薛平彭傳(于定國)
于定國字曼倩, 東海郯人也. 其父于公爲縣獄史, 郡決曹, 決獄平, 羅文法者于公所決皆不恨. 郡中爲之生立祠, 號曰于公祠. 始定國父于公, 其閭門壞, 父老方共治之. 于公謂曰:「少高大閭門, 令容駟馬高蓋車. 我治獄多陰德, 未嘗有所冤, 子孫必有興者.」至定國爲丞相, 永爲御史大夫, 封侯傳世云.

2.《說苑》貴德篇
丞相西平侯于定國者, 東海下邳人也, 其父號曰于公, 爲縣獄吏決曹掾; 決獄平法, 未嘗有所冤, 郡中離文法者, 于公所決, 皆不敢隱情, 東海郡中爲于公生立祠, 命曰于公祠. 東海有孝婦, 無子, 少寡, 養其姑甚謹, 其姑欲嫁之, 終不肯, 其姑告鄰之人曰:「孝婦養我甚謹, 我哀其無子, 守寡日久, 我老累丁壯奈何?」其後母自經死, 母女告吏曰:「孝婦殺我母.」吏捕孝婦, 孝婦辭不殺姑, 吏欲毒治, 孝婦自誣服, 具獄以上府, 于公以爲養姑十年以孝聞, 此不殺姑也, 太守不聽, 數爭不能得, 於是于公辭疾去吏, 太守竟殺孝婦. 郡中枯旱三年, 後太守至, 卜求其故, 于公曰:「孝婦不當死, 前太守强殺之, 咎當在此.」於是殺牛祭孝婦冢, 太守以下自至焉, 天立大雨, 歲豐熟, 郡中以此益敬重于公. 于公築治廬舍, 謂匠人曰:「爲我高門, 我治獄未嘗有所冤, 我後世必有興者, 令容高蓋駟馬車.」及子封爲西平侯.

3.《十八史略》(2)

以尹翁歸, 爲右扶風. 翁歸初爲東海太守, 過辭廷尉于定國. 定國欲託邑子, 語終日, 竟不敢見, 曰:「此賢將, 汝不任事也. 又不可干以私.」以治郡高第, 遂入治, 常爲三輔最.

4.《十八史略》(2)

黃霸卒, 于定國爲丞相. 定國父于公, 初爲獄吏. 東海有孝婦, 寡居不嫁, 以養其姑. 姑以年老妨婦嫁, 自經死. 姑女告:「婦迫死其母」婦不能辯, 自誣伏. 于公爭之不能得. 孝婦死, 東海枯旱三年. 後太守來, 公言其故, 太守祭孝婦家, 遂雨. 于公治獄有陰德. 令高大門閭, 容駟馬車, 曰:「吾後世必有興者」子定國, 以地節元年爲廷尉, 天下無冤民. 于定國爲廷尉, 民自以不冤. 至是由御史大夫代霸.

043-② 曹參趣裝
재상으로 들어갈 것을 미리 안 조참

서한前漢의 조참曹參은 패현沛縣 사람이다. 고조高祖 유방을 따라나서서 공을 세워 부절을 갈라 평양후平陽侯에 봉해졌던 것이다. 고조는 그 장자 유비劉肥를 제왕齊王으로 봉하고 조참을 그 나라의 상국相國으로 삼았다. 9년 동안 다스려 제나라를 안정시키고 국고를 충족시켜 현상賢相으로 크게 칭송을 받았다.

승상 소하蕭何가 죽자 조참은 그 소식을 듣고 사인舍人에게 이렇게 말하였다.

"떠날 준비를 서둘러라. 내 장차 재상으로 들어가게 될 것이다!"

얼마 뒤 과연 황제는 조참을 불러들였다. 조참이 소하의 뒤를 이어 재상이 되어 하는 일마다 어느 것 하나 변경함이 없이 한결같이 소하가 했던 약속들을 준수하였다.

조참이 죽자 백성들은 이렇게 노래하였다.

"소하가 만든 법 비교하면 금을 그은 듯 하나 같았네.
蕭何爲法, 較若畫一.
조삼이 뒤를 이어 지켜내어 놓친 것이 없었지.
曹參代之, 守而勿失.
청정한 그의 법 백성들 편안함은 한결같았네."
載其淸淨, 民以寧壹.

前漢, 曹參沛人. 從高祖有功, 割符封平陽侯. 高祖以長子肥爲齊王, 以參爲相國. 九年齊國安集, 大稱賢相. 蕭何薨.

參聞之, 告舍人:「趣治行. 吾且入相!」

居無何, 果召參. 參代何爲相, 擧事無所變更, 一遵何之約束.

參薨, 百姓歌之曰:『蕭何爲法, 較若畫一. 曹參代之, 守而勿失. 載其淸淨, 民以寧壹.』

【曹參】漢初 高祖 劉邦과 같은 고향으로 유방이 군사를 일으키자 따라 나서서 많은 공을 세웠으며 平陽侯에 봉해짐. 뒤에 齊王 劉肥의 재상을 거쳐 蕭何의 뒤를 이어 상국에 오름. 《史記》 曹相國世家 참조.

【劉肥】漢 高祖 劉邦의 長子. 齊王에 봉해져 曹參의 도움을 받음.

【蕭何】蕭相國(?~B.C.193). 沛縣(현재는 江蘇省 內에 있음) 사람으로 秦 말기에 劉邦을 도와 병사를 일으켜 공을 세움. 후에 유방은 漢王이 되고 소하는 丞相이 되었으며 高帝 11년에 승상을 相國으로 개칭함. 《史記》 蕭相國世家 참조.

【舍人】家人, 家宰.
【較若畫一】일부 판본에는 "蕭何爲相, 講若畫一. 曹參代之, 守而勿失. 載其 淸淨, 民以寧一"로 되어 있음.

> 참고 및 관련 자료

1. 《史記》曹相國世家
參爲漢相國, 出入三年. 卒, 諡懿侯. 子窋代侯. 百姓歌之曰:「蕭何爲法, 顜若畫一; 曹參代之, 守而勿失. 載其淸淨, 民以寧一.」

2. 《漢書》蕭何曹參傳(曹參)
參爲相國三年, 薨, 諡曰懿侯. 百姓歌之曰:「蕭何爲法, 講若畫一; 曹參代之, 守而勿失. 載其淸靖, 民以寧壹.」

3. 《十八史略》(2)
二年, 蕭何卒. 齊相曹參, 令舍人趣爲裝:「吾立相.」使者果召參, 代何爲相國. 一遵何約束, 百姓歌之曰:『蕭何爲相, 較若畫一, 曹參代之, 守而勿失, 載其淸爭, 民以寧壹.』

044. 庶女振風, 鄒衍降霜

044-① 庶女振風
풍속을 진작시킨 서인의 딸

《회남자淮南子》에 실려 있다.
"서민의 딸이 억울한 일을 당해 하늘에 고하여 우레가 내리치자, 경공景公이 누대에서 떨어져 지체支體가 부러지고 바닷물은 넘쳐 해일이 일었다."
허신許愼은 이를 두고 이렇게 해석하였다.
"서민의 천한 신분 딸은 제齊나라의 과부이다. 아들도 없이 시집을 가지 못하여 시어머니를 정성스레 모시고 살고 있었다. 시어머니는 아들은 죽어 없어지고 딸만 있었는데 그 딸은 어머니의 재산을 탐내어 어머니로 하여금 그 며느리를 다른 곳으로 개가시키도록 종용하였다. 며느리가 어머니를 모시고 살겠노라 끝내 버티자, 딸은 시누이가 어머니를 죽였다고 무고하였던 것이다. 며느리는 스스로 해명할 길이 없어 그 맺힌 원통함을 하늘에 고한 것이다."

《淮南子》曰:「庶女告天, 雷電下擊, 景公臺隕, 支體傷折, 海水大出」
許愼曰:「庶賤之女, 齊之寡婦. 無子不嫁, 事姑謹敬. 姑無男有女, 女利母財, 令母嫁婦, 婦終不肯, 女殺母以誣. 婦不能自明, 冤結告天」

【淮南子】漢나라 淮南王 劉安이 文客을 모아 저술한 책.
【景公】춘추시대 齊나라 景公. B.C.547~B.C.490년까지 58년간 재위함. 齊莊公의 동생. 晏子의 도움을 받았던 군주.

【許愼】자는 叔重. 後漢의 학자. 小學(문자학)에 뛰어났으며 《說文解字》를 남김. 《後漢書》에 전이 있음. '許愼無雙'[266] 참조.

> 참고 및 관련 자료

1. 《淮南子》 覽冥訓
昔者, 師曠奏〈白雪〉之音. 而神物爲之下降, 風雨暴至, 平公癃病, 晉國赤地. 庶女叫天, 雷電下擊, 景公臺隕, 支體傷折, 海水大出. 夫瞽師・庶女, 位賤尙蔑, 權輕飛羽, 然而專精厲意・委務積神, 上通九天, 激厲至精. 由此觀之, 上天之誅也, 雖在壙虛幽閒・遼遠隱匿, 重襲石室・界障險阻, 其無所逃之亦明矣.

044-② 鄒衍降霜
한여름 서리를 내리게 한 추연

연燕나라 추연鄒衍이 연혜왕燕惠王을 섬길 때 좌우에서 그를 헐뜯어 결국 감옥에 갇히고 말았다. 그러자 그가 하늘을 우러러 통곡을 하자 한여름이었건만 서리가 내렸다.

강엄江淹의 글에 이러한 구절이 있다.

"옛날 천한 신하 추연이 무고한 죄를 억울하게 여겨 가슴을 치자 서리가 흩날려 연나라 땅을 들이쳤고, 천한 서민 여인이 억울한 죄를 하늘에 고하자 제齊나라 궁궐에 바람이 몰아쳤다."

燕, 鄒衍行事燕惠王, 左右譖之, 被繫於獄. 仰天而哭, 盛夏天爲之降霜.

江淹書曰:「昔者賤臣叩心, 飛霜擊於燕地, 庶女告天, 振風襲於齊堂.」

【鄒衍】戰國시대 齊나라 출신이며 名家의 대표 인물.
【惠王】전국시대 燕나라 군주. B.C.278~B.C.272년까지 7년간 재위함.
【江淹】자는 文通(444~504, 혹은 505). 南朝 梁나라 때 文人. 濟陽 考城 (지금의 可南省 考城縣) 출신. 司馬相如를 흠모하였으며 宋에서 齊나라로, 다시 梁으로 이어지면서 散騎常侍를 지냈으며 뒤이어 金紫光祿大夫를 역임함. 강엄의 시는 幽深奇麗하여 宋·齊시인 鮑照와 비슷함. 《梁書》(14) 및 《南史》(59)에 傳이 있으며 明, 張溥가 집일한 《江醴陵集》이 있음. 《文選》(39)에 〈詣建平王上書〉의 글이 전함. '江淹夢筆'[071] 및 '鄒衍降霜'[044] 참조.

1. 《史記》平原君虞卿列傳
平原君厚待公孫龍. 公孫龍善爲堅白之辯, 及鄒衍過趙言至道, 乃絀公孫龍.
2. 《文選》(39) 〈詣建平王上書〉(江淹)
昔者賤臣叩心, 飛霜擊於燕地; 庶女告天, 振風襲於齊臺. 下官每讀其書, 未嘗不廢卷流涕. 何者? 士有一定之論, 女有不易之行, 信而見疑, 貞而爲戮, 是以壯夫義士, 伏死而不顧者此也.(하략)

045. 范冉生塵, 晏嬰脫粟

045-① 范冉生塵
시루에 먼지 가득한 범염

후한後漢의 범염范冉은 자가 사운史雲이며 진류陳留 외황外黃 사람이다. 스승으로부터 학문을 전수 받아 경經에 박통하였다. 세태를 거스르며 습속을 끊고 지내기를 좋아하고, 격정적이며 동적이고 기이한 행동을 일삼았다. 그리하여 항상 양백란梁伯鸞과 민중숙閔仲叔의 사람됨을 흠모하였다. 환제桓帝 때 내무장萊蕪長이 되었으나 마침 어머니의 상을 당하여 관직에 나서지 않았다. 뒤에 태위부太尉府에 부름을 받았다. 그러나 성격이 견광猖狂하고 급하여 자신을 통제하고자 늘 가죽을 허리에 차고 조회에 임하였다. 논의 끝에 그를 시어사侍御史로 삼으려 하자 그는 양梁, 패沛 땅으로 도망하여 시장에서 점을 쳐주는 일로 살았다. 그러다가 당고禁錮의 난이 터지자 드디어 녹거鹿車에 처자를 태우고 밀어 각 곳을 다니며 이삭을 주어 자급하였다. 혹 나그네가 되어 움막에 빌붙어 살기도 하였으며 혹은 나무 그늘을 의지하여 살기도 하면서 이렇게 10여 년을 살다가 풀로 집을 마련하여 그곳에 살았다. 때때로 먹을 양식이 떨어져도 그 궁함을 견디며 자약自若하였다.

마을에서는 그를 두고 이렇게 노래하였다.

"시루 속에 먼지 가득한 범사운이요, 솥단지엔 물고기가 헤엄치는 범래무로다!"

後漢, 范冉字史雲, 陳留外黃人. 受業通經. 好違時絶俗, 爲激詭之行, 常慕梁伯鸞·閔仲叔之爲人.

桓帝時爲萊蕪長, 遭母憂, 不到官. 後辟太尉府. 以狷急, 常佩韋於朝. 議者欲爲侍御史, 因遁逃梁沛間, 賣卜於市. 遭黨人禁錮, 遂推鹿車載妻子, 捃拾自資. 或寓息客廬, 或依宿樹蔭, 如此十餘年. 乃結草室而居. 有時絶粒, 窮居自若.

閭里歌之曰:「甑中生塵范史雲, 釜中生魚范萊蕪!」

【范冉】후한 桓帝 때의 인물. 자는 史雲(112~185). 〈四庫全書〉에는 '范丹'으로 되어 있음. 萊蕪長의 벼슬을 임명받았으나 나가지 않고 살았음. 그는 너무 가난하여 오래도록 밥을 해 먹지 않아 마을 사람들이 "시루에는 먼지가 가득, 솥에는 물고기가 놀 정도"(甑中生塵范史雲, 釜中生魚范萊蕪)라 하였다 함. (《後漢書》范冉傳)

【激詭】세속의 관습에 반하여 기이한 설을 세우는 것을 말함.

【梁伯鸞】梁鴻, 字는 伯鸞. 後漢의 處士. '梁鴻五噫'[234] 참조. 그의 아내 孟光과의 고사로 유명함. '孟光荊釵'[115] 참조.

【閔仲叔】閔貢. 자는 仲叔, 후한 때 사람. 高節한 선비로 알려진 인물.

【桓帝】東漢 제11대 황제. 劉志. 劉翼의 아들이며 147~167년 재위함.

【佩韋】'위'는 무두질한 가죽. 성급한 마음을 바로잡고자 함을 말함. 西門豹의 고사에서 유래됨.《韓非子》에 서문표는 성급하여 무두질한 가죽을 휴대하여 그 유연함으로 자신의 성급한 성격을 고치려고 하였다고 함.

【侍御史】관직 이름. 周나라 때의 柱下史를 秦나라에서 고친 이름. 漢나라 이후에는 治書侍御史·殿中侍御史·監察侍御史로 나누었으며 治書는 한나라 宣帝 때 시작하여 廷尉의 上奏를 조사하여 죄의 輕重을 결정하는 임무를 맡았음. 殿中·監察 두 시어사는 魏나라 隋나라 때에 시작되었음.

【黨人禁錮】후한의 靈帝 때 徒黨을 조직하여 정치를 비난하다가 종신토록 갇힌 금고를 당한 사건.

【鹿車】사슴 한 마리로 끌 수 있을 만큼 아주 작은 수레.

【捃拾自資】범염은 아들에게 떨어진 보리 이삭을 줍게 하여 50말을 얻자 이웃이 이를 보고 안타깝게 여겨 10말을 몰래 주었으나 범염이 이 사실을 알고 주워 온 것을 합해 60말을 이웃에게 돌려보내 주었다 함.

【范萊蕪】범염은 부임은 하지 않았지만 이미 萊蕪長으로 임명을 받았었기 때문에 그렇게 부른 것임.

> 참고 및 관련 자료

1. 《後漢書》獨行傳 范冉

范冉字史雲, 陳留外黃人也. 少爲縣小吏, 年十八, 奉檄迎督郵, 冉恥之, 乃遁去. 到南陽, 受業於樊英. 又遊三輔, 就馬融通經, 歷年乃還. 冉好違時絶俗, 爲激詭之行, 常慕梁伯鸞·閔仲叔之爲人. 與漢中李固·河內王奐親善, 李鄗賈偉節·郭林宗焉. 奐後爲考城令, 境接外黃, 屢見書請冉, 冉不至. 及奐遷漢陽太守, 將行, 冉乃與弟協步齎麥酒, 於道側設壇以待之. 冉見奐車徒駱驛, 遂不自聞, 惟與弟共辯論於路. 奐識其聲, 卽下車與相揖對. 奐曰:「行路倉卒, 非陳(契)闊之所, 可共到前亭宿息, 以敍分隔.」冉曰:「子前在考城, 思欲相從, 以賤質自絶豪友耳. 今子遠適千里, 會面無期, 故輕行相候, 以展訣別. 如其相追, 將有慕貴之譏矣.」便起告違, 拂衣而去. 奐瞻望不及, 冉長逝不顧. 桓帝時, 以冉爲萊蕪長, 遭母憂, 不到官. 後辟太尉府, 以狷急不能從俗, 常佩韋於朝. 議者欲爲侍御史, 因遁身逃命於梁沛之間, 賣卜於市. 遭黨人禁錮, 遂推鹿車, 載妻子, 捃拾自資. 或寓息客廬, 或依宿樹蔭, 如此十餘年. 乃結草室而居焉. 所止單陋, 有時粮粒盡, 窮居自若, 言貌無改. 閭里歌之曰:「甑中生塵范史雲, 釜中生魚范萊蕪!」及黨錮解, 爲三府所辟, 乃應司空命. 是時西羌反叛, 黃巾作難, 制諸府掾屬不得妄有去就. 冉首自劾退, 詔書特原不理罪. 又辟太尉府, 以疾不行. 中平二年, 年七十四, 卒於家. 臨命遺令勅其子曰:「吾生於昏闇之世, 値乎淫侈之俗, 生不得匡世濟時, 死何忍自同於世! 氣絶便斂, 斂以時服, 衣足蔽形, 棺足周身, 冉畢便穿, 穿畢便埋. 其明堂之奠, 干飯寒水, 飲食之物, 勿有所下. 墳封高下, 令足自隱. 知我心者李子堅·王子炳也. 今皆不在, 制之在爾, 勿令鄕人宗親有所加也.」於是三府各遣令史奔弔. 大將軍何進移書陳留太守, 累行論諡, 僉曰宜爲貞節先生. 會葬者二千餘人, 刺史郡守各爲立碑表墓焉.

2. 《幼學瓊林》

范冉釜中生魚, 元淑廐有齋馬.

045-② 晏嬰脫粟
껍질만 벗긴 곡식으로 밥을 해먹는 재상 안영

《안자춘추晏子春秋》에 실려 있다.
안영晏嬰은 자가 평중平仲이며 제齊나라 재상이었다. 그는 항상 껍질을 제대로 벗기지 않은 곡식으로 밥을 지어먹었으며 반찬도 한 가지로 음식의 맛을 중히 여기지 않았다.

《晏子春秋》曰: 晏嬰字平仲. 爲齊相, 常食脫粟米, 不重味.

【晏子春秋】晏嬰의 언행을 기록한 책.
【晏嬰】춘추시대 齊나라 名臣. 靈公·莊公·景公 때에 벼슬하여 재상이 되고 공손하고 근검한 행실과 재치있는 간언으로 널리 알려졌음.

참고 및 관련 자료

1. 《晏子春秋》內篇 雜下
晏子相景公, 食脫粟之食, 炙三弋·五卵·苔菜耳矣.

2. 《史記》管晏列傳
晏平仲嬰者, 萊之夷維人也. 事齊靈公·莊公·景公, 以節儉力行重於齊. 旣相齊, 食不重肉, 妾不衣帛. 其在朝, 君語及之, 卽危言; 語不及之, 卽危行. 國有道, 卽順命; 無道, 卽衡命. 以此三世顯名於諸侯.

046. 詰汾興魏, 鼇令王蜀

046-① 詰汾興魏
위나라를 일으킨 탁발힐분

《북사北史》에 실려 있다.

위魏나라 성무황제聖武皇帝는 휘諱가 힐분詰汾이다. 어느 날 산택山澤에서 사냥을 하고 있었는데 치병거輜軿車 하나가 하늘로부터 내려오는 것이었다. 이윽고 가까이 오자 아름다운 부인이 나타났다. 그는 이렇게 칭하였다.

"저는 천녀天女이며 명을 받아 이렇게 서로 만나게 된 것입니다. 내일 아침이면 돌아가야 하고 만 1년 뒤 이곳에서 다시 만나게 될 것입니다."

그리하여 하룻밤을 지내고 말을 마치자 이별하게 되었다.

만 1년 뒤 그 기약한 날에 성무황제가 그 사냥하던 곳에 이르렀더니 과연 그 천녀가 나타났으며 그가 낳은 남자아이를 성무황제에게 건네주면서 이렇게 말하는 것이었다.

"이는 그대의 아들입니다. 당세에 제왕이 될 것입니다."

말을 마치자 그녀는 사라져버렸다.

이가 바로 위나라 시조 신원황제神元皇帝이다.

그 때문에 당시 속담에 이렇게 말하였다.

"힐분황제는 처갓집이 없고, 역미황제力微皇帝에게는 외갓집이 없다네."

역미는 신원황제의 이름이다.

《北史》: 魏聖武皇帝諱詰汾. 嘗田於山澤, 見輜軿自天而下. 旣至, 見美婦人. 自稱「天女, 受命相偶. 旦日請還, 期年周時, 復會于此」 言終而別. 及期帝至先田處, 果見天女.

以所生男授帝曰:「此君之子也. 當世爲帝王.」
語訖而去. 卽始祖神元皇帝也.
故時人諺曰:「詰汾皇帝無婦家, 力微皇帝無舅家.」
力微神元諱.

【北史】 唐의 李延壽가 편찬한 正史. 北朝의 北魏, 北齊, 北周와 隋나라까지의 역사를 기록한 것임. 魏本紀, 齊本紀 周本紀, 壽本紀와 88 列傳 등 모두 100권임.

【聖武皇帝】 北朝 北魏 神元皇帝의 아버지 拓跋詰汾. 추존하여 聖武皇帝라 한 것임. 北魏(386~534)는 拓跋氏(뒤에 漢化하여 元氏로 성을 바꿈)가 세운 왕조로 원래는 鮮卑族의 추장이었으며 대대로 晉나라를 섬기다가 道武帝 拓跋珪에 이르러 정식 나라를 세운 다음 平城(지금의 山西省 大同)에 도읍을 정하였다가 뒤에 洛陽으로 옮김. 뒤에 다시 東魏와 西魏로 분열됨.

【輜軿】 수레 주위에 휘장을 두른 부인용 수레.

【神元皇帝】 北朝 北魏의 시조. 拓跋力微.

【舅家】 외갓집. '舅'는 어머니의 오빠나 아우. 즉 외삼촌을 일컫는 말.

참고 및 관련 자료

1.《北史》本紀(권1)

聖武皇帝諱詰汾. 嘗田於山澤, 欻見輜軿自天而下. 旣至, 見美婦人. 自稱天女, 受命相偶. 旦日請還, 期年周時, 復會于此. 言終而別. 及期, 帝至先田處, 果見天女. 以所生男授帝, 曰:「此君之子也. 當世爲帝王.」語訖而去. 卽始祖神元皇帝也. 故時人諺曰:「詰汾皇帝無婦家, 力微皇帝無舅家.」帝崩, 神元皇帝立. 神元皇帝諱力微. 元年, 歲在庚子. 先時西部內侵, 依於沒鹿廻部大人竇賓. 神元有雄傑之度. 後與賓攻西部. 賓軍敗, 失馬步走. 神元使以所乘駿馬給之. 賓歸, 求馬主, 帝隱而不言. 賓後知, 大驚, 將分國之半奉帝, 帝不受, 乃進其愛女. 賓猶思報恩, 乃從帝所欲, 徙所部北居長川. 積數年, 舊部人咸來歸附.

2. 《十八史略》(3)

鮮卑索頭拓跋氏, 先是有質子在晉, 武帝遣歸. 旣而拓跋力微, 又遣其子入貢. 力微死, 子悉祿官立. 及帝世, 索頭分國爲三部, 一居上谷之北, 祿官自統之; 一居代郡參合陂之北, 使兄子猗㐌統之; 一居定襄之盛樂故城, 使猗㐌弟猗盧統之. 晉人附者稍衆, 猗㐌渡漠北巡, 西略諸國. 降附者三十餘國, 拓跋氏之盛始於此.

046-② 鱉令王蜀
촉의 왕이 된 별령

《촉왕본기蜀王本紀》에 실려 있다.

형(荊, 楚)나라 사람 별령鱉令이 죽어 그 시신이 물에 떠내려갔다. 강수江水를 따라 흘러 성도成都에 이르렀을 때 다시 살아난 그는 촉왕蜀王 두우杜宇를 만나게 되었고 촉왕은 그를 재상으로 삼았다. 두우는 호를 망제望帝라 하였으며 스스로 자신의 덕이 별령만 못하다고 여겨 그 나라를 별령에게 선양하고 말았다. 별령은 개명제開明帝가 되어 다섯 대를 거쳐 개명상開明尙이 나왔으며 그때 비로소 제호帝號를 폐하고 원래의 왕을 칭하게 되었다.

《蜀王本紀》曰: 荊人鱉令死. 其屍流亡, 隨江水上至成都, 見蜀王杜宇. 立以爲相. 杜宇號望帝. 自以德不如鱉令, 以其國禪之. 開明帝下至五代, 有開明尙, 始去帝號, 復稱王.

【蜀王本記】 다른 본에는 《蜀王本紀》로 되어 있음. 揚雄이 지었다 함.
【鱉令】 인명. 전설 속의 荊(楚)나라 사람. '鱉靈'으로도 표기함. 죽어 시신이 되었다가 장강을 따라 촉으로 거슬러 올라가 살아난 다음 촉의 왕이 됨.
【成都】 지금의 四川 成都. 蜀의 都邑이며 가장 큰 도시였음.
【杜宇號望帝】 蜀 宣祖는 黃帝이며 황제의 아들 昌意가 촉나라 여자를 아내로 맞아 帝嚳을 낳았음. 그 庶子를 蜀나라에 봉하여 夏殷周 삼대를 거쳐 비로소 왕이라고 칭해졌으며 蠶叢·柏灌·魚鳧로 이어져 杜宇에 이르렀음. 두우가 별령에게 나라를 물려주고 그 혼백이 새가 되었으며 이가 곧 杜鵑, 子規, 즉 소쩍새라 함. 그리고 그 울음이 피를 쏟아 꽃으로 피어난 것이 杜鵑花(철쭉)라 함.
【開明尙】 杜宇로부터 물려받은 蜀의 군주 鱉令의 후대.

참고 및 관련 자료

1. 《禽經》

江左曰子規, 蜀曰杜宇.

2. 《蜀王本紀》

鱉靈死. 其屍逆江而流至蜀. 王杜宇以爲相. 杜宇號望帝. 自以德不及靈, 傳位而去. 其魄化爲鳥, 因名此. 亦曰杜鵑, 卽望帝也.

047. 不疑誣金, 卞和泣玉

047-① 不疑誣金
금을 가지고 간 것으로 의심을 받은 직불의

전한前漢의 직불의直不疑는 남양南陽 사람이다. 낭관郞官의 신분으로 문제文帝를 모셨다. 어느 날 낭관의 관사에 함께 머물고 있던 사람이 휴가를 얻어 돌아가게 되었는데 그만 잘못하여 그곳 관사 다른 낭관의 금을 가지고 떠나버렸다. 이윽고 금을 잃은 낭관이 이를 발견하고 직불의를 의심하게 되었다. 직불의는 잘못을 가리지 않고 사죄하고는 금을 사서 대신 갚아주었다. 뒤에 휴가를 갔던 자가 되돌아와서 잘못 가져간 금을 되돌려 주었다. 그러자 금을 잃었던 낭관이 크게 부끄러워하였다.
　이로써 직불의는 덕 있는 사람으로 칭송을 받게 되었다. 직불의는 조금씩 자리를 거쳐 중대부中大夫에 올랐다. 그런데 조정에서 임금을 알현할 때 어떤 자가 직불의를 헐뜯어 이렇게 말하였다.
　"직불의는 모습이 심히 준수합니다. 그리하여 형수를 도적질했으니 어떻게 하시겠습니까?"
　직불의는 이를 듣고 이렇게 말하였다.
　"나에게는 형이 없소."
　그러면서 끝내 스스로 누명을 벗으려 하지 않았다.
　경제景帝 말에 그는 어사대부御史大夫에 올랐다.

前漢, 直不疑南陽人. 爲郎事文帝. 其同舍有告歸, 誤持其同舍郎金去. 已而同舍郎覺亡, 意不疑. 不疑謝有之, 買金償. 後告歸者而歸金. 亡金郎大慙. 以此稱爲長者. 稍遷中大夫.

朝廷見, 人或毀曰:「不疑狀貌甚美, 然善盜嫂何也?」

不疑聞曰:「我乃無兄.」

然終不自明. 景帝末爲御史大夫.

【直不疑】 전한 때의 인물로 文帝를 섬겨 中大夫에 올랐으며 景帝 때에는 御史大夫에 오름.《史記》 및《漢書》에 전이 있음.
【文帝】 孝文帝. 전한 제3대 황제 劉恒. 太宗孝文皇帝. 高祖 劉邦의 庶子로써 薄太后의 아들. B.C.179~B.C.157년 재위함. 한나라 초기 文景之治를 이루어 제국의 기틀을 다짐.
【中大夫】 顧問과 應對를 담당함. 秦나라 때 光祿勳의 속관이었으나 漢 武帝 때 光祿大夫로 개칭함.
【景帝】 西漢 4대 황제. 劉啓. B.C.156~B.C.141년까지 16년간 재위함. 文帝의 아들이며 梁孝王(劉武)의 형. 文景之治를 이루어 한나라 기반을 다짐.

참고 및 관련 자료

1. 《史記》萬石張叔列傳

塞侯直不疑者, 南陽人也. 爲郎, 事文帝. 其同舍有告歸, 誤持同舍郎金去, 已而金主覺, 妄意不疑, 不疑謝有之, 買金償. 而告歸者來而歸金, 而前郎亡金者大慙, 以此稱爲長者. 文帝稱擧, 稍遷至太中大夫. 朝廷見, 人或毀曰:「不疑狀貌甚美, 然獨無柰其善盜嫂何也!」不疑聞, 曰:「我乃無兄.」然終不自明也.

2. 《漢書》萬石衛直周張傳(直不疑)

直不疑, 南陽人也. 爲郎, 事文帝. 其同舍有告歸, 誤持其同舍郎金去. 已而同舍郎覺, 亡意不疑, 不疑謝有之, 買金償. 後告歸者至而歸金, 亡金郎大慙, 以此稱爲長者. 稍遷至中大夫. 朝, 廷見, 人或毀不疑曰:「不疑狀貌甚美, 然特毋柰其善盜嫂何也!」不疑聞, 曰:「我乃無兄.」然終不自明也.

047-② 卞和泣玉
옥돌을 두고 피눈물을 흘린 변화

《한비자韓非子》에 실려 있다.

초楚나라 사람 화씨和氏가 초산楚山에서 옥박玉璞을 얻어 여왕厲王에 바쳤다. 영왕이 옥인玉人으로 하여금 감정을 시켰더니 그는 이렇게 말하는 것이었다.

"돌입니다."

왕은 화씨가 자신을 속였다고 그의 왼발 뒤꿈치를 잘라버리고 말았다.

다시 무왕武王이 즉위하자 화씨는 다시 그 박옥을 바쳤다. 무왕 역시 옥인에게 감정을 시켰더니 이번에도 역시 이렇게 말하는 것이었다.

"돌입니다."

무왕도 화씨가 자신을 속였다고 이번에는 오른쪽 발꿈치를 베어버리고 말았다.

이어서 문왕文王이 즉위하였다. 화씨는 이에 그 옥박을 껴안고 초산 아래로 가서 사흘 밤낮을 울었는데 눈물이 다하여 피가 이어 흘렀다. 문왕이 이를 듣고 사람을 보내어 우는 이유를 이렇게 묻도록 하였다.

"천하에 발꿈치 잘린 형벌을 받은 자는 많다. 그대는 어찌 그토록 슬피 우는 것인가?"

그러자 화씨는 이렇게 말하였다.

"나는 발꿈치 잘린 것 때문에 슬퍼하는 것이 아닙니다. 보옥을 돌이라 감정하고 바른 선비를 속인다고 하는 것이 슬픈 것입니다. 이것이 제가 슬퍼하는 바입니다."

왕이 옥인을 시켜 그 옥박을 다듬도록 하여 보물을 얻게 되었다. 그리하여 드디어 그 이름을 '화씨지벽和氏之璧'이라 하였다.

《韓非子》曰: 楚人和氏, 得玉璞楚山中, 奉獻厲王. 王使玉人相之.
曰:「石也.」
王以和爲詐而刖其左足.
及武王卽位, 和又獻之. 王使玉人相之. 又曰:「石也.」
王又以和爲詐而刖其右足.
文王卽位. 和乃抱其璞而哭於楚山之下三日三夜, 泣盡而繼之以血.
王聞之, 使人問其故曰:「天下之刖者多矣. 子奚哭之悲?」
和曰:「吾非悲刖也. 悲夫寶玉而題之以石, 貞士而名之以詐. 此吾所以悲也.」
王乃使玉人理其璞而得寶焉. 遂命曰『和氏之璧』.

【韓非子】 戰國時代 韓나라 公子인 韓非가 지은 책. 형벌과 법률을 바탕으로 나라를 다스려야 한다는 법가사상의 대표적인 저술.
【和氏】 卞和. 卞邑의 和氏라는 뜻. 和氏之璧의 고사를 남긴 貞士.
【玉璞】 '璞'은 옥의 原石. 아직 가공하지 않은 옥을 말함.
【厲王】 춘추시대 楚나라 군주.
【玉人】 구슬을 다듬는 사람. 玉匠.
【刖】 고대 五刑의 하나. 다리를 자름. 임금을 속인 죄로써 발꿈치를 자르는 형벌.
【武王】 춘추시대 초나라 군주. B.C.740~B.C.690년까지 51년간 재위함.
【文王】 역시 춘추시대 초나라 군주. B.C.689~B.C.677년까지 13년간 재위함.
【璧】 環璧. 가운데에 큰 구멍이 있는 옥.

> 참고 및 관련 자료

1. 《韓非子》 和氏篇
楚人和氏得玉璞楚山中, 奉而獻之厲王. 厲王使玉人相之. 玉人曰:「石也.」 王以和爲誑, 而刖其左足. 及厲王薨, 武王卽位. 和又奉其璞而獻之武王. 武王使玉

人相之.又曰:「石也.」王又以和爲誑,而刖其右足.武王薨,文王卽位.和乃抱其璞而哭於楚山之下,三日三夜,泣盡而繼之以血.王聞之,使人問其故,曰:「天下之刖者多矣,子奚哭之悲也?」和曰:「吾非悲刖也,悲夫寶玉而題之以石,貞士而名之以誑,此吾所以悲也.」王乃使玉人理其璞而得寶焉,遂命曰:「和氏之璧.」夫珠玉,人主之所急也.和雖獻璞而未美,未爲王之害也,然猶兩足斬而寶乃論,論寶若此其難也.今人主之於法術也,未必和璧之急也;而禁群臣士民之私邪.然則有道者之不僇也,特帝王之璞未獻耳.主用術,則大臣不得擅斷,近習不敢賣重;官行法,則浮萌趨於耕農,而遊士危於戰陳;則法術者乃群臣士民之所禍也.人主非能倍大臣之議,越民萌之誹,獨周乎道言也,則法術之士,雖至死亡,道必不論矣.

048. 檀卿沐猴, 謝尙鴝鵒

048-① 檀卿沐猴
물 젖은 원숭이 춤을 춘 단장경

　　전한前漢의 평은후平恩侯 허백許伯이 집을 지어 들어가자 승상, 어사, 장군, 2천 석의 벼슬들이 모두 축하연을 베풀었다. 갑관요蓋寬饒는 사예교위司隸校尉였는데 그 모임에 가지 않았다. 허백이 그를 초청하자 늦게 그 자리에 가게 되었다. 그가 갔더니 술기운이 한창이었고 음악도 펼쳐지고 있었다. 그때 장신소부長信少府 단장경檀長卿이 일어나 춤을 추었는데 물에 빠진 원숭이와 개가 싸우는 모습의 춤이었다. 많은 이들이 모두 크게 웃었지만 갑관요만은 즐겁게 여기지 않았다. 그리하여 일어나 급히 나가 그를 탄핵하는 글을 올렸다.
　　"장신소부는 많은 공경들 앞에서 목후무沐猴舞를 추었습니다. 예를 잃은 불경한 행동입니다."
　　선제宣帝가 장신소부를 죄로 다스리려 하자 허백이 대신 사과하여 일이 겨우 해결되었다.
　　갑관요는 자가 차공次公이며 위군魏郡 사람이다. 경에 밝았고 효렴과孝廉科로 낭郎이 되었으며, 방정과方正科에 천거되어 대책문對策文이 가장 훌륭하였다. 사람됨이 강직하고 고절高節하였으며 뜻을 봉공奉公에 두었다. 그러나 너무 심히 각박하여 남을 해치고 함정에 빠뜨리기를 좋아하였다. 게다가 말로써 일을 풍자하고 비꼬기를 좋아하였으며 임금의 뜻을 범하는 짓을 잘 하였다. 당시 임금은 형법으로 다스리고 있었으며 환관들을 신임하고 있었다.
　　이에 갑관요는 이렇게 상주上奏하였다.
　　"지금 바야흐로 성스러운 도가 점차 무너지고 유술儒術이 행해지지 못하고 있습니다. 형법을 과다하게 쓰는 것을 마치 주공周公이나 소공 召公의 일인 양 여기고 법률을 마치 《시서詩書》인 양 여기고 있습니다."

그리고 다시 《한씨역전韓氏易傳》을 인용하여 이렇게 말하였다.

"오제五帝는 천하를 관직으로 여겼고 삼왕三王 천사를 자신의 집안으로 여겼습니다. 세상은 마치 사시四時의 운행과 같아서 공을 이룬 자는 물러서야 하는 것입니다."

임금은 그 문장이 자신을 원망하고 비방하는 것이라 여겨 그만 옥리에게 이첩하였다. 갑관요는 스스로 목을 찔러 죽고 말았다.

前漢, 平恩侯許伯入第. 丞相·御史·將軍·中二千石皆賀. 蓋寬饒爲司隷校尉不行. 許伯請之迺往. 酒酣樂作. 長信少府檀長卿起舞, 爲沐猴與狗鬪. 坐皆大笑, 寬饒不說.

因起趨出劾奏: 「長信少府, 以列卿而沐猴舞, 失禮不敬.」

宣帝欲罪少府, 許伯爲謝迺解.

寬饒字次公, 魏郡人. 明經, 以孝廉爲郞. 擧方正對策高第. 爲人剛直高節, 志在奉公. 然深刻喜陷害人, 又好言事刺譏, 奸犯上意. 時上方用刑法, 信任宦官.

寬饒奏曰: 「方今聖道寖廢, 儒術不行, 以刑餘爲周召, 以法律爲《詩書》.」

又引《韓氏易傳》言: 「五帝官天下, 三王家天下, 家以傳子官以傳賢. 若四時之運, 功成者去.」

上以其怨謗遂下吏, 自剄.

【許伯】전한 宣帝 때의 정치가. 平恩侯에 봉해짐.
【蓋寬饒】인명. '蓋'은 '갑'으로 읽음. '饒'는 '鐃'로 표기하기도 함.《十八史略》(2)에 "二年, 司隷校尉蓋寬鐃, 奏封事, 上以爲怨謗, 下吏, 寬饒自剄"라 함.

【長信少府】太后의 궁전 사무를 담당하는 관리.
【檀長卿】인명. 長信少府의 직함을 가지고 있었음.
【沐猴】楚나라에서는 원숭이를 가리키는 말. 거칠고 난폭한 項羽를 비난한 말로 '沐猴而冠'이라 하였음.
【宣帝】西漢 7대 황제. 이름은 劉詢. B.C.73~B.C.49년 재위함.
【周召】周公(旦)과 召公(奭). 주나라 왕실의 賢人들.
【韓氏易傳】韓嬰이 지은 《易》의 주석서. 지금은 전하지 않음.
【五帝】小昊(金天氏)·顓頊(高陽氏)·帝嚳(高辛氏)·唐堯·虞舜의 다섯 사람을 가리킴.
【三王】夏, 殷, 周 三代의 개국 군주들을 지칭함. 夏禹, 商湯, 周나라 文王과 武王.

참고 및 관련 자료

1. 《漢書》蓋諸葛劉鄭孫毋將何傳(蓋寬饒)

蓋寬饒字次公, 魏郡人也. 明經爲郡文學, 以孝廉爲郎. 擧方正, 對策高第, 遷諫大夫, 行郎中戶將事. 劾奏衛將軍張安世子侍中陽都侯彭祖不下殿門, 幷連及安世居位無補. 彭祖時實下門, 寬饒坐擧奏大臣非是, 左遷爲衛司馬. 平恩侯許伯入第, 丞相·御史·將軍·中二千石皆賀, 寬饒不行. 許伯請之, 乃往, 從西階上, 東鄕特坐. 許伯自酌曰:「蓋君後至.」寬饒曰:「無多酌我, 我乃酒狂.」丞相魏侯笑曰:「次公醒而狂, 何必酒也?」坐者皆屬目卑下之. 酒酣樂作, 長信少府檀長卿起舞, 爲沐猴與狗鬪, 坐皆大笑. 寬饒不說, 卬視屋而歎曰:「美哉! 然富貴無常, 忽則易人, 此如傳舍, 所閱多矣. 唯謹愼爲得久, 君侯可不戒哉!」因起趨出, 劾奏長信少府以列卿而沐猴舞, 失禮不敬. 上欲罪少府, 許伯爲謝, 良久, 上乃解. 諫大夫鄭昌愍傷寬饒忠直憂國, 以言事不當意而爲文吏所詆挫, 上書頌寬饒曰:「臣聞山有猛獸, 藜藿爲之不采; 國有忠臣, 姦邪爲之不起. 司隷校尉寬饒居不求安, 食不求飽, 進有憂國之心, 退有死節之義, 上無許·史之屬, 下無金·張之託, 職在司察, 直道而行, 多仇少與, 上書陳國事, 有司劾以大辟, 臣幸得從大夫之後, 官以諫爲名, 不敢不言.」上不聽, 遂下寬饒吏. 寬饒引佩刀自剄北闕下, 衆莫不憐之.

048-② 謝尙鴝鵒
구욕춤을 잘 춘 사상

진晉나라 사상謝尙은 자가 인조仁祖이다. 여덟 살에 신동의 풍모가 있었으며 조숙하였다. 그 아버지 사곤謝鯤은 한번은 손님을 보내면서 아들의 손을 잡고 나왔다. 이에 어떤 이가 이렇게 말하였다.

"이 아이는 한 무리의 앉은 사람 중에 안회顏回에 해당한다 하겠군요."

그러자 사상은 이렇게 말을 하였다.

"앉은자리에 공자가 없는데 어찌 안회를 구별해 내리오?"

이 말에 자리에 앉았던 빈객들이 모두 기이하다 탄복하였.

자라면서 그는 음악에 뛰어난 기질을 보였고 그 외 여러 가지 기예를 널리 박통하였다. 왕도王導는 그를 왕융(王戎, 安豊)에 비유하여 항상 '소안풍小安豊'이라 부르면서 그를 불러 연掾으로 삼았다.

그가 처음 왕도의 부府에 이르러 왕도와 통하고자 알자에게 알리자 왕도는 그를 위해 큰 모임을 열면서 이렇게 말하였다.

"듣자하니 그대는 구욕무鴝鵒舞를 잘 춘다고 하던데. 자리를 함께 한 모든 이들이 보고 싶지 않겠소?"

사상은 문득 춤을 추기 위한 옷과 모자를 입고 춤을 추었다. 왕도는 앉은 이들로 하여금 손뼉을 치며 박자를 맞추도록 하였다. 사상은 춤을 추면서 참가한 사람들을 내려다보고 쳐다보면서 마치 곁에 사람이 없는 듯이 하였는데 그의 거침없기가 이와 같았던 것이다.

그는 위장군衛將軍, 산기상시散騎常侍의 벼슬로 생을 마쳤다.

晉, 謝尙字仁祖. 八歲神悟夙成.
其父鯤嘗攜之送客, 或曰:「此兒一座之顏回也.」
尙曰:「坐無尼父, 焉別顏回?」

席賓歎異. 及長善音樂, 博綜衆藝. 王導比之王戎, 長呼爲「小安豊」, 辟爲掾.
　始到府通謁, 導以其有勝會, 謂曰:「聞君能作鴝鵒舞, 一坐傾想?」
　尚便著衣幘而舞. 導令坐者撫掌擊節. 尚俯仰其中, 旁若無人. 其率詣如此. 終衛將軍·散騎常侍.

【謝尙】자는 仁祖(308~357). 謝鯤의 아들이며 王導가 '小安豊'이라 불렀음. 給事黃門侍郎을 거쳐 建武將軍, 歷陽太守, 江夏, 義陽 등 都督을 지냄. 穆帝 때 尙書僕射를 지냄. 음악과 기예에 밝았으며 太樂을 처음으로 정리하였던 인물. 《晉書》(79)에 전이 있음.

【謝鯤】자는 幼輿(280~322). 謝衡의 아들이며 謝尙의 아버지. 老莊과 《易》에 밝았으며 豫章太守를 지냄. 東海王(司馬越)에게 발탁되어 掾을 거쳐 參軍을 지냄. 뒤에 다시 王敦에게 발탁되었으며 왕돈이 난을 일으키자 이를 극구 간언하였음. 《晉書》(49)에 전이 있음.

【尼父】공자. 이름은 丘, 字는 仲尼였음. 공자가 죽었을 때 魯 哀公이 처음 이렇게 불렀음.

【王導】王丞相(276~339). 자는 茂弘. 어릴 때 자는 阿龍. 王敦의 從弟. 서진이 망하자 王敦과 함께 司馬睿를 황제로 추대하여 東晉을 세움. 그 공으로 丞相이 되었으며 號를 '仲父'라 하였음. 천하의 권세를 잡아 당시 "王與馬, 共天下"라 하였음. 元帝와 明帝, 成帝를 차례로 즉위시켰음. 아울러 남방 세족의 도움으로 강남에서의 동진 정권을 안정시킴. 《晉書》(65)에 전이 있음. '王導公忠'[004] 참조.

【王戎】자는 濬沖(234~305). 王安豊으로도 불림. 王綏의 아버지이며 安豊縣侯를 역임함. 성격이 인색하였으며 禮敎에 얽매이지 않았음. 阮籍, 山濤, 向秀, 阮咸, 嵇康, 劉伶과 더불어 '竹林七賢'으로 불렸음. 《晉書》(43)에 전이 있음. '王戎簡要'[001] 참조.

【鴝鵒】구관조. 사람의 목소리를 흉내내는 새. 앵무새의 일종.
【幘】머리를 싸는 일종의 두건.
【旁若無人】곁에 사람이 없는 듯이 함부로 행동하는 것을 말함.

> 참고 및 관련 자료

1. 《晉書》(79) 謝尙傳
謝尙字仁祖, 豫章太守鯤之子也. 幼有至性. 七歲喪兄, 哀慟過禮, 親戚異之. 八歲神悟夙成. 鯤嘗攜之送客, 或曰:「此兒一座之顏回也.」尙應聲答曰:「坐無尼父, 焉別顏回?」席賓莫不歎異. 及長, 開率穎秀, 辨悟絶倫, 脫略細行, 不爲流俗之事. 好衣刺文袴, 諸父責之, 因以自改, 遂知名. 善音樂, 博綜衆藝. 司徒王導深奇之, 比之王戎, 常呼爲「小安豐」. 辟爲掾. 襲父爵咸亭侯. 始到府通謁, 導以其有勝會, 謂曰:「聞君能作鴝鵒舞, 一坐傾想, 寧有此理不?」尙曰:「佳.」便著衣幘而舞. 導令坐者撫掌擊節. 尙俯仰其中, 旁若無人. 其率詣如此. ……病篤, 徵拜衛將軍, 加散騎常侍, 未至, 卒於歷陽, 時年五十. 詔贈散騎常侍·衛將軍·開府議同三司, 諡曰簡.

2. 《世說新語》言語篇
謝仁祖年八歲, 謝豫章將送客, 爾時語已神悟, 自參上流, 諸人咸共歎之曰:「年少一坐之顏回!」仁祖曰:「坐無尼父, 焉別顏回?」

049. 太初日月, 季野陽秋

049-① 太初日月
해와 달처럼 환한 하후태초

《위지魏志》에 실려 있다.

하후현夏侯玄은 자가 태초太初이며 패국沛國 초현譙縣 사람이다. 어려서부터 그 이름이 널리 알려졌으며 약관弱冠의 나이에 황문시랑黃門侍郎이 되었다. 한번은 황제에게 나가 황후의 아우 모증毛曾과 나란히 앉을 기회가 있었는데 그는 모증과 함께 한 것을 부끄럽게 여겨 불쾌한 기색을 얼굴에 드러내고 말았다. 명제明帝는 이를 괘씸히 여겨 그를 우림감羽林監으로 좌천시키고 말았다.

《세설신어世說新語》에는 이렇게 말하였다.

"모증이 하후현과 함께 앉아있을 때 당시 사람들이 하찮은 갈대가 옥수玉樹에 기대어 있다 하였다."

그리고 다시 이렇게 말하였다.

"하후현은 낭랑하기가 마치 해와 달이 품속으로 들어오는 듯하다."

《魏志》: 夏侯玄字太初, 沛國譙人. 少知名, 弱冠爲黃門侍郎. 嘗進見與皇后弟毛曾竝坐. 玄恥之, 不悅形於色. 明帝恨之, 左遷羽林監.

《世說》曰:「會與玄共坐, 時人謂蒹葭倚玉樹.」

又云:「朗朗如日月之入懷.」

【夏侯玄】자는 泰初(太初, 209~254). 夏侯尙의 아들로 일찍이 능력을 인정받아 약관에 散騎黃門侍郞이 되었음. 曹爽을 보좌하여 中護軍이 되어 인재를 선발하였음. 뒤에 征西將軍이 되어 司馬氏가 曹爽을 주벌하여 정권을 쥐자 大鴻臚가 되었다가 太常에 올랐으나 李豐, 張緝 등이 司馬師를 없애고 하후현을 세우려는 모의가 발각되어 하후현도 이에 함께 주살됨. 淸言과 玄風에 뛰어나 당시 玄學의 영수로 추앙받았음. 저술에 〈樂毅論〉,〈張良論〉,〈本無肉刑論〉 등이 유명함. 《三國志》(9)에 전이 있음.

【毛曾】魏 明帝 毛皇后의 아우. 郞中·騎都尉를 지냈으며 갑작스런 신분상승으로 容貌와 行動擧止가 비루하였다 함.

【明帝】魏 明帝 曹叡(206~239). 魏文帝(曹丕)와 甄后 사이에서 태어남. 227년 문제를 이어 제위에 올랐음. 재위 13년(227~239). 시호는 明皇帝.《三國志》(3)에 紀가 있음.

【羽林監】漢나라 武帝 때에는 建章營騎라는 명칭으로 불렸으나, 후에 羽林騎로 개칭되었음.

【蒹葭】갈대. 雙聲連綿語의 草名.

참고 및 관련 자료

1. 《三國志》(9) 魏志 夏侯玄傳
夏侯玄字太初, 少知名, 弱冠爲散騎黃門侍郞. 嘗進見 與皇后弟與毛曾並坐, 玄恥之, 不悅形之於色. 明帝恨之, 左遷爲羽林監. 正始初, 曹爽輔政. 玄, 爽之姑子也. 累遷散騎常侍·中護軍.

2. 《世說新語》容止篇
魏明帝使后弟毛曾, 與夏侯玄共坐, 時人謂「蒹葭倚玉樹.」

049-② 季野陽秋
포폄이 분명했던 저계야

진晉나라 저부褚裒는 자가 계야季野이며 하남河南 양적陽翟 사람으로 강제康帝 헌황후獻皇后의 아버지이다. 어려서 간귀簡貴한 풍골이 있었으며 두예杜乂와 함께 그 이름이 널리 알려져 중흥中興 시대의 으뜸이었다.
환이桓彝는 그를 이렇게 평하였다.
"저계야의 살갗 속에는 봄가을 기운이 다 들어 있다."
이는 그가 밖으로는 남에 대한 장부臧否가 없지만 안으로는 포폄褒貶을 품고 있음을 말한 것이다.
사안謝安 역시 그를 아름답게 여겨 존중하였으며 항상 이렇게 말하였다.
"저부는 비록 말로 표현은 하지 않지만 사시四時의 기운은 모두 갖추고 있다."
그는 벼슬길에 나서서 정북대장군征北大將軍의 지위에 올랐다.

晉, 褚裒字季野, 河南陽翟人, 康獻皇后父也. 少有簡貴之風, 與杜乂俱有盛名, 冠于中興.
桓彝目之曰:「季野有皮裏陽秋.」
言其外無臧否, 而內有所襃貶也.
謝安亦雅重之, 常云:「裒雖不言, 而四時之氣亦備矣.」
仕至征北大將軍.

【褚裒】 자는 季野(303~349). 東晉 康帝(343~344 재위)의 장인이며 後趙를 토벌하러 나섰으나 병을 얻어 귀환 중에 죽음. 侍中太傅에 추증됨.《晉書》(93)에 전이 있음. 康獻皇后의 아버지. '季野陽秋'[049] 참조.
【康帝】 司馬岳. 자는 世同. 成帝의 아우. 재위 2년(343~344).
【杜乂】 자는 弘治. 杜預의 손자 용모가 준수하여 강좌에 이름이 났으며

丹楊丞, 公府掾 등을 지냄. 當陽侯에 봉해짐. 일찍 죽음. 《晉書》(93)에 전이 있음. 《晉陽秋》에 "杜乂字弘治, 京兆人. 祖預・父錫, 有譽前朝. 乂少有令名, 仕丹楊丞, 早卒. 成帝納乂女爲后"라 함.

【桓彝】자는 茂倫(276~328). 王敦과 맞섰다가 뒤에 蘇峻 난 때 韓晃에게 피살됨. 廷尉를 추증받음. 《晉書》(74)에 전이 있음.

【中興】 망한 西晉을 다시 일으켰다는 뜻으로 東晉 元帝 시대를 말함.

【皮裏陽秋】 '皮裏'는 마음을 뜻함. '陽秋'는 春秋와 같음. 당시 文帝의 鄭皇后의 이름이 阿春이어서 피휘한 것임. 春秋는 만물의 생성과 숙살을 의미하여 결국 사람을 평가하여 판결함을 말함.

【臧否】 칭찬과 폄훼. 즉 품평・평가의 뜻. 《後漢書》 儒林傳 許愼에 "初, 愼以 五經傳說臧否不同, 於時撰爲五經異說, 又作說文解字十四篇"이라 함.

【謝安】 字는 安石(320~385). 謝裒의 아들이며 謝琰(望蔡)의 아버지. 謝奕의 동생. 덕망이 있고 기개가 높아 桓彝, 王濛의 사랑을 받음. 처음에는 벼슬에 뜻을 버리고 王羲之, 支遁 등과 산수를 즐기며 조정의 부름에 응하지 않았으나 40이 넘어 桓溫의 司馬를 거쳐 吳興太守, 侍中, 吏部尚書, 太保錄尚書事 등의 관직을 지냄. 뒤에 다시 太傅에 추증되었으며 시호는 文靖. 《晉書》(79)에 전이 있음. '謝安高潔'[004] 참조.

【四時之氣】 春夏秋冬의 기운으로 寒暑冷暖한 것과 같이 사람을 잘 알아서 輕重을 변별함을 말함.

참고 및 관련 자료

1. 《晉書》(93) 外戚傳(褚裒)

褚裒字季野, 康獻皇后父也. ……裒少有簡貴之風, 與京兆杜乂俱有盛名, 冠于 中興. 譙國桓彝見而目之曰:「季野有皮裏陽秋.」言其外無臧否, 而內有所褒貶也. 謝安亦雅重之, 恒云:「裒雖不言, 而四時之氣亦備矣.」……永和五年卒, 年 四十七, 遠近嗟悼, 吏士哀慕之. 贈侍中・太傅, 本官如故, 諡曰元穆.

2. 《世說新語》 德行篇

謝太傅絶重褚公, 常稱:「褚季野雖不言, 而四時之氣亦備.」

3. 《晉陽秋》

褚裒字季野, 河南陽翟人. 祖𬴊, 安東將軍. 父洽, 武昌太守. 裒少有簡貴之風, 沖黙之稱. 累遷江・兗二州刺史. 贈侍中・太傅.

050. 荀陳德星, 李郭仙舟

050-① 荀陳德星
덕성과 같은 순숙과 진식 두 집안

《이원異苑》에 실려 있다.
　진식陳寔은 자가 중궁仲弓이며, 순숙荀淑은 자가 계화季和였다. 어느 날 진식이 여러 아들과 조카들을 데리고 순숙 부자父子에게 찾아가 토론을 벌이고 있었다. 그러자 이때 하늘에 덕성德星이라는 별이 모여들었다. 태사太史가 천문을 살피다가 이를 보고 황제에게 이렇게 아뢰었다.
　"오백 리 안에 현인들이 모여들어 있습니다."

《異苑》: 陳寔字仲弓, 荀淑字季和. 仲弓與諸子姪造季和父子討論. 于時德星聚, 太史奏曰:「五百里內, 有賢人聚」

【異苑】 宋나라의 劉敬이 지은 책. 신기하고 괴이한 일을 기록한 것임.
【陳寔】 자는 仲弓(104~187). 후한 때 인물로 太丘縣의 현장을 지내어 陳太丘로도 불리며 향리에 덕행으로 소문이 나서 "寧爲刑罰所加, 不爲陳君所短"이라 하였음. 그가 죽었을 때 3만 명의 조문객이 왔었다 함. 아들 여섯 중에 陳紀와 陳諶이 가장 어질고 똑똑하였다 함. 《後漢書》(62)에 傳이 있음. '陳寔遺盜'[210] 참조.
【荀淑】 자는 季和(83~149). 朗陵侯를 지냈었음. 《後漢書》(62)에 전이 있음. 고상한 인품을 지녔으며 荀子의 11대손이라 함. 桓帝 때 朗陵侯의 宰相에 임명되었음.
【德星】 상서로운 별. 福과 德이 있는 사람이 태어나거나 모일 때 이 별이 나타난다 함.

【太史】天文과 曆法을 담당하는 관리. 나라에 상서로운 일이나 이상한 재난이 있으면 하늘 별자리 등을 관찰하여 그 원인을 밝혀내는 임무를 띠고 있었음.

참고 및 관련 자료

1. 《世說新語》德行篇
陳太丘詣荀朗陵, 貧儉無僕役; 乃使元方將車, 季方持杖從後; 長文尚小, 載著車中. 旣至, 荀使叔慈應門, 慈明行酒, 餘六龍下食; 文若亦小, 坐箸膝前. 于時太史奏:「眞人東行.」

2. 《續晉陽秋》檀道鸞
陳仲弓從諸子姪造荀父子, 于時德星聚, 太史奏:「五百里內賢人聚.」

3. 《十八史略》(3)
同郡陳寔與淑齊名. 嘗詣淑, 長子紀字元方, 御車, 次子諶字季方, 驂乘, 孫羣字長文, 尚幼, 抱車中. 至淑家, 八龍更迭侍左右. 淑孫或字文若, 尚幼, 抱置膝上. 太史奏:「德星見, 五百里內有賢人聚.」

050-② 李郭仙舟
신선같은 배를 타고 떠난 이응과 곽태

후한後漢 곽태郭太는 자가 임종林宗이며 태원太原 개휴介休 사람이다. 집안이 대대로 가난하고 천하였으나 분적墳籍에 박통하였고 담론에 뛰어났으며 음악과 제도에도 밝았다. 낙양洛陽을 유람하면서 비로소 하남윤河南尹 이응李膺을 만나게 되었는데 이응은 그를 대단히 기이한 인물로 여겨 드디어 서로 친구처럼 친한 사이가 되었으며 그 이름이 경조京兆에 떨치게 된 것이다. 뒤에 그가 고향으로 돌아가게 되자 여러 선비들이 하수河水 가까지 배웅하였으며 그때 나온 수레가 수천 량兩이었다. 그러자 곽림종은 오직 이응과 함께 배를 타고 건넜으며 나머지 빈객들은 멀리서 그를 바라보며 보내주었는데 그 모습이 신선과 같다고 여겼다.

後漢, 郭太字林宗, 太原介休人. 家世貧賤, 博通墳籍, 善談論, 美音制. 遊洛陽, 始見河南尹李膺. 膺大奇之, 遂相友善, 名震京師.
　後歸鄕里, 諸儒送至河上, 車數千兩. 林宗唯與膺同舟而濟. 賓客望之, 以爲神仙焉.

【郭太】원명은 郭泰. 字는 林宗(127~169). 經典에 博通하여 제자가 천여 명에 이르렀으며 당시 학문을 조종으로 추앙받았음. 뒤에 范曄이《後漢書》를 쓰면서 자신의 아버지(范泰)의 이름을 피휘하여 '郭太'로 표기하였음.《後漢書》(68)에 전이 있음. 李元禮(李膺)가 극찬하였던 인물. '林宗折巾'[154] 참조.
【墳籍】고대의 제왕인 伏羲·神農·黃帝 세 皇帝의 책이라 하며 흔히 이를 〈三墳〉이라 함.
【河南尹】後漢은 수도가 洛陽이었으며 그 소재지인 河南郡에 尹(장관)을 두어 다스렸음.
【李膺】字는 元禮(110~169). 인물 품평에 가장 뛰어났던 사람. 孔融과의 '小時了了', 그리고 본장의 '登龍門' 등의 고사를 남김. 뒤에 당쟁의 얽혀 자결함. 《後漢書》(67)에 전이 있음. '元禮模楷'[063] 참조.

참고 및 관련 자료

1.《後漢書》郭太傳
　郭太字林宗, 太原界休人也. 家世貧賤. 早孤, 母欲使給事縣廷. 林宗曰:「大丈夫焉能處斗筲之役乎?」遂辭. 就成皐屈伯彦學, 三年業畢, 博通墳籍. 善談論, 美音制.

乃游於洛陽.始見河南尹李膺,膺大奇之,遂相友善,於是名震京師.後歸鄉里,衣冠諸儒送至河上,車數千兩.林宗唯與李膺同舟而濟,眾賓望之,以爲神仙焉.司徒黃瓊辟,太常趙典舉有道.或勸林宗仕進者,對曰:「吾夜觀乾象,晝察人事,天之所廢,不可支也.」遂並不應.性明知人,好獎訓士類.身長八尺,容貌魁偉,褒衣博帶,周遊郡國.嘗於陳梁閒行遇雨,巾一角墊,時人乃故折巾一角,以爲「林宗巾」.其見慕皆如此.或問汝南范滂曰:「郭林宗何如人?」滂曰:「隱不違親,貞不絕俗,天子不得臣,諸侯不得友,吾不知其它.」後遭母憂,有至孝稱.林宗雖善人倫,而不爲危言覈論,故宦官擅政而不能傷也.及黨事起,知名之士多被其害,唯林宗及汝南袁閎得免焉.遂閉門教授,弟子以千數.建寧元年,太傅陳蕃·大將軍竇武爲閹人所害,林宗哭之於野,慟.旣而歎曰:『人之云亡,邦國殄瘁』.『瞻烏爰止,不知于誰之屋』耳.」明年春,卒于家,時年四十二.四方之士千餘人,皆來會葬.同志者乃共刻石立碑,蔡邕爲其文,旣而謂涿郡盧植曰:「吾爲碑銘多矣,皆有慙德,唯郭有道無愧色耳.」其獎拔士人,皆如所鑒.後之好事,或附益增張,故多華辭不經,又類卜相之書.今錄其章章效於事者,著之篇末.

2.《十八史略》(3)

泰初游洛陽,李膺與爲友.膺嘗歸鄉里,送車數千兩.膺惟與泰同舟而濟,眾賓望之者,如神仙焉.

051. 王忳綉被, 張氏銅鉤

051-① 王忳綉被
비단 수놓은 이불을 찾아준 왕돈

후한後漢의 왕돈王忳은 자가 소림少林이며 광한廣漢 신도新都 사람이다. 일찍이 수도에 갔을 때 빈집에서 하나의 서생 김언金彥이라는 자가 병으로 고통을 받고 있는 것을 보고는 불쌍히 여겨 살펴주었다. 그러자 그 서생이 이렇게 말하는 것이었다.

"나의 목숨은 금방 끝날 것이오. 내 허리에 금 10근이 있어 그대에게 드리오니 내 죽은 뒤 해골이나 잘 묻어 주시기를 바라오."

그러고는 결국 죽고 말았다. 왕돈은 그 중 한 근을 팔아 그의 장례비용으로 쓰고 나머지는 모두 그의 관 아래 묻어 주었는데 아무도 그 사실을 알지 못하였다.

왕돈은 뒤에 대도정大度亭의 정장亭長 서리가 되었다. 그가 처음 부임하던 날 말 한 마리가 그 정으로 달려들어 멈추어 서는 것이었다. 그날은 바람이 크게 불어 수놓은 이불이 흩날려 그의 앞에 떨어지는 것이었다. 그는 즉시 현縣으로 가서 그 이불과 말의 주인이 누구인지 물었다. 그러나 현에서는 주인을 찾을 수 없다고 그것을 왕돈에게 되돌려 주었다.

뒤에 그가 그 말을 탔더니 말은 그를 태운 채 낙현雒縣 어느 집으로 가는 것이었다. 그 집 주인이 보고 말을 어디서 얻었느냐고 묻자, 왕돈은 이제까지의 사실과 수놓은 이불 사건까지 설명해 주었다. 그러자 주인은 이렇게 말하는 것이었다.

"당신은 어떤 음덕을 베풀었던 적이 있기에 이러한 일이 일어난 것입니까?"

왕돈은 서생이 죽어 장례를 치러준 일을 설명하였다.

그러자 주인은 놀라면서 이렇게 말하였다.

"그는 바로 나의 아들이었소. 크신 은혜를 오랫동안 갚지 못하자 하늘이 그대의 덕을 이렇게 드러내어 밝힌 것입니다!"

이로써 그는 이름이 드러나게 되었으며 벼슬이 군의 공조功曹에 이르렀다.

後漢, 王忳字少林, 廣漢新都人. 嘗詣京師, 於空舍中, 見一書生金彦疾困, 愍而視之.

生曰:「我命在須臾, 腰下有金十斤. 願以相贈, 死後乞藏骸骨.」

已而命絶. 忳鬻一斤營葬, 餘悉置棺下, 人無知者. 忳後署大度亭長.

初到有馬馳入亭中而止. 其日大風, 飄一綉被, 復墮忳前. 卽言之於縣. 縣以歸忳. 後乘馬到雒縣. 主人見之, 問所由得馬. 忳具說其狀, 幷及綉被.

主人曰:「卿何陰德而致此?」

忳因說葬書生事, 主人驚曰:「是我子也. 大恩久不報, 天以此彰卿德耳!」

由是顯名, 仕郡爲功曹.

【王忳】후한 때 인물로 자는 少林. 《後漢書》 獨行傳에 전이 있음.
【須臾】잠깐. 짧은 시간. 疊韻連綿語.
【亭長】'亭'은 원래 고대 행정 단위의 가장 낮은 명칭. 혹 여행자가 모여 숙박하는 곳. 宿驛·宿場. 亭長은 宿場의 우두머리.
【綉被】'綉'는 '繡'와 같음. 刺繡. '被'는 이불.

참고 및 관련 자료

1. 《後漢書》 獨行傳(王忳)

王忳字少林, 廣漢新都人也. 忳嘗詣京師, 於空舍中, 見一書生金彦疾困, 愍而視之. 書生謂忳曰:「我當到洛陽, 而被病, 命在須臾, 腰下有金十斤. 願以相贈,

死後乞藏骸骨.」未及問姓名而絶. 忱卽鬻金一斤, 營其殯葬, 餘金悉置棺下, 人無知者. 後歸數年, 縣署忱大度亭長. 初到之日, 有馬馳入亭中而止. 其日大風, 飄一繡被, 復墮忱前. 卽言之於縣. 縣以歸忱. 忱後乘馬到雒縣. 馬遂奔走, 牽忱入它舍. 主人見之喜曰:「今禽盜矣.」問忱所由得馬. 忱具說其狀, 幷及繡被. 主人悵然良久, 乃曰:「被隨旋風與馬俱亡, 卿何陰德而致此二物?」忱自念有葬書生事, 因說之, 幷道書生形貌及埋金處. 主人大驚號曰:「是我子也. 姓金名彦. 前往京師, 不知所在, 何意卿乃葬之. 大恩久不報, 天以此章卿德耳!」忱悉以被馬還之, 彦父不取, 又厚遺忱, 忱辭讓而去. 時彦父爲州從事, 因告新都令, 假忱休, 自與俱迎彦喪, 餘金俱存. 忱由是顯名, 仕郡爲功曹.

051-② 張氏銅鉤
장씨 집안의 구리 허리띠 고리

《삼보결록三輔決錄》에 실려 있다.

부풍扶風 장씨張氏의 선대가 군군郡의 공조功曹 벼슬을 하고 있었다. 이른 새벽 일어나 조회에 나가려 할 때 비둘기가 승진承塵 위에서 날아 내려오더니 책상 앞에 앉는 것이었다. 공조가 말하였다.

"비둘기가 어찌 찾아온 것인가? 만약 재앙이 될 징조라면 다시 승진 위로 날아올라 가거라. 그러나 복이 될 것이라면 내 품에 안기려무나."

그리고 가슴 옷깃을 열고 기다리자, 비둘기가 그의 품속으로 날아 들어오는 것이었다. 그가 더듬어 보았더니 구리로 된 갈고리가 들어 있었다. 그는 이를 지니고 다녔는데 그로부터 승진을 거듭하여 여러 군의 태수를 거쳐 구경九卿에 이르게 되었다. 그런데 어떤 나그네가 촉蜀 땅으로부터 장안長安에 이르러 몰래 그 장씨 집의 노비에게 뇌물을 주었다. 그녀는 그만 장씨 집의 그 갈고리를 그에게 팔아 건네주고 말았다. 그러자 그 집안에는 가족이 죽는 재앙이 겹쳐 그만 겁을 먹고 그 갈고리를 장씨에게 되돌려 주고 말았다. 장씨는 그것을 다시 찾아 2천 석石의 벼슬을 하게 되었다. 뒤에 그 갈고리를 잃어버리자 장씨 집안은 쇠락하고 말았다.

《三輔決錄》: 扶風張氏之先, 爲郡功曹. 晨起當朝, 有鳩從承塵上, 飛下几前.

功曹曰:「鳩何來? 爲禍飛上承塵. 爲福飛入我懷.」

開懷待之, 鳩飛入懷中. 探得銅鉤. 帶之, 官至數郡太守·九卿.

有蜀客至長安, 私賂張氏婢. 婢賣鉤與蜀客. 客家喪禍. 懼而還張氏. 張氏得鉤, 復爲二千石. 後失鉤, 張氏遂衰.

【三輔決錄】후한의 趙岐가 지었으며 長安 일대의 古跡을 기록한 책.
【承塵】먼지 등이 것이 떨어지지 않도록 자리가 있는 곳의 위에 치던 천막.
【鉤】갈고리. 흔히 허리띠의 갈고리, 버클 부분을 말함.
【九卿】漢나라 때는 太常·光祿勳·大鴻臚·大司農·衛尉·太僕·廷尉·宗正·少府의 아홉 公卿을 말함.

참고 및 관련 자료

1.《搜神記》(9)
京兆長安, 有張氏, 獨處一室. 有鳩自外入, 止於牀. 張氏祝曰:「鳩來, 爲我禍也, 飛上承塵, 爲我福也, 卽入我懷.」 鳩飛入懷. 以手探之, 則不知鳩之所在, 而得一金鉤. 遂寶之. 自是子孫漸富, 資財萬倍. 蜀賈至長安, 聞之, 乃厚賂婢. 婢竊鉤與賈. 張氏旣失鉤, 漸漸衰耗. 而蜀賈亦數罹窮厄, 不爲己利. 或告之曰:「天命也, 不可力求.」 於是賫鉤以反張氏, 張氏復昌. 故關西稱「張氏傳鉤」云.

2.《法苑珠林》(70)

晉長安, 有張氏者, 晝獨處室. 有鳩自外入, 止于牀. 張氏惡之, 披懷而祝曰:「鳩, 爾來, 爲我禍耶? 飛上承塵, 爲我福耶? 來入我懷.」鳩翻飛入懷, 乃化爲鉤, 從爾資產巨萬.

3.《太平廣記》(139)

晉長安, 有張氏者, 晝獨處室. 有鳩自外入, 止于牀. 張氏惡之, 披懷而呪曰:「鳩, 爾來, 爲我禍耶? 飛上承塵, 爲我福耶? 飛入我懷.」鳩飛入懷, 乃化爲一銅鉤, 從爾資產巨萬.(《法苑珠林》)

4.《太平廣記》(463)

京兆有張氏, 獨處一室, 有鳩自外入, 止于牀. 張氏祝曰:「鳩爲禍也, 飛上承塵. 爲福也. 卽入我懷.」以手探之, 以得一金鉤. 是後是子孫漸盛, 資財萬倍. 蜀賈客至長安, 聞之, 乃厚賂婢, 婢竊鉤以與客. 張氏旣失鉤, 漸漸衰耗. 而蜀客亦罹窮厄, 於是齎鉤以反張氏, 張氏復昌.(《搜神記》)

5.《藝文類聚》(92)

《搜神記》曰: 京兆長安有張氏, 獨處室. 有鳩自外入, 止于牀. 張氏祝曰:「鳩來! 爲我禍耶? 飛上承塵; 爲我福耶? 來入我懷.」鳩飛入懷, 以手探之, 則不知鳩之所在, 而得一金帶鉤. 是後子孫過盛. 有爲必偶, 貲財萬倍. 蜀客賈至長安中, 聞之, 乃厚賂婢. 婢竊鉤以與蜀客. 張氏旣失鉤, 漸漸衰耗. 而蜀客亦數罹窮厄, 不爲己利. 或告之曰:「天命也, 不可以力求.」於是賫鉤以反張氏, 張氏復昌. 故關西稱張氏傳鉤云.

6.《北堂書鈔》(132)

《搜神記》曰: 長安有張氏者, 獨處空室. 有鳩自外, 入止於牀. 張氏疑之, 乃披懷而祀曰:「鳩來! 卽飛上於承塵. 爲我福, 卽入懷.」於是鳩飛入懷.

7. 기타 참고자료

《太平御覽》(354·472·701·767·921).《類說》(7).《三輔決錄》.《幽明錄》.

052. 丁公遽戮, 雍齒先侯

052-① 丁公遽戮
급히 죽음을 당한 정공

　전한前漢의 정공丁公은 설薛 땅 사람으로 계포季布와 어머니는 같으나 아버지가 다른 아우였다. 그는 항우項羽의 장수가 되어 고조高祖 유방을 팽성彭城의 서쪽까지 쫓아가 막다른 골목으로 몰아붙였다. 그리하여 두 사람이 짧은 칼로 맞서게 되었는데 고조 유방은 급한 나머지 정공을 돌아보며 이렇게 말하였다.
　"두 사람 모두 훌륭한데 어찌 서로 이렇게 곤액에 몰아붙이는가!"
　정공은 이 말에 군사를 이끌고 돌아가 버렸다.
　뒤에 항우가 패하여 죽고 나자 정공이 고조 유방을 알현하였다. 그러자 고조는 정공을 군대의 무리 속을 끌고 다니며 이렇게 말하였다.
　"정공은 항우의 신하가 되어 충성을 다하지 않았다. 항우로 하여금 천하를 잃게 한 자이다."
　그러고는 드디어 그를 참수하며 이렇게 말하였다.
　"훗날 남의 신하가 되어 정공과 같은 짓을 본받지 않도록 하기 위함이다."

　前漢, 丁公薛人, 季布母弟. 爲項羽將, 逐窘高祖彭城西, 短兵接. 高祖急, 顧謂丁公曰:「兩賢豈相戹哉!」
　丁公引兵還.
　及項羽滅, 丁公謁見, 高祖以丁公徇軍中曰:「丁公爲項王臣不忠, 使項王失天下者也.」
　遂斬之曰:「使後爲人臣無倣丁公也.」

【丁公】丁固. 항우의 장수로서 고조 유방을 죽이려다 물러선 인물. 항우가 죽고 나자 이를 버리고 유방에게 빌붙어 오자 유방이 아까워하면서도 "丁公爲項王臣, 不忠"이라 하며 참형에 처해 버렸음.《史記》季布欒布列傳 참조.
【季布】원래 楚나라 유협으로 처음 項羽를 따라 나섰다가 뒤에 劉邦에게 사면을 받아 郎中이 된 인물. 그는 한번 약속을 하면 절대로 어기는 법이 없어 당시 "得黃金百斤, 不如得季布一諾"이라 하였음.《史記》季布欒布列傳 참조.
【項羽】項籍. 秦末 24세에 봉기하여 천하를 호령한 霸王.《史記》項羽本紀에 "項籍者, 下相人也. 字羽. 初起時, 年二十四"라 하였음. 그는 楚 義帝를 假王으로 세워 놓고, 자신이 天下를 휘어잡자 스스로를 西楚霸王이라 하였음.《史記》項羽本紀 참조.
【短兵接】적과 맞닥뜨려 단도로 겨루는 것.

참고 및 관련 자료

1.《史記》季布欒布列傳
季布母弟丁公, 爲楚將. 丁公爲項羽逐窘高祖彭城西, 短兵接, 高祖急, 顧丁公曰: 「兩賢豈相戹哉!」於是丁公引兵而還, 漢王遂解去. 及項王滅, 丁公謁見高祖. 高祖以丁公徇軍中, 曰:「丁公爲項王臣不忠, 使項王失天下者, 迺丁公也.」遂斬丁公, 曰:「使後世爲人臣者無效丁公!」

2.《漢書》季布欒布田叔傳
布母弟丁公, 爲項羽將, 逐窘高祖彭城西. 短兵接, 漢王急, 顧謂丁公曰:「兩賢豈相戹哉!」丁公引兵而還. 及項王滅, 丁公謁見高祖, 以丁公徇軍中, 曰:「丁公爲項王臣不忠, 使項王失天下者也.」遂斬之, 曰:「使後爲人臣無傚丁公也!」

3.《幼學瓊林》
○ 毛遂片言九鼎, 人重其言; 季布一諾千金, 人服其信.
○ 陸機·陸雲, 名共喧於洛邑; 季心·季布, 氣并蓋於關中.

4.《十八史略》(2)
丁公爲項羽將, 嘗逐窘帝彭城西, 短兵接, 帝急, 顧曰:「兩賢豈相厄哉?」丁公乃還. 至是謁見, 帝以徇軍中曰:「丁公爲臣不忠, 使項王失天下.」遂斬之, 曰:「使後爲人臣, 無效丁公也.」

052-② 雍齒先侯
먼저 후에 봉해진 옹치

전한前漢의 고조高祖 유방이 낙양雒陽의 남궁南宮에 있을 때 복도에서 멀리 바라보았더니 많은 장수들이 오가며 서로 수군거리고 있었다.

유방이 장량張良에게 묻자 장량이 대답하였다.

"폐하께서 미천한 신분에서 일어나 이들과 함께 한 덕분에 천하를 취하게 된 것입니다. 지금 이윽고 천자가 되신 다음에는 봉지를 내려주시는 대상은 모두가 소하蕭何나 조참曹參같은 고향 사람으로 친한 이들이며, 주벌을 내리는 대상은 평소 원수나 원한을 가졌던 이들입니다. 이에 저들은 폐하께서 누구에게나 봉지를 내리지 않을 것임을 두려워하고, 동시에 작은 과실이 있었으니 혹 주벌을 당하지나 않을까 겁을 먹고 있는 것입니다. 그 때문에 서로 모여들어 모반을 꾀하고 있는 것입니다. 왕께서 평소 증오하였던 인물 중에 여러 신하들로써 누구나 다 알고 있는 자가 있을 것입니다. 그 중 가장 심한 자가 누구입니까?"

유방이 말하였다.

"옹치雍齒는 나와 일찍부터 원한이 있었지. 그리하여 나를 자주 곤궁에 몰아넣기도 하였지. 내 그놈을 죽이고자 하였지만 그놈은 세운 공이 많아 차마 그렇게 하지 못하였지."

그러자 장량이 말하였다.

"지금 어서 급히 옹치부터 봉하여 신하들에게 보이십시오. 그렇게 되면 사람마다 자신의 믿음을 굳히게 될 것입니다."

이에 술자리를 마련하여 옹치를 십방후什方侯에 봉하고 승상丞相과 어사御史를 급히 불러 각자 공의 양을 정하여 그에 맞게 봉하는 행사를 치르도록 하였다. 그러나 여러 신하들은 술자리를 끝내며 모두가 이렇게 즐거워하는 것이었다.

"옹치 같은 놈도 후侯가 되는데 우리쯤이야 더 걱정할 것도 없다."

前漢, 高祖居雒陽南宮, 從復道望見, 諸將往往偶語. 上問張良.
良曰:「陛下起布衣, 與此屬取天下. 今已爲天子, 而所封皆蕭曹故人所親愛, 所誅者皆平生仇怨. 此屬畏陛下不能盡封, 又恐見疑過失及誅. 故相聚謀反耳. 上平生所憎, 羣臣所共知. 誰最甚者?」
上曰:「雍齒與我有故怨, 數窘辱我. 我欲殺之, 爲功多不忍.」
良曰:「今急先封齒以示群臣, 則人人自堅矣.」
於是上置酒, 封齒爲什方侯, 而急趣丞相御史, 定功行封.
群臣罷酒皆喜曰:「雍齒且侯, 我屬無患矣.」

【雒陽】洛陽과 같음. 《博物志》(6)에 "舊洛陽字作水邊各. 漢, 火行也, 忌水, 故去水而加隹. 又魏於行次爲土, 水得土而流, 上得水而柔, 故復去隹加水, 變雒爲洛焉"라 함.

【張良】漢興三傑의 하나. 字는 子房. 원래 韓나라 출신으로 韓나라가 秦始皇에게 망하자 복수를 결심하고 始皇을 博浪沙에서 저격, 실패로 끝나자 下邳로 도망갔다가 黃石公을 만났고, 다시 劉邦에게 합류하여 項羽를 멸하였음. 留侯에 봉해짐. 《史記》留侯世家 참조.

【蕭何】蕭相國(?~B.C.193). 沛縣(江蘇省 內에 있음) 사람으로 秦 말기에 劉邦을 도와 병사를 일으켜 공을 세움. 후에 유방은 漢王이 되고 소하는 丞相이 되었으며 高帝 11년에 승상을 相國으로 개칭함. 《史記》蕭相國世家 참조.

【曹參】漢初 高祖 劉邦과 같은 고향으로 유방이 군사를 일으키자 따라 나서서 많은 공을 세웠으며 平陽侯에 봉해짐. 뒤에 齊王 劉肥의 재상을 거쳐 蕭何의 뒤를 이어 상국에 오름. 《史記》曹相國世家 참조.

【復道】複道·閣道, 閣道. 아래위로 통할 수 있도록 되어 있는 廊下.

【雍齒】高祖가 병사를 일으키지 않았던 이전부터 옹치는 勇士로 고조를 괴롭혀 유방이 가장 미워했던 인물. 고조가 천하를 평정한 후 혈족과 공신을 봉할 때 불만들이 터지자 張良이 평소 가장 미웠던 자가 누구냐고 물었다. 고조가 雍齒라는 놈이라 하자 그러면 그자를 먼저 봉하면 다들 안심할 것이라 하였다. 이에 장량의 계책을 실행하자 모두 "옹치 같은 자도 봉을 받는데 나야 당연하겠지"라 함. 《漢書》高帝紀 및 《新序》참조.

> 참고 및 관련 자료

1. 《史記》留侯世家

(六年)上已封大功臣二十餘人, 其餘日夜爭功不決, 未得行封. 上在雒陽南宮, 從復道望見諸將往往相與坐沙中語. 上曰:「此何語?」留侯曰:「陛下不知乎? 此謀反耳.」上曰:「天下屬安定, 何故反乎?」留侯曰:「陛下起布衣, 以此屬取天下, 今陛下爲天子, 而所封皆蕭·曹故人所親愛, 而所誅者皆生平所仇怨. 今軍吏計功, 以天下不足遍封, 此屬畏陛下不能盡封, 恐又見疑平生過失及誅, 故卽相聚謀反耳.」上乃憂曰:「爲之奈何?」留侯曰:「上平生所憎, 群臣所共知, 誰最甚者?」上曰:「雍齒與我故, 數嘗窘辱我. 我欲殺之, 爲其功多, 故不忍.」留侯曰:「今急先封雍齒以示群臣, 群臣見雍齒封, 則人人自堅矣.」於是上乃置酒, 封雍齒爲什方侯, 而急趣丞相·御史定功行封. 群臣罷酒, 皆喜曰:「雍齒尚爲侯, 我屬無患矣.」

2. 《漢書》(18) 張良傳

良嘗閒從容步游下邳圯上, 有一老父, 衣褐, 至良所, 直墮其履圯下, 顧謂良曰:「孺子下取履!」良愕然, 欲毆之. 爲其老, 乃彊忍, 下取履, 因跪進. 父以足受之, 笑去. 良殊大驚. 父去里所, 復還, 曰:「孺子可敎矣. 後五日平明, 與我期此.」良因怪(之), 跪曰:「諾.」五日平明, 良往. 父已先在, 怒曰:「與老人期, 後, 何也? 去, 後五日蚤會.」五日, 雞鳴往. 父又先在, 復怒曰:「後, 何也? 去, 後五日復蚤來.」五日, 良夜半往. 有頃, 父亦來, 喜曰:「當如是.」出一編書, 曰:「讀是則爲王者師. 後十年興. 十三年, 孺子見我. 濟北穀城山下黃石卽我已.」遂去不見. 旦日視其書, 乃太公兵法. 良因異之, 常習[讀]誦.

3. 《新序》善謀(下)

漢六年, 正月, 封功臣, 張子房未嘗有戰鬪之功. 高皇帝曰:「運籌策帷幄之中, 決勝千里之外, 子房功也. 子房自擇齊三萬戶.」良曰:「始臣起下邳, 與上會留, 此天以臣授陛下. 陛下用臣計, 幸而時中, 臣願封留足矣, 不敢當齊三萬戶.」乃封良爲留侯, 及蕭何等. 其餘功臣, 皆未封. 群臣自疑, 恐不得封, 咸不自安, 有搖動之心. 於是高皇帝在雒陽南宮上臺, 見群臣往往相與坐沙中語. 上曰:「此何語?」留侯曰:「陛下不知乎? 謀反耳.」上曰:「天下屬安, 何故而反?」留侯曰:「陛下起布衣, 與此屬定天下, 陛下已爲天子, 而所封皆蕭曹故人, 所誅皆平生怨仇. 今軍吏計功, 以天下不足以徧封, 此屬畏陛下不能盡封, 又見疑平生過失及誅, 故卽聚謀反耳.」上乃憂, 曰:「爲將奈何?」留侯曰:「上平生所憎, 群臣所共知,

誰最甚者?」上曰:「雍齒與我有故, 數窘辱我, 欲殺之, 爲其功多, 故不忍.」留侯曰:「今急, 先封雍齒, 以示群臣. 群臣見雍齒得封, 卽人人自堅矣.」於是上置酒, 封雍齒爲什方侯, 而急詔趣丞相御史定功行封, 群臣罷酒, 皆喜曰:「雍齒且侯, 我屬無患矣.」還倍畔之心, 銷邪道之謀, 使國家安寧, 累世無患者, 張子房之謀也.

4.《十八史略》(2)

上已封大功臣, 餘爭功不決. 上從複道上望見, 諸將往往, 坐沙中相與語. 上問張良, 良曰:「陛下以此屬取天下, 令所封皆故人親愛; 所誅皆平生仇怨, 此屬畏不能盡封, 又恐見疑平生過失及誅, 故相聚謀反耳.」上曰:「奈何?」良曰:「陛下平生所憎, 羣臣所共知, 誰最甚者」上曰:「雍齒」良曰:「急先封齒」於是封齒爲什方侯, 而急趣丞相御史, 定功行封, 羣臣皆喜曰:「雍齒且侯, 吾屬無患矣.」詔定元功十八人位次, 賜丞相何, 劍履上展殿, 入朝不趨.

053. 陳雷膠漆, 范張鷄黍

053-① 陳雷膠漆
교칠과 같은 우정의 진중과 뇌의

후한後漢의 진중陳重은 자가 경공景公이며 예장豫章 의춘宜春 사람이다. 어려서부터 파양鄱陽의 뇌의雷義와 친구로 사귀고 있었다. 뇌의는 자가 중공仲公이었다. 태수가 진중을 효렴과孝廉科로 천거하자, 진중은 그 자격을 뇌의에게 양보하였지만 태수는 이를 받아들이지 아니하였다. 뇌의도 이듬해 효렴과에 천거되어 함께 낭서郎署에서 근무하게 되었다. 이들은 뒤에 다시 함께 상서랑尙書郎에 올랐다.

그런데 뇌의가 함께 낭관이 되었던 다른 사람의 죄를 대신 뒤집어쓰고 그 때문에 면직을 당하고 되었다. 그러자 진중도 뇌의가 면직을 당하는 것을 보고 병을 핑계로 사직하고 말았다. 뇌의가 뒤에 무재과茂才科에 천거되자 그 자격을 진중에게 양보하면서 응하지 않았다. 향리에서는 이러한 두 사람의 우정을 보고 이렇게 말하였다.

"아교와 옻칠이 스스로 견고하다고 하지만 진중과 뇌의만은 못하도다."

뒤에 삼부三府에서 동시에 두 사람을 불러 함께 시어사侍御史가 되었다.

後漢, 陳重字景公, 豫章宜春人. 少與鄱陽雷義爲友. 義字仲公. 太守擧重孝廉, 重以讓義. 太守不聽. 義明年擧孝廉, 俱在郎署. 後俱拜尙書郎. 義代同時人受罪, 以此黜退. 重見義去亦以病免. 義後擧茂才, 讓於重不應命.

鄕里爲之語曰:「膠漆自謂堅, 不如陳與雷.」

三府同時俱辟, 竝至侍御史.

【陳重·雷義】後漢 때 豫章 사람들로 진중은 자가 景公, 뇌의는 자가 仲公이라 지극한 우정의 일화를 남긴 인물들. 모두 《後漢書》獨行傳에 함께 전이 실려 있음. 雷義는 '雷義送金'[122] 참조.
【茂才】선비를 채용하는 과목 이름. 원래는 秀才라고 하였으나 光武帝인 劉秀의 이름을 피휘하여 개칭함.
【膠漆】아교와 옻칠처럼 서로 떨어질 수 없는 관계.

참고 및 관련 자료

1. 《後漢書》獨行傳(陳重·雷義)

陳重字景公, 豫章宜春人也. 少與鄱陽雷義爲友. 俱學《魯詩》·《顏氏春秋》. 太守張雲擧重孝廉, 重以讓義. 前後十餘通記, 雲不聽. 義明年擧孝廉, 俱在郞署. 有同署郞負息錢數十萬, 責主日至, 詭求無已, 重乃密以錢代還. 郞後覺知而厚辭謝之. 重曰:「非我之爲, 將有同姓名者.」終不言惠. 又同舍郞有告歸寧者, 誤持鄰舍郞絹以去. 主疑重所取, 重不自申說, 而市絹以償之. 後寧喪者歸, 以絹還主, 其事乃顯. 重後俱拜尙書郞. 義代同時人受罪, 以此黜退. 重見義去, 亦以病免. 後擧茂才, 除細陽令. 政有異化, 擧尤異, 當遷爲會稽太守, 遷姉憂去官. 後爲司徒所辟, 拜侍御史, 卒. 雷義字仲公, 豫章鄱陽人也. 初爲郡功曹, 嘗擢擧善人, 不伐其功. 義嘗濟人死罪, 罪者後以金二斤謝之, 義不受. 金主伺義不在, 黙投金於承塵上. 後葺理屋宇, 乃得之. 金主已死, 無所復還. 乃以付縣曹. 後擧孝廉, 拜上書侍郞, 有同時郞坐事當居刑作, 義黙自表取其罪, 以此論司寇. 同臺郞覺之, 委位自上, 乞贖義罪. 順帝詔皆除刑. 義歸, 擧茂才, 讓於陳重, 刺史不聽, 義遂陽狂被髮走, 不應命. 鄕里爲之語曰:「膠漆自謂堅, 不如雷與陳.」三府同時俱辟二人. 義遂爲守灌謁者. 使持節督郡國行風俗, 太守令長坐者凡七十人. 旋拜侍御史, 除南頓令. 卒官. 子授, 官至蒼梧太守.

053-② 范張鷄黍
닭과 기장밥의 우정을 이룬 범식과 장소

후한後漢의 범식范式은 자가 거경巨卿이며 산양山陽 금향金鄕 사람이다. 젊어서 태학太學에 유학을 갈 때 여남汝南의 장소張劭를 친구로 사귀게 되었다. 장소는 자가 원백元伯이었다. 두 사람은 함께 공부를 마치고 고향으로 돌아가게 되었다. 이에 범식이 원백에게 이렇게 말하였다.

"2년 뒤에 마땅히 돌아오게 될 것이다. 그때 장차 그대 집에 들러 존친에게 인사를 드리고 그대의 작은 아들도 보겠네."

그러고는 함께 그 날짜를 기약하였다. 뒤에 그 날짜가 장차 다가오자 원백은 어머니에게 그 사실을 알려 음식을 준비하여 기다릴 것을 청하였다.

그러자 어머니는 이렇게 말하였다.

"2년 동안 떨어져 있었고 게다가 천리 먼 곳을 두고 약속한 말이었는데 너는 어찌 그것을 깊이 믿는다는 것이냐?"

원백은 이렇게 말하였다.

"범거경은 믿을 만한 선비입니다. 결코 약속을 어그러뜨리거나 위반하지 않을 것입니다."

어머니가 다시 말하였다.

"그렇다면 마땅히 너를 위해 술을 빚어야겠구나."

그 날짜가 되자 범거경이 과연 당도하였다. 그리하여 당에 올라 공경을 술잔을 올리고 즐거움을 실컷 맛보고는 헤어졌다.

구주舊注에는 "닭을 잡고 기장밥을 지었다"는 일이 인용되어 있으나 책에는 실려 있지 않다.

後漢, 范式字巨卿, 山陽金鄕人. 少遊太學, 與汝南張劭爲友. 劭字元伯. 二人竝告歸鄕里.

式謂元伯曰:「後二年當還. 將過拜尊親見孺子焉.」

乃共剋期日. 後期方至.

元伯具以白母, 請設饌以候之. 母曰:「二年之別, 千里結言. 爾何相信之審?」

對曰:「巨卿信士. 必不乖違.」

母曰:「若然當爲爾醞酒.」

至其日, 巨卿果到. 升堂拜飮, 盡歡而別.

舊注引殺雞炊黍事, 無載.

【范式】 자는 巨卿. 후한 때 인물. 《後漢書》에 獨行傳에 그 일화가 전하며, 荊江刺史·廬江太守 등을 지냄.
【張劭】 자는 元伯. 范式과 함께 太學에서 공부했던 인물.
【醞酒】 '醞'은 '釀'과 같음. '술을 빚어 발효 숙성시키다'는 뜻. 술을 담가 빚음.

참고 및 관련 자료

1. 《後漢書》 獨行傳(范式)
范式字巨卿, 山陽金鄉人也. 一名氾. 少遊太學, 爲諸生. 與汝南張劭爲友, 劭字元伯, 二人並告歸鄉里, 式謂元伯曰:「後二年當還, 將過拜尊親, 見孺子焉.」乃共剋期日. 後期方至, 元伯具以白母, 請設饌以候之. 母曰:「二年之別, 千里結言, 爾何相信之審耶?」對曰:「巨卿信士, 必不乖違.」母曰:「若然, 當爲爾醞酒.」至期日, 巨卿果到. 升堂拜飮, 盡歡而別. 式仕爲郡功曹. 後元伯寢疾甚篤, 同郡郅君章·殷子徵晨夜省視之. 元伯臨盡, 歎曰:「恨不見吾死友.」子徵曰:「吾與君章盡心於子, 是非死友, 復欲誰求?」元伯曰:「若二子者, 吾生友耳; 山陽范巨卿, 所謂死友也.」尋而卒. 式忽夢見元伯, 玄冕乘纓, 屣履而呼曰:「巨卿, 吾以某日死, 當以爾時葬, 永歸黃泉. 子未忘我, 豈能相及?」式悵然覺寤, 悲歎泣下, 具告太守, 請往奔喪. 太守雖心不信而重違其情. 許之. 式便服朋友之服, 投其葬日, 馳往赴之. 式未及到, 而喪已發引. 旣至壙, 且窆, 而柩不肯進. 其母撫

之曰:「元伯, 豈有望耶?」遂停柩. 移時, 乃見素車白馬, 號哭而來. 其母望之曰: 「是必范巨卿也.」巨卿既至, 叩喪言曰:「行矣元伯! 死生異路, 永從此辭.」會葬者千人, 咸爲揮涕. 式因執紼而引, 柩於是乃前. 式遂留止冢次, 爲脩墳樹, 然後乃去.

2. 《搜神記》(11)

漢范式, 字巨卿, 山陽金鄉人也. 一名氾. 與汝南張劭爲友, 劭字元伯, 二人並遊太學. 後告歸鄉里, 式謂元伯曰:「後二年當還, 將過拜尊親, 見孺子焉.」乃共剋期日. 後期方至, 元伯具以白母, 請設饌以候之. 母曰:「二年之別, 千里結言, 爾何相信之審耶?」曰:「巨卿信士, 必不乖違.」母曰:「若然, 當爲爾醞酒.」至期果到. 升堂拜飲, 盡歡而別. 後元伯寢疾甚篤, 同郡郅君章・殷子徵晨夜省視之. 元伯臨終, 歎曰:「恨不見我死友.」子徵曰:「吾與君章, 盡心於子, 是非死友, 復欲誰求?」元伯曰:「若二子者, 吾生友耳; 山陽范巨卿, 所謂死友也.」尋而卒. 式忽夢見元伯, 玄冕乘纓, 屣履而呼曰:「巨卿, 吾以某日死, 當以爾時葬, 永歸黃泉. 子未忘我, 豈能相及?」式恍然覺悟, 悲歎泣下, 便服朋友之服, 投其葬日, 馳往赴之. 未及到而喪已發引. 既至壙, 將窆, 而柩不肯進. 其母撫之曰:「元伯, 豈有望耶?」遂停柩. 移時, 乃見素車白馬, 號哭而來. 其母望之曰:「是必范巨卿也.」既至, 叩喪言曰:「行矣元伯, 死生異路, 永從此辭.」會葬者千人, 咸爲揮涕. 式因執紼而引, 柩於是乃前. 式遂留止冢次, 爲修墳樹, 然後乃去.

3. 《藝文類聚》(21)

謝承《後漢書》曰: 張元伯・范巨卿二人友. 元伯卒, 巨卿夢見元伯死, 當葬.曰:「卿, 子未我忘, 當奔葬.」巨卿往赴之.(謝承《後漢書》)

4. 《藝文類聚》(79)

謝承《後漢書》曰: 范式, 字巨卿, 與張元伯爲友. 式仕郡爲功曹, 後夢元伯, 玄冠垂纓屣, 呼曰:「我死. 當以時葬, 永歸黃泉, 子不我忘. 豈能奔喪?」式便馳往赴之.(謝承《後漢書》)

5. 기타 참고자료

《太平御覽》(407).

054. 周侯山嶷, 會稽霞擧

054-① 周侯山嶷
깎아지른 절벽 같은 주후

《세설신어世說新語》에 실려 있다.
세상에서는 주후周侯를 평하여 "우뚝하기가 깎아지른 절벽 같다"라 하였다.
그리고 그 주注의 《진양추晉陽秋》에는 이렇게 말하였다.
"주의周顗는 일의 정황을 바르게 처리함이 우뚝하였다. 비록 같은 시대 그와 동등한 지위의 무리들 누구라도 그와 사사롭게 친하다고 해서 감히 마구 그에게 접근할 수는 없었다."
주후는 이 주의周顗를 말한다.

《世說》曰: 世目周侯:「嶷如斷山.」
注《晉陽秋》曰:「顗正情嶷然, 雖一時儕類, 皆無敢媟近.」
周侯謂周顗也.

【周侯】周顗(269~322). 자는 伯仁. 周浚의 장자. '三日僕射'와 王敦 기병 때 피살될 때 "我雖不殺伯仁, 伯仁由我而死"의 고사를 남김. 《晉書》(69)에 전이 있음.
【晉陽秋】晉나라 孫盛이 지은 책.
【媟近】사사롭게 친히 여겨 쉽게 접근함.

참고 및 관련 자료

1. 《世說新語》賞譽篇
世目周侯:「嶷如斷山.」
2. 《世說新語》注
《晉陽秋》:「顗正情嶷然, 雖一時儕類, 皆無敢媟近.」

054-② 會稽霞擧
　　아침노을 피어오르듯 환한 회계왕

《세설신어世說新語》에 실려 있다.
　해서공海西公 때에 여러 대신들은 매번 조회를 할 때마다 조당朝堂이 너무 어두웠다. 그런데 회계왕會稽王이 오기만 하면 그의 훤칠함으로 인해 마치 아침노을이 피어오를 때처럼 환하게 밝아졌다.
　회계왕은 사마도자司馬道子를 말한다.

《世說》曰: 海西時, 諸公每朝, 朝堂猶暗. 唯會稽王來, 軒軒如朝霞擧.
　會稽王謂道子也.

【海西公】東晉의 7대 임금인 司馬奕은 재위 6년만에 大司馬 桓溫에 海西縣公으로 강등되어 帝號가 없음.
【朝堂】백관이 모여 천자가 정치를 펴는 곳. 廟堂과 같음.
【會稽王】8대 임금 簡文帝 司馬昱의 아들, 司馬道子. 司馬太傅로도 불림. 司馬文孝王(364~402). 晉나라 簡文帝의 아우. 10세 때 琅邪王에 봉해졌으며, 뒤에 會稽王에 다시 봉해짐. 가혹하게 굴어 安帝 때 王恭·桓玄·孫恩의 起兵을 유발함. 뒤에 桓玄에게 죽음.《晉書》(64)에 전이 있음.
【朝霞】아침노을.

참고 및 관련 자료

1.《世說新語》容止篇
海西時, 諸公每朝, 朝堂猶暗; 唯會稽王來, 軒軒如朝霞擧.

055. 季布一諾, 阮瞻三語

055-① 季布一諾
천금같은 계포의 한 마디 허락

　전한前漢의 계포季布는 초楚나라 사람이며, 임협任俠으로 유명하였다. 항적項籍이 그로 하여금 병사를 거느리게 하여 자주 고조高祖 유방을 궁지에 몰아넣었다. 항적이 패망하자 고조는 계포를 잡되 감히 숨겨주는 자가 있으면 그 삼족을 멸하겠노라 천금을 현상금으로 걸었다. 계포는 복양濮陽의 주씨周氏 집에 숨어 있었다. 주씨는 계포의 머리를 빡빡 깎고 죄인처럼 베를 얼굴에 두르고 갈의褐衣를 입힌 채 이를 광류거廣柳車에 숨겨 그의 가동家僮 수십 인과 함께 노魯나라 주가朱家의 집으로 보내어 노예로 팔아버렸다. 주가는 마음속으로 그가 계포임을 알고 있었다. 이에 여음후汝陰侯 등공설滕公說 하후영夏侯嬰을 만나 이렇게 말하였다.
　"계포가 무슨 죄가 있다는 것입니까? 신하라면 각기 그 주인을 위해 직무를 받아 쓰일 뿐입니다. 항씨項氏의 신하였던 사람은 모두 죽어야 하는 것입니까? 지금 황제께서 비로소 천하를 얻고 나서 사사로운 원한 때문에 한 사람을 찾고 있으니 어찌 그토록 편협한 모습을 보이는 것입니까?"
　등공 하후영이 이를 고조에게 알리자 고조는 계포를 사면해 주고 그를 불러 낭중郎中으로 삼았으며 뒤에 그는 하동태수河東太守에 올랐다.
　계포는 처음에 언변이 뛰어난 조구생曹丘生을 좋아하지 않았다. 조구생이 계포를 찾아와 읍을 하며 이렇게 말하는 것이었다.
　"초楚나라 사람 속담에 '황금 백 근이 계포의 한 번 허락만 못하다'라 하더이다. 그대께서 어찌하였기에 초나라 양梁나라에서 이러한 명성을 얻게 되었겠습니까? 저와 그대는 함께 초나라 사람입니다. 저로 하여금 그대의 명성 아래에 노닐게 해 주시면 또한 아름다운 일 아니겠습니까? 어찌 저를 그토록 깊이 거부하시는 것입니까?"

이 말에 계포는 크게 기꺼워하며 그를 맞아들여 상객上客으로 삼았다.

《사기史記》에는 "황금 백 근 얻느니 계포의 허락 한 마디를 얻겠노라"라고 되어 있다.

前漢, 季布楚人. 任俠有名. 項籍使將兵, 數窘高祖. 籍滅, 高祖購求布千金, 敢有舍匿, 罪三族. 布匿濮陽周氏. 周氏迺髡鉗布, 衣褐, 置廣柳車中, 幷與其家僮數十之魯朱家所賣之. 朱家心知其季布也.

乃見汝陰侯滕公說曰:「季布何罪? 臣各爲其主用職耳. 項氏臣可盡誅耶? 今上始得天下, 而以私怨求一人, 何示不廣也?」

滕公言於上. 上乃赦布, 召見拜郞中, 後爲河東守.

布初不說辯士曹丘生.

生至揖布曰:「楚人諺曰:『得黃金百, 不如得季布諾.』足下何以得此聲梁楚之閒哉? 僕與足下俱楚人. 使僕游揚足下名, 顧不美乎? 何距僕深也?」

布大說, 引爲上客.

《史記》:「得黃金百斤, 不如得季布諾.」

【季布】원래 楚나라 游俠으로 처음 項羽를 따라 나섰다가 뒤에 劉邦에게 사면을 받아 郞中이 된 인물. 그는 한 번 약속을 하면 절대로 어기는 법이 없어 당시 "得黃金百斤, 不如得季布一諾"이라 하였음. 《史記》 季布欒布列傳 참조.

【項籍】項羽. 秦末 24세에 봉기하여 천하를 호령한 霸王. 《史記》 項羽本紀에 "項籍者, 下相人也. 字羽. 初起時, 年二十四"라 하였음. 그는 楚 義帝를 假王으로 세워 놓고, 자신이 天下를 휘어잡자 스스로를 西楚霸王이라 하였음. 《史記》 項羽本紀 참조.

【廣柳車】喪輿의 수레.
【朱家】朱急의 집.
【滕公】夏侯嬰(?~B.C.172)을 가리킴. 沛縣사람으로 高祖 劉邦을 따라 起兵하여 太僕에 임명되었고 汝陰侯에 봉해짐. 한때 滕縣令을 지낸 적이 있어 '등공'이라 불림. 《漢書》에 전이 있음.
【曹丘生】季布의 친구로 '季布一諾'[055]의 한 마디로 上客에 오른 인물.

참고 및 관련 자료

1. 《史記》(40) 季布欒布列傳

季布者, 楚人也. 爲氣任俠, 有名於楚. 項籍使將兵, 數窘漢王. 及項羽滅, 高祖購求布千金, 敢有舍匿, 罪及三族. 季布匿濮陽周氏. 周氏曰:「漢購將軍急, 迹且至臣家, 將軍能聽臣, 臣敢獻計; 卽不能, 願先自剄.」 季布許之. 迺髡鉗季布, 衣褐衣, 置廣柳車中, 幷與其家僮數十人, 之魯朱家所賣之. 朱家心知是季布, 迺買而置之田. 誠其子曰:「田事聽此奴, 必與同食.」 朱家迺乘軺車之洛陽, 見汝陰侯滕公. 滕公留朱家飮數日. 因謂滕公曰:「季布何大罪, 而上求之急也?」 滕公曰:「布數爲項羽窘上, 上怨之, 故必欲得之.」 朱家曰:「君視季布何如人也?」 曰:「賢者也.」 朱家曰:「臣各爲其主用, 季布爲項籍用, 職耳. 項氏臣可盡誅邪? 今上始得天下, 獨以己之私怨求一人, 何示天下之不廣也! 且以季布之賢而漢求之急如此, 此不北走胡卽南走越耳. 夫忌壯士以資敵國, 此伍子胥所以鞭荊平王之墓也. 君何不從容爲上言邪?」 汝陰侯滕公心知朱家大俠, 意季布匿其所, 迺許曰:「諾.」 待間, 果言如朱家指. 上迺赦季布. 當是時, 諸公皆多季布能摧剛爲柔, 朱家亦以此名聞當世. 季布召見, 謝, 上拜爲郞中. 孝惠時, 爲中郞將. 單于嘗爲書嫚呂后, 不遜, 呂后大怒, 召諸將議之. 上將軍樊噲曰:「臣願得十萬衆, 橫行匈奴中.」 諸將皆阿呂后意, 曰:「然.」 季布曰:「樊噲可斬也! 夫高帝將兵四十餘萬衆, 困於平城, 今噲柰何以十萬衆橫行匈奴中, 面欺! 且秦以事於胡, 陳勝等起. 于今創痍未瘳, 噲又面諛, 欲搖動天下.」 是時殿上皆恐, 太后罷朝, 遂不復議擊匈奴事. 季布爲河東守, 孝文時, 人有言其賢者, 孝文召, 欲以爲御史大夫. 復有言其勇, 使酒難近. 至, 留邸一月, 見罷. 季布因進曰:「臣無功竊寵, 待罪河東. 陛下無故召臣, 此人必有以臣欺陛下者; 今臣至, 無所受事, 罷去, 此人必有以毁臣者. 夫陛下以一人之譽而召臣, 一人之毁而去臣, 臣恐天下有識聞之

有以闚陛下也.」上黙然慙, 良久曰:「河東吾股肱郡, 故特召君耳.」布辭之官.
楚人曹丘生, 辯士, 數招權顧金錢. 事貴人趙同等, 與竇長君善. 季布聞之, 寄書
諫竇長君曰:「吾聞曹丘生非長者, 勿與通」及曹丘生歸, 欲得書請季布. 竇長
君曰:「季將軍不說足下, 足下無往.」固請書, 遂行. 使人先發書, 季布果大怒,
待曹丘. 曹丘至, 卽揖季布曰:「楚人諺曰『得黃金百(斤), 不如得季布一諾』, 足下
何以得此聲於梁楚間哉? 且僕楚人, 足下亦楚人也. 僕游揚足下之名於天下,
顧不重邪? 何足下距僕之深也!」季布迺大說, 引入, 留數月, 爲上客, 厚送之.
季布名所以益聞者, 曹丘揚之也.

2.《漢書》(7) 季布傳

季布, 楚人也, 爲任俠有名. 項籍使將兵, 數窘漢王. 項籍滅, 高祖購求布千金,
敢有舍匿, 罪三族. 布匿濮陽周氏, 周氏曰:「漢求將軍急, 迹且至臣家, 能聽臣,
臣敢進計; 卽否, 願先自到.」布許之. 乃髡鉗布, 衣褐, 置廣柳車中, 幷與其家
僮數十人, 之魯朱家所賣之. 朱家心知其季布也, 買置田舍. 乃之雒陽見汝陰侯
滕公, 說曰:「季布何罪? 臣各爲其主用, 職耳. 項氏臣豈可盡誅邪? 今上始得
天下, 而以私怨求一人, 何示不廣也! 且以季布之賢, 漢求之急如此, 此不北走胡,
南走越耳. 夫忌壯士以資敵國, 此伍子胥所以鞭荊平之墓也. 君何不從容爲上
言之?」滕公心知朱家大俠, 意布匿其所, 乃許諾. 侍間, 果言如朱家指. 上乃赦布.
當是時, 諸公皆多布能摧剛爲柔, 朱家亦以此名聞當世. 布召見, 謝, 拜郞中.
辯士曹丘生數招權顧金錢, 事貴人趙談等, 與竇長君善. 布聞, 寄書諫長君:
「吾聞曹丘生非長者, 勿與通」及曹丘生歸, 欲得書請布. 竇長君曰:「季將軍不
說足下, 足下無往.」固請書, 遂行. 使人先發書, 布果大怒, 待曹丘. 曹丘至, 則揖
布曰:「楚人諺曰『得黃金百, 不如得季布諾』, 足下何以得此聲梁楚之間哉? 且僕
與足下俱楚人, 使僕游揚足下名於天下, 顧不美乎? 何足下距僕之深也!」布乃
大說. 引入, 留數月, 爲上客, 厚送之. 布名所以益聞者, 曹丘揚之也.

3.《十八史略》(2)

初季布, 爲項羽將, 數窘帝. 羽滅帝購求布, 敢匿者罪三族. 布乃髡鉗爲奴, 自賣
於魯朱家. 朱家心知其布也, 之洛陽見滕公曰:「季布何罪? 臣各爲其主耳, 以布
之賢, 漢求之急, 不北走胡, 南走越耳. 此棄壯士資敵國也.」滕公言於上, 乃赦
布召拜郞中.

055-② 阮瞻三語
세 글자 말로 벼슬을 얻은 완첨

　진晉나라 완첨阮瞻은 자가 천리千里이며 시평태수始平太守 완함阮咸의 아들이다. 성격이 청허淸虛하고 욕심이 적어 자신의 품은 뜻에 만족하였다. 책을 읽어도 깊이 파고들고자 하지 않았으며 묵묵히 그 요체를 알고자 할 뿐이었다. 그러다가 어떤 이론을 만나면 반드시 분석해 내었으며, 그때 풀이하는 말은 부족하였으나 그 요지는 여유가 있었다.
　한 번은 사도司徒 왕융王戎을 만났더니 왕융이 이렇게 묻는 것이었다.
　"공자같은 유가의 성인은 명분과 교화를 중히 여겼고, 노장老莊은 자연에 대하여 분명히 밝혔소. 그러니 그 요지는 같고 다른 점은 무엇이오?"
　그러자 완첨은 이렇게 대답하였다.
　"서로 차이가 없지요."
　왕융은 감탄하며 한참을 있었다. 그리고 즉시 그를 불러 등용하였다. 이에 당시 사람들은 그를 '삼어연三語掾'이라 불렀다.
　영가永嘉 연간에 그는 태자사인太子舍人이 되었다.
　완첨은 평소 〈무귀론無鬼論〉을 고집하여 스스로 "이 이론이면 귀신 세계를 분석할 수 있으리라"라 하였다.
　그런데 갑자기 어떤 객이 이름을 대며 찾아와 완첨을 만나자는 것이었다.
　완첨은 그와 말을 나누게 되었고 화제가 흘러 귀신의 문제에 대하여 토론을 벌였다. 반복된 논리에 심히 고통스러워하더니 드디어 객은 굴복하면서 얼굴 표정을 바꾸어 이렇게 말하는 것이었다.
　"귀신은 고금 성현들이 공통으로 전해온 사실인데 그대는 어찌 홀로 귀신이 없다고 말하오? 내가 바로 귀신이오!"
　이에 이상한 모습으로 변하더니 순식간에 사라져버리는 것이었다. 완첨은 크게 오한을 느꼈고 그로부터 1년 남짓 지나 병으로 세상을 뜨고 말았다.

晉, 阮瞻字千里, 始平太守咸之子. 性淸虛寡欲, 自得於懷. 讀書不甚硏求, 而默識其要. 遇理而辯, 辭不足而旨有餘.

見司徒王戎, 戎問曰:「聖人貴名敎, 老莊明自然, 其旨同異?」

瞻曰:「將無同.」

戎咨嗟良久, 卽命辟之. 時謂之「三語掾」.

永嘉中, 爲太子舍人. 瞻素執〈無鬼論〉, 自謂:「此理可以辯正幽明.」

忽有客通名謁瞻, 瞻與之言, 良久及鬼神之事, 反覆甚苦.

客遂屈, 乃作色曰:「鬼神, 古今聖賢所共傳, 君何得獨言無? 卽僕便是鬼!」

於是變爲異形, 須臾消滅. 瞻大惡, 歲餘病卒.

【阮瞻】字는 千里. 阮咸의 아들. 東海王 司馬越의 記室參軍을 지냈으며, 귀신은 없다는 〈無鬼論〉을 고집하였음. 30세에 죽음.《晉書》(49)에 그 傳이 있으며《世說新語》에 널리 등장함.

【咸之子】阮咸. 자는 仲容(234~304). 阮籍의 從子. 음악에 조예가 깊었으며 비파 연주에 뛰어났다 함. 散騎侍郞, 始平太守 등을 역임함. 술과 청담으로 이름이 났으며 竹林七賢 중의 하나.《晉書》(49)에 전이 있음. '仲容靑雲' [028] 참조.

【王戎】자는 濬沖(234~305). 王安豐으로도 불림. 王綏의 아버지이며 安豐縣侯를 역임함. 성격이 인색하였으며 禮敎에 얽매이지 않았음. 阮籍, 山濤, 向秀, 阮咸, 嵇康, 劉伶과 더불어 '竹林七賢'으로 불림.《晉書》(43)에 전이 있음.

【三語掾】세 글자 말(將無同)로 얻은 벼슬이라는 뜻. 掾은 보좌관, 낮은 직책임.

【永嘉】晉 懷帝(司馬熾) 때의 연호. 307~312년까지 6년간. 劉淵이 稱帝하고 劉曜가 洛陽을 함락, 황제를 포로로 하여 잡아간 永嘉之亂(311)이 일어나 西晉이 기울기 시작하였음.

【無鬼論】당시 불교의 영향과 청담의 성행으로 귀신의 유무에 관한 논쟁이 성행했었음.

> 참고 및 관련 자료

1. 《晉書》(49) 阮瞻傳

瞻字千里, 性淸虛寡欲, 自得於懷. 讀書不甚硏求, 而默識其要, 遇理而辯, 辭不足而旨有餘. 善彈琴, 人聞其能, 多往求聽, 不問貴賤長幼, 皆爲彈之. ……見司徒王戎, 戎問曰:「聖人貴名敎, 老莊明自然, 其旨同異?」瞻曰:「將無同.」戎咨嗟良久, 卽命辟之. 時謂之「三語掾」. ……永嘉中, 爲太子舍人. 瞻素執〈無鬼論〉, 物莫能難, 每自謂:「此理可以辯正幽明.」忽有一客通名詣瞻, 寒溫畢, 聊談名理. 客甚有才辯, 瞻與之言, 良久及鬼神之事, 反覆甚苦. 客遂屈, 乃作色曰:「鬼神, 古今聖賢所共傳, 君何得獨言無? 卽僕便是鬼!」於是變爲異形, 須臾消滅. 瞻默然, 意色大惡, 後歲餘, 病卒於倉垣, 時年三十.

2. 《世說新語》方正篇

阮宣子論鬼神有無者, 或以人死有鬼. 宣子獨以爲無, 曰:「今見鬼者云, 箸生時衣服; 若人死有鬼, 衣服復有鬼邪?」

3. 《世說新語》文學篇

(阮宣子)[阮千里]有令聞, (太尉王夷甫)[司徒王濬沖]見而問曰:「老莊與聖敎同異?」對曰:「將無同?」太尉善其言, 辟之爲掾. 世謂「三語掾」. 衛玠嘲之曰:「一言可辟, 何假於三?」(宣子)[千里]曰:「苟是天下人望, 亦可無言而辟, 復何假一?」遂相與爲友.

4. 《搜神記》(16) 阮瞻

阮瞻字千里, 素執無鬼論, 物莫能難. 每自謂此理足以辨正幽明. 忽有客通名詣瞻, 寒溫畢, 聊談名理. 客甚有才辨. 瞻與之言良久, 及鬼神之事, 反復甚苦. 客遂屈. 乃作色曰:「鬼神古今聖賢所共傳, 君何得獨言無? 卽僕便是鬼」於是變爲異形, 須臾消滅. 瞻默然, 意色太惡. 歲餘, 病卒.

5. 《十八史略》(3)

阮咸之子瞻見戎, 戎問曰:「聖人貴名敎, 老莊明自然, 其旨異同?」瞻曰:「將無同.」戎咨嗟良久, 遂辟之. 時號三語掾.

056. 郭文遊山, 袁宏泊渚

056-① 郭文遊山
곽문의 산수 유람

《진서晉書》에 실려 있다.
곽문郭文은 자가 문거文擧이며 하내河內 지현軹縣 사람이다. 젊어서 산수 자연을 좋아하여 은둔해 살기를 원하였다. 매번 산림을 유람할 때면 열흘이 넘도록 돌아오기를 잊을 정도였다. 부모가 돌아가시도록 아내를 맞지 아니하고 집을 버리고 명산을 유람하고 다녔다. 낙양洛陽이 적군에게 함락되자 그는 봇짐 하나 짊어지고 걸어서 오흥吳興 여항餘杭의 대벽산大辟山으로 들어가 골짜기가 다하여 사람 인적도 없는 곳에 나무 곁에 목재를 의지하여 띠풀로 이엉을 얹어 움막을 짓고 살았다. 그 집은 벽도 담장도 없어 때때로 맹수가 포악한 짓을 하였지만 곽문은 홀로 10여 년을 살도록 끝내 한 번도 근심해 본 적이 없었다. 항상 사슴가죽 외투에 칡 두건을 쓰고 술이나 고기는 입에 대지도 않았다. 왕도王導가 그를 불러 자신의 정원에 살도록 집을 마련해 주었지만 7년이 되도록 그 집에 출입한 적이 없었다. 뒤에 임안臨安으로 도망치다시피 되돌아와서 산 속에 움막을 짓고 살았다.

《晉書》: 郭文字文擧, 河內軹人. 少愛山水, 尙嘉遯. 每遊山林, 彌旬忘反. 父母終不娶, 辭家遊名山. 洛陽陷, 乃步擔入吳興餘杭大辟山中, 窮谷無人之地, 倚木於樹, 苫覆其上而居焉. 亦無壁障, 時猛獸爲暴, 而文獨宿十餘年, 卒無患.

常著鹿裘葛巾, 不飮酒食肉. 王導召置園中, 七年未嘗出入. 後逃
歸臨安, 結廬山中.

【郭文】晉나라 때 河內 사람으로 자는 文擧. 《晉書》 隱逸傳 참조.
【嘉遯】隱遁. 《周易》 遯卦에 "九五, 嘉遯, 貞吉"라 함.
【彌旬】'彌'는 '경과하다'의 뜻.
【苫】왕골이나 갈대로 엮은 것. 이엉.
【鹿裘】사슴 가죽으로 만든 외투.
【王導】자는 茂弘(276~339). 어릴 때의 자는 阿龍. 王敦의 從弟. 서진이 망하자 王敦과 함께 司馬睿를 황제로 추대하여 東晉을 세움. 그 공으로 丞相이 되었으며 號를 '仲父'라 하였음. 천하의 권세를 잡아 당시 "王與馬, 共天下"라 하였음. 元帝와 明帝, 成帝를 차례로 즉위시켰음. 아울러 남방 세족의 도움으로 강남에서의 동진 정권을 안정시킴. 《晉書》(65)에 전이 있음.
【臨安】지금의 杭州 관내. 동진의 도읍지.

참고 및 관련 자료

1. 《晉書》(94) 隱逸傳(郭文)
郭文字文擧, 河內軹人也. 少愛山水, 尙嘉遯. 年十三, 每遊山林, 彌旬忘反. 父母終, 服畢, 不娶, 辭家遊名山, 歷華陰之崖, 以觀石室之石函. 洛陽陷, 乃步擔入吳興餘杭大辟山中, 窮谷無人之地, 倚木於樹, 苫覆其上而居焉, 亦無壁障. 時猛獸爲暴, 入屋害人, 而文獨宿十餘年, 卒無患害. 恒著鹿裘葛巾, 不飮酒食肉, 區種菽麥, 採竹葉木實, 留鹽以自供. ……王導聞其名, 遣人迎之, 文不肯就船車, 荷擔徒行. 旣至, 導置之西園, 園中果木成林, 又有鳥獸麋鹿, 因以居文焉. ……居導園七年, 未嘗出入. 一旦忽求還山, 導不聽. 後逃歸臨安, 結廬舍於山中. 臨安令萬寵迎置縣中. 及蘇峻反, 破餘杭, 而臨安獨全, 人皆異之, 以爲知機. 自後不復語, 但擧手指麾, 以宣其意. 病甚. 求還山, 欲枕石安尸, 不令人殯葬, 寵不聽. 不食二十餘日, 亦不瘦. 寵問曰:「先生復可得幾日?」文三擧手, 果以十五日終. 寵葬之於所居之處而祭哭之, 葛洪·庾闡並爲作傳, 贊頌其美云.

056-② 袁宏泊渚
우저에 정박한 원굉

진晉나라 원굉袁宏은 자가 언백彦伯이며 진군陳郡 양하陽夏 사람이다. 빼어난 재주가 있었고 문장은 아주 아름다웠다. 사상謝尚이 우저牛渚를 진수할 때 가을 밤 달을 즐기러 좌우와 함께 미복微服을 입고 강에 배를 띄웠다. 마침 원굉이 배 안에서 시를 읊조리고 있었는데 그 소리가 청아하고 문장이 빼어났다. 사상은 사람을 보내어 그가 누군지 알아본 다음 그를 맞아 배에 함께 타고 담론을 벌였는데 아침이 되도록 잠자리에 들지 못할 정도였다. 이로써 그의 명성이 날로 드러나게 된 것이다. 사안謝安은 항상 그의 기민하고 빠른 말솜씨를 칭찬하였다. 뒤에 사안이 양주자사揚州刺史가 되자 원굉은 동양군東陽郡 태수로 나가게 되어 이에 야정冶亭에서 송별연을 갖게 되었을 때 당시 이름난 사람들이 모두 모였을 정도였다. 사안은 그의 그에게 갑작스러운 질문을 하여 시험해 보고자 떠날 때 즈음하여 그의 손을 잡고는 좌우를 돌아보면서 부채 하나를 건네며 이렇게 말하였다.

"오직 이것으로써 송별의 선물로 드립니다."

그러자 원굉은 이렇게 말하였다.

"곧바로 의당 이를 받아 인풍仁風을 일으켜 저 많은 백성들을 안위하겠습니다!"

당시 사람들은 그의 솔직하면서도 요체를 찌른 대답에 탄복하였다.

晉, 袁宏字彦伯, 陳郡陽夏人. 有逸才, 文章絶美. 謝尚時鎭牛渚, 秋夜乘月, 與左右微服泛江. 會宏在舫中諷詠, 聲清辭文藻拔. 遣問焉, 卽迎升舟, 與譚論, 申旦不寐, 自此名譽日茂. 謝安常賞其機對辯速.

後安爲揚州刺史, 宏出爲東陽郡, 乃祖道於冶亭, 時賢皆集.
安欲以卒迫試之, 臨別執其手, 顧左右取一扇授之曰:「聊以贈行.」
宏曰:「輒當奉揚仁風, 慰彼黎庶!」
時人歎其率而要焉.

【袁宏】자는 彦伯(328~376). 어릴 때는 虎라 불렸으며 고아로 자람. 문장이 뛰어나 謝尙의 발탁으로 大司馬 桓溫의 記室이 됨. 著述에 힘써 《後漢記》·《竹林名士傳》·《北征賦》·《三國名臣頌》을 지었으며 《三國名臣頌》은 《晉書》에 수록되어 있음. 《晉書》(92)에 전이 있음.
【謝尙】자는 仁祖(308~357). 謝鯤의 아들이며 王導가 '小安豐'이라 불렀음. 給事黃門侍郞을 거쳐 建武將軍, 歷陽太守, 江夏, 義陽 등 都督을 지냄. 穆帝 때 尙書僕射를 지냄. 음악과 기예에 밝았으며 太樂을 처음으로 정리하였던 인물. 《晉書》(79)에 전이 있음. '謝尙鴝鵒'[048] 참조.
【微服】자신의 신분을 알아보지 못하도록 옷을 바꾸어 입고 외출함을 말함.
【舫】배 두 척을 나란히 한 것. 쌍배.
【申旦】'申'은 '도달하다'의 뜻. 아침이 도달함.
【謝安】字는 安石(320~385). 謝裒의 아들이며 謝琰(望蔡)의 아버지. 謝奕의 동생. 덕망이 있고 기개가 높아 桓彝, 王濛의 사랑을 받음. 처음에는 벼슬에 뜻을 버리고 王羲之, 支遁 등과 산수를 즐기며 조정의 부름에 응하지 않았으나 40이 넘어 桓溫의 司馬를 거쳐 吳興太守, 侍中, 吏部尙書, 太保錄尙書事 등의 관직을 지냄. 뒤에 다시 太傅에 추증되었으며 시호는 文靖. 《晉書》(79)에 전이 있음. '謝安高潔'[004] 참조.
【揚州】다른 판본에는 '陽州'로 되어 있음.
【祖道】餞別(술과 음식을 대접하여 가는 사람을 전송하는 일). 여행의 신에게 제사를 지내 여행자를 보내고, 헤어지는 술을 마시는 것을 말함. 고대 黃帝의 아들 유조(纍祖)가 먼 길을 떠나 도중에 죽자 사람들이 그를 '路神'으로 여겨 길 떠나는 자를 보호해 달라는 뜻으로 제를 올리기 시작한 것에서 유래되었다 함. 《四民月令》)

참고 및 관련 자료

1. 《晉書》(92) 文苑傳(袁宏)

袁宏字彦伯, 侍中猷之孫也. 父勖, 臨汝令. 宏有逸才, 文章絶美, 曾爲〈詠史詩〉. 是其風情所寄. 少孤貧, 以運租自業. 謝尙時鎭牛渚, 秋夜乘月, 率爾與左右微服泛江. 會宏在舫中諷詠, 聲旣淸會, 辭又藻拔, 遂駐聽久之, 遣問焉. 答云: 「是袁臨汝郎誦詩.」 卽其詠史之作也. 尙傾率有勝致, 卽迎升舟, 與之譚論, 申旦不寐, 自此名譽日茂. ……謝安常賞其機對辯速. 後安爲揚州刺史, 宏自吏部郎出爲東陽郡, 乃祖道於冶亭, 時賢皆集, 安欲以卒迫試之, 臨別執其手, 顧左右取一扇授之曰:「聊以贈行.」 宏應聲答曰:「輒當奉揚仁風, 慰彼黎庶!」 時人歎其率而要焉. ……太元初, 卒於東陽, 時年四十九. 撰《後漢記》三十卷及《竹林名士傳》三卷, 詩賦誄表等雜文凡三百首, 傳於世.

2. 《世說新語》文學篇

袁虎少貧, 嘗爲人傭, 載運租. 謝鎭西經船行, 其夜淸風朗月, 聞江渚間估客船上, 有詠詩聲, 甚有情致; 所誦五言, 又其所未嘗聞, 歎美不能已. 卽遣委曲訊問, 乃是袁自詠其所作詠史詩. 因此相要, 大相賞得.

3. 《續晉陽秋》

袁宏字彦伯, 陳郡人, 魏郞中令渙六世孫也. 祖猷, 侍中. 父勖, 臨汝令. 宏起家建威參軍, 安南司馬記室. 太傅謝安賞宏機捷辯速, 自吏部郎出爲東陽郡, 乃祖之於冶亭. 時賢皆集, 安欲卒迫試之, 執手將別, 顧左右取一扇而贈之. 宏應聲答曰;「輒當奉揚仁風, 慰彼黎庶.」 合坐歎其要捷. 性亮直, 故位不顯也. 在郡卒.

057. 黃琬對日, 秦宓論天

057-① 黃琬對日
일식에 대한 황완의 대답

    후한後漢의 황완黃琬은 자가 자염子琰이며 강하江夏 안륙安陸 사람이다. 어려서 변론에 뛰어나고 지혜로웠다. 조부 황경黃瓊이 처음 위군태수魏郡太守가 되어 건화建和 원년 정월에 일식이 일어났는데 경사京師에서는 그것이 보이지 않았다. 황경이 장계를 올려 이를 조정에 알리자 태후太后가 조서를 내려 일식의 크기가 어느 정도인지를 물었다. 황경이 미처 그 상황을 어떻게 대답해야 할지 알지 못하고 있을 때 겨우 일곱 살의 황완이 곁에 있다가 이렇게 말하였다.
  "어찌 일식에서 남은 부분이 마치 초승달과 같다고 말하지 않습니까?"
  황경은 크게 놀라 그의 말대로 조서에 응답을 보내면서 매우 기이하게 여겨 사랑하였다.
  뒤에 황경은 사도가 되었고 황완은 삼공의 손자라는 이유로 동자랑童子郞에 임명되었으나 나가지 않았다. 그리하여 그 이름이 경사京師에 알려지게 되었다.
  헌제獻帝 초에 태위太尉에 올랐다가 죄에 연루되어 면직당하였다. 그는 서도西都로 옮겨 서예교위司隸校尉로 기용되어 사도司徒 왕윤王允과 함께 동탁董卓을 죽이고자 모의를 하다가 동탁의 장수 이각李催에게 피살되고 말았다.

    後漢, 黃琬字子琰, 江夏安陸人. 少辯慧. 祖父瓊初爲魏郡太守, 建和元年正月日食, 京師不見. 瓊以狀聞. 太后詔問所食多少. 瓊對未知所況.

琬年七歲, 在旁, 曰:「何不言日食之餘如月之初?」

瓊大驚, 以其言應詔, 深奇愛之. 後瓊爲司徒, 琬以公孫拜童子郎, 不就. 知名京師. 獻帝初遷太尉坐免.

及徙西都, 起爲司隷校尉. 與司徒王允同謀誅董卓, 爲卓將李傕所害.

【黃琬】동한 말 인물. 자는 子琰. 黃瓊의 아들. 동탁을 죽이려다 실패하여 이각에게 죽음을 당함.《後漢書》에 전이 있음.

【建和】東漢 桓帝(劉志) 때의 연호. 147~149년까지 3년간.

【西都】長安을 가리킴. 東都는 洛陽. 당시 동탁이 정권을 쥐고 中平 6년 靈帝를 폐위시키고 獻帝를 옹립한 뒤 수도를 장안으로 옮기고 낙양의 궁전은 불태워버렸음.

【獻帝】동한 마지막 황제 劉協. 189~220년 재위함. 曹氏 부자에게 휘둘려 제대로 皇權을 행사하지 못하였으며 결국 220년 曹丕(魏 文帝)에게 제위를 선양하여 漢나라가 종말을 고함.

【謀誅董卓】王允, 黃琬 등은 동탁을 죽일 것을 모의하였지만 동탁과 여포는 부자의 義理를 맺고 있었음. 그러다가 두 사람 사이에 틈이 벌어지자 왕윤이 동탁을 배반하고 복병을 시켜 동탁을 죽이도록 하였음. 동탁이 여포를 불렀지만 여포는 동탁을 찔러 죽이고 말았음.

【董卓】東漢 말 隴西 臨洮 출신으로 자는 仲穎. 어릴 때 羌族과 어울려 涼州의 실력자가 되었으며 靈帝 때 東中郞將이 되어 盧植을 대신하여 黃巾賊을 물리치기도 함. 少帝 때 군사를 이끌고 洛陽에 입성, 소제를 폐하고 獻帝를 옹립한 다음 정권을 농단함. 이에 袁紹 등이 동탁을 성토하여 군사를 일으키자 낙양 궁궐을 불태우고 헌제를 협박, 長安으로 수도를 옮겼으나 王允의 모략에 빠져 자신의 부장 呂布에게 살해되었음.

【李傕】동탁의 부하 장수. 판본마다 '李催', 혹은 '李霍'으로 글자가 다름.

참고 및 관련 자료

1.《後漢書》(61) 黃琬傳

琬字子琰. 少失父. 早而辯慧. 祖父瓊, 初爲魏郡太守, 建和元年正月日食, 京師

不見而瓊以狀聞. 太后詔問所食多少, 瓊思其對而未知所況. 琬年七歲, 在傍, 曰:「何不言日食之餘, 如月之初?」瓊大驚, 卽以其言應詔, 而深奇愛之. 後瓊爲司徒, 琬以公孫拜童子郎, 辭病不就, 知名京師. 時司空盛允有疾, 瓊遣琬候問, 會江夏上蠻賊事副府, 允發書視畢, 微戲琬曰:「江夏大邦, 而蠻多士少.」琬奉手對曰:「蠻夷猾夏, 責在司空.」因拂衣辭去. 允甚奇之. 稍遷五官中郎將. 時陳蕃爲光祿勳, 深相敬待, 數與議事. 舊制, 光祿擧三署郎, 以高功久次才德尤異者爲茂才四行. 時權富子弟多以人事得擧, 而貧約守志者以窮退見遺, 京師爲之謠曰:「欲得不能, 光祿茂才」於是琬·蕃同心, 顯用志士, 平原劉醇·河東朱山·蜀郡殷參等並以才行蒙擧. 蕃·琬遂爲權富郎所見中傷, 事下御史[中]丞王暢·侍御史刁韙. 韙·暢素重蕃·琬, 不擧其事, 而左右復陷以朋黨. 暢坐左轉議郎而免蕃官, 琬·韙俱禁錮.

2.《十八史略》(3)

司徒王允等, 密謀誅卓. 中郎將呂布, 膂力過人, 卓信愛之, 嘗小失卓意. 卓手戟擲布, 布避得免. 允結布爲內應. 卓入朝, 伏勇士於北掖門刺之. 卓墮車大呼呂布, 布曰:「有詔討賊臣.」應聲持矛刺卓, 趣斬之.

057-② 秦宓論天
천리를 논한 진복

《촉지蜀志》에 실려 있다.

진복秦宓은 자가 자래子勑이며 광한廣漢 면죽綿竹 사람이다. 젊어서 재주와 학문이 있어 장수교위長水校尉에 올랐다. 오吳나라에서 장온張溫을 사신으로 보내어 초빙되어 왔다. 그가 떠날 때 백관들이 전별餞別의 잔치를 베풀었는데 그때 많은 사람들이 운집하였지만 진복만은 나타나지 않았다.

승상 제갈량諸葛亮이 사람을 보내어 진복을 급히 오도록 재촉하자 장온이 물었다.

"어떤 사람이기에 그렇게 부르시는 것입니까?"

제갈량이 말하였다.

"익주益州의 학사學士입니다."

진복이 오자 장온이 물었다.

"그대는 배운 것이 있소?"

진복이 말하였다.

"오척동자도 모두 배우지요. 하필 저만 배웠겠습니까?"

장온이 다시 물었다.

"하늘은 머리가 있습니까?"

진복이 말하였다.

"있지요. 서쪽이 머리입니다. 《시詩》에 '이에 서쪽으로 돌아보도다'라 하였으니 이로써 추측할 수 있습니다."

장온이 또 물었다.

"하늘은 귀가 있습니까?"

진복이 대답하였다.

"하늘은 높은 곳에 처하지만 낮은 곳도 듣습니다. 《시》에 '학이 구고九皐에서 울어 그 소리 하늘까지 듣는다'라 하였으니 하늘이 귀가 없다면 어찌 들을 수 있겠습니까?"

장온이 물었다.

"하늘은 발이 있습니까?"

진복이 말하였다.

"《시》에 '하늘의 걸음이 지극히 힘들도다'라 하였으니 발이 없다면 어찌 걸을 수 있겠습니까?"

장온이 물었다.

"하늘은 성姓이 있습니까?"

진복이 대답하였다.

"성이 유씨劉氏지요. 우리 천자께서 유비劉備이시니 성이 유씨입니다.

이로써 하늘의 성을 알 수 있습니다."

장온이 물었다.

"해는 우리 오나라가 있는 동쪽에서 뜨겠지요?"

진복이 말하였다.

"비록 동쪽에서 뜨지만 우리 촉나라가 있는 서쪽에서 질 것입니다."

문답은 말소리에 메아리가 응하듯 하였다.

장온은 크게 공경하며 감복하였다. 진복의 문장과 변론은 모두가 이와 같았던 것이다.

구본舊本에는 복宓자를 밀密자로 잘못 표기하였다.

《蜀志》: 秦宓字子勑, 廣漢綿竹人. 少有才學, 拜長水校尉. 吳遣使張溫來聘, 百官往餞. 衆集而宓未往.

丞相亮遣使促之, 溫曰:「彼何人也?」

亮曰:「益州學士也.」

及至, 溫問曰:「君學乎?」

宓曰:「五尺童子皆學, 何必小人?」

溫復問曰:「天有頭乎?」

宓曰:「有, 在西方.《詩》曰:『乃眷西顧.』以此推之.」

溫曰:「天有耳乎?」

宓曰:「天處高而聽卑.《詩》云:『鶴鳴九皐, 聲聞于天.』無耳何以聽之?」

溫曰:「天有足乎?」

宓曰:「《詩》云:『天步艱難.』無足何以步之?」

溫曰:「天有姓乎?」

宓曰:「姓劉. 天子姓劉, 以此知之.」

溫曰:「日生於東乎?」

宓曰:「雖生於東, 而沒於西.」
答問如響應聲. 溫大敬服. 宓之文辨皆此類.
舊本: 宓誤作密.

【秦宓】 삼국시대 蜀의 행정가. 자는 子勅.《三國志》蜀志에 전이 있음.
【長水校尉】 '장수'는 강 이름, 지명. 그곳 진영에 주둔하는 군사를 담당하는 대장.
【張溫】 삼국시대 吳나라 孫權의 신하.
【餞】 餞別式. 고대 黃帝의 아들 유조(纍祖)가 먼 길을 떠나 도중에 죽자 사람들이 그를 '路神'으로 여겨 길 떠나는 자를 보호해 달라는 뜻으로 제를 올리기 시작한 것에서 유래되었다 함.(《四民月令》)
【丞相亮】 諸葛亮. 자는 孔明(191~234). 한말 陽都人. 은거하여 스스로 밭을 갈며 자신을 管仲과 樂毅에 비교하여 사람들이 그를 臥龍先生이라 불렀음. 뒤에 蜀漢 劉備의 三顧草廬로 불려가 天下三分之策을 정하고 유비를 도와 荊州와 益州를 차지하여 吳, 蜀, 魏 삼국정립을 이루었음. 유비의 유촉에 의해 그 아들 劉禪을 도와 〈出師表〉를 쓰고 북벌을 시도했으나 五丈原에서 생을 마침. 죽은 뒤 武鄕侯에 봉해졌으며 시호는 忠武.《三國志》(35)에 전이 있음. '諸葛顧廬'[147] 및 '亮遺巾幗'[243], '孔明臥龍'[002] 등 참조.
【益州學士】 진복의 출신지인 廣漢은 益州에 속했었음.
【乃眷西顧】《詩經》大雅 皇矣篇의 구절. 上帝가 殷의 淫虐함을 미워하여 은의 수도에서 서쪽 文王이 있는 岐周를 돌아보며 문왕으로 하여금 천하의 주인이 되도록 하였다는 내용임.
【天處高而聽卑】 고대의 속담.《列女傳》(3)에 孫叔敖의 말로 인용되었으며 《史記》의 宋世家에도 실려 있음.
【鶴鳴九皐】《詩經》小雅 鶴鳴篇에 실려 있음.
【天步艱難】《詩經》小雅 白華篇의 구절.
【天子姓劉】 蜀의 劉備는 漢나라의 정통을 이어받은 劉氏임을 말하여 魏나라와 吳나라는 그의 신하임을 비꼰 것.

> 참고 및 관련 자료

1. 《三國志》(38) 蜀志 秦宓傳

秦宓字子勑, 廣漢緜竹人也. 少有才學, 州郡辟命, 輒稱疾不往. ……建興二年, 丞相亮領益州牧, 選宓迎爲別駕, 尋拜左中郞將·長水校尉. 吳遣使張溫來聘, 百官皆往餞焉. 衆人皆集而宓未往. 亮遣使促之, 溫曰:「彼何人也?」亮曰:「益州學士也」及至, 溫問曰:「君學乎?」宓曰:「五尺童子皆學, 何必小人?」溫復問曰:「天有頭乎?」宓曰:「有之.」溫曰:「在何方也?」宓曰:「在西方.《詩》曰:『乃眷西顧.』以此推之, 頭在西方.」溫曰:「天有耳乎?」宓曰:「天處高而聽卑.《詩》云:『鶴鳴九皐, 聲聞于天.』若其無耳, 何以聽之?」溫曰:「天有足乎?」宓曰:「有.《詩》云:『天步艱難, 之子不猶.』若其無足, 何以步之?」溫曰:「天有姓乎?」宓曰:「有.」溫曰:「何姓?」宓曰:「姓劉.」溫曰:「何以知之?」答曰:「天子姓劉, 故以此知之.」溫曰:「日生於東乎?」宓曰:「雖生於東, 而沒於西.」答問如響, 應聲而出. 於是溫大敬服. 宓之文辨皆此類也.

2. 《詩經》大雅 皇矣

皇矣上帝, 臨下有赫. 監觀四方, 求民之莫. 維此二國, 其政不獲. 維彼四國, 爰究爰度. 上帝耆之, 憎其式廓. 乃眷西顧, 此維與宅.

3. 《詩經》小雅 鶴鳴

鶴鳴于九皐, 聲聞于野. 魚潛在淵, 或在于渚. 樂彼之園, 爰有樹檀, 其下維蘀. 它山之石, 可以爲錯. 鶴鳴于九皐, 聲聞于天. 魚在于渚, 或潛在淵. 樂彼之園, 爰有樹檀, 其下維穀. 它山之石, 可以攻玉.

4. 《詩經》小雅 白華

白華菅兮, 白茅束兮. 之子之遠, 俾我獨兮. 英英白雲, 露比菅茅. 天步艱難, 之子不猶. 滮池北流, 浸彼稻田. 嘯歌傷懷, 練彼碩人. 樵彼桑薪, 卬烘于煁. 維彼碩人, 實勞我心. 鼓鍾于宮, 聲聞于外. 念子懆懆, 視我邁邁. 有鶖在梁, 有鶴在林. 維彼碩人, 實勞我心. 鴛鴦在梁, 戢其左翼. 之子無良, 二三其德. 有扁斯石, 履之卑兮. 之子之遠, 俾我疧兮.

058. 孟軻養素, 揚雄草玄

058-① 孟軻養素
본바탕을 수양한 맹자

《사기史記》에 실려 있다.
　맹가孟軻는 추읍鄒邑 사람으로 자사子思의 문인에게 학업을 전수받았다. 도를 익으고 깨치자 제齊 선왕宣王과 양梁 혜왕惠王을 섬기며 유세하였지만 그의 의견이 너무 우활하고 멀며 게다가 실제 상황에 맞지 않는다는 이유로 제대로 채납되지 못하였다. 이때 천하는 바야흐로 합종연형合從連衡에 힘을 쏟을 때였으며, 서로 공격하고 침벌하는 것이 곧 상책이라 여기던 시기였다. 그런데도 맹가는 당우唐虞 삼대三代의 덕을 찬술하였던 것이다. 이 까닭으로 그가 가는 곳마다 그의 의견에 동의해 주는 자가 없었던 것이다. 그는 물러나 만장萬章의 무리들과 《시서詩書》를 정리하고 중니仲尼의 뜻을 서술하여 《맹자》7편을 지었다. 일찍이 그는 이렇게 말하였다.
　"나는 나의 호연지기浩然之氣를 잘 수양하련다."

《史記》: 孟軻鄒人. 受業子思之門人. 道旣通, 游事齊宣王. 梁惠王, 皆不能用. 以爲迂遠而闊於事情. 是時天下方務合從連衡, 以攻伐爲賢. 而孟軻乃述唐虞三代之德. 是以所如者不合. 退而與萬章之徒序《詩書》, 述仲尼之意, 作書七篇.
　嘗曰:「我善養吾浩然之氣.」

【孟軻】孟子. 전국시대 齊나라 鄒邑 출신으로 儒家의 亞聖. 字는 子輿. 王道와 仁義를 제창하였으며 性善說을 주장함. '軻親斷機'[067] 참조.
【子思】공자의 손자 孔伋의 字.《中庸》을 지었다고 알려짐.
【齊宣王】전국시대 齊나라 군주. B.C.319~B.C.301년까지 19년간 재위함.
【梁惠王】전국시대 魏(梁)나라 군주. B.C.369~B.C.335년까지 35년간 재위함.
【合從連衡】'合從' 楚, 燕, 齊, 韓, 趙, 魏 등 여섯 나라가 從(남북)으로 동맹하여 秦에 맞서야 한다는 蘇秦의 策略. '連橫'은 여섯 나라가 각기 개별적으로 橫(東西)으로 秦나라와 연계를 맺어 안전을 도모해야 한다는 張儀의 책략.《史記》및《戰國策》참조.
【唐虞】唐堯와 虞舜. 요임금과 순임금 시대.
【三代】夏, 殷, 周. 고대 夏禹, 商湯. 周文武의 개국시대를 말하며 왕도정치가 실행되던 시대로 여겼음.
【萬章】맹자의 제자.《孟子》萬章篇이 있음.

참고 및 관련 자료

1.《史記》孟荀列傳

孟軻, 騶人也. 受業子思之門人. 道旣通, 游事齊宣王, 宣王不能用. 適梁, 梁惠王不果所言, 則見以爲迂遠而闊於事情. 當是之時, 秦用商君, 富國彊兵; 楚・魏用吳起, 戰勝弱敵; 齊威王・宣王用孫子・田忌之徒, 而諸侯東面朝齊. 天下方務於合從連衡, 以攻伐爲賢, 而孟軻乃述唐・虞・三代之德, 是以所如者不合. 退而與萬章之徒序《詩》《書》, 述仲尼之意, 作《孟子》七篇. 其後有騶子之屬.

2.《孟子》公孫丑(上)

曰:「我知言, 我善養吾浩然之氣.」「敢問何謂浩然之氣?」曰:「難言也. 其爲氣也, 至大至剛; 以直養而無害, 則塞于天地之閒. 其爲氣也, 配義與道; 無是, 餒也. 是集義所生者, 非義襲而取之也. 行有不慊於心, 則餒矣. 我故曰:『告子未嘗知義.』以其外之也. 必有事焉而勿正, 心勿忘, 勿助長也. 無若宋人然: 宋人有閔其苗之不長而揠之者, 芒芒然歸. 謂其人曰:『今日病矣, 予助苗長矣.』其子趨而往視之, 苗則槁矣. 天下之不助苗長者寡矣. 以爲無益而舍之者, 不耘苗者也; 助之長者, 揠苗者也. 非徒無益, 而又害之.」「何謂知言?」曰:「詖辭知其所蔽, 淫辭知其所陷, 邪辭知其所離, 遁辭知其所窮. 生於其心, 害於其政; 發於其政, 害於其事. 聖人復起, 必從吾言矣.」

058-② 揚雄草玄
《태현경》의 초안을 쓴 양웅

전한前漢의 양웅揚雄은 자가 자운子雲이며 촉군蜀郡 성도成都 사람이다. 농토 일 전壥과 집 터 한 구역으로 가난하면서 대대로 농사와 누에치기로 생업을 삼고 있었다. 양웅은 어릴 때부터 학문을 좋아하였으며 장구章句나 훈고訓詁는 중시하지 않고 뜻을 통하면 된다고 여겨 널리 읽어, 보지 않은 책이 없을 정도였다. 그의 사람됨은 간이簡易하고 일탕佚蕩하였으며 말을 더듬어 빨리 표현하지 못하였다. 묵묵히 깊이 잠겨 생각하기를 좋아하였으며 청정무위淸靜無爲하여 기호나 욕심이 적었다. 그리하여 부귀에 급급하지도 않았고 빈천에 슬퍼하지도 않았다. 당세에 이름을 얻겠다고 청렴하거나 구석의 모난 행동을 닦는 일도 없었다. 집의 재산이라고 해야 10금을 넘지도 못하였으며 궁핍하기는 곡식 한 담儋 한 섬石의 쌓아놓은 것도 없었지만 편안한 마음으로 살았다. 스스로 큰 도량을 가지고 있어 성철聖哲의 글이 아니면 좋아하지 않았고, 자신의 뜻에 맞지 않으면 비록 아무리 부귀한 벼슬일지라도 하지 않았다.

애제哀帝 때에 정명丁明과 부안傅晏, 그리고 동현董賢이 정권을 휘두르고 있었으며 많은 사람들이 그들에게 빌붙어 혹 집안에 있다가 2천 석의 관직에 오르는 자도 있었다. 당시 양웅은 바야흐로 《태현경太玄經》의 초안을 쓰면서 스스로 담박함을 지키고 있었다. 어떤 이가 양웅의 저술을 두고 '현玄'은 아직 '백白'인 상태로 그대로 있다고 조롱하였다. 그러자 그는 이를 해명하여 〈해조解嘲〉라는 글을 지었다. 그리고 어떤 빈객이 '현'이라는 것이 너무 깊어 보통 사람들이 좋아할 수 없다고 힐난하자 양웅은 이를 해명하여 〈해난解難〉이라는 글을 지었다.

前漢, 揚雄字子雲, 蜀郡成都人. 有田一廛, 有宅一區, 世世以農桑爲業. 雄少而好學, 不爲章句訓詁, 通而已. 博覽無所不見. 爲人簡易佚蕩, 口吃不能劇談. 黙而好深湛之思, 淸靜亡爲, 少耆欲, 不汲汲於富貴, 不戚戚於貧賤. 不修廉隅, 以徼名當世. 家産不過十金, 乏無儋石之儲, 晏如也.

自有大度, 非聖哲之書不好. 非其意, 雖富貴不事.

哀帝時丁·傅·董賢用事, 諸附離之者, 或起家至二千石. 時雄方草《太玄》, 有以自守泊如. 或嘲雄以玄尙白. 雄解之, 號曰〈解嘲〉. 客有難玄太深 衆人之不好. 雄解之, 號曰〈解難〉.

【揚雄】자는 子雲(B.C.53~A.D.18). '楊雄'으로도 쓰며 蜀郡 成都 사람. 西漢때 賦家, 哲學家.〈甘泉賦〉,〈羽獵賦〉등과《太玄經》,《方言》등의 저술이 있음.《漢書》揚雄傳 참조.
【耆欲】嗜慾, 嗜欲과 같음.
【儋石】'담'은 곡식을 셈하는 단위. '擔'과 같음. 石은 '섬.'
【解難】《文選》(45).〈揚子雲解嘲序〉에 실려 있음.
【哀帝】西漢 제10대 황제. 이름은 劉欣. 元帝(劉奭)의 둘째 아들 劉康의 아들로 제위에 오름. B.C.32~B.C.1년 재위함.
【丁, 傅】丁明과 傅晏. 정명은 哀帝의 어머니 丁姬의 오빠이며 부안은 傅皇后의 아버지임.
【董賢】서한 馮翊 사람으로 자는 聖卿(B.C.23~B.C.1). 애제 때 황문랑이 되어 미모로 총애를 입음. 哀帝와 기거와 출입을 함께 할 정도였으며 낮잠을 잘 때 애제의 옷깃을 베고 자자 차마 깨우지 못하고 그 소매를 끊고 일어섰다 함. 息夫躬이 東平王 劉雲의 誣告의 謀反을 고발한 사건을 동현에게 공을 돌려 萬安侯에 봉하기도 하였음. 元壽 원년에는 大司馬, 衛將軍, 給事中에 올라 尙書의 일을 총괄하기에 이르렀음. 애제가 죽자 王莽이 太后의 조칙을 들어 파관하려 하자 자살함.《漢書》佞幸傳 참조.《十八史略》(2)에 "帝幸董賢, 元壽元年, 以賢爲大司馬. 二年, 帝崩, 賢自殺"이라 함.
【付離】'離'는 '모여들다, 만나다, 붙다'의 뜻.

【二千石】 군수의 俸祿. 군수를 일컫는 말로 대신 쓰임.
【太玄經】 揚雄이 《易經》을 모방하여 지은 책.
【玄尙白】 '玄'은 '玄妙한 道'. 그러나 색깔로는 '黑'이라는 뜻도 있음. '白'은 '俗'으로 비유됨. '尙'은 아직도 그 티를 벗어나지 못하고 있음을 비꼰 것임.

참고 및 관련 자료

1. 《漢書》(57) 揚雄傳

揚雄字子雲, 蜀郡成都人也. 其先出自有周伯僑者, 以支庶初食采於晉之(楊)[揚], 因氏焉, 不知伯僑周何別也. 揚在河·汾之間, 周衰而揚氏或稱侯, 號曰揚侯. 當成·哀·平間, 莽·賢皆爲三公, 權傾人主, 所薦莫不拔擢, 而雄三世不徙官. 及莽篡位, 談說之士用符命稱功德獲封爵者甚衆, 雄復不侯, 以耆老久次轉爲大夫, 恬於勢利乃如是. 實好古而樂道, 其意欲求文章成名於後世, 以爲經莫大於《易》, 故作《太玄》; 傳莫大於《論語》, 作《法言》; 史篇莫善於《倉頡》, 作《訓纂》; 箴莫善於《虞箴》, 作《州箴》; 賦莫深於《離騷》, 反而廣之; 辭莫麗於相如, 作四賦: 皆斟酌其本, 相與放依而馳騁云. 用心於內, 不求於外, 於時人皆曶之; 唯劉歆及范逡敬焉, 而桓譚以爲絶倫.

2. 《十八史略》(2)

五年, 大夫揚雄死. 雄字子雲, 成帝之世, 以奏賦爲郞. 給事黃門, 三世不徙官. 及莽篡, 以耆老久次, 轉爲大夫. 嘗作太玄·法言, 卒章稱莽功德, 比尹周. 後又作「劇秦美新」之文, 以頌莽. 劉棻嘗從雄學奇字, 棻坐事誅, 辭連及雄. 時雄校書天祿閣上, 使者來欲收之. 雄從閣上自投下, 莽詔勿問, 至是死.

3. 《文選》(45) 揚雄〈解嘲〉序

哀帝時, 丁傅董賢用事, 諸附離之者, 起家至二千石. 時雄方草創太玄, 有以自守, 泊如也. 人有嘲雄以玄之尙白, 雄解之, 號曰解嘲. 其辭曰:「客嘲楊子曰:「吾聞上世之士, 人綱人紀, 不生則已, 生必上尊人君, 下榮父母, 析人之珪, 儋人之爵, 懷人之符, 分人之祿, 紆靑拖紫, 朱丹其轂. 今吾子幸得遭明盛之世, 處不諱之朝, 與群賢同行, 歷金門, 上玉堂有日矣, 曾不能畫一奇, 出一策, 上說人主, 下談公卿. 目如耀星, 舌如電光, 一從一橫, 論者莫當. 顧默而作太玄五千文, 枝葉扶疏, 獨說數十餘萬言, 深者入黃泉, 高者出蒼天, 大者含元氣, 細者入無間. 然而位不過侍郞, 擢纔給事黃門. 意者玄得無尙白乎? 何爲官之拓落也?」(하략)

059. 向秀聞笛, 伯牙絶絃

059-① 向秀聞笛
젓대소리 슬퍼한 상수

《진서晉書》에 실려 있다.

상수向秀는 자가 자기子期이며 하내河內 회현懷縣 사람이다. 그는 맑고 똑똑하여 원대한 식견을 가지고 있었으며 어려서 산도山濤와 친구로 사귀었다. 그는 노장老莊의 학문을 좋아하였다. 장주莊周의 내외편內外篇은 역대 이래로 비록 잘 관찰한 자는 있었다 해도 그 지통旨統을 적절하게 논한 자는 없었다. 상수는 이에 그것을 위해 해석을 지어 기이한 지취旨趣를 밝혀내어 현풍玄風을 일으켰다. 그의 글을 읽는 자는 초연히 마음에 깨달음을 얻게 되었다. 곽상郭象이 다시 이를 찬술하여 넓혀 유가儒家와 묵가墨家의 흔적은 비루한 것으로 여기게 되었고, 도가道家의 언론이 드디어 성행하게 되었다.

혜강嵇康은 쇠붙이를 단련하는 일에 뛰어났고 상수는 그의 곁에서 이를 도왔으며 그럴 때면 두 사람을 서로 즐거워 마치 곁에 사람이 없는 듯이 여겼다.

혜강이 주살당하자 상수는 낙양洛陽으로 들어가 〈사구부思舊賦〉를 지어 이렇게 읊었다.

"혜강은 온갖 기예에 뛰어났고 음악에도 특출하고 기묘했지. 그리하여 사형장으로 가면서도 지는 해 그림자를 돌아보며 거문고를 찾아 연주했지. 내 그의 소식을 듣고 서쪽으로 달려가다가 그의 옛 집을 지나게 되었지. 때는 해가 이미 우천虞泉으로 들어가 엷어지고 얼음처럼 찬 기운이 처량하였지. 이웃 사람이 부는 젓대소리, 그 소리 적막하고 가늘게 펴졌네. 지난날 함께 술 마시며 놀던 생각에 음악소리 슬프고 한스러웠네. 그래서 이 부 한 편을 지었다네."

뒤에 그는 산기상시散騎常侍가 되었지만 조정에 나가 있을 뿐, 직책은 맡지 않은 채 그저 몸만 담고 있었을 뿐이었다.

《晉書》: 向秀字子期, 河內懷人. 清悟而有遠識, 少爲山濤所知. 雅好〈老莊〉之學. 莊周內外篇, 歷世雖有觀者, 莫適論其旨統. 秀乃爲之解, 發明奇趣, 振起玄風. 讀之者, 超然心悟. 郭象又述而廣之, 儒墨之迹見鄙, 道家之言遂盛焉. 嵇康善鍛, 秀爲之佐, 相對欣然, 旁若無人.

康誅, 秀入洛, 作〈思舊賦〉云:「嵇博綜技藝, 於絲竹特妙. 臨當就命, 顧視日影, 索琴而彈之. 逝將西邁, 經其舊廬. 于時日薄虞泉, 寒冰淒然. 隣人有吹笛者, 發聲寥亮. 追想曩昔游宴之好, 感音而歎, 故作〈賦〉云.」

後爲散騎常侍, 在朝不任職, 容迹而已.

【向秀】자는 子期(227?~272?). 竹林七賢의 하나. 처음 山濤·嵇康·呂安 등과 자연을 즐기다가 嵇康과 呂安이 司馬氏에게 죽음을 당한 후 벼슬길로 들어서 黃門侍郞, 散騎常侍를 지냄.《老·莊》에 심취하여《莊子注》를 완성하였으며, 이를 바탕으로 한 郭象의《莊子注》가 지금도 전함. 賦에도 뛰어나〈思舊賦〉를 남김.《晉書》(49)에 傳이 있음. 向은 姓氏나 地名일 경우 '상'으로 읽음.
【山濤】자는 巨源(205~283). 老莊에 심취하였으며 술을 좋아하였음. 嵇康, 阮籍, 呂安 등과 친하였으며 竹林七賢의 하나.〈任誕〉편 참조.《晉書》(43)에 전이 있음. '山濤識量'[041] 참조.
【內外篇】《莊子》의 內篇과 外篇. 雜篇 등에서 내편과 외편을 가리킴.
【玄風】《老子》(1)에 '玄之又玄'이라 함. '풍'은 風敎. 가르침. 風操.
【嵇康】자는 叔夜(223~262). 어릴 때 고아였으며 奇才가 있었음. 老莊에 심취하였으며 시문에 능하였고 '竹林七賢'의 하나임. 뒤에 鍾會의 모함을 입어 司馬昭에게 죽음을 당함. 本姓은 奚氏였으나 뒤에 銍縣 嵇山 곁에 옮겨 살아 성을 嵇氏로 바꾸었다 함.〈廣陵散曲〉,〈琴賦〉,〈養生論〉,〈聲無哀樂論〉,

〈與山巨源絶交書〉 등이 유명함.《晉書》(49)에 전이 있음. '叔夜玉山'[028] 및 '嵇呂命駕'[013] 참조.
【思舊賦】《文選》(16)에 실려 있음.
【逝將西邁】전에 서쪽의 長安으로 갔다가 돌아와 옛날 머물렀던 山陽의 竹林을 지나게 되었음을 말함.
【虞泉】'虞淵'과 같음.《문선》에는 '虞淵'으로 되어 있음. 태양이 저녁 때 들어 가는 머무는 곳.
【寥亮】소리 높이 명랑하게 울려 퍼짐. 雙聲連綿語.

참고 및 관련 자료

1.《晉書》(49) 向秀傳
向秀字子期, 河內懷人也. 清悟而有遠識, 少爲山濤所知. 雅好〈老莊〉之學. 莊周內外數十篇, 歷世才士雖有觀者, 莫適論其旨統也. 秀乃爲之隱解, 發明奇趣, 振起玄風. 讀之者, 超然心悟, 莫不自足一時也. 惠帝之世, 郭象又述而廣之, 儒墨之迹見鄙, 道家之言遂盛焉. ……康善鍛, 秀爲之佐, 相對欣然, 旁若無人. 又共呂安灌園於山陽. 康旣被誅, 秀應本郡計入洛. 文帝曰:「聞有箕山之志, 何以在此?」秀曰:「以爲巢許狷介之士, 未達堯心, 豈足多慕?」帝甚悅. 秀乃自此役, 作〈思舊賦〉云:「余與嵇康・呂安居止接近, 其人並有不羈之才. 嵇意遠而疎, 呂心曠而放, 其後並以事見法. 嵇博綜伎藝, 於絲竹特妙. 臨當就命, 顧視日影, 索琴而彈之. 逝將西邁, 經其舊廬. 于時日薄虞泉, 寒冰淒然. 鄰人有吹笛者, 發聲寥亮. 追想曩昔游宴之好, 感音而歎, 故作〈賦〉曰:……」後爲散騎侍郎, 轉黃門侍郎・散騎常侍, 在朝不任職, 容迹而已. 卒於位.

2.《文選》(16)〈思舊賦〉
余與嵇康呂安居止接近, 其人並有不羈之才. 然嵇志遠而疏, 呂心曠而放, 其後各以事見法. 嵇博綜技藝, 於絲竹特妙. 臨當就命, 顧視日影, 索琴而彈之. 余逝將西邁, 經其舊廬. 于時日薄虞淵, 寒冰淒然! 鄰人有吹笛者, 發聲寥亮. 追思曩昔遊宴之好, 感音而歎, 故作賦云:
『將命適於遠京兮, 遂旋反而北徂. 濟黃河以汎舟兮, 經山陽之舊居.
瞻曠野之蕭條兮, 息余駕乎城隅. 踐二子之遺跡兮, 歷窮巷之空廬.
歎黍離之愍周兮, 悲麥秀於殷墟. 惟古昔以懷今兮, 心徘徊以躊躇.
棟宇存而弗毀兮, 形神逝其焉如. 昔李斯之受罪兮, 歎黃犬而長吟.

悼嵇生之永辭兮, 顧日影而彈琴. 託運遇於領會兮, 寄餘命於寸陰. 聽鳴笛之慷慨兮, 妙聲絶而復尋. 停駕言其將邁兮, 遂援翰而寫心.』

059-② 伯牙絶絃
거문고 줄을 끊은 백아

《열자列子》에 실려 있다.

백아伯牙는 거문고 연주에 뛰어났으며 종자기鍾子期는 그 연주를 듣는데 훌륭하였다. 백아가 거문고를 연주하면서 높은 산에 악상을 두자 종자기가 이렇게 알아차렸다.

"훌륭하도다! 높고 높기가 마치 태산泰山과 같구나."

다시 흐르는 물에 악상을 두자 종자기는 역시 이렇게 말하였다.

"훌륭하도다! 마치 강수江水나 하수河水와 같구나."

이처럼 백아가 생각한 바를 종자기는 반드시 알아차리는 것이었다.

《여씨춘추呂氏春秋》에는 이렇게 말하였다.

"종자기가 죽자 백아는 거문고를 깨뜨리고 그 줄을 잘라버렸다. 그러고는 죽을 때까지 다시는 거문고를 연주하지 않았다. 더 이상 족히 거문고 음을 연주해 줄 상대가 없다고 여겼기 때문이었다."

《列子》曰: 伯牙善鼓琴, 鍾子期善聽.

伯牙鼓琴, 志在高山, 子期曰:「善哉峩峩乎若泰山」

志在流水, 子期曰:「善哉! 洋洋兮若江河」

伯牙所念, 子期必得之.
《呂氏春秋》曰:「鍾子期死, 伯牙破琴絶絃, 終身不復鼓琴, 以爲無足爲鼓音.」

【列子】戰國時代 列禦寇가 지은 책. 老子의 清虛無爲를 바탕으로 하고 있으며 많은 우화를 싣고 있음.
【呂氏春秋】《呂覽》이라고도 하며 秦나라 呂不韋가 식객들을 동원해 편찬한 책.

참고 및 관련 자료

1. 《列子》湯問篇
伯牙善鼓琴, 鍾子期善聽. 伯牙鼓琴, 志在登高山, 鍾子期曰:「善哉! 峨峨兮若泰山.」志在流水, 鍾子期曰:「善哉! 洋洋兮若江河.」伯牙所念, 鍾子期必得之.

2. 《呂氏春秋》本味篇
伯牙鼓琴, 鍾子期聽之. 方鼓琴而志在太山, 鍾子期曰:「善哉乎鼓琴! 巍巍乎若太山.」少選之間, 而志在流水, 鍾子期又曰:「善哉乎鼓琴! 湯湯乎若流水.」鍾子期死, 伯牙破琴絶絃, 終身不復鼓琴, 以爲世無足復爲鼓琴者. 非獨鼓琴若此也, 賢者亦然. 雖有賢者, 而無禮以接之, 賢奚由盡忠, 猶御之不善, 驥不自至千里也.

3. 《韓詩外傳》(9)
伯牙鼓琴, 鍾子期聽之. 方鼓琴, 志在太山, 鍾子期曰:「善哉鼓琴! 巍巍乎如太山.」莫景之間, 志在流水. 鍾子期曰:「善哉鼓琴! 洋洋乎若江河.」鍾子期死, 伯牙擗琴絶絃, 終身不復鼓琴, 以爲世無足與鼓琴也. 非獨鼓琴如此, 賢者亦有之. 苟非其時, 則賢者將奚由得遂其功哉!

4. 《說苑》尊賢篇
伯牙子鼓琴, 鍾子期聽之, 方鼓而志在太山, 鍾子期曰:「善哉乎鼓琴! 巍巍乎若太山.」少選之間, 而志在流水, 鍾子期復曰:「善哉乎鼓琴! 湯湯乎若流水.」鍾子期死, 伯牙破琴絶絃, 終身不復鼓琴, 以爲世無足爲鼓琴者.

060. 郭槐自屈, 南康猶憐

060-① 郭槐自屈
스스로 굴복한 곽괴

《진서晉書》에 실려 있다.
가충賈充은 자가 공려公閭이며 평양平陽 양릉襄陵 사람이다. 그의 전처는 이풍李豐의 딸이었으며 아버지 이풍이 주살당하자 그의 딸도 연루되어 유배를 가게 되었다. 가충은 뒤에 곽괴郭槐를 후취로 들였는데 호가 광성군廣城君이었다. 무제武帝가 즉위하자 이씨는 사면되어 돌아올 수 있었고 특별히 가충에게 조서를 내려 그들을 좌우부인左右夫人으로 삼아 두 부인을 데리고 살도록 하였다. 곽괴는 성격이 투기심이 많아 가충의 옷소매를 잡아채면서 이렇게 노기를 보였다.
"당신이 율령을 정하여 무제의 천명을 도운 공은 그 중 나의 내조가 한 몫을 차지하고 있소. 그런데 어찌 이씨가 나와 함께 동등하다는 것입니까?"
가충은 이에 이씨를 위하여 영평리永平里에 따로 집을 지어주고 왕래하지 않겠다고 하였다.
혜제惠帝가 태자가 되자 곽괴의 딸을 왕비로 삼았다.
그에 앞서 곽괴가 이씨가 사는 곳을 가보아야겠다고 하자 가충이 말하였다.
"그 여인은 재기才氣가 있소. 그대는 가지 않는 편이 낫소."
그러다가 자신의 딸이 왕비가 되자 곽괴는 위세를 부려 차림을 하고 화려하게 그를 찾아갔다. 이윽고 그의 문에 들어서자 이씨가 나와 맞이하였다. 그런데 곽괴는 이씨의 인품에 놀라 자신도 모르게 다리를 접고 드디어 두 번 절을 할 수밖에 없었다. 이로부터 곽충은 매번 외출할 때마다 곽괴는 곽충이 이씨의 집에 들르지나 않나 하여 사람을 시켜 그를 미행하도록 하였다. 이씨는 정숙하고 아름다웠으며 재능과 행실이 훌륭하였다. 그가 지은 《여훈女訓》은 세상에 널리 성행하였다.

　구본舊本에 '괴槐'를 '외隗'자로 썼는데 이는 잘못이다.

　《晉書》: 賈充字公閭, 平陽襄陵人. 前妻李豊女. 豊誅, 李氏坐流徙. 後娶郭槐, 號廣城君. 武帝踐阼, 李以赦還. 特詔充置左右夫人.

　郭槐性妒忌, 怒攘袂數充曰:「刊定律令, 爲佐命之功, 我有其分. 李那得與我竝?」

　充乃爲李築室於永平里, 而不往來. 惠帝爲太子, 納槐女爲妃.

　初槐欲省李氏, 充曰:「彼有才氣. 卿往不如不往.」

　及女爲妃, 乃盛威儀而去. 旣入戶, 李氏出迎. 槐不覺脚屈, 因遂再拜. 自是充每出, 槐使人尋之, 恐其過李氏.

　李氏淑美有才行. 作《女訓》, 行於世.

　舊本: 槐作隗非.

【賈充】자는 公閭(217~282), 三國時代 賈逵의 아들. 魏에서 벼슬하여 司馬氏의 속관이 되었음. 西晉 초기에 司空·侍中·尙書令·太尉 등 요직은 지냈으며 晉律을 제정함. 두 딸이 齊王妃와 太子妃가 되어 정권을 독단하였으며 臨穎侯·魯郡公에 봉해졌음. 죽은 후 太宰에 추증됨.《晉書》(40)에 그 傳이 실려 있음.

【李豊】晉나라 景帝(司馬師)에게 미움을 사서 죽음을 당하였으며 그의 딸, 즉 가충의 첫 아내는 朝鮮의 樂浪으로 멀리 유배를 갔음.

【郭槐】가충의 후취로 廣城君이라 불림. 그들 사이에 賈南風이 났으며 이가 惠帝의 비가 되어 가혹한 짓을 함.

【武帝】晉 武帝. 司馬炎. 西晉의 개국군주. 司馬昭의 長子. 자는 安世. 咸熙 2年(265)에 魏나라로부터 禪讓의 형식으로 나라를 이어받아 晉나라를 세우고

洛陽을 도읍으로 함. 재위 26년(265~290). 廟號는 世祖.《晉書》(3)에 紀가 있음.

【太子納槐女爲妃】郭槐와 사이에 난 딸의 이름은 賈南風으로 惠帝의 비가 됨. 질투가 심하여 가혹한 짓을 자행함. '南風擲孕'[198] 참조.

【惠帝】西晉의 제2대 황제 司馬衷. 武帝 司馬炎의 아들이며 중국 역대이래 가장 백치에 가까운 군주로 널리 알려진 인물. 290~306년 재위함. 皇后 賈南風에게 조종당하여 나라를 혼란으로 몰아넣었음. '晉惠聞蟆'[164] 참조.

참고 및 관련 자료

1.《晉書》(40) 賈充傳

賈充字公閭, 平陽襄陵人也. 父逵, 魏豫州刺史·陽里亭侯. 逵晚時生充, 言後當有充閭之慶, 故以爲名字焉. ……充婦廣城君郭槐. 性妬忌. 初黎民年三歲, 乳母抱之當閤. 黎民見充入, 喜笑, 充就而拊之. 槐望見, 爲充私乳母, 卽鞭殺之. 黎民戀念, 發病而死. 後又生男, 過朞, 復爲乳母所抱, 充以手摩其頭. 郭疑乳母, 又殺之, 兒亦思慕而死. 充遂無胤嗣. ……初, 充前妻李氏淑美有才行, 生二女褒·裕, 褒一名荃, 裕一名濬. 父豐誅, 李氏坐流徙. 後娶城陽太守郭配女, 卽廣城君. 武帝踐阼, 李以大赦還, 帝特詔充置左右夫人, 充母亦敕充迎李氏. 郭槐怒, 攘袂數充曰:「刊定律令, 爲佐命之功, 我有其分. 李那得與我並?」充乃答詔, 託以謙沖, 不敢當兩夫人成禮, 實畏槐也. 而荃爲齊王攸妃, 欲令充遣郭而還其母. 時沛國劉含母, 及帝舅羽林監王虔前妻, 皆冊丘儉孫女. 此例旣多, 質之禮官, 俱不能決. 雖不遣後妻, 多異居私通.充自以宰相爲海內準則, 乃爲李築室於永平里, 而不往來. 荃·濬每號泣請充, 充竟不往. 會充當鎭關右, 公卿供帳祖道, 荃·濬懼充遂去, 乃排幔出於坐中, 叩頭流血, 向充及羣僚陳母應還之意. 衆以荃王妃, 皆驚起而散. 充甚愧愕, 遣黃門將宮人扶去. 旣而郭槐女爲皇太子妃, 帝乃下詔斷如李比皆不得還, 後荃恚憤而死. 初, 槐欲省李氏, 充曰:「彼有才氣. 卿往不如不往.」及女爲妃, 槐乃盛威儀而去. 旣入戶, 李氏出迎, 槐不覺脚屈, 因遂再拜. 自是充每出行, 槐輒使人尋之, 恐其過李也. ……及充薨後, 李氏二女乃欲令其母祔葬, 賈后弗之許也. 及后廢, 李氏乃得合葬. 李氏作《女訓》, 行於世.

2.《世說新語》賢媛篇

賈充前婦, 是李豐女; 豐被誅, 離婚徙邊. 後遇赦得還, 充先已取郭配女. 武帝特聽, 置左右夫人. 李氏別住外, 不肯還充舍. 郭氏語充:「欲就省李.」充曰:

「彼剛介有才氣, 卿往不如不去.」郭氏於是盛威儀, 多將侍婢; 旣至, 入戶, 李氏起迎, 郭不覺腳自屈, 因跪再拜. 旣反, 語充; 充曰:「語卿道何物?」

3. 《晉諸公贊》

世祖踐阼, 李氏赦還, 而齊獻王妃, 欲令充遣郭氏, 更納其母; 充不許, 爲李氏築宅, 而不往來. 充母柳氏將亡, 充問所欲言者. 柳曰:「我教汝迎李新婦向不貴, 安問他事!」

060-② 南康猶憐
도리어 슬퍼한 남강공주

《세설신어世說新語》에 실려 있다.

환온桓溫은 명제明帝의 딸 남강공주南康公主에게 장가를 들었다. 그런데 환온이 촉蜀을 평정하고 그곳 촉주蜀主 이세李勢의 누이동생을 첩으로 삼아 심히 총애하였다. 그런데 어느 날 별실의 서재 뒤에 그를 숨겨놓고 있을 때 공주가 이를 듣고 수십 명의 비녀들과 함께 칼을 뽑아들고 쳐들어갔다. 그때 마침 이씨는 머리를 빗고 있는 중이었는데 머리카락은 땅에 닿았고 자태는 단정하고 아름다웠다. 그 여인은 서서히 땅으로 내려서며 머리를 묶고 손을 모으더니 공주를 향하여 이렇게 말하는 것이었다.

"나라는 깨어지고 집안은 망하여 아무런 생각 없이 이렇게 되었습니다. 오늘 만약 죽음을 당할 수 있다면 오히려 살아나는 것과 같을 것입니다."

그 신색神色이 한정閑正하고 말 기운이 처완悽惋하였다. 공주는 이에 칼을 던져버리고 나아가 그를 껴안으며 이렇게 말하였다.

"내 보기에도 역시 가련하구려. 하물며 늙은 환온의 눈에는 어떻게 보였겠소!"

그리하여 드디어 잘 대해 주었다.

《世說》曰: 桓溫尙明帝女南康公主. 溫平蜀, 以李勢妹爲妾, 甚有寵, 嘗著別齋後. 主聞與數十婢拔刃襲之, 値李梳頭, 髮垂地, 姿貌端麗.

乃徐下地結髮, 斂手向主曰:「國破家亡, 無心至此. 今日若能見殺, 猶生之年」

神色閑正辭氣悽惋.

主於是擲刀, 前抱之曰:「我見汝亦憐. 何況老奴!」

遂善遇之.

【桓溫】 자는 元子(312~373). 明帝의 사위. 荊州刺史를 지냈으며, 蜀을 정벌하고 前秦을 쳐부숨. 簡文帝를 세우고 자신이 다시 왕위를 빼앗고자 하였었음. 시호는 武侯. 그의 아들 桓玄이 드디어 제위를 찬탈하여 楚나라를 세운 다음 아버지 환온을 宣武皇帝로 추존함. 《晉書》(98)에 전이 있음. '桓溫奇骨'[109] 참조.

【明帝】 晉 明帝. 東晉의 2대 황제. 司馬紹. 元帝 司馬睿의 아들. 323~326년 재위함.

【南康長公主】 東晉 明帝의 딸로 桓溫의 正妻임.

【尙】 신하로서 천자의 딸을 아내로 맞이함을 말함. 천자의 사위, 駙馬가 됨.

【李勢】 자는 子仁(?~361). 할아버지 李特이 중원 대란 때 蜀 땅을 점거하였으며 아버지 李壽가 동진 때 成漢이라는 나라를 세워 中宗이라 하였음. 이수가 죽고 장자인 李勢가 들어서 연호를 太和로 바꾸고 後主가 됨. 이세의 아우와 한왕(李廣)이 이세가 아들이 없음을 이유로 자신을 太弟로 삼아줄 것을 요구하자 이세는 太保 李奕을 보내어 이광을 공격하였으며 이광은 자살하고 말았음. 그런데 그곳 사람들이 이혁을 따르는 자가 수만 명에

이르자 이세는 두려움을 느낀 나머지 이혁을 죽이고 연호를 嘉寧으로 바꿈. 재위 5년만인 347년에 桓溫이 촉을 정벌할 때 항복하여 歸義侯에 봉해졌으며 晉 穆帝 升平 5년(361)년 建康에서 생을 마침. 《晉書》(121)에 載記가 있음.

> 참고 및 관련 자료

1.《世說新語》賢媛篇
桓宣武平蜀, 以李勢妹爲妾, 甚有寵, 常箸齋後. 主始不知, 旣聞, 與數十婢拔白刃襲之. 正値李梳頭, 髮委藉地, 膚色玉曜, 不爲動容. 徐曰:「國破家亡, 無心至此; 今日若能見殺, 乃是本懷!」主慙而退.

2.《續晉陽秋》
溫尙明帝女南康長公主.

3.《太平御覽》152(《晉中興書》)
南康宣公主興男, 明帝長女, 庾后所生, 初封遂安縣.

4.《妬記》
溫平蜀, 以李勢女爲妾, 郡主兇妬, 不卽知之. 後知, 乃拔刃往李所, 因欲斫之. 見李在窗梳頭, 姿貌端麗, 徐徐結髮, 斂手向主, 神色閑正, 辭甚悽惋. 主於是擲刀前抱之曰:「阿子, 我見汝赤憐, 何況老奴?」遂善之.

임동석(茁浦 林東錫)

慶北 榮州 上茁에서 출생. 忠北 丹陽 德尙골에서 성장. 丹陽初中 졸업. 京東高 서울敎大 國際大 建國大 대학원 졸업. 雨田 辛鎬烈 선생에게 漢學 배움. 臺灣 國立臺灣師範大學 國文硏究所(大學院) 博士班 졸업. 中華民國 國家文學博士(1983). 建國大學校 敎授. 文科大學長 역임. 成均館大 延世大 高麗大 外國語大 서울대 등 大學院 강의. 韓國中國言語學會 中國語文學硏究會 韓國中語中文學會 會長 역임. 저서에《朝鮮譯學考》(中文)《中國學術槪論》《中韓對比語文論》. 편역서에《수레를 밀기 위해 내린 사람들》《栗谷先生詩文選》. 역서에《漢語音韻學講義》《廣開土王碑硏究》《東北民族源流》《龍鳳文化源流》《論語心得》〈漢語雙聲疊韻硏究〉 등 학술 논문 50여 편.

임동석중국사상100
몽구蒙求

李瀚 撰・徐子光 註 / 林東錫 譯註
1판 1쇄 발행/2010년 6월 1일
발행인 고정일
발행처 동서문화사
창업 1956. 12. 12. 등록 16-3799(윤)
서울강남구신사동540-22 ☎546-0331~6 (FAX)545-0331
www.epascal.co.kr
잘못 만들어진 책은 바꾸어 드립니다.

＊

이 책의 출판권은 동서문화사가 소유합니다.
의장권 제호권 편집권은 저작권 법에 의해 보호를 받는 출판물이므로 무단전재와 무단복제를 금합니다.
이 책의 일부 또는 전부 이용하려면 저자와 출판사의 서면허락을 받아야 합니다.

＊

사업자등록번호 211-87-75330
ISBN 978-89-497-0622-1   04080
ISBN 978-89-497-0542-2   (세트)